历史是已经画上句号的过去，
史学是永无止境的远航。

章开沅
1997年仲秋于桂子山

章开沅先生

远航寻踪

近代文化史管窥

章开沅 著
何卓恩 编

武汉出版社

湖北省公益学术著作出版专项资金
Hubei Special Funds for Academic and Public-interest Publications

序　　言

我一生与长江做伴。出生在芜湖老宅，正好在长江下游支流青弋江畔。抗战期间，流亡到长江上游四川，在江津（今属重庆市）国立九中读书整整5年，湍急的川江与江心的沙滩成为我课余假日的天然乐园。后来两次被学校开除，先是浪迹于川江重庆、泸县之间最为曲折险恶的那一段，随后当兵铜梁(如今也成为重庆的后花园)。抗战胜利后又回到芜湖，并且在南京金陵大学就读两年多。而从1949年随军进入长江中游的武汉，至今已逾68年。难忘长江养育之恩，情如母子眷恋之深。所以，季羡林前辈晚年主编《长江文明研究丛书》，我一经征召就立即从命，参与编辑出版工作，并且更加深化了对长江历史文化底蕴的理解和珍惜。直至年逾九十，我还极为关心武汉长江文明馆的建设与发展，甚至为其举办的国际大河对话盛举站台助兴。

因此，我把自己的学术生涯总结为“历史是已经画上句号的过去，史学是永无止境的远航”。治学无非是求知，从已知到未知的探索就是学者毕生最大的乐趣。我出生于一个古老的移民宗族。一世祖从浙江绍兴府地迁移到太湖边的一块芦苇丛生的荒野——荻港。经过好几代人血脉繁衍，人多地少为患。十二世祖节文公离乡游幕并从政，先后移居于苏、豫、晋，最终定居太原并病故于定州任内。其孙十四世维藩公，出生于太原，成长于甘肃。此后又随左宗棠西征军进驻哈密，常年征战于陇新边陲大戈壁，直至1882年才随左宗棠回到江南，并由军功保奏，在安徽安庆、宣城等地任知县及知州等职。甲午战后，维藩公弃官从商，在芜湖创办益新面粉公司并定居于此地，晚年颇有落叶归根情思，遂正式回荻港认祖归宗。但由于两处产业都在安徽：面粉厂在芜湖，宝兴铁矿在马鞍山（当涂），所以未能实现终老于荻港的夙愿，只留下一枚“苕溪渔隐”的印章记录这个永恒的遗憾。古老的家族背景促成我自幼就产生流浪的根性。

我的学术生涯充满偶然，或多或少地带有流浪色彩，仿佛是行走在没有航标的江河之上，漂泊无定，随遇而安。由于1948年参加革命，被组织上安排在武汉教书，所以就地取材，从研究辛亥革命起步。但是在20世纪60年代初，机缘巧合促使我痴迷于《张謇日记》《扶海垞未刊函电》，乃至收藏于原北京图书馆的《赵凤昌藏札》等珍贵原始文献。我的第一本学术专著《开拓者的足迹——张謇传稿》，在20年后才被中华书局列入《中国近代文化史丛书》出版问世。状元办厂本来就是晚清过渡时代的一种特殊文化现象，或许可以说这就是我研究文化史的发端，但是却与我当时承担的“北洋军阀”研究课题有所疏隔。

20世纪80年代初学术界有一股“文化热”，我虽然忙于有关辛亥革命与孙中山的国际学术交流，但始终不能忘情于文化思想史的研究。作为辛亥革命研究重点的《辛亥革命与江浙资产阶级》一文虽然侧重于政治、经济角度，但由于我力图把整个社会作为研究视野，所以仍然有些文化思想史的副产品，如1903年前后的社会思潮、江浙新型知识分子群体的觉醒、章太炎与国粹学派等方面的研究。

20世纪80年代中期以后，由于普林斯顿大学宗教系热情邀约，我参与了鲁斯基金支持的中国教会大学史国际合作研究项目，在文化教育与基督教研究方面花费精力甚多，这在1990年赴美访学三年多期间更成为治学主体。及至20世纪末，由于受到汤因比与池田大作对话录的深刻影响，我对人类命运以及严重文明危机深感忧虑，因此在新世纪到来之际，对文明危机与价值重建进行全面思考，并且通过与池田大作长达一年多的详尽对话，向全世界表明自己的主要观点与强烈呼吁。这大概可算是一个尚有良知的老人留给后世的遗言。

晚年经常吟诵张维屏的一首诗："沧桑易使乾坤老，风月难消千古愁。多情唯有是春草，年年新绿满芳洲。"与宇宙乾坤及文化长河相较而言，吾辈普通学人岂不正如一株小草，渺小平凡之至。春草的多情也无非是自作多情，既缺耀目光华，更无国色天香。但小草作为具有生命的个体，亦自有其存在价值。"野火烧不尽，春风吹又生。"其生命意志何等刚毅、何等充盈，它以亿万群体的苏醒，萌发出漫山遍野的新绿，一片又一片增添了春天的颜色。诗人以春草自喻，既非故作谦抑，更非妄自菲薄，而是对世事人生已有更深沉的醒悟，其实也是彻底的自我超越与更高的精神追求。

天寒岁暮，文思枯滞，即以此为序。

丁酉冬于南湖实斋，年方九一

目　录

国魂与革命

时代·祖国·乡里

——辛亥革命时期社会思潮试探

翻开辛亥革命时期的书刊，讽诵当年仁人志士用鲜血和生命凝铸的诗文，一种强烈的时代紧迫感和历史使命感，有力地叩击着读者的心弦。尽管半个世纪以上的岁月已经流逝，但这些真挚的深情文字，丝毫也没有失去它们的思想光辉。

辛亥革命的酝酿，恰好是开始于19世纪和20世纪交接的年代。那些忧国忧民而又锐意革新的有识之士，在诀别旧世纪和迎接新世纪的时刻，不能不对呼啸而来的新的时代作出应有的判断。

中国的19世纪，自从1840年鸦片战争以来，历经一次又一次抵抗外来侵略的民族战争，终于以帝国主义八国联军血腥镇压义和团而宣告结束。国土大片沦丧，主权旁落殆尽，四亿同胞挣扎在水深火热之中。20世纪，世界又将出现什么样的格局？祖国又将面临什么样的命运？古老的中华民族还有没有复兴的机缘？救亡图存、奋发自强的出路究竟在哪里？这一系列生死攸关的大问题，朝朝暮暮萦绕在千千万万爱国者的脑际。

“二十世纪之支那，于世界上处如何之位置？吾人爱之，不能不思索也。”

“二十世纪之支那，依然支那之支那乎？抑俄国之支那乎？英国之支那乎？德或法之支那乎？美与日之支那乎？吾人爱之，不能不决此疑问也。”[1]

---

[1] 卫种：《〈二十世纪之支那〉初言》，《二十世纪之支那》第1期，1905年6月3日。

“呜呼！今日已二十世纪矣！我同胞之国民，其将何以自处也？”[1]

20 世纪已经来了，它到底是一个什么样的时代？

“今日之世界，是帝国主义最盛，而自由败灭之时代也。”这是1901 年刊登于《开智录》上的一篇题为《论帝国主义之发达及廿世纪世界之前途》的时论文章所作的回答。

帝国主义是中国人民第一个和最凶恶的敌人，中华民族在 19 世纪受尽了帝国主义的欺凌与损害。先进的中国人在研究 20 世纪的时代特征时，自然首先要把目光集注于帝国主义。列宁在《帝国主义是资本主义的最高阶段》一书中曾经说过：“在最近十五年到二十年里，特别是美西战争（1898 年）和英布战争（1899—1902 年）之后，新旧两大陆出版的经济和政治著作，愈来愈多地用‘帝国主义’这个概念来说明我们这个时代的特征了。”[2] 如果与欧美这类出版物相比较，中国资产阶级、小资产阶级知识分子用“帝国主义”这个概念来说明新的时代特征，从时间来看可以说是相距甚近，从内容来看也可以说是基本相似。不过，中国人最初并非从英国经济学家约·阿·霍布森的《帝国主义》一书那里吸取新知，而是通过日本人浮田和民的《帝国主义》和幸德秋水的《二十世纪之怪物——帝国主义》，获得了对帝国主义基本经济、政治特点的初步理解。幸德秋水的书，为赵必振所译，出版于 20 世纪之初。浮田和民的书则系“出洋学生编辑所”译，刊行时间可能稍早一些。作为日本早期著名的社会主义者，幸德秋水的著作“全篇之意，皆以用兵尚武为非，而于列强扩张殖民地之事，排击之至不遗余力”[3]。备受帝国主义列强宰割之苦的中国人民，自然要把此书引为同调。

在 20 世纪最初几年，中国的先进人士受到历史的和阶级的局限，对于帝国主义本质的认识，不可能达到以后列宁那样科学与严整的程度。他们对于帝国主义的考察，多半侧重于它的侵略本性、侵略政策

---

[1]《二十世纪之中国》，《国民报》第 1 期，1901 年 5 月 10 日。

[2] 列宁：《帝国主义是资本主义的最高阶段》，《列宁选集》第 2 卷，北京：人民出版社，1972 年，第 738 页。

[3] 沈兆祎：《新学书目提要》，上海：通雅书局，1903 年。

和侵略手段等方面。譬如前面已经提到的《论帝国主义之发达及廿世纪世界之前途》一文，便认为“今世界之帝国主义，实狄塔偏 Dick Turpin 主义，即强盗主义也”[1]。又说：“如北亚美利加洲所行之帝国主义，乃膨胀主义也，扩张版图主义也，侵略主义也。”[2]稍后，刊登于 1903 年初出版的《新世界学报》第 10 号上的《帝国》一文也惊呼说：“拔剑而起，环顾四空，横风暴雨，森然逼人。危乎！危乎！今日之时代，帝国主义最发达之时代也。”[3]“帝国主义者，军国主义之变名也。施之威力相当之国，则名为军国主义，加之人少力弱之国，则变为帝国主义。”[4]这些议论虽然颇能耸人听闻，但多少有些不着边际。对帝国主义认识得比较深刻的，要数同年出版的杨笃生编写的《新湖南》一书。它明确地区分了近代的帝国主义与前资本主义时代的“帝国主义”，说是“民族主义之前固已有所谓‘帝国主义’矣，顾其为此主义之原动力者，或出于世主一人之野心，或出于武夫健将一二人之权略……故其末路往往丧败不可收拾。民族主义变而为民族帝国主义则异是，其为此主义之原动力者，非出于政府一二人之野心也，国民生殖蕃盛之力之所膨胀也；亦非出于武夫健将一二人之权略也，国民工商业发达、资本充实之所膨胀也”[5]。又说：“若夫列强所以施行此帝国主义之方针，则以殖民政略为主脑，而以租界政略、铁道政略、矿产政略、传教政略、工商政略为眉目，用以组织此殖民政略，使达于周密完全之地。”[6]这就比较全面地揭露了帝国主义的侵略本性及其殖民主义的各种手段，并且或多或少从经济背景上揭露了帝国主义的社会实质。尽管他在分析前资本主义时代某些强国的对外扩张时，过于强调了个别“世主”“健将”的野心权略，而忽视了当时这些侵略活动也有其特定的经济动因。但无论如何，把帝国主义的瓜

[1][2] 自强（冯斯栾）：《论帝国主义之发达及廿世纪世界之前途》，《开智录》1901 年第 2 期。

[3][4] 陈怀：《帝国》，《新世界学报》第 10 号，1903 年 2 月 12 日。

[5][6] 杨笃生：《新湖南》，张枬、王忍之编：《辛亥革命前十年间时论选集》第 1 卷下册，北京：生活·读书·新知三联书店，1960 年，第 622~623、624 页。

分世界与前资本主义时代的侵略扩张区别开来，毕竟是 20 世纪初年中国革命民主派的政治认识的一大进步。

如果说，在上述这些作品发表十多年以后，列宁的《帝国主义是资本主义的最高阶段》一书，在着力批判考茨基的资产阶级社会改良主义与和平主义观点的同时，还明确肯定了霍布森 1902 年的旧著“对帝国主义的基本经济特点和政治特点，作了一个很好很详尽的说明”[1]。那么，我们就没有必要过多责备当年的中国志士对帝国主义本质缺乏深刻的科学的分析。恰恰相反，必须看到，资产阶级革命派对帝国主义的认识，已经由感性阶段向理性阶段发展。他们所主张的民族主义或祖国主义，具有鲜明的新的时代特征。

正是由于对帝国主义的认识不断深化，资产阶级革命派才有可能对 20 世纪初年的世界局势具有比较清醒的估量。特别是对帝国主义列强加紧争霸世界将给中国带来何等严重的后果，具有较高的警觉。

他们认为，对于 20 世纪的国际局势，千万不可抱有和平主义的幻想。“今天下人士之想望二十世纪之文明者，必曰：二十世纪乃精神的文明之时代，全是自由与公义之世界也；又战争之事，虽或不能绝迹，而亦必几希。此不过梦拟之想耳。实际二十世纪之自由与公议（义）之腐败，必过于十九世纪之末。何则？十九世纪末之狄塔偏主义，未如二十世纪之盛；所以自由与公义，二十世纪不如十九世纪之末，十九世纪之末又不如其前半期也。”[2]

他们认为，中国的民族危机将随着 20 世纪的到来而更趋严重，远东这个老大帝国将继续成为帝国主义列强争夺的焦点。“呜呼！今日之世界，非竞争风潮最剧烈之世界哉？今日之中国，非世界竞争风潮最剧烈之旋涡哉？俄虎、英豹、德熊、法貔、美狼、日豺，眈眈逐逐，露爪张牙，环伺于四千余年病狮之旁。割要地，租军港，以扼其咽喉；开矿山，筑铁道，以断其筋络；借债索款，推广工商，以朘其膏血；

---

[1] 列宁：《帝国主义是资本主义的最高阶段》，《列宁选集》第 2 卷，第 738 页。

[2] 自强（冯斯栾）：《论帝国主义之发达及廿世纪世界之前途》，《开智录》1901 年第 2 期。

开放门户，划势力圈，搏肥而食，无所顾忌。官吏黜陟，听其指使，政府机关，使司转捩。呜呼！望中国之前途，如风前烛、水中泡耳，几何不随十九世纪之影以俱逝也。”[1]

但是，他们绝不是无所作为的悲观主义者。他们对时代、对世界、对中国，都充满着希望。可以这样说，中华民族是一个饱经忧患的民族；但是，更应该这样说，中华民族是一个经得起忧患的民族。在千百年深重忧患的磨炼下，我们的民族不仅冶锻出一身不屈不挠的钢筋铁骨，而且孕育出一种穷而弥坚的韧性战斗风格。20 世纪初年的先进的中国人，正是具备了我们民族这种优良的素质。他们依据中国人民长期反抗斗争的切身体验，同时也借鉴世界各国盛衰荣辱的历史轨迹，逐步领悟出一条历史的辩证法：“物极必反，否极泰来。”他们认为，尽管几个帝国主义大国之间的争霸，闹得世界很不安宁，仿佛是“乌天黑地，云黯风号”“山摇岳动，木拔海翻”。但是盛极必衰，物之常理，“彼帝国主义安可长盛乎?”他们看到了帝国主义国内社会矛盾的日益尖锐，并且模模糊糊地觉得这种内部冲突可能导致帝国主义的覆亡。《浙江潮》杂志从第 3 期开始连载的《最近三世纪大势变迁史》一文，便颇有见地地指出：“物质的进步，乃轰出平民主义之爆烈药线也。试问，近世社会党蔓布列国，忽而同盟罢工，忽而集会演说，每年秘密出版之劳动杂志数百万册，抗贵族求平等自由之血泪数百斛，非有昔日之压制，安有今日之炸烈？吾视十九世纪之末二十世纪之初，纯乎社会主义之世界矣。”[2]正是从这一信念出发，他们认为 20 世纪的历史不仅不会“退化”，而且一定要比 19 世纪进步。这是因为，“自由与公义之腐益甚，则人之想望也益渴，而提倡也益力。如中世君权之专压，实足以开近世之民权而已。故二十世纪末之自由与公义之发达，必与十九世纪之民权等焉”[3]。

---

[1] 李书城：《学生之竞争》，《湖北学生界》第 2 期，1903 年 2 月。

[2] 大陆之民：《最近三世纪大势变迁史（续第三期）》，《浙江潮》第 6 期，1903 年 8 月 12 日。

[3] 自强（冯斯栾）：《论帝国主义之发达及廿世纪世界之前途》，《开智录》1901 年第 2 期。

作为被压迫民族的爱国者，他们所说的“自由与公义”，主要是指国家的独立与民族的解放。“今亚、非二洲，正当非、杜事后，将来 Independence（自由，又译曰独立）与帝国主义之大争，其猛烈必百十倍于欧洲列国之革命也。所谓鸟无声兮山寂寂，夜正长兮风飒飒，魂魄结兮天沉沉，鬼神聚兮云云幂幂，非二十世纪之大战场耶！非即亚、非二洲之大陆耶！”[1]当年中国仁人志士的心，是与亚、非各国人民的心连在一起的。

无产阶级革命和民族解放运动，是相互伴随的两大时代潮流。先进的中国人，在 20 世纪刚一到来的时候，就比较清晰地看出这两大潮流必将蓬勃发展的历史趋势，这不能不说是具有真知灼见。他们一方面为民族危机的更趋深重而忧虑，一方面又为祖国如何才能赶上时代潮流而企盼。他们面向世界，正视现实，憧憬未来。他们豪情满怀地预言：“文明之潮流所倾注者，太平洋也；进步之气运所推移者，太平洋也。”“二十世纪之大舞台，舍太平洋其谁与归也。”[2]所谓“文明之潮流”和“进步之气运”，主要是指民族民主革命。他们迫切希望 20 世纪之中国，也能重演法国大革命的威武雄壮活剧。“西谚有言：‘法兰西，革命之产地也。’今我中国二十五倍于法，受祸之极亦数十倍于法。民权之运已渡太平洋而东，日本既稍受其福。我中国不愤不发，斯亦已耳。如睡斯觉，如梦斯醒，于二十世纪而效法人十九世纪之所为，吾知风声所向，全球震惊。始而虎俄之专制为之倾覆，继而自由平等之实幸转移欧美，世界和平之极点将起点于东方，二十世纪之中国为民权之枢纽矣。”[3]

20 世纪已经来了！中国将何以自处？正是这种经过深思熟虑而产生的时代紧迫感，驱使着千千万万仁人志士奋不顾身地投入辛亥革命

---

[1] 自强（冯斯栾）：《论帝国主义之发达及廿世纪世界之前途》，《开智录》1901 年第 2 期。所谓“非、杜事”，指菲律宾独立战争的失败与杜兰斯哇儿之被击败，用以说明帝国主义压迫愈深，殖民地、半殖民地人民反抗愈烈。

[2] 慧僧：《二十世纪之太平洋》，《浙江潮》第 2 期，1903 年 3 月 18 日。

[3]《二十世纪之中国》，《国民报》第 1 期，1901 年 5 月 10 日。

的斗争潮流。

怎样认识自己的祖国？怎样对待自己的祖国？这也是20世纪初年先进的中国人认真考虑的重大问题。

祖国和民族一样，是一个历史的范畴。从秦汉以来早已形成的汉民族，具有共同语言、共同地域、共同经济生活和共同文化中的共同心理素质，其民族意识、民族感情和祖国观念产生已久。因此，中国人民的爱国主义传统源远流长。20世纪初年的仁人志士自问：中国可爱吗？答复是：非常可爱！“夫支那为世界文明最古之邦，处世界最大之洲，为亚洲最大之国，有四千年引续之历史可爱，有三千年前迄今之典籍可爱，有四万万之同胞可爱，有二十行省之版图可爱，有五岳四渎之明媚山川可爱，有全国共用之语言文字可爱。”[1]尽管20世纪初年的中国，号称“东亚病夫”，是那样的贫穷、那样的落后、那样的衰弱，受尽世界上所有帝国主义国家的损害与凌辱；但祖国毕竟是自己的亲生母亲啊，中国人民对自己的民族和祖国的热爱仍然有增未已。当年的爱国者深情地呼唤：“支那乎！支那乎！吾将崇拜而歌舞之，吾将顶祝而忭贺之，以大声疾呼于我国民之前曰：支那万岁！”[2]

但是，祖国和民族一样，又是一个特定的历史范畴。从严格的意义上说，近代的民族不是一般的历史范畴，而是资本主义上升时代的历史范畴。正如列宁所说的那样，“在全世界上，资本主义彻底战胜封建主义的时代，是同民族运动联系在一起的”[3]。但从广泛的意义上来说，不同时代的民族运动，则有着不同内容的祖国观念，有着不同范畴的爱国主义。因此，作为20世纪初年民族资本主义有所发展的产物，资产阶级革命派提倡的民族主义和爱国主义，便与以往封建时代的民族意识和爱国思想存在着明显的区别。他们不再着眼于宗庙社稷，也不再单纯眷恋民族的往昔，而是面向时代、世界和民族的未来。他们认为，仅仅夸耀过去的光荣，“惟列举我支那美点以自豪，如卖药之功能

---

[1][2] 卫种：《〈二十世纪之支那〉初言》，《二十世纪之支那》第1期，1905年6月3日。

[3] 列宁：《论民族自决权》，《列宁选集》第2卷，第508页。

书，备陈其功德之数”[1]，是不足以振起同胞真正的爱国心的。必须勇于揭露一切阻碍祖国走上近代化道路的惰力因素，才能使全国人民觉醒和奋发起来，为振兴中华而踊跃投身于民族解放事业。

爱之深而责之切。他们特别痛恨自己民族处于封建君主专制淫威下的奴隶般的过去与现在。邹容的《革命军》第五章“革命必先去奴隶之根性”，即曾指出：“中国黄龙旗之下，有一种若国民非国民，若奴隶非奴隶，杂糅不一，以组织成一大种，谓其为国民乎？吾敢谓群四万万人而居者，即具有完全之奴颜妾面，国民乎何有？尊之以国民，其污秽此优美之名词也孰甚？若然，则以奴隶界之，吾敢拍手叫绝曰：‘奴隶者，为中国人不雷同，不普通，独一无二之徽号。’”[2]1943年暮春创刊的《江苏》杂志，它的《发刊词》也用的是类似的语调：“我爱支那者，请得而大声呼曰：我支那无所有，所有者惟腐败。我爱江苏者，更请得而垂涕道曰：我江苏更无所有，所有者惟腐败。且更纵言以明之曰：我江苏者，支那之支那；而腐败者，我江苏之特色。……而谈腐败者，又我《江苏》杂志之特任。”[3]显然，这些言词绝非玩世不恭的冷嘲，更不是悲观失望的慨叹，而是“去其陈，谋其新”，用以激励整个中华民族起来反抗外侮和走向新的生活。《革命军》的年轻作者邹容以诚朴恳挚的语言向自己的祖国陈诉：“‘吾愿我同胞，万众一心，支体努力，以砥以砺，拔去奴隶之根性，以进为中国之国民。法人革命前之奴隶，卒收革命之成功。美洲独立前之奴隶，卒脱英人之制缚。此无他，能自认为国民耳。’吾故曰：‘革命必先去奴隶之根性。’”[4]20世纪初先进的中国人对自己民族弱点的无情揭露，使我们联想到19世纪中叶大俄罗斯民主主义者车尔尼雪夫斯基在小说《序幕》中的一句警言：“可怜的民族，奴隶的民族，上上下下都是奴隶。”列宁对这句话的评价极高，他说：“大俄罗斯人中的

---

[1] 卫种：《〈二十世纪之支那〉初言》，《二十世纪之支那》第1期，1905年6月3日。

[2][4] 邹容：《革命军》，上海，民智书局，1928年，第43页。

[3]《发刊词》，《江苏》第1期，1903年4月27日。

公开和不公开的奴隶（沙皇君主制度的奴隶）是不喜欢想起这些话的。然而我们认为这是真正热爱祖国的话，是感叹大俄罗斯人民群众缺乏革命性而倾吐出来的热爱祖国的话。”[1]我认为，这种评价的尺度，对于辛亥革命时期的中国革命民主派，同样是适用的。

为了唤醒蕴藏在人民群众中间的革命性，20世纪初年先进的中国人并没有停留于揭露民族的弱点，他们还努力为自己的民族灌注新的时代精神。用当年的习惯用语，这种精神被称为“国民新灵魂”，或简称“国魂”。在一些颇有影响的进步书刊中，人们用悲怆的声音为祖国招魂。“中国之国魂安在乎？”[2]“吾中国国民之魂安在乎？”“国魂乎！盍归来乎！”“国有魂，则国存；国无魂，则国将亡矣！”[3]……透过这些感人肺腑的呼唤，可以看出这些先进人士渴望寻找一种精神武器，用它来教育人民、鼓舞人民、组织人民，把整个中华民族的战斗力量团结和凝聚起来，从而推翻帝国主义和封建主义的暴虐统治，“建民族之国家，立共和之宪章”。经过艰苦的探索，他们终于找到了这样的精神武器，找到了“国魂”。他们高兴地宣布说：“欲达此莫大之目的，必先合莫大之大群；而欲合大群，必有可以统一大群之主义，使临事无涣散之忧，事成有可久之势。吾向欲觅一主义而不得，今则得一最宜于吾国人性质之主义焉。无他，即所谓民族主义是也。”[4]也有人把这种主义称为祖国主义，并且解释说：“祖国主义者何？根于既往之感情，发于将来之希望，而昭之于民族的自觉心。”[5]作为《民报》前身的《二十世纪之支那》杂志，则干脆称之为爱国主义，强调要把爱国心当作“伦理的观念”，把祖国当作家庭父母一样来热爱。他们强调：“然则今之爱国观念，非昔之爱国观念；而今之支那，亦非昔之支那。”[6]这就明确地规定了，辛亥革命时期的爱国主义是属于资产阶级民族主义的历史范畴。

---

[1] 列宁：《论大俄罗斯人的民族自豪感》，《列宁选集》第2卷，第610页。

[2][5] 飞生：《国魂篇（续第一期）》，《浙江潮》第3期，1903年4月17日。

[3] 高旭：《南社启》，《民吁报》1909年10月17日。

[4] 竞盦：《政体进化论》，《江苏》第3期，1903年5月27日。

[6] 卫种：《〈二十世纪之支那〉初言》，《二十世纪之支那》第1期，1905年6月3日。

在辛亥革命的酝酿阶段，许多爱国志士曾经对资产阶级民族主义，对严格意义的近代民族运动，从理论上和历史上做过认真的探索。1903年在《浙江潮》上连载的《民族主义论》一文，就是这种探索的重要成果之一。作者强调指出："民族主义者，十九世纪之产物，而亦其主人翁也。维也纳会议成一民族主义与自由主义之大过渡，及法国第二革命起，而全欧之机大动，而墺（奥）意战，而德墺（奥）战，而墺（奥）匈战，而德法战，而东方问题，而爱尔兰自治。及其将终，而英阿之役，美西之役，日本之维新，义和团之扰乱。落落诸大事，无一非由是民族主义者磅礴冲击而成，故一部十九世纪史，即谓为民族主义发达史可也。"[1]这篇文章还把19世纪的"民族主义发达史"以图解示意，将欧洲的民族主义发展过程区分为胚胎时代、过渡时代、成立时代、膨胀时代。至于亚洲的民族运动，图解只列有胚胎时代，举例则仅限于"日本维新"和中国义和团运动。[2]这种图解虽然未必完全符合历史实际，特别是亚洲部分显得过于简略而不全面。但是，把发生在两个世纪交接年代的义和团运动看作民族主义的胚胎，或直称之为民族主义的萌芽，却是当年资产阶级革命派当中颇有代表性的论调。

他们肯定义和团的反帝斗争属于民族主义范围，但又指出它还处于萌芽状态，其主要原因就是义和团的"扶清灭洋"未能摆脱封建主义的精神枷锁。实际上，这种笼统排外主义很难与封建统治者历来提倡的忠君爱国思想划清界限，因而又容易被地主阶级当中的顽固势力蒙蔽和利用。资产阶级革命派指出："不观夫载漪、刚毅之徒乎，以忠义激励其士民，振臂一呼，扶清灭洋之裹红巾者连踵骈肩于都下。彼辈方掀髯色喜，以为尊君亲上之效果显而有征；即有识之士，论东亚民族胚胎之迹者，亦且屈指及之。然试问，扶清者尊亲之大义，灭洋者民族之观念，我不敢谓其不似，何以十万神拳，围攻使馆两月不下？……则所谓尊亲者何物？而民族者又何在？"[3]在这些评论中，虽

[1][2] 余一：《民族主义论（续第一期）》，《浙江潮》第2期，1903年3月18日。
[3]《箴国民》，《苏报》1903年5月8日。

有过于夸大义和团落后面的毛病，却能表明当年的中国革命民主派力图与封建君主专制制度决裂，把自己鼓吹和信奉的民族主义与建立民主共和国的目标结合起来。他们用西欧资产阶级革命时期的自由、平等、博爱观点来考察民族问题，认为“自由天则”是民族主义之所由产生的“根蒂”，而“民族建国主义”又必须以“个人权利主义”为“辅翼”。因此，他们提倡人人要做“民族的国民”。国民是与奴隶相区别而言的，由具有独立人格和个人权利（民权）的国民组成的民族国家，只能是民主共和国而不能是君主专制国。关于这个问题，前面已经提到的《民族主义论》一文解释得很清楚。它明确指出：“吾言民族主义，何以必推源于法国大革命？曰：民族主义与专制政体不相容者也。民族主义之大目的，在统一同族以立国。然兹所谓统一云者，志意的统一，非腕力的统一也；共同的统一，非服从的统一也。……若专制政体，则何有矣！”[1] 20世纪初年的爱国志士，把自己看作法国大革命的学生，他们提倡的民族主义不再承认国家是一家一姓的私产，并且进而将政府与国家区别开来。在他们看来，国家主权应由国民“独掌”，而政府无非是一种秉承国民旨意的“奉行之委员”。“是故国家之土地，乃人民所根著之基址也，非政府之私产也；国家之政务，乃人民所共同之期向也，非政府之私职也；国家之区域，乃此民族与彼民族相别白之标识也，非政府之所得随意收缩裂弃也；国家之政治机关，乃吾国民建设大社会之完全秩序，非政府之所得薮逋逃而凭狐鼠也。”[2]他们强调，只要人人都认识到自己是国家的“一分子”，是公同社会的“一质点”，而“公德”日益发达，“公权”日益巩固，那么祖国就一定可以“突飞于地球之上”。

当然，由于资产阶级世界观和政治立场的制约，辛亥革命时期的民族主义和爱国主义的宣传，不免掺杂若干民族偏见以致封建性的大汉族主义糟粕。资产阶级作为人类社会最后一个剥削阶级，作为私有

---

[1] 余一：《民族主义论》，《浙江潮》第1期，1903年2月17日。

[2] 杨笃生：《新湖南》，张枬、王忍之编：《辛亥革命前十年间时论选集》第1卷下册，第633页。

制的顽固维护者，他们不仅不可能消除阶级之间的不平等，更不可能消除民族之间的不平等。正如列宁所说的那样，“在资本主义制度下，要消灭民族的（和一般政治上的）压迫是不可能的”[1]。在他们所建立的民族国家“理性王国”中，自由、平等、博爱只是对资产阶级而言的，特别是对统治民族中占支配地位的资产阶级而言的。广大劳动人民，特别是被压迫民族的劳动人民，仍然无从摆脱横遭压榨的苦难生活。但是，就20世纪的具体历史条件而言，从国际关系来看中华民族是被压迫民族，从国内民族关系来看汉族又是被压迫民族，而民族资产阶级则是被压迫的阶级，在这种情况下，他们用资产阶级的民主主义和民族主义思想作为武器，起来反抗帝国主义的奴役和封建专制主义的压迫，便是历史上一个巨大的进步。马克思主义从来都是这样认为：“反对一切民族压迫是绝对正确的。”[2]我们必须承认民族主义20世纪初年在中国出现的历史必然性与历史合理性。

无论如何，当年革命先行者们为振兴祖国而献身的那种炽烈的情怀，是值得后世尊重和发扬的。1905年夏天，孙中山在东京富士见楼中国留学生欢迎大会上的演说，至今读起来仍能使人感奋不已。这位真诚的爱国者用朴素的语言直抒胸臆：“中国土地、人口为各国所不及，吾侪生在中国，实为幸福。各国贤豪，欲得如中国之舞台者利用之而不可得。吾侪既据此大舞台，而反谓无所藉手，蹉跎岁月，寸功不展，使此绝好山河……至今无有能光复之而建一大共和国以表白于世界者，岂非可羞之极者乎？”[3]这些掷地作金石声的文字，应该作为我国人民的爱国主义教材。

---

[1] 列宁：《关于自决问题的争论总结》，《列宁全集》第22卷，北京：人民出版社，1958年，第319页。

[2] 列宁：《关于民族问题的批评意见》，《列宁全集》第20卷，北京：人民出版社，1958年，第18页。

[3] 过庭（陈天华）：《纪东京留学生欢迎孙君逸仙事》，《民报》第1号，1905年10月20日。

在20世纪初年流行的进步书报杂志上，充满着描绘和赞誉故乡山川形胜的美好语言。人们对乡土家园的一往情深，绝不是出于一般浪迹异国的游子抒发乡情，而是表现出中国人民获得了新的民族觉醒。乡里之所以可爱，因为它是伟大祖国不可缺少的一个组成部分。描述故土的山川形胜，主要是为了激发广大人民的爱国之心，指明各省、府、州、县以至乡镇对祖国应尽的责任。

1903年《江苏》杂志创刊号上发表的《哀江南》一文，比较明白地说明了祖国与乡里之间的血肉联系。“支那为全体，江南为一部。支那为支那全体人之支那，我即为支那全体中之一分子。江南为江南一部人之江南，我又为江南一部中之一分子。言江南一部即可知支那之全体，我尽我一分子之言，即可见江南之全体。”[1]但是，把这种认识和振兴中华的壮怀表露得更为酣畅的，还是刊登于《浙江潮》杂志创刊号上的《浙江文明之概观》一文。“披我国之地图而观之，见夫背山面海，左江淮而右闽粤，中贯以钱江、瓯江两河流者，非我浙江乎？其间人民二千数百万，地方七千数百里，物产数十万种，高原平原，大河细流，无所不有，动物、植物、矿物，无所不备，江山诚奈人留恋哉！”“其兴也，则日将挟其一切哲理、一切艺术，乘此滚滚泊泊飞沙走石、二十世纪之潮流，以与世界之文明相激、相射、相交换、相融合，放一重五光十色之异彩，以灌溉我二十一行省之同胞。浙江者，文明之中心点也。吾浙人其果能担任此言乎？抑将力不胜任，徒为历史羞乎？”[2]其中诚然颇多溢美之词，但毕竟能够说明人们是以国家主人翁的自觉态度，来看待故乡在祖国复兴大业中应有的地位和作用的。

在东京的中国留学生界，各省同乡会的纷纷建立，正是这种新的爱国意识的具体体现。中国是一个版图辽阔、人口众多的落后大国，如果没有各个地区人民的觉醒振作和齐心协力，是很难求得整个国家的独立和富强的。成立得较早的浙江同乡会，即曾表白自己的创立是

[1] 侯生：《哀江南》，《江苏》第1期，1903年4月27日。
[2] 公猛：《浙江文明之概观》，《浙江潮》第1期，1903年2月17日。

为了“眷念故国”。“岁（壬寅）十月，浙江人之留学于东京者，百有一人，组织一仝乡会。既成，眷念故国，其心恻以动。”“西望葱茏，碧天万里，故乡风景，历历心头。我愿我青年之势力如浙江潮，我青年之气魄如浙江潮，我青年之声誉如浙江潮。”[1]稍后成立的江苏同乡会，则从一开始就着重说明了结小群以成大群和爱乡为爱国之始的道理。“国之亡也，亡于不能群，而惟爱力足以救之。虽然，人未有不爱其亲而能爱乡党邻里者，即未有不爱其乡党邻里而能爱国者。今之人竞言爱国矣，而吾言爱国，必自爱乡始。无他，事之由小以成大，自迩而及远，亦必至之势，无可如何者也。今同人以爱江苏者爱中国，各省亦竞以爱其本省者爱中国，驯至齐心一致，以集注于爱国之一点，则中国之兴也，吾欲于江苏及他省同乡会卜之。”[2]这些同乡会大多创办以地区命名的杂志作为鼓吹爱国救亡和地方自治的喉舌，如《湖北学生界》《直说》《浙江潮》《江苏》《云南》《四川》《河南》《关陇》《夏声》《江西》等。同时，许多同乡会还设立调查部（会），并在自己的刊物上辟有“调查录”或“调查会稿”之类专栏，对本省政治、经济、文化等社会情况进行调查，作为推行地方自治和策划革命活动的依据。如湖北调查部即曾说明其成立的宗旨：“湖北者，湖北学生演其输入之文明之舞台也。湖北调查部者，测量此舞台而办其所以利用之方针也。学生界中人，越在异国受外界之激刺而动其内部之感情，其脑质中无人不印有一中国在，且无人不思有所以效其力于中国者在。夫岂有捐弃大局，偏视故乡，甘使天下人士，谓吾楚人皆沐猴而冠带者乎？吾辈既为湖北人，则以湖北人谋湖北，亦自有说。”[3]由此可见，这些地域性的社团和刊物，从一开始就是把故乡的革新看作振兴整个祖国的基础与起点。

当年的爱国者既然以革新志士自居，他们对故乡腐败的憎恶便一如他们对祖国腐败的憎恶。他们以揭露故土的腐败为己任，而用意则

---

[1]《浙江潮发刊词》，《浙江潮》第1期，1903年2月17日。

[2]《江苏同乡会创始记事》，《江苏》第1期，1903年4月27日。

[3]《湖北调查部记事叙例》，《湖北学生界》第1期，1903年1月29日。

在于振聋发聩，唤醒同胞去故求新，为祖国的独立和富强而奋斗。发表在《江苏》杂志创刊号上的《哀江南》一文，满怀悲愤地陈诉："江南之历史，则腐败也；江南之地理，则破裂也；江南之政法，则苛酷也；江南之军事，则委靡也；江南之教育，则顽固也；江南之实业，则窳惰也。""举目河山，苍凉落日，对此粉碎寸裂之余，谁不起洛水伊戎之痛哉！"[1]对旧事物的不满，是历史进展的年轮。这些爱国志士为了挽救祖国的危亡，或则游学海外，努力追求新知，并且向国内介绍新的科学知识和进步思潮；或则就读于国内的通都大邑，然后回到故乡兴办教育、出版报刊、创立实业、组织社团，把革新和革命的种子播植在乡梓之地。他们这些勤勉的然而又是平凡的工作，与那些炸弹爆裂、鲜血倾洒的悲壮场面相比较，自然不会是多么震惊中外。但正是由于他们的辛勤劳作，促进了各地民族民主革命思想蓓蕾的萌发。

由于具有强烈的振兴中华的历史使命感，先进的人们不仅自觉地承担挽救祖国危亡的艰巨职责，而且极为关心故乡为民族解放事业作出贡献。他们以先进地区的榜样激励家乡，并且为乡梓之地不够尽力而感到内疚。譬如，在上海"拒俄"运动中，旅沪四川人士参加甚少。一个名叫谢健的荣昌人立即发表《四川诸君公鉴》，热切地指出："今日之事迫矣！法人干预我广西乱事，俄人据我东三省悍不交还，累卵之形已见，瓜分之祸即来。海上爱国之士特开议会于张园，初会议拒法事，再会议拒俄事，三会则议联合中国国民总会，设义勇队以拒外侮为目的。三次到者均不下数百人，中以广东、江苏为最多，而我蜀则一二人而已。联合国民会时，各省分簿签名。鄙人签名之时，不禁陨涕，盖我四川簿中，除健而外，仅巴县邹君（指邹容）一人而已。乌乎！我蜀人其尚鼾睡未醒乎？""吾敢大声疾呼以告我蜀人曰：二十世纪，中国过渡之时代也。国民总会，中国自强之起点也。成则存，否则亡。死生争，阴阳荡，覆巢之下无完卵，亡国之民无孑遗。诸君念之！鸡既鸣矣，天将曙矣，我蜀人其将醒矣！"[2]

[1] 侯生：《哀江南》，《江苏》第1期，1903年4月27日。

[2] 谢健：《四川诸君公鉴》，《苏报》1903年5月11日。

又如，在东游运动中有的地区比较落后，当地的有志之士也为此感到羞愧。吴江的留日学生致书“本邑人士”说：“现在乘日本邮船而来者，络绎不绝。稽之册籍几有千五百人，可谓盛矣，然而吾邑人士仅仅五六。”“窃思上海、无锡等县，其游学人士，类皆出于地方公费，以致人竞于学，来者纷纷。总其人数，均在三四十内外，无怪志气发扬，学业精进。……苏省学生之新至东邦者，叩以家乡近事，辄曰：无他，惟灯会甚盛耳，赌风甚炽耳。仆等闻之，每为汗下。”[1]

当然，他们更为家乡能够在祖国解放事业中作出贡献而感到自豪和欣慰。江苏常熟的爱国志士殷次伊悲愤国事投水自杀后，当地进步知识分子缅怀烈士在家乡兴办教育、组织社团、鼓吹革新的劳绩。“吾虞学界，新机怒发，同时有开智会、通学会、体育会之建设。一隙曙光得照耀于虞山峰顶者，次伊影响学界之功，至大且伟也。”他们固然为战友的早逝而悲伤，但是他们更为故乡能为祖国奉献出这样的好儿女而感到自豪。他们满怀激情地赞美说：“美丽哉！吾虞方百里锦峰琴水明媚之山川。瑰玮哉！吾虞三千年南方文学秀灵之历史。学界风潮日簸荡，自由钟声日震撼，一跃而登二十纪世界之新舞台，演四万万同胞悲壮义愤之活剧，生为人豪，死为国雄，以振起一乡之社会，感奋全国之社会者，有之，自殷次伊始。”[2] 20世纪初年，先进的中国人就是这样把时代、祖国、乡里和自己联系在一起，以天下为己任，视危难若坦途，表现出高尚的革命情操。以后，作为《民报》增刊的《天讨》，把这种乡土感情和历史使命感结合起来，刊布《四川革命书》《江苏革命书》《河南讨满洲檄》《安徽讨满洲檄》《直隶宣告革命檄》《山东讨满洲檄》《广东人对于光复前途之责任》《云南讨满洲檄》等激昂文字，分别号召各省志士继承和发扬当地的光荣爱国传统，迅速投身于民族民主革命潮流。诸如：“吾蜀今日固惟有一死耳，尚何言哉！虽然，吾人岂甘坐以待死，必于死中以求其不死。何以得不死？

---

[1]《日本留学生吴江陈佩君等与本邑人士劝游学书》，《苏报》1903年4月20日。

[2] 初我：《常熟殷次伊传》，《江苏》第4期，1903年6月25日。

则革命之策是也。”[1]“为问七百余里之长江下游，其势力范围尚属我江苏乎？而可以不革命？二百三十余哩之沪宁铁道，其主权尚属我江苏乎？而可以不革命？”[2]“枕戈击楫，恢复河山，吾山东之实力，必不逊于他省，定见有会朝清明之一日也。”[3]“我广东人傀杰子弟，若洪秀全、杨秀清，均能振大汉之声名，故吾广东人必相继而兴，始不愧为神明之胄。”[4]……这些语言，在今天看来自然不免陈旧，但在当时却曾产生了很大的动员力量。

不过也应该看到另外一面，在一个半殖民地半封建的社会里，人们的乡土感情中又难免会掺杂着程度不等的封建地域观念。热爱乡土的宣传，只有作为爱国主义教育的一部分，把桑梓之地看作伟大祖国千千万万细胞之一，这样才能起积极作用。封建地域观念往往使人模糊从祖国整体利益出发的全局观念，只看到本乡本土的局部利益，只强调本乡本土的特殊地位，甚至产生排斥其他省区人士的狭隘地方主义，对革命阵营的团结产生严重的危害。这种消极落后的乡土观念，很容易走向爱国主义的反面。20世纪初年的某些有识之士，已经看到这个问题。1903年春季出版的《浙江潮》第3期，刊登了一封《寓江西陈君致浙江同乡会书》，即已指出：“侧闻诸君联订此会，省界甚严，此省不能参豫他省。浙江留学生最多，而气最盛。广西、云南、江西人甚寥寥，惴惴顾影，惟孤立是惧。夫同是支那之人，同具亡国之忧，此疆彼界，意何为者？况在日留学诸君，各省统计仅此千数百人，团之犹恐不固，乃自分之，亦非共图保国新民自立之本意。”[5]这位陈君主张“破除省界”，提倡“人人心忧国之心，人人事忧国之事，脑电所达，目炬所照，但有国界，不有省界”[6]。《浙江潮》编者对这封读者来信非常重视，特地在同期刊物上发表了题为《非省界》的

[1] 相如：《四川革命书》，《天讨》，1907年4月25日。

[2] 素子：《江苏革命书》，《天讨》，1907年4月25日。

[3] 观鲁：《山东讨满洲檄》，《天讨》，1907年4月25日。

[4] 退思：《广东人对于光复前途之责任》，《天讨》，1907年4月25日。

[5][6]《寓江西陈君致浙江同乡会书》，《浙江潮》第3期，1903年4月17日。

专论，进一步指出“省界”的危害：“分泾渭于一饮食一书报之间，至岸然不能假借，怫然相抵曰：‘汝浙人自有浙界，吾楚人自有楚界。’又或一语言之微，一嘲谑之细，哄然群哗曰：‘彼闽人辱吾粤人，彼浙人谩吾吴人。’其色汹汹，几有号同乡会诉冤之势。”[1]作者认为，破除省界必须要有“建设”。所谓“建设”，就是把各省的“精华”或“尤雄杰者”集合起来，组织“中国本部统一会”，设立中央机关与各省分部，“扩张其势力线，挟风雷而走之”[2]，使整个民族成为一个强大的团结战斗的队伍。

在革命高涨时期，在强烈的爱国热忱的驱使下，同时又鉴于严酷的阶级斗争的迫切需要，多数革命者要求团结和统一起来。所以，在《非省界》一文发表的同时和以后，以同盟会命名的形形色色的爱国团体在许多地区相继发起和建立，如常熟教学同盟会、大湖南北同盟会、中国学生同盟会、国民同盟会等，其目的都是为全国国民同盟奠定基础。从某种意义上来说，1905 年 8 月中国同盟会的成立，就是体现了这种意愿和趋向[3]。正如孙中山以后所回忆的那样：“及乙巳之秋，集合全国之英俊而成立革命同盟会于东京之日，吾始信革命大业可及身而成矣。于是乃敢定立“中华民国”之名称，而公布于党员，使之各回本省，鼓吹革命主义，而传布中华民国之思想焉。不期年而加盟者逾万人，支部则亦先后成立于各省；从此革命风潮一日千丈，其进步之速，有出人意表者矣。”[4]

但是，在旧中国，封建地域观念的影响是如此之深，民族资产阶

---

[1][2]《非省界》，《浙江潮》第 3 期，1903 年 4 月 17 日。

[3] 据《宋教仁日记》“1905 年 7 月 28 日”条称，孙中山在同盟会成立之前曾说：“中国现在不必忧各国之瓜分，但忧自己之内讧。此一省欲起事，彼一省亦欲起事，不相联络，各自号召，终必成秦末二十余国之争，元末朱、陈、张、明之乱。此时各国乘而干涉之，则中国必亡无疑矣。故现今之主义，总以互相联络为要。”陈旭麓主编：《宋教仁集》上册，北京：中华书局，1981 年，第 546 页。

[4] 孙中山：《建国方略》，《孙中山选集》上卷，北京：人民出版社，1956 年，第 201 页。

级所能利用的思想武器又是如此之弱，他们没有可能彻底排除诸如“省界”“县界”“乡界”之类削弱革命者内部团结的消极因素。许多华兴会员参加同盟会以后，在“精神上仍存吾团体”[1]，光复会的领导人则大谈什么“粤人好利而无兵略，湘中朴气衰矣”，必须“自靖自献”[2]。这不同程度上反映出封建地域宗派观念的潜在能量，同盟会组织的涣散以及后来的某些分裂倾向，与这种消极的思想因素滋长蔓延有关。1912 年初，南京临时政府成立以后，尽管孙中山强调“民族之统一”“领土之统一”“党政之统一”“内治之统一”“财政之统一”[3]，但软弱的民族资产阶级是不可能消除半殖民地半封建旧中国那种濒临分崩离析的局面的。只有以中国共产党的坚强领导为核心，以马列主义、毛泽东思想为准绳，以社会主义道路为依归，并且建立了人民民主专政（实质上就是无产阶级专政）的新中国，中华民族才实现了空前的革命大团结，才有可能战胜内外各种敌人和各种困难，以崭新独立的英雄姿态自立于世界民族之林。

然而，任何一个郑重的马克思主义者，都不会轻浮地嘲弄那些民主革命前驱者的挫折和失败，因为他们的奋斗经历是历史发展不可逾越的一个阶梯。他们为祖国的独立和富强，已经作出了在当时历史条件下难能可贵的贡献，并且在中华民族发展的历史长河中融入了自己的劳绩。我们应该继承和发扬他们的爱国主义精神，并且从他们的挫折和失败中吸取经验教训，不断改进我们今天的工作，努力为伟大的社会主义祖国的“四化”建设奋斗，这才是对辛亥革命七十周年的最好纪念。

（原载《社会科学战线》1981 年第 4 期）

---

[1] 宋教仁：《宋教仁日记》，长沙：湖南人民出版社，1980 年，第 91 页。

[2] 章炳麟：《太炎先生自订年谱》，台北：文海出版社，1966 年，第 24 页。

[3] 孙中山：《临时大总统就职宣言》，《总理重要宣言合刊》，南京：中国国民党中央执行委员会宣传部，1929 年，第 9~10 页。

跋乌目山僧癸卯诗三首

——1903 年的国内革命思潮

近日检阅辛亥以前旧报刊，在《江苏》杂志第 5 期“文苑”栏，录得署名“中央”诗三首。

其一，《〈驳康书〉书后》

余杭章，南海康，章公如麟康如狼。狼欲遮道为虏伥，麟起啖之暴其肠。廿周新纪太平洋，墨雨欧潮推亚强。军国民志正激昂，奔雷掣电孰敢当。胡牛瞎骑逐臭忙，兔引狐牵金满装；喻犹一盲导犀盲，夜半冲暗投深坑。投深坑，自作殃，一颠再蹶徒心丧。独立帜已飏霄光，国仇誓雪民权昌，昆仑血脉还系黄。呜呼噫嘻南海康！

其二，《〈革命军〉击节》

海飞立兮山飞拔，西州男儿有英骨，笔铁口血血茫洋，昆仑吐气气郁勃。祖国沦胥三百年，九世混迹匈奴族，杀吾父兄夺吾国，行行字字滴鲜血。悲不胜悲痛定痛，誓歼鞑靼非激烈。革命革命真英雄，一书英法争传译，光铓电闪泰西东，咸识汉人有豪杰。勖哉神州好男儿，种族安危不容发，终宵思之眠不成，寒窗剑影一痕月。

其三，《饯中山》

握手与君五十日，脑中印我扬子图。拿华剑气凌江汉，姬姒河山复故吾。此去天南翻北斗，移来邗水奠新都。伫看叱咤风云起，不歼虏胡非丈夫。

“中央”即黄宗仰。冯自由《乌目山僧黄宗仰》称：“宗仰又号中央，后称印楞禅师，江苏常熟人。生而颖悟绝伦，自幼博览群籍，尤工诗古文辞，旁及释家内典，因飘然有出世之想。年二十，出家于清凉寺。金山江天寺显谛法师为之摩顶受戒，锡名宗仰，自署乌目山僧。以研精佛理，工兼绘事，渐为世人所知。时上海犹太富商方构筑爱俪园于静安寺路，其夫人罗迦陵崇信沙门，斥巨资，就其园建设经堂，延致群僧讲授梵典，慕山僧名，特礼聘主持讲座。山僧应邀莅沪，受罗夫人香花供奉，几于无言不从。”[1]但是山僧寄寓上海犹太富商园中，并非仅仅讲授梵典而已，他出家而未出世，偏偏要过问国家大事，参与政治斗争。壬寅春，他与蔡元培等发起组织中国教育会，以后并被推为会长。南洋公学罢课风潮以后，蔡元培和退学生创立爱国学社，他也极力支持。据文献记载，教育会和学社的经费，都曾得力于他劝说罗迦陵捐助。甚至连浙省大学堂退学生自建新民塾，他也劝说罗迦陵给予资助。

上面这三首诗大约写在癸卯六月，因为《江苏》第5期是在这年七月一日发行的。时在“《苏报》案”发生，章、邹被捕，乌目山僧和陈范等因受牵连而逃避日本之后。

三首诗分别讲三个人和三件事。

第一首诗是赞扬章太炎和他撰写的《驳康有为论革命书》。

山僧与太炎的结交，应是通过中国教育会与爱国学社的活动。章氏于壬寅三月在东京发起支那亡国二百四十二年纪念会，六月回国，旋返杭从事《訄书》“删革”并探讨《中国通史》体例。直到癸卯二月，他才到上海在爱国学社教三、四年级国文。与山僧的交往频繁，相许为知己，应该是在这个时候。十多年以后，章太炎曾追述过这段往事：“当清光绪末，海宇多故，士皆瞋目扼腕，道执政无状，虽宴游未尝衰，而上海舟舆之会为尤剧。是时禅师自上江来，以绘事识诸名

[1] 冯自由：《乌目山僧黄宗仰》，《革命逸史》第3集，北京：中华书局，1981年，第166页。

士，论议往往及时政，皆中症结。诸名士尽愕眙不知其所从来，良久乃知为金山江天寺僧也。余时粗涉释典，且好事，以是得与禅师游。顷之，余以《驳康有为书》贬绝清室，与邹容同下狱。禅师百方为营解，卒不得。”[1]事实上，山僧自身也已经被列入清廷的搜捕名单，所以在营救无效之余只有避往日本。

《〈驳康书〉书后》一诗，是对“《苏报》案”文字狱的愤怒抗议，是对腐朽透顶的清政府的公开挑战，也是对被捕入狱的志士们的道义声援。此诗表明山僧具有强烈的民族民主革命思想，他划分了革命与保皇的界限，揭露了康有为之流阻挠革命甘“为虏伥”的丑恶嘴脸，同时也满怀信心地预言了清朝必亡和民权必昌的革命胜利前景。文艺的触觉是很敏感的，在癸卯这一年，尽管大的革命风暴还没有到来，但类似《〈驳康书〉书后》这样振聋发聩的诗歌，已经是此唱彼和，蔚然成风，宛如傲霜斗雪绽蕾怒放的迎春花。人们可以从这些诗歌中感受到山雨欲来般的磅礴革命气势，它们无愧为时代的号角。

诗句朴素无华，直抒胸臆。“余杭章，南海康，章公如麟康如狼。狼欲遮道为虏伥，麟起啖之暴其肠。”如同行云流水一样通俗明晓地颂扬了章太炎对于保皇派头子的战斗，无需再作别的什么解释。

唯一需要稍作说明的是，为什么把章太炎比作“啖狼之麟”。首先当然是因为章氏名炳麟，但更重要的恐怕还是由于章氏当时已经以中国文化继往开来的宗师自居，因此“麟”在作者的笔下是一个极端推重之词。章太炎在狱中曾经说明自己闳大恣肆的抱负：“上天以国粹付余，自炳麟之初生，迄于今兹，三十有六岁。凤鸟不至，河不出图，惟余亦不任宅其位，繄素王素臣之迹是践，岂直保守残阙而已。又将官其材物，恢明而光大之。怀未得遂，累于□国，惟□翼□欤[2]？则犹有继述者。至于支那闳硕壮美之学，而遂斩其统绪，国故民纪，绝于余手，是则余之罪也。”章氏的知交和学生大都熟知个中底细，所以柳亚子

[1] 太炎：《栖霞寺印楞禅师塔铭》，《制言》第 10 期，1936 年 2 月。

[2] 章太炎：《章太炎癸卯□（狱）中漫笔》，《国粹学报》第 1 卷第 8 期，1905 年 9 月 18 日。“累于”句在《文录》卷一作“累于仇国，惟金火相革欤？”

《癸卯冬日有怀太炎威丹》也有这样的口气："泣麟悲凤佯狂客，搏虎屠龙《革命军》。大好头颅抛不得，神州残局岂忘君。"[1]

人们可以讥评章太炎所受封建文化习染太深，人们也可以非议章太炎以国粹存亡续绝系于一身的谬妄；然而人们也不能不看到，在这种泣麟悲凤的佯狂后面洋溢着明显的革命叛逆精神和强烈的历史责任感。

首先，在封建专制统治特别严酷的清代，麟凤作为一种图腾式的祥瑞象征，似乎已为帝王圣贤所垄断。如果一介平民公然以麟凤自喻，便可能被看作对封建道统的僭越。章太炎当时已经在政治思想上与保皇派决裂，决心以革命手段推翻清王朝的统治，所以他和其他革命知识分子一样，把这些所谓上下尊卑之类封建伦常视若粪土。他在爱国学社任教时，就曾故意以"×××本纪"命题，布置学生写自传体作文[2]。这些佯狂之举与骂皇帝为"未辨菽麦"的小丑，两者都是对神圣不可侵犯的封建道统的勇敢挑战。当时，清朝政府向英美租界会审公堂指控章、邹的罪名就是"大逆不道"，但这类玩意儿已经不再能够吓退爱国志士。他们在《江苏》第5期发表《大逆不道之解剖》一文予以反击，认为"大逆不道之名词，乃关于全群公益之律文，必非仅关于群中一人私益之律文也"。在民主国就"以置立君主为大逆不道"，而"割全群之产业以媚外人"的清政府，才是真正的大逆不道，是国民的公敌。"援泰西民约家征讨暴君之义，即反坐以大逆不道之罪，谁曰不宜?"[3]义正词严，针锋相对，反映出癸卯入夏以后进步知识界革命意识的迅速涌发。

其次，庚子以后，章太炎已经自觉地逾越了"纪孔、保皇"二关。他虽然标榜国粹，但并非独尊儒学，实际上是把孔子与其他诸子放在同等地位而比较其短长的。他当年热衷的国学保存，主要也不是抵制新学，而是为了抗御帝国主义的文化侵略和激励革命排满的民族主义思想。关于这一点，与他共患难的邹容是了解得很真切的："我兄

[1] 亚庐（柳亚子）：《癸卯冬日怀有太炎威丹》，《复报》第3号，1906年7月16日。
[2] 蒋慎吾：《爱国学社史外一页》，《大风》第67期，1940年5月20日。
[3]《大逆不道之解剖》，《江苏》第5期，1903年8月23日。

章枚叔，忧国心如焚。并世无知己，吾生苦不文。一朝沦地狱，何日扫妖氛？昨夜梦和尔，同兴革命军。”[1]由此可见，所谓泣麟悲凤，主要还是“忧国”之心，是一种以天下为己任的爱国主义与历史责任感。正是由于已经自觉地承担了资产阶级革命的历史使命，所以章太炎于下狱之始，就充满自豪地向保守派新闻记者表明了革命的信念：“天命方新，来复不远，请看五十年后，铜像巍巍立于云表者，为我为尔？坐以待之，无多聒聒可也。”[2]稍后，乌目山僧又发表《寄太炎》一诗，有“凭君不短英雄气，斩虏勇肝忆倍加。留个铁头铸铜像，羁囚有地胜无家”[3]等句，抒发的也是同一情怀。“天下兴亡，匹夫有责。”当年爱国志士们这种难能可贵的紧迫感和使命感，是永远值得后世的人们尊重和发扬的。

第三，章太炎虽然流露出强烈的英雄史观和过于自信，但在癸卯前后他对革命的先行者孙中山倒是非常尊重的。多年以后，他还回忆这段往事说：“余在巡捕房，与中山书，尊称之为总统，溥泉（张继）为余送去。”[4]也在这一年，他还曾为黄中黄（即章士钊）节译的《孙逸仙》一书题词：“索虏昌狂泯禹绩，有赤帝子断其嗌，掩迹郑、洪为民辟，四百兆人视兹册。”他对孙中山的尊重，当然是由于己亥、壬寅两次在日本与孙交游，对孙有了较多的了解，而孙在章太炎向民主革命转变的过程中，也确实起过重要促进作用。同时，孙中山由于与章太炎结交，通过章太炎、章士钊这些当年进步舆论界的佼佼者的宣传介绍，也明显地增强了自己在国内的影响。据章士钊自称：“癸卯八月，愚据日本宫崎寅藏《三十三年落花梦》为底本，成一小册子，颜曰《孙逸仙》，其时天下固瞢然不知孙氏为何人也。”[5]行老回忆往

[1] 威丹（邹容）：《狱中答西狩》，《复报》第5号，1906年10月。“西狩”即太炎。

[2] 章太炎：《狱中答新闻报》，《苏报》1903年7月6日。

[3] 中央（黄宗仰）：《寄太炎》，《江苏》第6期，1903年9月21日。

[4] 章太炎：《口授少年事迹》，汤志钧编：《章太炎年谱长编》上册，北京：中华书局，1979年，第186页。

[5] 章士钊：《孤桐杂记》，《甲寅周刊》第1卷第23号，1925年12月19日。

事，有时不免过于强调自己的作用，但上述这些宣传介绍促使更多的爱国志士承认孙中山的革命领袖地位，则是肯定无疑的。

第二首诗是对“神州好男儿”邹容与“行行字字滴鲜血”的《革命军》的尽情歌颂。

乌目山僧与邹容的结识也是在爱国学社时期，但邹与学社的关系并不密切。他不是学社的“老社生”（即从南洋公学退学最早参加爱国学社者），而是在癸卯春痛殴南洋留日学生监督姚文甫以后回到上海，才到爱国学社听章太炎讲学并与章同寓的[1]。旧时学堂老生往往轻视与欺侮新生，即令爱国学社这样进步的地方也未能例外，用章太炎的话来说，就是“陵轹新生如奴隶”。但邹容的性格是不容他人轻侮的。当时，他已经在东京学潮和张园拒俄会议等爱国运动中显示了锋芒，并且还得到许多进步老师的赏识和扶植，所以他对“老社生”毫不退让。章太炎早年曾回忆此事说：“是时余在爱国学社始识容，诸教员争与交。容性倜傥，喜詈人，谓诸社生曰：‘尔曹居上海，在声色狗马间，学英文数岁，他日堪为洋奴耳，宁知中外之学乎？’社生群聚欲殴之，乃去。以《革命军》一通示余，令稍稍润色之。余曰：‘吾持排满主义数岁，世少和者，以文不谐俗故；欲谐俗者，正当如君书。’乃为叙录，与金山僧用仁刻行之。”[2]“金山僧”即黄宗仰，出版费用大概全靠他张罗。因为爱国学社经费有限，对教员只供给简易膳宿而别无报酬，章太炎只有在课余为人译述“妖怪学讲义”之类，靠卖文以自给，似无余钱足以自行刻书。曾与章太炎同时任教学社的蒋维乔，回忆此事则说得更为清楚：“容箧中有小册《革命军》稿，太炎为之作序，宗仰出资刊行之。复将太炎之《驳康有为论革命书》

[1] 蒋慎吾：《兴中会时代上海革命党人的活动》，《蔡柳二先生寿辰纪念集》，上海：中华书局，1936年，第220~222页。所记爱国学社社员一百三十二人名单即未列入邹容，另有柳亚子四人以中国教育会会员身份作为学社附读生，也不包括邹容。

[2] 章炳麟：《邹容传》，《革命评论》第10号，1907年3月25日。

同时刊出，不及一月，数千册销行殆尽。”[1]由此可见，《革命军》的早期得以流传，山僧也是颇有贡献的。

所谓“西州男儿有英骨，笔铁口血血茫洋”，是对青年志士邹容的刻画与讴歌。据蒋维乔同一回忆称，邹容尊章太炎为“东帝”而自称为“西帝”。这也许是借籍贯而作戏谑之言，但这位年尚不满二十的“西州男儿”的豪迈之气已可想见。《〈革命军〉击节》一诗中还有“海飞立兮山飞拔”“昆仑吐气气郁勃”等句，大体上都是借用了《革命军》自身的语言，如“郁郁勃勃，莽莽苍苍”“吾于是沿万里长城，登昆仑，游扬子江上下，溯黄河，竖独立之旗，撞自由之钟”[2]之类。其实，这也并非邹容独有的性格特点，而是20世纪初一代革命青年共同的精神风貌。与乌目山僧三诗在同一期《江苏》杂志上发表的，还有金松岑的《陈君去病归自日本，同人欢迎于任氏退思园，醉归不寐，感事因作》长诗一首，其中也有类似的豪放不羁语言：“娶妻当娶韦露碧，生儿当生玛志尼。得听雄鸡三唱晓，我侬身在法兰西。”[3]这些都说明，长期桎梏于封建主义精神枷锁的中国知识分子，正在经历一次较诸戊戌维新更为强有力的思想解放。

所谓“一书英法争传译”，“咸识汉人有豪杰”，也是借用邹容《革命军》自序的语言，即“其有责我为大逆不道者，其有信我为光明正大者，吾不计。吾但信卢骚、华盛顿、威曼诸大哲于地下有灵，必哂曰：‘孺子有知，吾道其东！’”[4]在当时的进步思想界，邹容的年纪虽然最轻，但至少在《民报》创办以前的一段时间里，他鼓吹民主革命思想的贡献却最大。正如癸卯五月十四日《苏报》“新书介绍”

---

[1] 蒋竹庄（维乔）：《太炎先生轶事》，《制言》第25期，1936年9月16日。

[2] 邹容：《革命军》，上海：民智书局，第1页。

[3] 松岑：《陈君去病归自日本，同人欢迎于任氏退思园，醉归不寐，感事因作》，《江苏》第5期，1903年8月23日。同期还发表了松岑《补题二十二岁海上钓鳌小影》，风格亦颇类似，如“革命风潮撼九天，太平洋海涨年年。不应袖却屠龙手，归钓槎头缩项鳊”等。

[4] 邹容：《革命军》，第13页。

一栏所说的那样，“《革命军》凡七章，首绪论，次革命之原因，次革命之教育，次革命必剖清人种，次革命必先去奴隶之根性，次革命独立之大义，次结论，约二万言。章炳麟为之序。其宗旨专在驱除满族，光复中国。笔极犀利，文极沉痛，稍有种族思想者，读之当无不拔剑起舞，发冲眉竖。若能以此书普及四万万人之脑海，中国当兴也勃焉”。[1]可以这样说，革命军的旗号与中华共和国的理想，从此为更多的先进中国人所共同抱持服膺。

当然，《革命军》与《驳康有为论革命书》一样，都存在着大汉族主义的偏见和对国内民族关系的错误陈述，但这也是要从历史条件来加以理解的。在1903年，经过拒法、拒俄斗争以后，人民反抗的锋芒愈来愈集中到作为帝国主义走狗的清朝政府的身上。查阅这个时期国内和海外的有关进步报刊，可以看出革命的或倾向革命的人们已经形成三点比较接近的认识：一是鼓吹革命排满的口号；二是宣传民族主义的“国魂”（即思想武器）；三是塑造汉族共同祖先黄帝的形象，而归根到底都是为了唤起人民推翻君主专制主义的清王朝。这似乎是一个极为离奇的现象，人民的革命觉醒随日俱增，而封建性的大汉族主义糟粕也愈来愈弥漫于革命者的语言文字之中。但原因也不难解释，其目的就是要把统治全国的满族王室和亲贵集团彻底弄臭，最大限度地调动广大人民对统治者的仇恨与鄙弃，以便通过革命一举而摧毁之。这就是当年革命的人们所说的，“欲达此莫大之目的（指‘建民族之国家，立共和之宪章’），必先合莫大之大群；而欲合大群，必有可以统一大群之主义，使临事无涣散之忧，事成有可久之势。吾向欲觅一主义而不得，今则得一最宜于吾国人性质之主义焉。无他，即所谓民族主义是也”[2]。而了解这一内情，我们就不会对当年排满的鼓吹者作过苛的责难。

第三首诗是为孙中山的远行壮别，作者对这位叱咤风云的革命领

---

[1]《新书介绍·革命军》，《苏报》1913年6月9日。

[2] 竞盦：《政体进化论》，《江苏》第3期，1903年5月27日。

导人寄予莫大的期望。

根据现有文献记载，乌目山僧应是在癸卯夏季才与孙中山结交的。这年闰五月（阳历 7 月），孙中山自越南河内，经西贡、暹罗抵达横滨，寄住在前广州博济医院同学廖翼朋开设的振华商店楼上。山僧慕名来访，孙“一见如故，雅向推重，特辟楼下一室以居之”[1]，此后两人关系一直非常亲密。孙中山在《江苏》杂志第 6 期发表《支那保全分割合论》一文，很可能就是由于山僧的敦促，因为他不仅是《江苏》的撰稿人，而且是这家杂志的重要资助者。如果不是他及时在上海筹得款项接济，《江苏》可能早就倒闭了。孙中山于癸卯八月初六离日赴檀香山，行前山僧曾借助旅费两百元。《饯中山》诗首句就是“握手与君五十日”，可以推算出他与孙中山的结交当在癸卯六月十六日左右。

在这五十天当中，孙中山不仅与乌目山僧，而且与其他一些因“《苏报》案”避祸来日的爱国学社成员友好往还。这些交往肯定增加了孙中山对国内（特别是江浙地区）情况的了解，而与保皇派的斗争则显然是议论较多的问题之一。因为孙中山本人公开与康、梁之流论战，正是在癸卯日本之行以后。同年十月二十九日（阳历 12 月 17 日），孙中山在檀香山曾就所询社会主义问题复函友人，这个友人很可能就是乌目山僧。信中特别称赞《革命军》“功效真不可胜量”，同时则指斥梁启超等在海外“不言保皇，乃言欲革命，名实乖舛，可为谬笑”。并且报告在檀香山与保皇派斗争的战果，“四岛已肃清二岛，其余二岛，不日亦当收服”[2]。癸卯冬，孙中山又复山僧一函，进一步阐明与保皇派论战的重要意义。他自我检讨说：“向来专心致志于兴师一事，未暇谋及海外之运动，遂使保皇纵横如此，亦咎有不能辞也。”[3]因此，“非将此毒铲除，断不能做事”[4]，并且要求“在沪同

---

[1] 冯自由：《乌目山僧黄宗仰》，《革命逸史》第 3 集，第 166 页。

[2] 华进：《投函》，《警钟日报》1904 年 4 月 26 日第 2 版。

[3][4] 孙中山：《复黄宗仰函》，黄季陆编：《总理全集》下册，成都：近芬书屋，1944 年，第 22、21 页。

志亦遥作声援，如有新书新报，务要设法多寄往美洲及檀香山分售，使人人知所适从，并竭力大击保皇毒焰于各地”[1]。由此可见，1903年底和1904年春，孙中山在檀香山和北美同保皇派的斗争并不是孤军作战，而是与国内革命志士对保皇派的全国批判声息相通、遥相呼应的。

不过在《饯中山》诗中却没有直接提到与保皇派的斗争。“脑中印我扬子图”“拿华剑气凌江汉”，说的都是长江流域的革命运动。孙中山与山僧在横滨期间谈话的具体内容，现在已难于考索，但从孙氏早先与宫崎滔天的笔谈残稿[2]可以看出，当时他的举义计划也并非只注意华南一隅，而确曾从全局考虑研究过在其他地区起义和建都的可能性，其中就包括长江中游的武昌和下游的南京。根据笔谈残稿记录，当谈到建都问题时，孙中山即自称：“仆常持一都四京之说：武汉（都）。西京（重庆），东京（江宁）。广州（南京），顺天（北京）。”[3]可见“扬子”“江汉”云云并非无稽之谈。至于“此去天南翻北斗，移来邗水奠新都”，似亦有建都东南之意。邗水即江南运河，自江都西北抵淮安，凡三百七十里。但诗词好想象，恐怕不能过分拘泥于地理位置的推测，此类诗句主要还是壮别寄语的期望，祝愿孙中山檀香山和北美之行能获致良好的效果，并非说是马上就要发动一举推翻清廷的起义。诗歌是需要想象而又容许夸张的，我们不应对诗人提出如同对军事家那样严格的要求。《饯中山》的结尾两句是：“伫看叱咤风云起，不歼虏胡非丈夫。”这也说明作者无非是抒发排满的决心和战斗的激情，并不是指望胜利一蹴而就。

---

[1] 孙中山：《复黄宗仰函》，黄季陆编：《总理全集》下册，成都：近芬书屋，1944年，第22页。

[2] 残稿已刊于宫崎龙介、小野川秀美同编《宫崎滔天全集》第5卷，东京：平凡社，昭和四十六年（1971）。原件收入宫崎档案，藏于日本东京大学明治文库。

[3]《与宫崎寅藏等笔谈》，《孙中山全集》第1册，北京：中华书局，1981年，第185~186页。

我之所以对这三首诗特别感兴趣，是因为它们可以有助于说明辛亥革命史中的几个问题。

第一，它们说明癸卯是中国进步思想界空前活跃起来的一年。

在短短的时间里，经过拒法、拒俄和“《苏报》案”三次斗争，人们迅速增强了政治觉醒，从反对帝国主义侵略我国边疆，反对清朝政府出卖领土主权，进而直接反对清朝政府自身。维护封建君主专制的精神堤防日益溃决，民权革命的思想仿佛清新的春风一样吹拂着祖国的大地。不仅那些腐朽透顶的封建糟粕受到猛烈的谴责，就连那些虽曾起过进步作用而已经过时的思想和言论，也迅速被革命的先行者们所扬弃。正如当年一家杂志所概括的那样：“夫自甲午之创，庚子之变，大江以南，六七行省之士，翘然于旧政治、旧学术、旧思想之非，人人争从事于新智识、新学术，迄今而自由民权之论飘沸宇内，莫能禁遏，固不得谓智育之无进步矣。”[1]先进的人们思想的进步是如此之快，甚至连刚刚活跃一时的拒俄义勇队，也被认为旨趣不高而难以担当革命大业。他们批评说：“其发表宗旨，一则曰拒俄，再则曰属在政府统制之下。情词卑逊，志气蜷局，屏息乞怜，至可悯念。四海豪杰之士聆诵檄文，侧聆口演，方且腹诽口讥，心疑目笑，以为若此举动犹不脱奴隶依赖根性，而确然其为清国留学生会馆办事之面目手段，曾不足当寰球起义英雄之一盼，更曷可冀法朗西之兴革命军，华盛顿之树独立旗，而欲窃掠微些之名誉乎？”[2]由此可以想见，在资产阶级革命还处于上升期的那些年代里，人们思想演变的速度确实是惊人的。

而且这种演变，又是在长期蓄积基础上的触发，是经过曲折的道路并有酷烈的血的教训作为根底的，因此就不同于一般浮而不实的时髦转向。当年先进的人们自己已经认真回顾过鸦片战争以来六十多年的漫长历程，比较清晰地条理出晚清政局和社会思想发展的轨迹。“经外界内界无穷之激刺，而吾国之政海亦累生种种变幻之风云。初坚持

[1] 杜士珍：《论德育与中国前途之关系》，《新世界学报》第14号，1903年4月12日。

[2] 季子：《革命其可免乎？》，《江苏》第4期，1903年6月25日。

通商而不可者，继乃议及于制造。坚持制造而不可者，继乃议及于游学。坚持游学而不可者，继乃议及于变法。坚持变法而不可者，继乃议及于保皇。坚持保皇而不可者，继乃议及于立宪。坚持立宪而不可者，继乃议及于革命。夫至革命，以现象度之，则其抵死坚持不可者也。”[1]新生的、先进的、革命的事物，总是这样不屈不挠，在不断克服陈腐、落后、反动事物阻挠搪塞的过程中发展壮大，形成一股不可阻拦的历史潮流，冲击着摇摇欲坠的中国最后一个封建王朝。这就是无所不在的历史辩证法，它在癸卯年数以千百计的革命诗文中闪耀着哲理的光焰。

也是在 1903 年夏天，有位署名“横江健鹤”的还发表了一篇《新中国传奇》，并且以谭嗣同的鬼魂到“上海自由戏院”观看同名戏剧演出作为楔子。在作者的笔下，谭嗣同的形象乃是从血泊中醒悟过来的灵魂。谭魂一出场就自称是“为民流血的第一人”，而把唐才常等在汉口就义说成是“第二次流血”。值得注意的是他的一段较长的独白：“哈哈，革命革命！自由自由！目下风潮又起，章枚叔、邹慰丹两同志，竟编成《革命军》一书，倡九世复仇之旨，策十年血战之勋。此唱彼和，风行沪上。文字收功日，全球革命潮，二君愿力诚非小可哩!”“幽明异路，今是昨非，自由革命的主义，究竟是万劫不磨的。老夫昔日理想幼稚，所以堕落魔障，生为保皇党魁，死作革命雄鬼。……寄语昔日保守党，一息尚存，难道必像咱们至死方悟么?”[2]对于为变法流血牺牲的谭嗣同，当年革命的人们始终是同情和尊重的，所以这个《新中国传奇》的楔子，绝非轻薄的讥嘲，而是诚挚的规劝。时过境迁，思想流变，历史舞台上即将登场的主角应是“第三次流血”者。

总之，上述这些思想的明显变化，都是出现在同盟会成立的两年以前，而且已经不再是个别人物和个别地区的独特现象。过去，我们

---

[1]《中国政界最近之现象》，《国民日日报汇编》第 1 集，上海：东大陆图书译印局，1904 年，第 46 页。

[2] 横江健鹤：《新中国传奇》，《江苏》第 4 期，1903 年 6 月 25 日。

比较注意 1905 年以后《民报》与《新民丛报》之间的论战，却不免忽略了 1903 年国内革命知识分子与维新派的诀别以及对保皇派的批判，也没有明确肯定 1905 年以后大论战中所涉及的主要问题在 1903 年已经全部被提出，这样就不可能更为全面地把握 20 世纪初年中国思想界演变进程的内在联系。

可以这样说，乌目山僧癸卯诗三首，正是这一年革命思潮在国内狂飙突起的历史记录。

第二，它们说明江浙地区，特别是上海，是 20 世纪初年国内革命思潮最为重要的策源地。

过去，我们比较注意聚集在东京的中国留日学生的宣传活动，却相对地忽视了国内上海和江浙地区进步知识分子的舆论工作，特别是没有认真探讨二者之间的密切联系。实际上，上海等地书局林立，报刊纷出，进步知识界空前活跃，影响也相当深远。据我粗略考察，1902 年秋季由陈黻宸和杭州养正书塾几个学生创办的《新世界学报》[1]，1903 年春间改版以后的《苏报》以及《苏报》被封以后接踵而起的《国民日日报》等，其思想水平和实际影响都不下于海外出版的一些进步报刊，而其群众基础恐怕还更为广泛一些。癸卯初秋乌目山僧另有《再寄太炎威丹》一首："大鱼飞跃浙江潮，雷峰塔震玉泉号。哀吾同胞正酣睡，万籁微闻鼾声调。独有峨嵋一片月，凛凛相照印怒涛。神州男子气何壮，义如山岳死鸿毛。自投夷狱经百日，两颗头颅争一刀。"[2] 此诗通过对章、邹二人的赞扬，充分反映了国内进步人士艰难从事革命舆论工作的英雄胆略与勇猛气势，这是可以与东京留学生界的奔走呼号互相辉映的。

同时，东京一些进步刊物的创办者和主要撰稿人，本身就是爱国学社和浙省大学堂（原来是书院）学潮中经过磨炼的先进分子，如《江苏》的柳亚子、黄宗仰，《浙江潮》的孙翼中等。他们把国内进步

[1] 据陈谧编《陈介石先生年谱》，《新世界学报》始于壬寅（1902）八月，迄于癸卯（1903）四月，共 15 期。

[2] 中央（黄宗仰）：《再寄太炎威丹》，《江苏》第 6 期，1903 年 9 月 21 日。

师生的反抗精神带到留日学生界，促进了留学生革命思想的蓬勃发展，并且始终与国内的同道保持着极为密切的联系。如柳亚子到东京后，与上海狱中的章太炎、邹容仍然书信频传，声息相通。章太炎癸卯九月给柳信称："别数月，忽得《江苏》杂志，见弟所为《郑成功传》，曩吾睹弟之面，而今睹弟之心矣。杂志草创时，辞颇喧塞，数期以来，挥斥慷慨，神气无变，进步之速，斯为极点。而弟所纂《郑传》亦于斯时发现，可谓智勇参会，飙起云合者也。"[1] 十月，邹容亦致柳一书，内称："奉致枚公书，得近状。审足下以支那大陆尚有某某，不以其微贱忽之，感甚感甚。某事国无状，羁此半年，徒增多感。幸得枚公同与寝食，迩来获闻高义，耳目一新。奈某愚极，不堪造诣。且思潮塞绝，欲尽文字的国民责任，念而不能。得足下活阔之文章，鼓吹国民，祖国前途，或有系耶？"[2] 东京留学界与国内知识界的爱国志士们，就是这样相互关切，彼此鼓舞，共同推动了新思潮的发展。如果认为只是东京留学生向内地灌输民族民主革命思想，而内地知识界纯粹是被动地接受外来影响，那是不大切合历史实际的。

癸卯这一年，在促进国内革命思潮的发展方面，上海和江浙地区的青年学生起了重要的先锋作用，而其主力就是爱国学社社员和浙省大学堂的退学生。这些年轻人不免有幼稚和偏颇之处，但他们刚一踏上人生的征途，便严肃地考虑时代的特点、国际的局势和祖国的命运，并且当仁不让地以新中国的主人翁自居。像邹容那样才思卓越的杰出人物当然是少数，但忧国忧民奋发蹈厉之士则大有人在。就以爱国学社的"老社生"之一殷次伊为例，他于学社刚一成立就回到常熟故乡，"与邑中同志谋创立教学同盟会（今改教育支部），组织学界同盟，为国民同盟之基础。会律井井，秩序巩固，俨然一国会之具体。次伊复极力运动之，不数月，建设城西小学校，为普及教育之起点。又谋改良公立小学校之规则，实施其国民教育。吾虞学界，新机怒发，

---

[1] 西狩（章太炎）：《致□君书（癸卯九月）》，《复报》第5号，1906年10月12日。

[2] 威丹（邹容）：《致四君书（癸卯十月）》，《复报》第5号，1906年10月12日。

同时有开智会、通学会、体育会之建设。一隙曙光，得照耀于虞山峰顶者，次伊影响学界之功至大且伟也”[1]。未几，“《苏报》案”起，章、邹被捕入狱，次伊愤而投水自杀。时在癸卯五月初九之夕，死年仅二十六岁。殷次伊投身爱国运动的生涯是短暂的，然而他却以一颗年轻的、炽热而又真挚的心赢得了社会广泛的同情。殷次伊的死，引起的不是消沉的喟叹，不是郁积的愤懑，而是更加高昂的斗争激情和胜利信心。当年一位常熟的爱国知识分子写得多么好啊！“美丽哉！吾虞方百里锦峰琴水明媚之山川。瑰玮哉！吾虞三千年南方文学秀灵之历史。学界风潮日簸荡，自由钟声日震撼，一跃而登二十纪世界之新舞台，演四万万同胞悲壮义愤之活剧，生为人豪，死为国雄，以振起一乡之社会，感奋全国之社会者，有之，自殷次伊始。”[2]常熟为祖国的独立和自由献出了自己优秀的儿女，常熟的山山水水为此而增添了颜色和光辉。类似殷次伊这样的“人豪”“国雄”，岂止常熟一县独有，在吴江、扬州、镇江、无锡、绍兴、金华……到处都有他们的足迹。他们为追求新知而来到上海、杭州等人文荟萃之区，然后又把爱国学社、浙省大学堂点燃的火种带回各自的乡里，辗转传播，蔓延滋长，这就使江浙地区思想界呈现一片生机，并且把影响迅速扩大到内地。

可以毫不夸张地说，1903 年江浙地区的学生运动，牵动着海内外千千万万进步人士的心弦。当年倾向革命的人们就是这样的看法。有的说：“诸君，吾所谓建设新中国之小舞台，出现于浙江省会者，何事乎？即近日大学堂退学诸君所建设之新民塾是已。观其脱专制之轭，秩序井然，无一暴动，真可谓文明自由也。彼又固结团体而以自力建设其理想中完全粹美之学校，是真所谓新中国国民之资格者。呜呼！诸君而日日欲脱专制昌民权者，盍于此小试其手段也。”[3]有的说，海外广大学生、商人都关切着爱国学社，“仿佛像这个学堂可以造就出来

---

[1][2] 初我：《常熟殷次伊传》，《江苏》第 4 期，1903 年 6 月 25 日。

[3]《敬告浙江志士》，《苏报》1903 年 4 月 19 日。新民塾是浙省大学堂学生退学后仿照爱国学社自行组建的学校。

许多拿破仑、华盛顿、加富尔、玛志尼、加里波的、西乡隆盛的一般人才出来。他们顽固的官场又道这个学堂希奇得狠，他们办下去，必定要造就出来许多造反的家伙，仿佛有许多宋江、李自成、张献忠、洪秀全、孙文、康有为一般人才”。“这样看起来，我们爱国学社之办好办不好，办得下去办不得下去，不是关系中国的大局么？不是差不多中国的兴亡都赌在这一个学堂里么？”[1]这些话当然有许多夸大溢美之词，但是人们确实已经把癸卯这一年的学生运动与建立一个新的国家联系起来，其估价之高和期望之殷，都是前所未有的。

由此可见，我们在认真研究海外留学生运动的同时，还必须注意研究国内（首先是江浙地区）的学生运动，因为这些学生运动不仅直接为 1904 年各地革命小团体的建立提供了思想上和组织上的准备，而且为以后同盟会的建立创造了条件。

第三，它们说明孙中山在 1903 年已经加强了与江浙地区进步知识界的联系，而江浙知识界的新觉醒对孙中山的革命事业也起了明显的促进作用。

无可讳言，惠州起义以前，孙中山的革命活动偏重会党的联络，与国内进步知识界的联系甚少。1901 年春赞助留日粤籍学生组织广东独立协会，1902 年 4 月与章太炎发起支那亡国二百四十二年纪念会，都说明孙中山逐渐增添了与国内知识分子的联系。但是这些联系时断时续，而且范围也很有限。及至 1903 年 7 月再次来到日本，与黄宗仰、陈范这样一些影响较大的人物交往以后，通过充分交换彼此对时局的意见，这才大大增加了孙中山对国内情况的了解，也才引起孙中山对江浙地区知识界革命活动（首先是舆论工作）的重视。“握手与君五十日，脑中印我扬子图”，恐怕不只是乌目山僧自身的感受，而且也包括孙中山从新的结交中得到的收获。正如孙中山回忆所说的那样：“留东学生提倡于先，内地学生附和于后，各省风潮，从此渐作。在上海则有章太炎、吴稚晖、邹容等借《苏报》以鼓吹革命，为清廷所

[1]《教育会会员蒋君性才由日本寄来演说稿》，《苏报》1903 年 5 月 12 日。

控，太炎、邹容被拘囚租界监狱，吴亡命欧洲。此案涉及清帝个人，为朝廷与人民聚讼之始，清朝以来所未有也。清廷虽讼胜，而章、邹不过仅得囚禁两年而已。于是民气为之大壮。邹容著有《革命军》一书，为排满最激烈之言论，华侨极为欢迎，其开导华侨风气，为力甚大。此则革命风潮初盛时代也。”[1]

应该看到，孙中山当时的处境还比较困难。兴中会由于保皇派的破坏而日益涣散凋零，早期的得力助手如陆皓东、史坚如、郑士良等相继牺牲或病故，会员中已缺乏杰出的干才。特别是在舆论工作方面更觉得力量薄弱，兴中会中唯一善于文笔的是陈少白，而他的识见与格调都不够高。他所主持的《中国日报》虽然已经与保皇派论战，但并没有什么可以流传的佳作，从影响来说远逊于《苏报》和《驳康有为论革命书》。在这种情况下，孙中山得到江浙进步知识界的支持，就显得更有意义。这种支持主要还不是经费的资助，它具体表现在两方面：一是把孙中山作为全国人民的革命领袖来加以宣传介绍；二是为孙中山在海外反对保皇派的斗争提供了后盾。孙中山对这两点应该是有充分理解的，所以当他到檀香山“大击保皇毒焰”的时候，便“务望在沪同志亦遥作声援”，并且把上海出的“新书新报”作为他在海外进行宣传鼓动的重要资料。1904 年到美国以后，他又在致公堂与中西日报社的协助下，刊印《革命军》一万一千册，分寄美洲、南洋各地侨胞。这就进一步说明了孙中山对江浙地区进步知识界革命舆论工作的重视。在他所撰写的《敬告同乡书》《驳保皇报书》及《致黄宗仰函》等文章和书信中，有些语言如“则康梁者尚得处于人类乎？直禽兽不若也！”[2]“康怪”“梁酋”“客帝”等，与章太炎、黄宗仰等人的诗文口气都很相近。而《驳保皇报书》一文，还严厉斥责了檀香山《新中国报》主笔陈仪侃对《苏报》的攻讦，指出：“又其人存心刻忍，观其所论《苏报》之案，落井下石，大有幸灾乐祸之心……其手

[1] 孙中山：《建国方略》，《孙中山选集》上卷，北京：人民出版社，1956 年，第 175 页。

[2] 孙中山：《敬告同乡书》，《孙中山选集》上卷，第 51 页。

段之酷，心地之毒，门户之见，胸度之狭，于此可见一斑。”[1]这些也从一个侧面表明，苦斗在海外的孙中山，心中仍然时时系念着江浙地区的友人和革命运动。

乌目山僧的癸卯诗三首，好处就是通过对章、邹、孙三个人物的歌颂，使我们比较具体地看清了海外革命运动与国内革命运动之间的联系。那种把两者割裂开来并且故意贬低孙中山对国内影响的看法，显然是不正确的。当然，如果反过来，片面夸大海外革命运动的作用，而忽视或贬低国内进步知识界为民主革命所作的重要贡献，同样也是不恰当的。任何国家任何时期的历史都有一个客观实际，我们的任务是力求科学地给以说明，而没有任何权利去改动历史的本来面目。

最后，还想说明一下，为什么乌目山僧作为佛教徒却如此积极地参加了革命活动？其实，这也不用我多费笔墨，当年他在《代罗迦陵女士复浙江退学生书》中已经作过自我表白：“昔我佛释迦牟尼，与其徒千二百五十人乞食城中，食已收钵，趺坐树下，对众说法，欲普度世界众生。尝曰：‘我不入地狱，谁入地狱？’观世音大士寻声救苦，亦尝发誓言：‘我若向刀山，刀山自摧折；我若向火汤，火汤自枯竭；我若向地狱，地狱自消灭。’其地藏仁者发愿云：‘地狱未空，誓不成佛！’此何等愿力，何等慈悲，何等气象，何等庄严！余虽不敢以释迦牟尼望诸君，未尝不以观世音、地藏望诸君，而祷祝其发慈悲施大愿以救中国也。”并且特别强调“宗旨不可不定，必立其足于民党之一点，然后可以为完全之大国民”[2]。这里虽然是借用罗迦陵勉励浙省学生的口气，但一眼即可看出是乌目山僧夫子自道。

宗教是一种距离物质经济基础更远的观念形态，它与现实之间的联系往往容易被一些中间环节弄得模糊不清。然而不管通过如何曲折复杂的方式，宗教终究是现实世界的反映。“宗教里的苦难既是现实的

---

[1] 孙中山：《驳保皇报书》，《孙中山全集》第1卷，北京：中华书局，1981年，第238页。

[2] 乌目山僧（黄宗仰）：《代罗迦陵女士复浙江退学生书》，《苏报》1903年5月4日。

苦难的表现，又是对这种现实的苦难的抗议”[1]，尽管这种抗议往往是软弱的和消极的。也正因为如此，在资产阶级解放斗争的最初阶段，历史运动带有某种程度宗教的色彩，并不是什么奇怪的事情。乌目山僧所说的“普度众生”和“救苦”，实际上都是为了解脱资产阶级的现实苦难，都是为了调动自己的阶级群众“立其足于民党”，并且进而成为资产阶级共和国的公民。这和章太炎以后所提倡的“用宗教发起信心，增进国民的道德”，完全是一个道理。只不过章太炎作为已经公开了身份的革命党人，可以把其中奥秘和盘托出而已。他在东京留学生欢迎会上的演说讲得非常清楚：“有的说佛教看一切众生，皆是平等，就不应生民族思想，也不应说逐满复汉。殊不晓得佛教最重平等，所以妨碍平等的东西，必要除去。满州（洲）政府待我汉人种种不平，岂不应该攘逐？且如婆罗门教分出四性（姓）阶级，在佛教中最所痛恨。如今清人待我汉人，比那刹帝利种虐待首陀更要利害十倍。照佛教说，逐满复汉，正是分内的事。又且佛教最恨君权，大乘戒律都说：‘国王暴虐，菩萨有权，应当废黜。’又说：‘杀了一人，能救众人，这就是菩萨行。’其余经论，王贼两项，都是并举。所以佛是王子，出家为僧，他看做王就与做贼一样，这更与恢复民权的话相合。所以提倡佛教，为社会道德上起见，固是最要；为我们革命军的道德上起见，亦是最要。”[2]在早期资产阶级革命家的言论中，佛从天上又回到人间，并且披上革命的袈裟，与人们一起从事推翻清王朝的伟大事业。

乌目山僧与章太炎、孙中山的友谊一直维系到辛亥革命爆发以后，并且还曾经企望对佛教进行资产阶级性的改革，幻想使之成为新生的共和国的精神支柱。上海光复不久，章太炎、孙中山即先后莅沪，山僧都是亲至吴淞迎接，并且邀入爱俪园下榻。南京临时政府刚一成立，

---

[1] 马克思：《〈黑格尔法哲学批判〉导言》，《马克思恩格斯选集》第 1 卷，北京：人民出版社，1972 年，第 2 页。

[2]（章）太炎：《演说录》，《民报》第 6 号，1906 年 7 月 25 日。

他又发表《佛教进行商榷书》，宣称："儒释同源，本无二致。……近始揭示教育，启发国民，二氏百家，共趋一的。于是我僧界亦鼓舞兴起，设学会，立学校，风从景附，亦既有年。民国肇兴，尤赖共和知识普被丛林，庶几于天演漩涡不遭沦溺。""即工艺、实业两途，亦不妨量才造就。所谓实际理地不受一尘，万行门中无舍一法，何尝非菩萨行愿乎？"[1]在他的促进下，并且得到孙中山、章太炎等人的赞同和支持，随即建立了中华佛教总会，其章程明确规定："本会系中华民国全体僧界共同组织。""本会统一佛教，阐扬法化，以促进人群道德，完全国民幸福为宗旨。"[2]一时各省纷纷成立分部，甚至公开扬言："佛教者，中华民国唯一之国粹也，中华民国特别之学术也，中华民国无上之灵魂也。"[3]真是雄心勃勃，颇有普被年轻的共和国之势。

但是，佛教和国粹一样，它们之所以被中国民主派利用，正说明辛亥革命是属于幼年型的不成熟的资产阶级革命。中国民族资产阶级虽然被急剧发展的革命形势推上历史舞台的前沿，但是正如他们缺乏坚强有力的经济基础一样，他们也缺乏自己独特的坚强有力的思想体系，因而才不得不求助于古老的国粹和虚幻的佛学。国粹的封建糟粕容易使人迷恋往昔，转向倒退；佛学的精神麻醉则更易于引诱人们逃避现实，耽于空想。既然年轻的共和国很快便剩下躯壳，失去灵魂；那么曾经一度充满爱国激情的乌目山僧重新归隐山林，也就是势所必至、理所当然。山僧晚年几乎与世完全隔绝，只不过间或与章太炎谈禅而已。1921年7月圆寂于栖霞寺，年方五十有七。

乌目山僧的结局与辛亥革命的结局一样惨淡。当然，即令辛亥革命不是这么早熟的一次革命，即令革命的成果能够巩固并持续下去，佛学也不是一种正确的可供革命利用的精神武器，而且它除了将会转化成为维护资产阶级统治的精神麻醉剂以外，也绝不可能真正解救劳苦大众的现实灾难。乌目山僧之所以值得人们纪念，并非因为他是一

---

[1] 中央（黄宗仰）：《佛教进行商榷书》，《佛学丛报》第1期，1912年10月1日。

[2]《中华佛教总会章程》，《佛学丛报》第1期，1912年10月1日。

[3] 一乘：《中华民国之佛教观》，《佛学丛报》第1期，1912年10月1日。

个佛教徒，而是因为他曾经以佛教徒的身份支持过革命事业，并且留下了好几首充满政治热情的革命史诗。我之所以抄录他的癸卯诗三首，并且为之作跋，用意不过如此而已。

（原载《辛亥革命与近代社会》，华中师范大学出版社 2011 年版）

论辛亥国魂之陶铸

研究辛亥革命时期的进步社会思潮，有必要对20世纪初年先进的中国人所提出的国魂问题作一番考察。

我所见到的当时比较集中地论述这个问题的文章有两篇。一是《国魂篇》，连续刊载于《浙江潮》杂志（1903年）第1、3、7期，包括“国魂之定义”“论铸国魂之法”“中国之国魂安在乎！祖国主义！”“道德问题”诸节，但可惜未能终篇。另一是《国民新灵魂》，刊载于《江苏》杂志（1903年）第5期。作者署名壮游，文中自称金一，可知即吴江著名革命文学家金天翮，也就是宫崎滔天《三十三年落花梦》最早的中译者之一。他热情奔放的诗文，曾在当时广大爱国知识分子中间引起强烈共鸣。

两篇文章都把“灵魂”一词与封建迷信的鬼神之说区别开来。作者所说的魂，实际上就是民族精神，而且是积极进取的民族精神。前者阐明国魂的定义说：“一民族而能立国于世界，则必有一物焉，本之于特性，养之以历史，鼓之舞之以英雄，播之于种种社会。上扶其无上之魔力，内之足以统一群力，外之足以吸入文明与异族抗。其力之膨胀也，乃能转旋世界而鼓铸之；而不然者，则其族必亡。兹物也，吾无以名之，名之曰国魂。”[1]后者的解释则更为具体：“是故特殊之灵魂足以代表一群，多数之灵魂足以代表一国。有华美高尚樱花之魂，而日本以之名其国也；有凌厉鸷鹜荒鹫之魂，而俄罗斯以之名其国也；有高掌远跖神奇变化猛狮之魂，而英吉利以之名其国也。夫国而无魂，乃以陈死之人而充国民之数矣，可乎哉？”[2]

---

[1] 飞生：《国魂篇》，《浙江潮》第1期，1903年2月17日。

[2] 壮游（金天翮）：《国民新灵魂》，《江苏》第5期，1903年8月23日。

20世纪初年，在海内外进步报刊上，充塞着诸如此类的悲怆呼唤："中国之国魂安在乎""吾中国国民之魂安在乎？""国魂乎？盍归来乎！"这绝不是一般文人骚客无病之呻吟，而是仁人志士在国家生死存亡之际的奔走呼号，于慷慨悲歌声中孕育着一个伟大的古老民族的觉醒。

一

把国家和民族人格化，用灵魂比喻国家和民族的精神，以招魂寄托眷恋和复兴宗国的情思，这是中国文学史上一个古老的传统。远在两千多年以前，《楚辞》"招魂"篇已经发出"魂兮归来，反故居些"的千古绝唱；"国殇"篇的"身既死兮神以灵，子魂魄兮为鬼雄"，也成为世代流传的感人佳句。其后，庾信《哀江南赋》所吟咏的"魂兮归来哀江南"，也每每在民族危难之际激动着历代爱国人士的心潮。所以，《国民新灵魂》的作者自称："学湘累大夫[1]之吟，招之使复。升屋以呼，焚符以降，曰：中国魂兮归来乎！"南社诗人则悲歌："国魂乎！盍归来乎！抑竟与唐虞姬姒之板图以长逝，听其一往不返乎？"[2]还有发表在《江苏》杂志创刊号上的《哀江南》的慷慨陈词："举目河山，苍凉落日，对此粉碎寸裂之余，谁不起洛水伊戎之痛哉！"[3]这些都表明，20世纪初年国魂问题的提出，是继承了我国历史上悠久的爱国主义传统。

但是，岁月流逝，时过境迁。辛亥革命时期的国魂讴歌，绝不是古老"招魂"篇的低沉回音。它已经突破宗庙社稷之思的陈旧格局，注入了新的时代的和阶级的内容。换言之，所谓国魂，已经成为近代国民精神的同义词。

早在戊戌维新时期，中国的先进人士已经根据西方近代社会学观

---

[1] 屈原赴湘死，故曰湘累。

[2] 高旭：《南社启》，《时报》1910年11月15日。

[3] 侯生：《哀江南》，《江苏》第1期，1903年4月27日。

点，倡言“鼓民力，开民智，新民德”乃是变法图强的根本。他们呼吁不仅要改善民族的身体素质，而且要改善民族的精神素质，用近代科学技术和资产阶级的政治思想、道德观念来武装民族成员的头脑。对于这个问题，谭嗣同在《仁学界说》中阐明得最为精要。他认为灵魂是“智慧之属也”，即属于高级精神范畴，并且提出“通则必尊灵魂”的重要命题。“通”包括四义，即“中外通”“上下通”“男女内外通”“人我通”，而“通之象为平等”。这就是要求冲决一切妨碍中外、上下、男女、内外、人我之间平等交往的封建网罗，说到底，也就是要从封建专制主义统治下求得个性解放，树立以“自由、平等、博爱”相标榜的资产阶级国民精神。

戊戌变法失败以后，资产阶级改良派继续探索这个重要课题。1901年梁启超在《清议报》上发表的《过渡时代论》一文，其中有“过渡时代之人物与其必要之德性”一节，强调冒险、忍耐、别择（明辨方向）三性，并且主张“过渡时代之人物，当以军人之魄，佐以政治家之魂”。[1]1902年梁氏又以“中国之新民”的笔名，在《新民丛报》上发表《新民说》一文，再次提出改善民德、民智、民力之急不可缓，并且从公德、权利思想、自由、进步诸方面具体论证了新的国民精神。梁氏认为：“凡一国之能立于世界，必有其国民独具之特质，上自道德法律，下至风俗习惯、文学美术，皆有一种独立之精神，祖父传之，子孙继之，然后群乃结，国乃成，斯实民族主义之根柢源泉也。”[2]需要保持这种固有的“特质”，并且不断加以淬厉、濯拭、锻炼、培浚，以求岁岁有新芽之茁，息息有新泉之涌。同时，还需要“采补所本无以新我民之道”，即“博考各国民族所以自立之道，汇择其长者而取之，以补我之所未及”[3]。只有把“因材而笃”与“变化气质”两条途径结合起来，才能培育出自立于20世纪的一代新的国民。

[1] 任公（梁启超）：《过渡时代论》，《清议报》第83期，1901年6月26日。
[2][3] 中国之新民（梁启超），《新民说一》，《新民丛报》第1号，1902年2月8日。

改良派这些议论，曾经起过开拓风气的启蒙作用，但终究受到君主立宪主义政治方案的局限。正如革命派所批评的那样，“新民说”把国家衰亡归罪于国民而不归罪于政府，这是倒果为因。因为在腐败政府和不肖官吏的统治下，决不容许“民间有所改革，有所兴起”。“故自理论上言，则有新民固何患无新政府；而自事实上言，则必有新政府而后可得新民也。”[1]“新民说”无非是一纸空洞的议论而已。

20 世纪初年，资产阶级革命派鼓吹的国魂说，继承了改良派倡导的近代国民精神，而又使之与共和国方案及革命手段结合起来，这就进入了一个更高的思想境界。

譬如，梁启超的《新民说》虽然提倡自由，认为“自由者，奴隶之对待也”；要求得真自由，必须自除“心中之奴隶”，但是他却不敢把自由与推翻清朝暴虐统治联系起来，反而劝人们学习曾国藩的克己自胜。这就把自由引向内省式的修身养性，模糊了它的战斗目标。革命派的旗帜要鲜明得多，早在 1901 年发表于《国民报》的《说国民》一文，即已公开把自由同反帝反封建以至夺取政权联系起来。他们毫不含糊地说：“何谓自由？曰：粗言之，则不受压制即谓之自由焉耳。压制之道不外二端：一曰君权之压制，一曰外权之压制。脱君权之压制而一旦自由者，法国是也；脱外权之压制而一旦自由者，美国是也。故凡受君权之压制而不能为法国人之所为者，非国民也；凡受外国之压制而不能为美国人之所为者，非国民也。”[2]而且他们还认为，摆脱君权、外权的压制，只能算是“自由之形体”；必须摆脱“数千年来牢不可破之风俗、思想、教化、学术之压制”[3]，才算真正实现“自由之精神”。

又如，革命派鼓吹的国魂，包括冒险魂（山海魂）、宗教魂（魔鬼魂）、武士魂（军人魂）、游侠魂、平民魂（社会魂）等，显然与改良派所说的“民德”，特别是梁启超着力宣传的冒险性、忍耐性、别

---

[1] 飞生：《近时二大学说之评论》，《浙江潮》第 8 期，1903 年 10 月 10 日。

[2][3]《说国民》，《国民报》第 2 期，1901 年 6 月 10 日。

择性等，具有思想上的渊源或共鸣关系。但梁启超所侧重考虑的，是“破坏而不危险”“自由而不乱暴”“独立而不轧轹”[1]，它们会极力束缚民众的手脚。革命派则不然，他们鼓吹国魂的目的，是在于“而后可以革命，可以流血，可以破坏，可以建设，可以殖民，可以共产，可以结党，可以暗杀恐怖，可以光复汉土驱除异族，生则立憧于世界，死则含笑以见我神圣祖宗黄帝于地下，告厥成功焉”[2]。当然，梁启超所论析的十种德性相反相成之义，包括独立与合群、自由与制裁、自信与虚心、利己与爱他、破坏与成立，其中也具有若干合理因素；而革命派对国魂的解释，则难免夹杂着一些青年学生的狂热和不切实际之处。但从总体上来看，毕竟是革命派的国魂说蕴含着极为昂扬的革命民主主义的战斗精神。

“今索诸中国，为精神界之战士者安在？有作至诚之声，致吾人于善美刚健者乎？有作温煦之声，援吾人出于荒寒者乎？”[3]有的，而且为数不少。新的世纪瞩望于中国革命民主派，他们宣传的国魂就是20世纪初年的时代精神。

二

国魂问题的提出绝不是偶然的，它是民族矛盾与阶级矛盾交相激化的产物，是革命形势迅速发展的迫切需要，是中华民族获得新的觉醒的标志之一。

革命不仅需要刀剑，而且更需要精神；御侮不仅需要枪炮，而且更需要国魂。

革命派认为，在封建专制主义长期暴虐统治下，特别是在腐败透顶的清朝政府的残酷奴役下，作为立国精神的可贵国魂已经消磨殆尽，而弥漫于中国大地的则是种种愚昧怯弱的旧灵魂。“梦魇于官，辞呓于

---

[1] 任公（梁启超）：《十种德性相反相成义》，《清议报》第84期，1901年7月6日。

[2] 壮游（金天翮）：《国民新灵魂》，《江苏》第5期，1903年8月23日。

[3] 令飞（鲁迅）：《摩罗诗力说》，《河南》第2号，1908年2月1日。

财，病缠于烟，魔着于色，寒噤于鬼，热狂于博，涕縻于游，痁作于战，种种灵魂，不可思议。而于是国力骤缩，民气不扬，投间抵罅，外族入之，铁鞭一击，无敢抗者，乃为奴隶魂，为仆妾魂，为囚虏魂，为倡优魂，为饿殍待毙一息之魂，为犬马豢养摇尾乞食之魂。而籀其府，而徘徊其都市，则商黯其色，工悴其容，农喘其息，士淹其气。悲风吹来，四山落叶，晚景袭人，灯烛无光，暮气入床，沉冥石室，乃魂之房。耗矣哀哉！中国魂，中国魂！”[1]在这样落后困顿的情况下，如果不洗刷旧思想，不灌输新精神，祖国是很难有复苏振兴之望的。革命派因此以陶冶熔铸新的国魂为己任，他们豪迈地宣言：“于是上九天下九渊，旁求泰东西国民之粹，囊之以归，化分吾旧质，而更铸吾新质。吾使孔子司炉，墨子司炭，老子司机，风后力牧执大革，运气以鼓之，而黄帝视其成。彩烟直上，纠蟠空际，天花下降，白鹤飞来。而国民乃昭然其如苏，呆然其如隔世，一跃而起，率黄族以与他种战。国旗翻翻，黄龙飞舞，石破天惊，云垂海立，则新灵魂出现而中国强矣。”[2]

值得注意的是，召唤国魂的呼声，是与反映新兴资产阶级意愿的政治议论相应和的。早在1903年初，《新世界学报》第9期刊登《中国商界》一文，已经明确指出：“民者，国之元也；财者，民之所由生也；而商者，又财之所由出也。”[3]作者认为，中国商务不振的重要原因之一，就是商人缺乏自立精神。为了适应商战激烈的时代，必须提倡勇于竞争的进取精神。在1905年遍及全国的抵制美货运动中，人们也是把“鼓民气”“结民力”与振兴商业紧密结合起来[4]。次年，苏州资产阶级追慕“尚武好侠，三吴古风”，愤于今日“柔懦不武，屡衄于外”，发起苏商体育会。他们呼吁同胞“淬厉精神”“孔武有德”[5]，并

[1][2] 壮游（金天翮）：《国民新灵魂》，《江苏》第5期，1903年8月23日。

[3] 杜士珍：《中国商界》，《新世界学报》第9期，1903年1月13日。

[4]《同文教习温君丹铭对于抵制美约之演说》，《时报》1905年7月8日。

[5]《苏商体育会举行首次开操仪式时之演讲词》，苏州商会档案，原件藏苏州市档案馆。

且极力提倡爱国心和公德心。甚至连上海水木工业公所，也发出了类似的呼声："而团体者，自强之妙用也。……精神何在？在捍御外侮，而爱护其同类；命脉何在？杜（在）联合心志，而切劘其智识材能。"[1]这说明，资产阶级人们在极力发展自身经济、政治利益的时候，也认识到精神武器的作用。可以看出，在20世纪初年的国魂召唤中，明显地打上了这个阶级的烙印。

资产阶级革命派鼓吹的国魂，内容甚为庞杂，解释也颇不一致，大体上有以下几种：

一曰山海魂，或称冒险魂。提倡勇于探索、不畏险阻、一往直前的进取精神，学习张骞、班超通西域，玄奘入印度，郑和下西洋，郑成功收复台湾，哥伦布发现新大陆，麦哲伦倡导环球航行……"夫气吞云梦，口吸西江，指现须弥，胸蟠五岳，山海魂之谓也。吾欲以此铸我国民之魂，发挥而光大之。"[2]

二曰军人魂，或称武士魂。提倡军国民精神，严守纪律，强毅坚壮，同仇敌忾，学习赵武灵王胡服骑射，穆罕默德鼓吹战死登天堂。"处帝国主义之世界，其国家必以军人之精神组织之，进则齐进，退则齐退，盖非是不足以立于大地也。"[3]这种看法与当时到处宣传的军国民教育是一致的。

三曰游侠魂。提倡重然诺，轻生死，急国难，卫国权，反对儒者空言、柔懦、因循、自私等痼疾。"共和主义、革命主义、流血主义、暗杀主义，非有游侠主义不能担负之。吾欲以此铸吾国民之魂，吾先溲儒冠、裂儒服以为国民倡，国民其肯从我游哉！"[4]

四曰宗教魂。提倡忠于信仰，牺牲一身以为众生，忍苦耐劳以排万难。

五曰魔鬼魂。提倡秘密运动，严守机密，使革命潜势力遍布于

---

[1]《水木工业公所缘起碑（宣统三年七月）》，上海博物馆图书资料室编：《上海碑刻资料选辑》，上海：上海人民出版社，1980年，第322页。

[2][4] 壮游（金天翮）：《国民新灵魂》，《江苏》第5期，1903年8月23日。

[3] 飞生：《国魂篇》，《浙江潮》第1期，1903年2月17日。

中国。

六曰平民魂，或称社会魂。提倡自由、平等，革命必须注重平民。“美之独立，法之革命，英之改革，十九世纪演种种活剧，皆是魂之产出物也。”[1]

而所有这些新魂（国民精神），都与“爱国心”紧密联系在一起。革命派认为：“夫未有国民不自爱其国，而国乃能存者也；夫未有国民脑质中无一点国魂在，而爱国心能发达者也。呜呼！催（璀）璨哉！庄严哉！吾若闻爱国者之言。其言曰：‘吾不自知其何从，吾不自知其何从。惟吾祖国能使我歌，能使我悲，能使我泣。吾不知彼何以具此一种魔力，能移我若是之甚也。吾游矣，吾思吾国，吾足不知其何为而自止。吾望矣，吾思吾国，吾目不知其何为而无所见。’……使非其脑质中有一点国魂在，以煽之鼓动之，而何以至此，何以至此！”[2]所以，当年有些人干脆就把种种新的国魂统称为爱国主义或祖国主义。他们解释说：“祖国主义者何？根于既往之感情，发于将来之希望，而昭之于民族的自觉心。”[3]这种见解，已经接近于十三年以后列宁在《皮梯利姆·索罗金的宝贵自供》一文中对爱国主义所作的简括说明：“爱国主义就是千百年来巩固起来的对自己的祖国的一种最深厚的感情。”[4]

各个时代各个阶级的爱国主义，都有自己特定的社会实质。20世纪初年，在进步报刊上腾跃一时的国魂、爱国主义、祖国主义，都属于资产阶级民族主义历史范畴，而与中世纪及其以前时代的爱国思想有别。最重要的一点，是它已经明确提出近代风貌的“民族建国问题”。当年的爱国志士自问自答：“民族建国问题者何？曰：凡同种之人务独立自治，联合统一，以组织一完全之国家是也。其在德意志，其在伊（意）大利，则所谓祖国主义是也。若曰：日耳曼，吾祖国

---

[1][2] 飞生：《国魂篇》，《浙江潮》第1期，1903年2月17日。

[3] 飞生：《国魂篇（续第一期）》，《浙江潮》第3期，1903年4月17日。

[4] 列宁：《皮梯利姆·索罗金的宝贵自供》，《列宁全集》第28卷，北京：人民出版社，1956年，第168~169页。

也，吾誓守之；罗马，吾祖国也，吾誓守之。其在俄罗斯则所谓斯拉扶司统一主义，其在美所谓美人之美洲，其在日所谓大和民族万世一系。凡兹诸说，其始不过一二人言之，一二人信之。而其究竟也，乃为其爱国心之源泉，自尊之种子，统一之原动力。虽刀刃迫于身，弹丸迫于目，而彼脑质中终有一'誓死以守祖国'之灵魂在。"[1]读者不难看出，以后同盟会发布的军政府宣言，所谓"中国者，中国人之中国……敢有为石敬瑭、吴三桂之所为者，天下共击之！"[2]与此显然是出于同一思想源流。说到底，"民族建国"就是夺取国内市场，就是建立最能满足发展资本主义的各项要求的民族国家。革命派要求熔铸的各种新魂，归根到底是为这个目标服务的。

正如《二十世纪之支那》发刊词所说的那样："吾人将以正确可行之论，输入国民之脑，使其有独立自强之性，而一去其旧染之污，与世界最文明之国民有同一程度，因得以建设新国家，使我二十世纪之支那，进而为世界第一强国。是则吾人之主义，可以大书而特书曰：'爱国主义！'"当年千千万万仁人志士，高举爱国主义旗帜，为陶铸新的国魂而倾注全部心力，甚至奉献出自己的鲜血和生命。

三

怎样陶铸新的国魂？尽管当时的进步报刊言人人殊，但大体上还是有不少相近的说法和做法。

《国魂篇》第三节"论铸国魂之法"，着重阐明作为陶铸国魂之准备的三件事："其一曰察世界之大势，其二曰察世界今日之关系于中国者奚若，其三曰察中国今日内部之大势。"[3]简言之，就是把中国局势放在时代潮流和世界全局中来考察，以激发时代紧迫感和历史使命感，并将之作为陶铸国魂的思想基础。这也就是当年鲁迅所倡言的"国民

[1][3] 飞生：《国魂篇》，《浙江潮》第1期，1903年2月17日。

[2] 孙中山：《军政府宣言》，《孙中山选集》上卷，北京：人民出版社，1956年，第79页。

精神之发扬，与世界识见之广博有所属”[1]。

爱国知识分子对新的时代和国际局势的极端关切，首先表现在以“二十世纪”命题的文字日益增多。除《二十世纪大舞台》《二十世纪之支那》两种杂志先后创办以外，在各报刊发表的文章有：《论帝国主义之发达及廿世纪世界之前途》（《开智录》，1901 年）、《二十世纪之中国》（《国民报》第 1 期，1901 年）、《二十世纪之新鬼》（《清议报》第 98 期，1901 年）、《二十世纪之太平洋》（《浙江潮》第 2、3 期，1903 年）、《最近三世纪大势变迁史》（《浙江潮》第 3、6、7 期，1903 年）、《论童子为二十世纪中国之主人翁》（《童子世界》第 5 号，1903 年）、《二十世纪之中国》（《童子世界》第 25 号，1903 年）、二十世纪之新主义》（《政艺通报》第 14 号至第 16 号，1903 年）、二十世纪开幕绝东战事之预测》（《游学译编》第 8 册，1903 年）、《〈二十世纪之支那〉初言》（《二十世纪之支那》第 1 期，1905 年）等。人们放眼四望，上下求索。最重要的课题就是观察和预测刚刚到来的 20 世纪，探讨新的时代特点和世界变局，研究中国的地位、命运和向何处去，从较前广博的“世界识见”中去寻求振奋国民精神和救亡自强之道。

“今日之世界，是帝国主义最盛而自由败灭之时代也。”[2]“危乎！危乎！今日之时代，帝国主义最发达之时代也。”[3]这几乎已经成为当年先进知识分子的一致认识。他们对帝国主义虽然还没有达到科学的本质的理解，但对它的侵略本性、侵略政策、侵略手段却已经作了许多淋漓尽致的揭露与说明。他们不胜焦虑地看到，由于帝国主义列强争霸世界日趋激烈，中国的民族危机必将随着 20 世纪的到来而更趋严重。“呜呼！今日之世界，非竞争风潮最剧烈之世界哉？今日之中国，非世界竞争风潮最剧烈之旋涡哉？俄虎、英豹、德熊、法貔、美

[1] 令飞（鲁迅）：《摩罗诗力说》，《河南》第 2 号，1908 年 2 月 1 日。

[2] 自强（冯斯栾）：《论帝国主义之发达及廿世纪世界之前途》，《开智录》1901 年第 2 期。

[3] 陈怀：《帝国》，《新世界学报》第 10 号，1903 年 2 月 12 日。

狼、日豺，眈眈逐逐，露爪张牙，环伺于四千余年病狮之旁。割要地，租军港，以扼其咽喉；开矿山，筑铁道，以断其筋络；借债索款，推广工商，以朘其膏血；开放门户，划势力圈，搏肥而食，无所顾忌。官吏黜陟，听其指使，政府机关，使司转捩。呜呼！望中国之前途，如风前烛、水中泡耳，几何不随十九世纪之影以俱逝也。”[1]

面临生死存亡关头，中华民族应该何去何从？“今日已二十世纪矣，我同胞之国民，其将何以自处也？”[2]这是当年爱国志士时时刻刻萦绕脑际的头等重要问题。他们毫不悲观消极，对时代、世界和祖国的未来充满希望。他们懂得“物极必反，否尽泰来”的永恒哲理，敏感地觉察到，在世界被列强搅乱得“乌天黑地，云黯风号”的背后，隐藏着帝国主义盛极必衰的契机。他们高兴地看到西方国家社会主义运动的欣欣向荣，看到亚、非民族解放运动的蓬勃兴起，深信“自由与公义”在20世纪必将比19世纪发达。而这种世界的变局又必然深刻地影响中国，“文明之潮流”和“进步之气运”将越过太平洋倾注于这个老大帝国。“世界和平之极点将起点于东方，二十世纪之中国为民权之枢纽矣。”[3]但是“不竞争则不进”，光明的前途不会自行到来，必须靠“我同胞之国民”觉醒过来并奋起战斗。

革命派认为，“民族建国”是一个伟大的目标，为了达到这个目标必须先结合“大群”；而为了结合“大群”又必须寻找一个“可以统一大群之主义”。这就是民族主义，或称为爱国主义、祖国主义。他们废寝忘食，呕心沥血，努力发掘并宣扬那些曾经在几千年的漫长岁月里凝聚、团结、鼓舞、振奋整个民族的经济、政治、文化以至心理素质方面的各种因素，以此来唤起“我同胞之国民”的民族觉醒和爱国心。

用“寻根”式的方法，标榜华夏胤裔、炎黄子孙以激发民族感情，是当年革命派爱国主义宣传教育的重点之一。1903年夏天，在

---

[1] 李书城：《学生之竞争》，《湖北学生界》第2期，1903年2月27日。

[2][3]《二十世纪之中国》，《国民报》第1期，1901年5月10日。

“排满”声浪日趋高涨之际，刘师培以“无畏”署名发表《黄帝纪年论》一文，力主以黄帝纪年来取代清朝正朔。他认为：“凡一民族，不得不溯其起原。为吾四百兆汉族之鼻祖者谁乎？是为黄帝轩辕氏。是则黄帝者，乃制造文明之第一人，而开四千年之化者也。故欲继黄帝之业，当自用黄帝降生为纪年始。”[1]他毫不讳言这是学习日本立国以神武天皇纪年，用以唤起同胞的民族自觉。几乎就在同时，《江苏》杂志第3期刊登了“中国民族始祖黄帝之像”，并公开改用黄帝纪年。稍后，又有《黄帝魂》一书的辑录刊行和《黄帝传》在《中国白话报》的连载。广泛流传的陈天华的《猛回头》《警世钟》，也高呼黄帝为“始祖公公”，并且较早地刊登了黄帝肖像。1905年，宋教仁即将此像采用于《二十世纪之支那》杂志，并撰写《纪年之意义》《中国新纪年》等文章和书籍。黄节也在《国粹学报》连载《黄史》，力主“黄帝第一甲子纪年”之说。尽管当时人们对纪年起始时间众说纷纭，但是对民族祖先的景仰与缅怀却是完全一致的。宋教仁为黄帝像题词曰：“起昆仑之顶兮，繁殖于黄河之浒。借大刀与阔斧兮，以奠定乎九有。使吾世世子孙有啖饭之所兮，皆赖帝之栉风而沐雨。嗟我四万万之同胞兮，尚无数典而忘其祖！”[2]这正抒发了当年人们所共同具有的深厚的民族感情。

当然，更为重要的还是利用中华民族悠久的历史和丰富的文化遗产来进行爱国主义教育，用章太炎的说法就是：“用国粹激动种性，增进爱国的热肠。”“古事古迹，都可以动人爱国的心思。”[3]

辛亥革命时期爱国志士所提倡的国粹，与民国以后顽固势力宣扬的“国粹”有所区别。还是用章太炎自己的话来说：“为甚提倡国粹？不是要人尊信孔教，只是要人爱惜我们汉种的历史。这个历史，是就

[1] 无畏（刘师培）：《黄帝纪年论》，《国民日日报汇编》第1集，上海：东大陆图书译印局，1904年，第275页。

[2] 宋教仁：《题〈二十世纪之支那〉黄帝像》，《二十世纪之支那》第1期，1905年6月3日。

[3]（章）太炎：《演说录》，《民报》第6号，1906年7月25日。

广义说的，其中可以分为三项：一是语言文字，二是典章制度，三是人物事迹。近来有一种欧化主义的人，总说中国人比西洋人所差甚远，所以自甘暴弃，说中国必定灭亡，黄种必定剿绝。因为他不晓得中国的长处，见得别无可爱，就把爱国爱种的心，一日衰薄一日。若他晓得，我想就是全无心肝的人，那爱国爱种的心，必定风发泉涌，不可遏抑的。”[1]当年一批进步知识分子，探幽索微，抉剔爬梳，或讲述历史，或整理国学，或研究语言，或品评人物，目的都是反对一味迷醉于欧风美雨的奴化思想，激发“我同胞之国民”的民族自信心和自豪感。

在爱国主义的宣传教育活动中，革命派特别注意利用人们最熟悉和最有亲切感的乡土历史素材。大至于一省，小至于一县，各种以地区命名的报刊如雨后春笋。人们缅怀本乡本土的光荣历史、豪杰贤哲以及先民在政治、经济、文化各方面的贡献，以一往情深的笔触描绘与赞颂故乡的山川形胜，目的都是把爱乡与爱国联系起来，从而振奋民气和陶铸新的国魂。譬如 1904 年初夏在浙江金华出版的《萃新报》，刊登了一篇题为《论处、金、衢、严四府之关系及其处置之方法》的文章，该文从地球的起源谈到亚洲，谈到中国和浙江，再谈到浙东和浙西。其结论是：“我民族缺点之所在，则不在于无爱乡思想，而在于无爱国思想；不在于无族民资格，而在于无国民资格。救时之君子宜如何祛其爱恋故乡之心，而灌以牺牲祖国之志，使人人具爱国思想乎？宜如何由家族制度而铸为人格、结为法团，成一完全统一永世无极之公同体，使人人具国民资格乎？”[2]当年的人们把爱乡看作爱国的基础和起点，把爱乡心看作爱国心的源泉，这不能不说是颇有见地的。

但是，这些爱国志士绝不故步自封和讳疾忌医，他们对故乡和祖国爱之深而责之切，因而勇于揭露乡梓之地的腐败落后以谋去故求新。

---

[1]（章）太炎：《演说录》，《民报》第 6 号，1906 年 7 月 25 日。

[2]《论处、金、衢、严四府之关系及其处置之方法》，《萃新报》第 2 期，1904 年 7 月 11 日。

他们最为痛恨的是臣服于中外反动势力暴虐统治的奴隶心理和奴隶状态。他们愤懑地抨击："且也今日之中国，报馆有禁，出版有禁，立会演说又有禁，倡公理则目为邪说，开民智则诬为惑人。坐是种种，而中国国民之种子绝，即中国人求为国民之心死。故父以戒子，师以率徒，兄以诏弟，夫妇朋友之相期望，莫不曰安分、曰韬晦、曰柔顺、曰服从、曰做官、曰发财。……故卒举一国之人而无一不为奴隶，即举一国之人而无一可为国民。"[1]他们认为，为了改变这种愚昧落后的状况，必须以祖国为"国民之田"，以如同孟德斯鸠、伏尔泰、卢梭那样的有识之士为"国民之农夫"，以自由平等学说为"国民之种子"，著书立说，一倡百和，辛勤耕耘，才能收获丰硕的"国民之果"。

革命派把有无"国民"，看作"二十世纪之一大问题"。他们说："中国而有国民也，则二十世纪之中国，将气凌欧美，雄长地球，固可翘足而待也。中国而无国民也，则二十世纪之中国，将为牛为马为奴为隶，所谓万劫不复者也。"[2]因此，他们批判旧思想、旧道德，提倡新思想、新道德，特别是对维护君主专制和宗法制度的封建纲常名教展开了猛烈的攻击。同时，他们还十分重视风俗习惯的改革，反对吸毒、缠足、纳妾、赌博等颓风恶习，提倡文明、卫生、剪辫、易服等新的风尚。他们的抱负是："激来太平洋上之潮，洗净陈陈脑髓；树起昆仑山顶之旆，招归渺渺国魂。他日者，民德日新，百业蔚起，内足以巩国基，外足以御强敌。"[3]一个由数亿健全国民组成的新中国，将以雄伟的姿态自立于世界民族之林。

四

综上所述，可以看出，当资产阶级处于上升的革命的时期，它也深知建设新的精神文明的需要，并为此付出巨大的努力。正如马克思

---

[1][2]《说国民》，《国民报》第 2 期，1901 年 6 月 10 日。

[3]《云南杂志发刊词》，《云南》第 1 号，1906 年 10 月 15 日。

所说的那样："不管资产阶级社会怎样缺少英雄气概，它的诞生却是需要英雄行为、自我牺牲、恐怖、内战和民族战斗的。"[1]因此，他们就必须从中外历史遗产中寻找"把自己的热情保持在伟大历史悲剧的高度上所必需的理想、艺术形式和幻想"[2]。可以说，20世纪初年的国魂召唤，就是这种"理想、艺术形式和幻想"的表现。设想，如果没有这样弥漫海内外的革命鼓吹，没有这样广泛、持久、深入的爱国主义的宣传教育，辛亥革命能如此迅速地一举推翻封建帝制，建立东方第一个共和国吗？当年爱国志士的奔走呼号，慷慨陈词，他们的鲜血、生命、精神，都已经熔铸到辛亥国魂之中，这是以孙中山为代表的一代革命先行者留给我们的宝贵精神遗产。

当然，由于历史条件的限制，当年革命派所宣传的国魂或爱国主义，其理论基础和指导思想只能是民族主义。他们用资产阶级的世界观来看待国内和国际民族关系，因此在狂热的"排满"宣传中不可避免地夹杂着大汉族主义以至种族复仇主义等消极因素。同时，他们所反复阐明的国民精神和国民道德，又是以资产阶级的个性解放为依归，其终极目的是以资本主义私有制取代封建主义私有制。"自由、平等、博爱"的口号尽管在当时曾经具有巨大的吸引力，但归根到底无非是雇佣奴隶制的美丽外衣。他们真诚地反对封建君主专制下的奴隶状态，但却没有意识到随之而来的将是资本主义统治下的奴隶状态。他们的国魂召唤声浪虽然极为壮美，但并不能为广大劳动人民带来真正的平等和幸福。

由于资产阶级的软弱和革命的夭折，辛亥国魂的陶铸不仅弱点甚多，而且其自身也流于半途而废。在帝国主义时代和半殖民地的国度里，中国资产阶级没有足够强大的思想武器战胜封建文化。他们在利用历史遗产进行爱国主义宣传的过程中，不可能完全区别民主精华和封建糟粕，比较容易流于保守主义以至复古主义。譬如有些人就把已

---

[1][2] 马克思：《路易·波拿巴的雾月十八日》，《马克思恩格斯选集》第1卷，北京：人民出版社，1972年，第604页。

经长期为封建统治者所改造制作的孔学，毫无批判地看作“国学=国粹=国魂”。这说明资产阶级在思想战线和在政治战线一样，也具有极为明显的妥协性。南京临时政府成立以后，以孙中山为首的革命派曾经希望利用国家政权的力量，来建设资产阶级共和国所需要的精神文明，颁布了一系列进步的方针政策。如提倡德、智、体、美、世界观和谐发展的国民教育，命令剪除发辫，禁止鸦片、缠足、蓄娼、赌博、迎神赛会，革除陋俗恶习，并且在礼仪方面也作了若干必要的革新。这些措施都产生过良好的影响，但由于南京临时政府的迅速收场而未能认真贯彻下去。加以国民教育程度很低，特别是农村人口文盲极多，也大大局限了这些精神文明建设的实效。及至袁世凯登台和各派军阀混战时期，各种旧文化、旧思想、旧道德、旧风习又复卷土重来，成为桎梏中国人民的层层精神枷锁。

孙中山辞去临时大总统职务以后，在继续鼓吹民生主义的同时，曾经片面地认为只有振兴实业才是“立民国国家百年根本之大计”，并且宣言“十年不预政治”，愿以在野之身修筑二十万里铁路，使中国成为“世界第一富强之国”。他除主张设立铁路公司以外，还兼任中华银行总董、铁路协会名誉会长以至永年保险公司董事长等职。但曾几何时，袁世凯刺杀宋教仁的枪声惊醒了孙中山“实业救国”的美梦。经过其后讨袁、护国、护法诸役相继失败的教训，孙中山深深感到：对于中国的革命和建设来说，思想战线在任何时候都和政治、经济战线一样重要，丝毫也不能忽视精神的作用。因此，他在1917年至1919年期间写成的《建国方略》一书，便把“心理建设”放在第一位，而把物质建设、社会建设（民权初步）放在第二位和第三位。孙中山说：“夫心也者，万事之本源也。”[1]这当然是颠倒了意识与存在的关系，过分强调了精神的决定作用。但是他渴望振奋全党革命精神，挽救名实已不相符的民国，并且进而建设适应世界潮流的新的精神文明，这种恳挚的心情则是应该给以尊重和理解的。

---

[1] 孙中山：《建国方略》，《孙中山选集》上卷，第117页。

辛亥革命时期那一辈革命者，始终未能完成在中国建设新的精神文明和物质文明的艰巨任务，未能实现“一跃而登中国于富强之域，跻斯民于安乐之天”[1]的良愿宏谟，多少仁人志士为此而遗终天之恨。但是，他们那种真诚的、不惜为革命而赴汤蹈火的献身精神，永远值得我们继承和发扬。他们努力从事爱国主义的宣传教育，留下了许多经验教训可以供我们吸取。他们讴歌国魂的恳挚声音，将世世代代回响在海内外每一个炎黄子孙的心间。而建设一个现代化的、高度民主的、高度文明的社会主义富强祖国，则是我们对所有那些为祖国解放与社会进步而奋斗终生的革命先辈的最好纪念。

（原载《江汉论坛》1983年第2期）

[1] 孙中山：《建国方略》，《孙中山选集》上卷，第116页。

“排满”平议

——对辛亥前后民族主义的再认识

关于辛亥革命时期的“排满”问题，历来争议甚多，而我自己对于这个问题的认识，也在不断深化。以前，我曾先后发表过《“排满”与民族运动》《“排满”与民主运动》两篇文章，前者比较侧重阐明其进步的内涵，后者比较侧重剖析其政治文化方面的弱点。现今，冷战已经结束，而世界仍不太平，民族与宗教两大问题给世人带来的严重困扰与灾难，不仅凸显于20世纪末，而且很可能延续到21世纪。如果处理不当，甚至会给人类带来全球性的冲突与战争。历史可以给现实提供借鉴，现实也可以使人们深化或校正对历史的认识。重新研究辛亥时期的“排满”问题，或许会使我们得到某些启发。

一

把“排满”一概归结为种族主义或种族复仇主义，把辛亥革命贬低为狭隘的种族斗争，这是过去某些外国学者的错误理解，或是出于某种政治需要的蓄意歪曲。而中国学者则大多把“排满”定位为近代民族主义与民族运动，尽管他们在史学研究的理论和方法上还存在着许多歧异。

所谓近代民族运动，按照我的理解，就是属于资本主义历史范畴的民族运动。这种运动，由于所处的时空条件不同，可以区分为若干类型。

在欧洲大略可以分为两种类型。一种是西欧，那里的民族形成过程，同时就是它们建成近代民族国家的过程。除了爱尔兰以外，英、法诸国莫不如此，当然这并非说各个国家没有自己的特点。另一种是东欧，当西欧各近代民族国家形成的时候，这里的经济还比较落后，而且各国内部地区之间也存在着严重的经济、文化差距，所以经济上、政治上发展较快的民族便承担了统一国家的历史任务，形成若干若即若离的多民族国家。随着这些国家资本主义的发展并扩大其影响，国内各被压迫民族也掀起了反抗统治民族的民族运动，而这种斗争主要是在被统治民族与统治民族的统治集团之间进行的。

19 世纪，西方先进国家不仅把殖民主义强加于拉美、亚洲、非洲，而且把民族主义先后带进这些地区。殖民主义激起反抗，民族主义则使当地人民觉醒，民族独立与社会革新两种诉求汇聚，形成一种双重任务混合型的民族运动。中国的近代民族运动正是属于这种类型。

中国以及其他后进地区的近代民族运动的出现，大抵由外部与内部的若干条件促成：第一，外国列强侵略的刺激；第二，国内经济、文化有所发展，人民凝聚力与认知水平逐渐提高；第三，新式知识分子群的产生与民族主义的引进；第四，先觉人士的鼓吹与进步团体的倡导。同时，近代民族运动是一个渐进的发展过程，在思想与组织两方面都需要有相当的积累，并非凭空而降、突然爆发。

对于近代民族主义与民族运动在中国的发展过程，早在 20 世纪初已有一些知识分子详加论述，而且取得相当程度的共识。1903 年春天连续发表在《浙江潮》上的《民族主义论》，就是其中一篇代表作。

此文作者显然是一位具有新知识与新思想的留学生。他说："民族主义者，十九世纪之产物，而亦其主人翁也。维也纳会议成一民族主义与自由主义之大过渡，及法国第二革命起，而全欧之机大动，而墺（奥）意战，而德墺（奥）战，而墺（奥）匈战，而德法战，而东方问题，而爱尔兰自治。及其将终，而英阿之役，美西之役，日本之维新，义和团之扰乱。落落诸大事，无一非是由民族主义者磅礴冲击而成，故一部十九世纪史，即谓为民族主义发达史可也。"[1] 他在文中还附有图解示意：

---

[1] 余一：《民族主义论（续第一期）》，《浙江潮》第 2 期，1903 年 3 月 18 日。

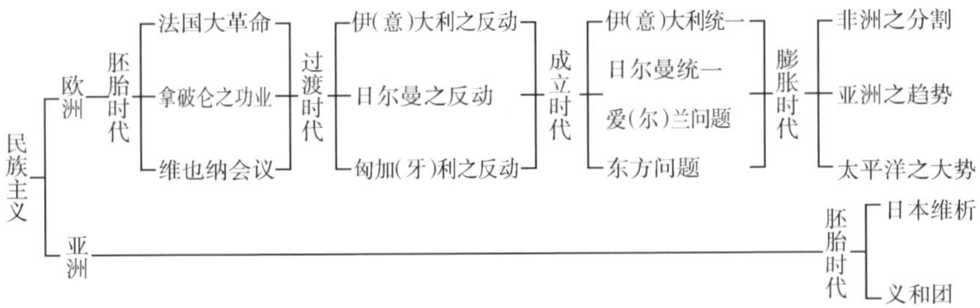

作者的论述显然不尽确切也很不全面，特别是对亚洲的叙述异常疏略，但大体上能反映民族主义在欧亚发展的趋势和当年中国知识分子的认识水平。我认为，作者把义和团界定为“胚胎”时代颇有见地（把日本维新界定为同一时代则未必正确）。因为在 1900 年以前，尽管外来侵略引起的抗争连绵不断，而且规模日益扩大，但抗争任务的主要承担者是地主阶级当中的抵抗派和为数众多的下层劳苦群众。指导反抗斗争的主导思想，是宗庙社稷之类的忠君爱国思想，而不是近代意识的民族主义。因此，即令是空前轰轰烈烈的义和团运动，也不能不表现为愚昧落后的笼统排外主义。正如 1903 年另一位先进知识分子的批评：“彼无意识之排外虽甚剧烈，其发念不过从耳目接近之忿恨点而起，而非从爱国心之点而起。故虽讲尊亲之学深厚如徐桐，尚不知割台湾，租胶岛，借旅顺、广［州］湾为何事，惟使馆市街有侵其府第一寸者即忿忿不能平。适拳民亦妒教士之势横，两盲同意，二聋联盟，遂决欲铲除东交民巷使馆，及烧毁四牌楼教堂，以为如此外人即可莫予毒。乌乎！此即挟民族主义之国民举动乎？扶清者，仅扶东交民巷及四牌楼；灭洋者，仅灭公使馆及天主堂，如此彼尚知国家国民为何解乎？”[1]

但是，江浙地区某些有识之士仍然把义和团运动列为中国近代民族主义的“萌芽”或“胚胎时代”。这一方面是由于前义和团两年的戊戌维新运动，已经开始传入西方的近代民族意识和零碎的民族主义；另一方面则是由于某些初步具有近代民族意识与民族主义思想的新式

［1］《箴国民》，《苏报》1903 年 5 月 8 日。

知识分子，在一定程度上看到了义和团运动在落后形势中蕴藏着的巨大反帝斗争力量。他们说："夫山东、直隶之民，虽文事不如吾乡，其程度或在中下之交，然打拳习棒，争欲灭洋，卒能创为义和团顽固之举，使各国不得不同心协力，劳民伤财，联兵以入此老大帝国之境。此其举动虽曰野蛮，然一时快心辣手，逞血气之勇，乃至使外人蹙额屏足，莫可谁何，此亦可以于困顿无聊之际，暂自慰矣。"[1]他们与其说是认同义和团，倒不如说是从义和团的斗争中受到激励，并且汲取某些精神力量。广义地说，这就是一种民族精神。

或许可以说，义和团运动是旧式反侵略斗争时代的结束，而中国已经孕育着新式的近代民族主义与民族运动。

与20世纪一同到来的近代民族主义具有以下若干特征：

首先，它已经从民族情绪之类感性认识阶段发展到理性认识阶段，一般都能与时代观与世界观联系起来。他们已能在更为广阔的时空背景下考虑自己民族的前途。比如说："二十世纪之支那，于世界上处如何之位置？吾人爱之，不能不思索也。""二十世纪之支那，依然支那之支那乎？抑俄国之支那乎？英国之支那乎？德或法之支那乎？美与日之支那乎？吾人爱之，不能不决此疑问也。"[2]而且很多人都认识到，20世纪已经进入帝国主义时代，所以在宣传民族主义与推进民族运动时便带有更为强烈的历史紧迫感。他们或则指明："今日之世界，是帝国主义最盛，而自由败灭之时代也。"[3]或则惊呼："呜呼！今日之世界，非竞争风潮最剧烈之世界哉？今日之中国，非世界竞争风潮最剧烈之旋涡哉？俄虎、英豹、德熊、法貔、美狼、日豺，眈眈逐逐，露爪张牙，环伺于四千余年病狮之旁。割要地，租军港，以扼其咽喉；开矿山，筑铁道，以断其筋络；借债索款，推广工商，以朘其膏血；

---

[1]《民族精神论（续前期）》，《江苏》第8期，1904年2月1日。

[2] 卫种：《〈二十世纪之支那〉初言》，《二十世纪之支那》第1期，1905年6月3日。

[3] 自强（冯斯栾）：《论帝国主义之发达及廿世纪世界之前途》，《开智录》1901年第2期。

开放门户，划势力圈，搏肥而食，无所顾忌。官吏黜陟，听其指使，政府机关，使司转捩。呜呼！望中国之前途，如风前烛、水中泡耳，几何不随十九世纪之影以俱逝也。”[1]正因为如此，中国人更应急起直追、奋发图强，才能有效地粉碎帝国主义的瓜分狂潮，挽救并振兴自己的祖国（民族）。

其次，在这些新式知识分子当中，还有少数人并未将民族主义过于理想化，能够更为深刻地剖析其社会根源，并指明它也有可能转变成为帝国主义。例如，杨笃生（毓麟）曾指出：“民族主义之前固已有所谓‘帝国主义’矣，顾其为此主义之原动力者，或出于世主一人之野心，或出于武夫健将一二人之权略……故其末路往往丧败不可收拾。民族主义变而为民族帝国主义则异是，其为此主义之原动力者，非出于政府一二人之野心也，国民生殖蕃盛之力之所膨胀也；亦非出于武夫健将一二人之权略也，国民工商业发达、资本充实之所膨胀也。”[2]所谓“国民生殖”即国民经济，“资本充实”即资本的积累与集中，这两方面“力之所膨胀”，可以使民族主义转化为帝国主义，亦即世界市场的争夺。这基本说明了问题实质之所在，但可惜当时具有这样深刻见解的人尚不多见，一般爱国志士都把民族主义奉为圭臬，很少考虑它的发展前景及其可能产生的负面影响。

第三，作为混合型的民族运动，而且又引进了西方的民主思潮，所以辛亥时期的民族主义从一开始便把御侮图强与社会革新结合起来，特别是与近代国民意识的引进与宣传结合起来。他们说：“吾言民族主义，何以必推源于法国大革命？曰：民族主义与专制政体不相容者也。民族主义之大目的，在统一同族以立国。然兹所谓统一云者，志意的统一，非腕力的统一也；共同的统一，非服从的统一也。……若专制政体，则何有矣！”[3]有位年轻革命者说得更为透彻：“中国黄龙旗之

[1] 李书城：《学生之竞争》，《湖北学生界》第 2 期，1903 年 2 月。

[2] 杨笃生：《新湖南》，张枬、王忍之编：《辛亥革命前十年间时论选集》第 1 卷下册，第 622~623 页。

[3] 余一：《民族主义论》，《浙江潮》第 1 期，1903 年 2 月 17 日。

下，有一种若国民非国民，若奴隶非奴隶，杂糅不一，以组织成一大种，谓其为国民乎？吾敢谓群四万万人而居者，即具有完全之奴颜妾面，国民乎何有？尊之以国民，其污秽此优美之名词也孰甚？若然，则以奴隶畀之，吾敢拍手叫绝曰：'奴隶者,为中国人不雷同，不普通，独一无二之徽号。'"[1]这意思很清楚，如要对外争取民族独立，首先要对内争取国民应有的权利，要有独立的人格与主人翁意识。因此，这种民族主义便具有民主主义的内涵，是一种进步的民族主义。

20世纪初的进步知识分子，把自己的历史任务界定为"建民族之国家，立共和之宪章"，而民族主义则是救国良方的最佳选择。由于中国是一个幅员辽阔、人口众多的大国。以分散的自给自足的小农经济为基础的农业宗法社会、君主专制主义的中央集权统治，表面上是高度统一，实际上基层相当松散，缺乏足够的经济、文化凝聚力，新式的民族与国家的认同、统合难度极大。所以他们说："欲达此莫大之目的，必先合莫大之大群；而欲合大群，必有可以统一大群之主义，使临事无涣散之忧，事成有可久之势。吾向欲觅一主义而不得，今则得一最宜于吾国人性质之主义焉。无他，即所谓民族主义是也。"[2]民族主义在各种进步报刊上风靡一时，往往亦称为祖国主义或爱国主义，因为民族主义的宣传，目的即在于民族建国。"民族建国问题者何？曰：凡同种之人务独立自治，联合统一，以组织一完全之国家是也。其在德意志，其在伊（意）大利，则所谓祖国主义是也。若曰：日耳曼，吾祖国也，吾誓守之；罗马，吾祖国也，吾誓守之。其在俄罗斯则所谓斯拉扶司统一主义，其在美所谓美人之美洲，其在日所谓大和民族万世一系。凡兹诸说，其始不过一二人言之，一二人信之。而其究竟也，乃为其爱国心之源泉，自尊之种子，统一之原动力。虽刀刃迫于身，弹丸迫于目，而彼脑质中终有一'誓死以守祖国'之灵魂在。"[3]

---

[1] 邹容：《革命军》，上海：民智书局，1928年，第43页。

[2] 竞盦：《政体进化论》，《江苏》第3期，1903年5月27日。

[3] 飞生：《国魂篇》，《浙江潮》第1期，1903年2月17日。

当年的有志之士非常自信，他们认为其始不过一二人言之、一二人信之的民族主义，终将成为风起云涌的民族建国运动的原动力。历史已经证明，他们这种信心并非建立于虚幻，而是具有充分的依据。

二

辛亥时期民族主义的倡导者，几乎清一色都是汉族新式知识分子。他们不免以民族建国的主导力量自相期许，并且面临着两大课题：一是如何对付外在的帝国主义列强，二是如何对付内在的清朝政府。

以孙中山为代表的革命派与以康、梁为代表的立宪派，在近代民族主义的倡导方面并非没有共识，但在如何对待内部的满汉矛盾方面则存在着很大的分歧。康、梁从主张变法而保皇而立宪，基本上都是坚持体制内的渐进革新，反对体制外自下而上的激进革命。他们害怕内乱将无从抵御外患，甚至导致瓜分亡国的悲惨结局，因此强调满汉之间的合作与融合，共同抵抗外来侵略并谋求社会革新。他们强调国家而讳言种族，强调文化认同而掩盖满汉矛盾，并且直言政治革命与种族革命没有必然联系。与此相反，出自下层的孙中山，则从一开始就接受了太平天国的影响，主张体制外自下而上的革命，并且把最早的革命团体兴中会的宗旨，确定为“驱除鞑虏，恢复中国，创立合众政府”。革命派认为清朝政府已经堕落成为“洋人的政府”，必须首先推翻这个非汉人政府，然后才能救亡图强，有效地摆脱帝国主义的殖民主义统治。因此，必须把政治革命与种族革命重合起来。

在 20 世纪的最初几年，由于清政府在签订奇耻大辱的《辛丑条约》以后，多少顺应潮流而全面推行“新政”，在经济、教育，政治三方面也采取了某些革新措施，加以帝国主义与中国的民族矛盾依然处于主导地位，列强的瓜分仍然是人们心目中最大的危险，中国的民族运动实际上存在两种抉择、两个前途。清朝政府并非完全没有可能充当民族运动的主导者（即令是名义上的主导者），而辛亥革命也并非必然会一举获胜。

其原因在于“排满”意识并非如过去某些官方史书所断言的那

样，从明末清初以来一直连绵不绝，而且始终非常强烈。事实上由于清朝政府对汉族士大夫一直采取怀柔与高压两手并用的政策，特别是由于康、雍、乾三朝的文治武功，国势隆盛，采取一系列调和满汉矛盾的柔性政策，政府提倡儒学与满人的逐步汉化增进了满汉之间的文化认同，加以列强的入侵使19世纪下半叶的中国社会情况已明显区别于17世纪中叶，"夷夏之大防"的主要着眼点已转向外来侵略者，曾经流行一时的"反清复明"口号早已失去了号召力。正如孙中山所回忆的那样，在19世纪末年，"反清复明"只不过是国内会党沿袭作为暗号的"口头语"，海外洪门则连这个"口头语"也大多不知其义。

因此，尽管兴中会打着"排满"的旗帜于1900年在惠州举行武装起义，章太炎于1901年在《国民报》上发表《正仇满论》[1]，接着又于1902年春举行"支那亡国二百四十二年纪念会"，"排满"革命仍未完全摆脱"一二人言之，一二人信之"的初始状况（当然，"一二人"乃比喻而非实际数字）。1903年以前，在为数并非很多的激进知识分子中间，"拒法""拒俄"仍然是最有吸引力的口号。国内的大多数知识分子，尽管也批评清朝政府的屈辱媚外与愚昧腐败，但是仍然没有完全失掉对它改过自新的期望，否则很难说明立宪运动何以具有那么大的声势。

但是，也正是在1903年，形势发生了微妙而又深刻的变化，"排满"宣传迅速扩大了作用场。一个很重要的原因，就是满族统治者对少数汉族新式知识分子主导的爱国运动，从一开始便充满着深沉的疑惧。"拒法""拒俄"运动不仅没有得到政府的理解与支持，反而受到

---

[1] 章氏在文中明言只有"排满"才能实现民族独立："然则满洲弗逐，而欲士之争自濯磨，民之敌忾效死，以期至乎独立不羁之域，此必不可得之数也。浸微浸衰，亦终为欧美之奴隶而已矣。非种不去，良种不滋，败群不除，善群不殖。自非躬执大彗以扫除其故家污俗，而望禹域之自完也。"章太炎：《正仇满论》，《国民报》第4期，1901年8月10日。

政府的严密防范与压制。“名为爱国，实则革命”之类的武断[1]，尤其严重伤害了一般爱国知识分子的心。1903 年初，马君武、刘成禺在东京留学生新年团拜会上公开发表“排满”演说，3 月 12 日上海《苏报》即以嬉笑怒骂的笔调报道了这次演说，3 月 14 日更明确宣称，人们原来曾经寄希望于维新变法，“迨戊戌政变，刚（毅）、荣（禄）之徒，窃握大枋，神皋旧壤，生机遏绝，于是汉族知身家性命终不足托顽固庸妄之手。仁人志士求其在我者，乃倡为自立革命排满之议”[2]。这与孙中山的话相近，即汉人之“排满”，实由于满人之“排汉”。到 3 月 26 日，这家报纸的论调更为激烈，也更具自信。“幸今者欧化东渐，民权自由之说，人群进化之理，日充积于青年之脑筋，有史（以）来遗传之性质为外界魔力所摄去者，一旦复其本来，则其勃发不可复制，如火之燎原，水之溃堤，岂一手一足所能阻遏哉！浅识之士主调和之政策，而不知其无（可）调和也；顽固之徒谋压制之方法，而不知其无可压制也。孰优孰劣，一任天演之自然而已。”[3] 所谓“天演之自然”，意指优胜劣败，汉族必将取代满族的统治。该报还语重心长地勉励以中国主人翁自期的“汉学生”，不要以“革命排满”为时髦的口头禅，应该多务“革命排满”的实际。

应该从清政府与爱国知识分子之间的互动（interaction）来考察“革命排满”思潮的蔓延。一般来说，专制王朝的末世，愈来愈腐败无能，愈来愈缺乏自信，也就愈来愈缺乏应变的实力与技巧，因此，在清政府与人民之间谋求妥协的空间日益缩小。清政府不能容忍《苏

[1] 如癸卯年（1903 年）五月二十八日，端方致电军机处：“查四月初间，方闻上海有爱国会社诸生，借俄事为名，在张园演说，议论狂悖，即经密电江宁查禁拿办。续在日本有各省游学生亦借俄事为名，编集义勇队运动部名目，欲入长江勾引票匪为乱，复经方于五月初一日密电沿江海诸省，严防密拿。”见端方档，部分收于中国史学会主编《中国近代史资料丛刊·辛亥革命（一）》，上海：上海人民出版社，1957 年，第 443 页。

[2]《异哉满学生！异哉汉学生！》，《苏报》1903 年 3 月 14 日。

[3]《论东京留学满汉之冲突》，《苏报》1903 年 3 月 26 日。

报》的放言无忌，于无奈之余竟向英、美租界会审公堂指控两位作者（章太炎、邹容）为“大逆不道”。章、邹虽然因此被捕入狱，清政府的形象却因此更加丑陋，而“革命排满”言论更趋高涨。“《苏报》案”引起知识界的极大震动，也促使其中愈来愈多的人更趋激进。他们公开为章、邹辩护，认为“大逆不道之名词，乃关于全群公益之律文，必非关于群中一人私益之律文也”[1]。在民主国“以置立君主为大逆不道”，而“割全群之产业以媚外人”的清政府，才是真正的大逆不道，是人民的公敌。“援泰西民约家征讨暴君之义，即反坐以大逆不道之罪，谁曰不宜？”[2]这就等于是公布了一道革命讨满的檄文，而章、邹二人则成为传颂一时的民族英雄。章太炎在狱中充满胜利的信念，曾当面教训前来采访的保守派记者说：“天命方新，来复不远，请看五十年后，铜像巍巍立于云表者，为我为尔？坐以待之，无多聒聒可也。”[3]消息传出后，狱外的爱国志士更加称赞，有诗曰：“凭君不短英雄气，斩虏勇肝忆倍加。留个铁头铸铜像，羁囚有地胜无家。”[4]革命还未开始，即已预言胜利后将为革命先驱竖立铜像，可见1903年知识界的抗争意气是多么昂扬。

还有一首诗赞颂《革命军》的年轻作者邹容：“海飞立兮山飞拔，西州男儿有英骨，笔铁口血血茫洋，昆仑吐气气郁勃。祖国沦胥三百年，九世混迹匈奴族，杀吾父兄夺吾国，行行字字滴鲜血。悲不胜悲痛定痛，誓歼鞑靼非激烈。革命革命真英雄，一书英法争传译，光铓电闪泰西东，咸识汉人有豪杰。勖哉神州好男儿，种族安危不容发，终宵思之眠不成，寒窗剑影一痕月。”[5]这首诗不仅浓缩了《革命军》一书的精华，还大体上反映出“排满”宣传的要点。

第一，为了强调满人是异族，同时也为了强化汉族自身的认同，古老传说中的黄帝便成为中国民族的“始祖公公”。1903年夏天，刘

---

[1][2]《大逆不道之解剖》，《江苏》第5期，1903年8月23日。

[3]《狱中答新闻报》，《苏报》1903年7月6日。

[4] 中央（黄宗仰）：《寄太炎》，《江苏》第6期，1903年9月21日。

[5] 中央（黄宗仰）：《〈革命军〉击节》，《江苏》第5期，1903年8月23日。

师培发表《黄帝纪年论》，毫不讳言这是效仿日本立国以神武天皇纪年，用以唤起国人的民族自觉。他说："凡一民族，不得不溯其起原。为吾四百兆汉族之鼻祖者谁乎？是为黄帝轩辕氏。是则黄帝者，乃制造文明之第一人，而开四千年之化者也。故欲继黄帝之业，当自用黄帝降生为纪年始。"[1]同时，《江苏》杂志第3期刊登了"中国民族始祖黄帝之像"，并公开改用黄帝纪年。稍后，又有《黄帝魂》一书的辑印和《黄帝传》在《中国白话报》上连载。广泛流传的陈天华编写的《猛回头》《警世钟》两本小册子，也歌唱黄帝为"始祖公公"，并且刊登了黄帝像。1905年，宋教仁即将此像刊印于《二十世纪之支那》杂志，并撰写《纪年之意义》《中国新纪年》等文章和书籍。《国粹学报》也连载黄节撰写的《黄史》，力主"黄帝第一甲子纪年之说"。其中，宋教仁为黄帝像的题词曰："起昆仑之顶兮，繁殖于黄河之浒。借大刀与阔斧兮，以奠定乎九有。使吾世世子孙有啖饭之所兮，皆赖帝之栉风而沐雨。嗟我四万万之同胞兮，尚无数典而忘其祖！"[2]正抒发了当年人们所共有的民族感情。当然，这主要还是反映了汉族知识分子当年的族源情怀。章太炎、刘师培等为了宣传"黄帝始祖说"，竟认为中国人种、文化源出于西方。他们援引一个法国业余学者的说法，黄帝是近东王号的对音（Nakhunti），他率领西方民族巴克（Baks）东迁中亚，再入中国，征服当地土著。因此，《尚书》中的"百姓"实即"巴克"，而被征服的土著则是"黎民"。这本来是一个荒诞无稽的故事，但这些国学大师居然运用他们丰富的训诂与古文献知识详加论证，章氏在《序种姓》一文中甚至把加尔特亚（Chaldea）称为"宗国"。革命需要与民族情绪已使这些谨严学者暂时抛弃了自己的师承家法，全心全意投入排满宣传。由于深信始祖西来，所以他们的革命诗文往往都像邹容的《革命军》那样，一定"溯黄河、长江

[1] 无畏（刘师培）：《黄帝纪年论》，《国民日日报汇编》第1集，上海：东大陆图书译印局，1904年，第275页。

[2] 宋教仁：《题〈二十世纪之支那〉黄帝像》，《二十世纪之支那》第1期，1905年6月3日。

而登昆仑之巅"，缅怀先辈，展望未来，开创 20 世纪民族建国之大业。

其次，他们背离了固有的文化认同的"华夷之辨"，转而强调种族差异的"华夷之辨"，并且竭力宣传中国早已"亡国"说。正如他们生拉硬扯地论定汉族源于西方一样，又毫无根据地否认满族是中国人，如说满洲未建国前为中国的"羁縻州"，不同于中国主权直接覆盖之领土，且未曾在明代取得中国国籍云云[1]。满族既非中国人，清朝取代明朝，便非一般皇室更替的改朝换代，而是中国为外族所灭亡，所以章太炎便于 1902 年召开"支那亡国二百四十二年纪念会"，邹容也在《革命军》自序后面标明"皇汉民族亡国后之二百六十年"。对于上述这些说法，如果从史实与学理两方面来考察，自然是牵强附会、纰漏丛生。我想革命派对于这些论据不足之处也并非毫无所知，但是为了"革命排满"政治宣传的需要，他们仍然以生花之笔与无碍辩才坚持己见。其实，就是在当年，他们也未尝没有透露自己的隐私。章太炎就曾公开表示："言种族革命，则满人为巨敌，而欧美少轻，以异族之攘吾政府者，在彼不在此也。若就政治社会计之，则西人之祸吾族，其烈千万倍于满洲。僧侣之祸，吾弗深知；商人之祸，吾深知之矣。……昔巴枯宁有言：不能破一名都，亦当破一牢狱。今者狱主非他，则外来之商旅，余所为日夜切齿腐心者，亦惟斯竖。幸而授首，是为中国翦一长蛇，岂以为病？然以利害相较，则革命军不得不姑示宽容，无使清人、白人协以谋我。军中约法，半为利害，不尽为是非也。"[2]这说明他们并非不知道帝国主义是更为凶狠和危险的敌人，然而为了先安内而后攘外，并避免"清人、白人协以谋我"，只有把火力集中于"排满"而暂时宽容白人。另外一位"亡国论"者亦曾有所

[1] 精卫：《斥为满洲辨护者之无耻》，《民报》第 12 号，1907 年 3 月 6 日。当年革命派这些错误说法，以后在中苏边界冲突及论战时，曾被苏联官方历史学者利用。这些苏联学者把满人称为"Non-Chinese"，等同于外国人，因此认定他们原来居住的满洲地区，"并非中国领土"。章太炎等如果地下有知，一定会为当年的孟浪而感到内疚。

[2] 太炎：《革命军约法问答》，《民报》第 22 号，1908 年 7 月 10 日。

表白："吾知非一大杀戮则奴隶之根永不能除，而身家之念终不能亡。天下断未有新旧杂揉而可与言国也，彗，所以除旧布新也。旧之亡也，勃焉；新之兴也，勃焉。支那欲立新国乎？则必自亡旧始。"[1]倡言"亡国"是为了"亡清"，而只有"亡清"才能建立新中国。因此，为了证明清必须亡，即令是不择手段的煽动也还是"造反有理"。如果我们至今还要就"满族亡中国说"多费笔墨，那也未免太学究气了。

第三，"祖国沦胥三百年"之类言论诚然有所偏颇，但清政府已成救亡图强和社会革新的严重阻碍则是不争的事实。所以革命派早已把"排满"与反帝的关系说得很清楚："故夫戴白人者，奴隶也；满人戴白人，而我乃戴戴白人之满人，所谓奴隶之奴隶也。不愿为奴隶，而愿为奴隶之奴隶，则又何说之辞？"[2]在《苏报》被查封之后，他们更为明确地表达了"排满"与民主（政治）革命之间的关系。《江苏》杂志公开向国人宣告："是实剥夺我全国国民之权利也，是实与我全国国民下宣战书也！我四百兆羲黄圣胄清贵高尚之同胞，岂能坐视！岂能坐视而不争！吾知此次反动力必剧，反动力剧则吾国前途生气自此葱葱郁郁而发生。此后吾但祝满政府多封报馆，则国民之自由心愈发达，吾中国前途愈光明。"[3]也正因为古老的"排满"旗帜增添了民族、民权主义的时代色彩，所以它才能够吸引愈来愈多的随从者，掀起一次史无前例的革命运动。

在谈到 1903 年形势微妙变化时，还需要注意到"排满"宣传对新式传播媒介的利用。在海外出版的《江苏》《浙江潮》《湖北学生界》等刊物，过去受到辛亥革命史研究者较大的重视，实际上比国内所出版的许多进步报刊影响甚至更大。在 1903 年，除已经出版的《苏报》《新世界》《大陆学报》《大陆》以外，又先后创办了《童子世界》《国民日日报》《觉民》《俄事警闻》《中国白话报》等，这些报刊都有程度不等的"排满"意识灌输。与"排满"宣传直接相关的书籍，

[1]《亡国篇》，《国民报》第 4 期，1901 年 8 月 10 日。

[2]《四客政论》，《浙江潮》第 7 期，1903 年 9 月 11 日。

[3]《祝苏报馆之封禁》，《江苏》第 4 期，1903 年 6 月 25 日。

除多次再版的《革命军》与《驳康有为论革命书》《沈荩》等广为流传以外，还有章士钊编辑的《黄帝魂》和译录的《孙逸仙》等。与“排满”无直接关联而显然是倡导民族主义与民族运动的，则有《法兰西革命史》《美国独立战争史》《华盛顿》《意大利建国史》等。这些海内外出版的进步书刊到底有多大的影响，至今尚难做比较确切的计量研究。仅据手头零星资料，在杭州正式发行的《译书汇编》有250份左右，《新民丛报》也有约200册[1]。甚至像海盐这样的县城，也有《浙江潮》《湖北学生界》《游学译编》等书刊发行；而上海出版的报刊在这里流行更多，如《国民日日报》《新世界学报》《新小说》等[2]。应该说明，在清末并非如现在一样，家家订报或人手一册。这些宣传“排满”的书刊，除少数图书馆、阅览室（如日知会阅览室）敢于订阅并陈列外，大多都属于秘密流传。所以实际读者数当远远大于公开发行数，前者也许是后者的十几倍乃至几十倍。而《浙江潮》《江苏》等进步报刊的再版、三版，也应是与国内读者的需求不断增加有关。新式传播媒体的利用，使“排满”宣传在时间与空间两方面都获益匪浅。

新式学堂的增建与近代学生群体的增长，特别是作为新事物的学潮的出现，更加增添了“排满”思潮的载体与传播速度。仅根据《苏报》新增辟的“学界风潮”专栏即可看出，江浙地区是1903年前后学潮最为鼓荡发达的地区。自从壬寅（1902）夏杭州养正书塾（后改名杭州中学堂）风潮，10月南洋公学200余学生退学人风潮以后，癸卯（1903）三月又连续发生了南京陆师学堂解散风潮和浙江大学堂退学风潮，此外杭州蕙兰书院、上海广方言学堂、苏州毓元学堂等校也相继发生风潮。青年学生是社会中最敏感、最活跃也最不满现状的一群，他们的青春躁动与“革命排满”思潮一拍即合，从而成为革命潮流最勇猛的投入者。他们满怀信心地宣告：“然吾观学界风潮溯江而上，昔年骤发于上海，今已派入金陵矣。自金陵而安庆而武昌而重庆，必有相继者，可预信

[1]《杭城报纸销数表》，《浙江潮》第3期，1903年4月17日。
[2]《海盐报纸之销数》，《浙江潮》第7期，1903年9月11日。

也。长江上下游，风潮怒翻，而黄河南北必有起而应者，可预信也。自北而南，而西江上下游各行省，如广东奴隶极点之学堂，亦必有起而应者，可预信也。以长江为中枢，北而黄河，南而西江，风潮遍及，由水而陆，则可普及全国，吾惟日夜祷祝！”[1]

过去史家多半侧重研究1905年同盟会的建立，以及该会所领导的多次武装起义与宣传、组织工作，但是对1903年蓬勃上扬的以“革命排满”为主旋律的思想运动则较少注意。

实际上，当年爱国志士对此即已有高度评价，他们说：“乌乎！癸卯年万岁！何其民气之奋、进步之速，如是其惊人？倘海内应和者能愈接愈厉，岂非我中国得见天日之日正不在远。”[2]作为辛亥革命领导者的孙中山，后来在追述革命全过程时也曾着重肯定这段往事：“留东学生提倡于先，内地学生附和于后，各省风潮，从此渐作。在上海则有章太炎、吴稚晖、邹容等借《苏报》以鼓吹革命，为清廷所控，太炎、邹容被拘囚租界监狱，吴亡命欧洲。此案涉及清帝个人，为朝廷与人民聚讼之始，清朝以来所未有也。清廷虽讼胜，而章、邹不过仅得囚禁两年而已。于是民气为之大壮。邹容著有《革命军》一书，为排满最激烈之言论，华侨极为欢迎，其开导华侨风气，为力甚大。此则革命风潮初盛时代也！”[3]正因为有此“革命风潮初盛时代”，才有1905年同盟会成立后的“革命风潮从此一日千丈”，而孙中山才能相信“革命排满”事业可以“及身而成”。

---

[1] 蒋竹庄：《论南京陆师学堂退学事》，《苏报》1903年4月13日。关于当时学界情况，尚可参考拙著《论1903年江浙知识界的新觉醒》，载《辛亥前后史事论丛》，武汉：华中师范大学出版社，1990年；桑兵：《晚清学堂学生与社会变迁》，上海：学林出版社，1995年。

[2]《海上热力史》，《苏报》1903年5月6日。

[3] 孙中山：《建国方略》，《孙中山选集》上卷，北京：人民出版社，1956年，第175页。1904年孙中山到美国以后，在致公堂与中西日报社的协助下，刊印《革命军》分寄美洲、南洋各地侨胞。关于1903年江浙知识界与海外革命运动的互动作用，我在《跋乌目山僧癸卯诗三首》一文已有更详细的论析，此文收于《辛亥革命与近代社会》，天津：天津人民出版社，1985年。

三

对于1905年以后革命派与立宪派有关种族革命的争辩，学者论述已多，此处不赘。我不想深究双方立论本身的优点与缺失，因为以梁启超为代表的立宪派的失败并非学理本身的失败，而是政治决策的失败，原因是他们刻意维护一个已经腐朽透顶而且终于全失人心的清朝统治集团。这个集团由于来自非中原地区的少数民族，所以更容易被视为一切内忧外患的总根源。梁启超等强调“满汉融合”本无大错，但问题在于他抹杀了明末清初清军入关后对汉人残暴屠杀的历史，也掩盖了虽渐缓和但仍存在的满汉矛盾的现实。所以，只要“排满”口号一经呼唤，潜藏的固有种族仇恨情结便死灰复燃。加以作为统治集团核心的皇室（载沣、载涛、载洵等）缺乏正常的因应之道，而且愈来愈猜忌汉人而孤立自身，从官制改革到预备立宪都使人民失去希望，使许多国内立宪派本身乃至某些汉族疆臣大吏都离心离德，清王朝的土崩瓦解便成为必然的归宿。这自然很容易看成是“革命排满”论的胜利与“满汉融合”论的失败。

但问题又没有这么简单，似乎很难以一时的成败论英雄。因为孙中山在1912年元旦就任临时大总统时，就宣布：“国家之本，在于人民。合汉、满、蒙、回、藏诸族为一国，即合汉、满、蒙、回、藏为一人。——是曰民族之统一。”[1]嗣后又在大总统谒（明孝）陵文中再次强调：“虏廷震惧，莫知所为，奉兹大柄，还我国人，五大民族，一体无猜。”[2]此外，在其他一些场合，他也曾经讲过一些类似的话，如“五族一家”“如兄如弟”“汉、满、蒙、回、藏合为一体”等。连公开后的同盟会政纲也把“实行种族同化”列为第二条。这些论调与立宪派主张的“满汉融合”，至少在理论上并无根本的歧异，而所不同的仅止于策略的层面，立宪派所主张的是以满族为主导并维护（至

[1] 孙中山：《中华民国临时大总统宣言书》，《孙中山选集》，第90页。
[2] 孙中山：《大总统谒陵文》，《临时政府公报》第17号，1912年2月20日。

少是暂时）其统治权的“融合”，而革命派所主张的则显然是以汉族为主导的（包括政治、经济、文化各方面）“融合”。所谓“种族同化”，实际上主要是其他各少数民族的“汉化”，并非汉族相应的“满化”“蒙化”等。

策略层面的区别还表现为宣传方法的不同。革命派很方便，往上可以接过来“夷夏之辨”的古老传统观念，往下则可以从会党那里借用“反清复明”等通俗语言。孙中山曾经指出洪门会党的宣传有两大特点：一是“以不平之心、复仇之事导之，此最易发常人之感情也”[1]；一是“以最合群众心理之事迹，而传民族国家之思想”[2]。以后革命派的宣传，大体上正是抓住这两大特点，以最合群众心理的不平之心、复仇之事，去影响群众的视听，鼓动“革命排满风潮”。从《革命军》《警世钟》《猛回头》，直到章太炎主编的《天讨》，大体上都可以看出这种策略的运用，因此也就较易取得良好的结果。章太炎对此也有一种解释：“凡所谓主义者，非自天降，非自地出，非摭拾学说所成，非冥心独念所成，正以现有其事，则以此主义对治之耳。其事非有，而空设一主义，则等于浮沤；其事已往，而曼引此主义，则同于刍狗。故汉族之有暴君酷吏，非今日所论也。就此现事之中，而复有其巨细缓急者，是故政治得失，外交善败，亦姑弃捐弗道。举一纲而众目张，惟排满为其先务。此贞实切事之主义，所以异于夸大殉名之主义矣。”[3]以“排满”为先务，举一纲而众目张，这自然也是出于策略上的考虑。还有一位“革命排满”论者讲得更为坦率，他说：“联想所及不免自混于昔日种族之见，且适闻西方民族主义之说，而触其格致古微孔教大同之故习，则以‘仇满’之说附丽之，故虽明揭其并非昔日种族之见而亦不承认也，然吾细剖解之，而见其重心乃全在政略上。”[4]

民族主义本来就包含民族感情，“排满”乃至“仇满”的宣传，

[1][2] 孙中山：《建国方略》，《孙中山选集》，第 195 页。

[3] 太炎：《排满平议》，《民报》第 21 号，1908 年 6 月 10 日。

[4] 蔡元培：《释仇满》，《苏报》1903 年 4 月 11 日。

为了发动群众难免要采用激发民族仇恨的手段。事实证明，在民族危机与社会危机非常严重的时期，这种情绪煽动的手段在短期效果上往往胜过理性诉求。所以，梁启超舌焦唇燥大谈“政治学大家伯伦知理之学说”，反而不如陈天华、邹容等所写的通俗小册子更易于赢得人心。对于这一点，即令是立宪派巨子如梁启超、杨度，稍后也不能不痛苦地给予承认。但是，侧重情绪煽动的民族主义宣传又很容易流于狂暴的民族复仇行动，梁启超对种族革命可能带来流血动乱的大灾难的顾虑，却又不是完全没有根据。

历史现象总归是复杂的。尽管慷慨激昂的“排满”声调在神州大地上回荡已近十年之久，辛亥革命毕竟没有演发成为血流成河、尸横遍野的全面种族复仇乃至种族绝灭行动。除和平独立各省区外，其他武装起义省区也都属于有限度的军事行动。即以首义之区湖北而言，八旗驻防重镇荆州有旗兵 4 000 多人，连同官兵眷属共 20 000 余人。武昌起义后，湖北军政府曾传谕荆州旗兵，“如肯归顺，当与汉人一律看待”，否则“大兵一到，玉石俱焚”[1]。但是，荆州将军连魁等执迷不悟，困守孤城，顽抗到底。破城前不久，民军首领唐牺支再次致书连魁，劝他“率众来归”，若仍负隅顽抗，“必以昔日清政府对于嘉定、扬州之手段对付荆州”[2]。旗军仍不屈服，民军发起总攻，激战十余小时，实际负责防务的恒龄持枪自杀，参谋等少数将领亦自尽，“满兵哭声震天，竟有投环自溺者”[3]。但这些死去的官兵都属于自杀，并非被俘后为民军所杀。民军进城也未使荆州“玉石俱焚”，使之成为嘉定第二或扬州第二，而是在比利时传教士马修德与英国税务司、日本领事的调停下，与旗兵达成和议条款。条款规定民军保障旗人生命财产安全，旗人缴枪一支赏钱十元。12 月 17 日民军进城，将

[1]《民立报》1911 年 10 月 26 日。

[2]《恢复荆宜施鹤始末》，《武昌起义档案资料选编》中卷，武汉：湖北人民出版社，1981 年，第 79 页。

[3] 参见《恒龄传》（《清史稿》卷四七〇）和《东方杂志》第 10 期（1911 年）有关记述。

军连魁等持印信恭立道左迎候，民军司令部发归乡护照，让他们安全北归，旗民则全部解散。[1]由于当地两万旗人世代仰赖俸饷过活，缺乏谋生技能，湖北军政府除谕令沙市商会设法周济外，还派专使前往协助办理旗人善后，包括发给贫困旗人半年恩饷，成立荆旗善后局，创办平民工厂等措施。[2]湖北的情况，大体上可以反映其他起义独立各省的满汉关系。

与民军在荆州对旗兵、旗民的温和态度相对照，湖北满族官员瑞澂等以前对革命党人倒是“格杀勿论”；就是湖北军政府成立以后，清军对武汉的疯狂反扑也丝毫没有放松，而冯国璋所部纵火把汉口繁华之区烧成一片瓦砾，更显示出统治者的残暴和人民的宽厚。最后，清朝皇帝被迫逊位，依然可以安安稳稳住在紫禁城内，不仅继续保持他的小朝廷，而且连每年耗费百万的经费也是由民国政府提供的。

当然，“革命排满”之所以没有发展成民族仇杀乃至民族绝灭，似乎不能仅仅以汉人老百姓的善良性格来解释，更为重要的原因还在于革命党人的政治导向。应该肯定，辛亥革命的领导者群，主要由受过新式教育的知识分子构成，即令是传统文化浸染甚深的国学大师，也都或多或少接受欧风美雨的影响，具有较高的文化素养与认识水平。因此，尽管许多“革命排满”宣传侧重于情绪煽动，但他们并没有忘记时时提醒理性诉求。

孙中山早在 1906 年即曾解释，革命党人之所以要“排满”，是因为满洲政府要实行排汉主义。“我们推翻满洲政府，从驱除满人那一面说，是民族革命，从颠覆君主政体那一面说，是政治革命，并不是把它来分作两次去做”[3]。把“驱除满人”界定为“推翻满洲政府”，

[1]《马司铎调和荆州战事始末记》，《武昌起义档案资料续编》，北京：中国文史出版社，第 130~133 页。

[2] 傅恒祺：《荆沙满族的今昔》，《湖北省志资料选编（二）》，湖北省地方志编纂委员会，1983 年，第 151 页。

[3] 孙中山：《三民主义与中国前途》，《孙中山选集》上卷，北京：人民出版社，1956 年，第 75 页。

而且与政治革命结合为一体，这当然不同于狂热的仇满煽动。即令是提倡民族复仇大义最用力的章太炎，也曾明白无误地解释："是故排满洲者，排其皇帝也，排其官吏也，排其士卒也。若夫列为编氓，相从耕牧，是满人者，则岂欲剸刃其腹哉？或曰：若是，则言排政府足矣，言排满何为者？应之曰：吾侪执守者，非排一切政府，非排一切满人，所欲排者，为满人在汉之政府。而今之政府，为满洲所窃据，人所共知，不须别为标目，故简略言之，则曰排满云尔。"[1]又说："满人之与政府相系者，为汉族所当排；若汉族为彼政府用，身为汉奸，则排之亦与满人等。近世革命军兴，所诛将校，什九是汉人尔。……谁谓汉官之暴横者，吾侪当曲以相容乎。"[2]可见，章太炎和孙中山一样，都认为"排满"无非是一个"简略"的号称，其完整而准确的含义应是"推翻满洲政府"，同时也包括排击一切维护这个政府的汉奸，而绝不是对"一切满人"的排击仇杀。类似的言论，我们还可以从其他革命领导人的文章或演讲中看到。

同时，也可以看到，满族入主中原以后，一方面是恩威兼施政策的收效，另一方面是本身汉化程度的加深，已使满汉之间的敌对情绪逐渐减弱。尽管满人是统治民族，汉人是被统治民族，政治地位在满、蒙两族之下，权力分配乃至经济方面都受到许多有形或无形的种族歧视，但无可否认，19世纪中叶以后，清王朝在内忧外患困境中已迅速趋于衰微。由皇室亲贵主控的中央政府的威权日渐降落，而以地方武装起家的汉人实力集团相继崛起，不仅能够在一定程度上控制一省或数省，甚至也能以朝廷重臣的身份影响内政、外交的全局性的决策。很明显，到清朝末年，手握重兵的李鸿章、袁世凯等，其权势已远远超过一般的满人督抚，而成为清朝政府的主要支柱。在社会上，满人由于享受各种特权养成寄生心态，早已失去游牧骑射勇猛剽悍的遗风，因此也很难在经济、文化各方面与汉人相竞争，而汉人精英则已在社会生活的各层面处于领导地位（如商会、教育会、体育会以及各级书

[1][2] 太炎：《排满平议》，《民报》第21号，1908年6月10日。

院、学堂等），这样也相对地平衡了种族之间的差别，淡化了满汉之间的敌对心理。再则，以文化认同为主的“夷夏之辨”，这种传统观念在汉族知识分子中的影响既深且广，他们之中的多数人早已认同了清朝两百多年的统治。民国初年的帝制复辟，20 世纪 30 年代的满洲“建国”，其主要骨干大多仍为汉人，就说明了这一历史背景。

由于以上两方面原因，才出现和平独立省区愈来愈多，而最后的结局便是清王室的和平逊位。“革命排满”原意是想把政治革命与种族革命结合起来，毕其功于一役，可是“排满”易于收效，“革命”则难于成功。满人不仅失去政权，而且逐渐失去自己的民族特点，在文字、语言、风俗、习惯乃至姓氏诸方面更加汉化。但辛亥时期的政治革命则很难说是已经取得真正的胜利，因为民族主义的宣传为时不久，国内绝大多数人的民主诉求微乎其微，所以与清帝逊位的同时，孙中山也不得不“逊位”，南北新旧政权同时宣告结束。最大的赢家是袁世凯，因为他掌握装备精良、训练有素的北洋军队，是中国当时“最强的人”。他接收了北京政府，解散了南京政府，填补了政治真空，当上了新式元首——大总统。从“排满”而言，人们得到了满足，因为袁世凯毕竟是个汉人；从革命而言，人们也得到了满足，因为毕竟是总统代替了皇帝。

还必须指出一点，“排满”虽然是一个否定性的口号，然而认同这一口号却又是各省革命党人乃至独立各省整合的思想基础。早在革命初期，孙中山等领袖人物就很害怕革命后中国的分裂。同盟会成立前后，云集东京的中国进步知识分子大多分别集结在各省同乡会之中。这些同乡会所办的刊物，如《湖北学生界》《直说》《浙江潮》《江苏》《云南》《四川》《河南》《关陇》《夏声》《洞庭湖》《江西》等，还有《新湖南》《新广东》之类带地域性的书籍，作为《民报》增刊的《天讨》所刊布的《四川革命书》《江苏革命书》《河南讨满洲檄》《安徽讨满洲檄》《直隶省宣告革命檄》《山东讨满洲檄》《广东人对于光复前途之责任》《云南讨满洲檄》等文章，都带有强烈的乡土感情和地方主义色彩。这种乡土感情和地方主义，在当时的历史条件下具有两重性。

它们既可以把爱乡与爱国结合起来，把故乡的革新作为振兴整个中国的基础，发挥积极的纽带作用。然而，其中夹杂的传统地域观念，也有可能使人们模糊整体性的民族观念，只看到本乡本土的局部利益，只强调本乡本土的特殊优越地位，直到产生排斥其他省区人士的狭隘地方主义，使革命力量迟迟难以整合。早在1903年已有人看出这种省籍情结蕴藏着疏离的危险，他致书东京浙江同乡会说："侧闻诸君联订此会，省界甚严，此省不能参豫他省。浙江留学生最多，而气最盛。广西、云南、江西人甚寥寥，惴惴顾影，惟孤立是惧。……况在日留学诸君，各省统计仅此千数百人，团之犹恐不固，乃自分之，亦非共图保国新民自立之本意。"[1]他主张"人人心忧国之心，人人事忧国之事，脑电所达，目炬所照，但有国界，不有省界"[2]。《浙江潮》杂志对此极为重视，不仅全文刊登了这封读者来信，而且还为此发表一篇题为《非省界》的专论，进一步指出"省界"的危害："分泾渭于一饮食一书报之间，至岸然不能假借，怫然相抵曰：'汝浙人自有浙界，吾楚人自有楚界。'又或一语言之微，一嘲谑之细，哄然群哗曰：'彼闽人辱吾粤人，彼浙人谩吾吴人。'其色汹汹，几有号同乡会诉冤之势。"[3]防微杜渐，编者认为必须破除省界，把各省的"精华"或"尤雄杰者"集合起来，成立统一的组织，使整个民族成为一个团结战斗的强大队伍。以民族情结化解省籍情结，而这个化解武器便是共同"排满"。

实际上，各省"精华""尤雄杰者"，在1903年已经逐渐结集在"排满"旗帜之下，并且有越来越多的人开始认同孙中山这位高举"革命排满"大旗的领袖。在此以前，由于孙中山侧重联络会党在沿海策划起义，内地知识分子对他知之甚少，有些人甚至以为他是绿眉毛、红眼睛的江洋大盗。可是1903年《孙逸仙》一书的出版，即已标志着他在革命知识分子思想中的领导地位迅速提升。据译录者章士

---

[1][2]《寓江西陈君致浙江同乡会书》，《浙江潮》第3期，1903年4月17日。

[3]《非省界》，《浙江潮》第3期，1903年4月17日。

钊（以笔名“黄中黄”刊印）事后回忆：“癸卯八月，愚据日本宫崎寅藏《三十三年落花梦》为底本，成一小册子，颜曰《孙逸仙》，其时天下固瞢然不知孙氏为何人也。”[1]出版此书的目的正是向中国人宣传孙中山。一向自视极高的章太炎，特为此书题词：“索虏昌狂泯禹绩，有赤帝子断其嗌，掩迹郑、洪为民辟（君也——引者），四百兆人视兹册。”[2]多年以后，他还曾回忆说：“余在巡捕房（指在癸卯年为‘《苏报》案’被捕），与中山书，尊称之为总统，溥泉（张继）为余送去。”[3]可见推崇之极，他们都是把孙中山当作“四百兆人”协力排满的种族革命领袖来看待的。

正因为如此，1905 年才有可能出现具有全国性的革命团体同盟会，并且一致推举孙中山为总统。同盟会的会员从一开始就包括内地十七省籍，而且凡遇其本部（即总部）重大动议，往往需要各省分会（指设在东京的各省分会，并非内地分会）协商才能做出决定，而这些分会又与本省同乡会的关系极为紧密。同盟会的正式英译名是“China Federal Association”，本身即有“联邦”或“地区联合会”含义[4]。同盟会的纲领是“驱除鞑虏，恢复中华，建立民国，平均地权”，十六个字当中最能获得共识的就是头前的八个字。由此可见，对“排满”的认同加强了各省革命志士之间的向心力。由章太炎编辑的作为《民报》增刊的《天讨》，所收各省讨满檄文大多能体现出民族整体的认同，而并非孤立地过分强调本省的地位与作用。如署名退思所写的《广东人对于光复前途之责任》一文，强调的就是“我广东人

---

[1]《孤桐杂记》，《甲寅周刊》第 1 卷第 23 号，1906 年 12 月 19 日。

[2] 章炳麟：《〈孙逸仙〉序》，黄中黄译：《孙逸仙》，日本，1903 年。

[3] 章太炎：《口授少年事迹》，汤志钧编：《章太炎年谱长编》上册，北京：中华书局，1979 年，第 186 页。

[4] 见东京西池袋宫崎故家所藏 1907 年 9 月 13 日孙中山所授委任状，上盖圆形会印，内圈为中文篆书“中国同盟会印章”，外圈为英文“China Federal Association”。按美国南北战争时期，隶属于“北部联邦同盟”者即简称为“Federal”，意指拥护联邦政府。

傀杰子弟，若洪秀全、杨秀清，均能振大汉之声名，故吾广东人必相继而兴，始不愧神明之胄”[1]。正是由于“排满”所促成的整体民族感，使辛亥革命具有相对统一的领导核心，而革命也就避免了“抽心一烂”“土崩瓦解”的悲惨结局[2]。

当然，“排满”的有限历史作用，随着清王朝的结束而结束。所以孙中山必然要在民国建立以后，重新提出“五族共和”“五族一家”，作为民族国家认同的理念基础。但是他此后所倡导的“国族论”，即把国内诸民族融化成为“一个中华民族”，实际上仍然是主张使各少数民族同化于汉族，而且连他自己也不讳言这就是“汉族底民族主义”。因此，这并未能完全摆脱“夷夏之辨”的传统阴影，加上他又采用了家族→宗族→国族这样带有浓厚宗法色彩的整合模式，这种“大民族主义”实在也难以解决中国错综复杂的民族问题。不过这已不属于本文论述范围，本文只限于对已经成为历史陈迹的“排满”，结合辛亥革命时期的民族主义思潮，作一较平实的回顾与评述，以期或许可以对现实问题起些许借鉴作用而已。在我看来，民族主义仿佛是一把两面刃，既可以伤害对手，也未尝没有可能伤害自己。“排满”固然曾经有效地充当了革命的手段，但也不是没有负面效应，而在一定条件下更有可能被其他民族衍变为“排汉”。因此，民族情结与省族情结一样，都需要引向更为广阔的国家认同、区域整合与国际整合，而不宜作为政治斗争的手段轻率地反复加以利用。

（原载《“国史馆”馆刊》复刊第 16 号，1995 年）

---

[1] 退思：《广东人对于光复前途之责任》，《天讨》，1907 年 4 月 25 日。

[2] 这是曾国藩的幕僚赵烈文在 1867 年所作的政治预言。他天才地断定，“不出五十年”清朝必将崩溃，而中国必将“瓦解”。曾国藩听见赵烈文对政局的精辟分析后，徒唤“奈何”，并哀号“吾日夜望死”。此事载于赵烈文日记稿本，我在《张謇传稿》中对此有较详细的论析。

王道与霸道

——试论孙中山的大同理想

大同是中国古代源远流长的一种政治思想，也是一种最高层次的伦理设计。儒家所津津乐道的："大道之行也，天下为公，选贤与能，讲信修睦。故人不独亲其亲，不独子其子。使老有所终，壮有所用，幼有所长，矜（鳏）寡孤独废疾者皆有所养，男有分，女有归。货恶其弃于地也，不必藏于己；力恶其不出于身也，不必为己。是故谋闭而不兴，盗窃乱贼而不作，故外户而不闭，是谓大同。"（《礼记·礼运篇》）这是把原始氏族社会理想化，以所谓"三代之治"的乌托邦作为推行礼义的依据。但这段著名文字所描绘的美好社会图景，则具有历久不衰的非凡魅力，成为后世许多仁人志士用以激励自己和群众谋求改造社会的远期目标。

孙中山所接受的大同思想的影响是多层面的，既包括中国的社会根本改造，更包括国际格局的根本重建，本文着重研究其后者。

一

"天下为公"是孙中山经常题写的词句，而他对黄埔军官学校的训词则是："三民主义，吾党所宗，以建民国，以进大同。"由此可见，在孙中山的政治思想中，"天下为公"与"世界大同"是紧密联系的，有时甚至可以理解为同义词语。但是，孙中山对"天下"的认识，与所有中国人一样，都有一个由近及远、由小到大、由浅转深的过程。

12 岁以前，孙中山不仅对海外的世界一无所知，就是对翠亨村以外的中国也知之甚少。作为贫苦农家子弟，童年孙中山心目中的世界是狭小的，不过是以家族为轴心的方圆数里或十余里的小天地。尽管父亲曾在澳门谋生，叔父和哥哥也去美国做工，但由于信息媒介的匮乏，他很难对海外的广阔世界形成任何清晰的概念。

他的世界观念的重大变化发生在 12 岁以后。当他踏上前往夏威夷的旅途，“始见轮舟之奇，沧海之阔，自是有慕西学之心，穷天地之想”[1]。西方近代文明最初是通过海上传入中国的，所以在相当长一段时间里，在中国人的心目中，轮船不仅是西方近代文明的传播载体，而且其本身就是西方近代文明的象征。正是“轮舟之奇”，使这个乡村少年看到了远比伶仃洋更为辽阔的太平洋，并且被吸引到一个新的世界，尽管夏威夷不过是西方近代文明的边缘。

从 1879 年开始，孙中山先后就读于夏威夷意奥兰尼学校（Iolani College，Honolulu）、香港中央书院（The Central School）、广州博济医院（Canton Hospital）、香港西医书院（College of Medicine for Chinese，HongKong），学习勤奋，成绩优异。应该说，在当时的历史条件下，他是少数接受了比较完备的西方近代教育的先进中国人之一。正如他在《上李鸿章书》中所言：“曾于香港考授英国医士，幼尝游学外洋，于泰西之语言文字、政治礼俗，与夫天算地舆之学，格物化学之理，皆略有所窥；而尤留心于其富国强兵之道，化民成俗之规；至于时局变迁之故，睦邻交际之宜，辄能洞其阃奥。”[2]

至此，孙中山所了解的，已经不是中国古代那样狭小的“天下”，也不是清王朝那样以自我为中心的朝贡体系，而是一个比较完整的客观存在的世界。这个世界不仅是地理的，而且是经济的、文化的、政治的，乃至是军事的。这个世界给孙中山留下的印象也是复杂的，貌似完整而实为分裂，各个地区之间与各个国家之间，既有文明程度的差异，又有国际地位的区别。正如那些走出国门了解世界的先驱一样，他发现号称文明古国的中国已经远远落后于西方的发达国家，甚至也落后于业已西化的日本，而且还处于被压迫的殖民地、半殖民地的悲

[1] 孙中山：《复翟理斯函》，《孙中山全集》第 1 卷，北京：中华书局，1981 年，第 47 页。

[2] 孙中山：《上李鸿章书》，《孙中山全集》第 1 卷，第 8 页。

惨地位。但是他与那些先驱（如郭嵩焘、薛福成等）又有所不同，既非儒学濡染甚深的传统士大夫，更与清朝的官僚体系毫无渊源。他不满足于“中体西用”，不满足于体制内的枝节改革，他要求全面学习西方的长处，谋求整体改革乃至摧毁旧的体制，以实现中国的解放与富强。他在1896年10月伦敦蒙难以后更加坚定了这个决心，所以对英国新闻界发表公开信说：“我对立宪政府和文明国民意义的认识和感受愈加坚定，促使我更积极地投身于我那可爱而受压迫之祖国的进步、教育和文明事业。”[1]次年3月，他发表《中国的现在和未来》，进一步指出，“不完全打倒目前极其腐败的统治而建立一个贤良政府”，“实现任何改进就完全不可能的”。[2]

但是，对于孙中山思想的发展变化而言，更为重要的还是他在伦敦蒙难获释后滞留英国期间的苦读、交游与对西方社会的实地观察。在大英博物馆等机构的图书室，他如饥似渴地阅读了政治、经济、法律、军事、外交、工矿、农牧等方面的书籍，特别是对亨利·乔治的著作产生浓厚兴趣。同时，他也曾多次参观访问宪政俱乐部、农业馆家禽展览会、工艺展览会等处，以求对这个资本主义最发达的国家的实际情况有较真切的了解。此外，他与流亡在伦敦的俄国民粹主义者、爱尔兰土地联盟的组织者、英国的社会主义者和费边社分子，以及美国的单一税论者，也有多方面的接触。

以上这些主客观因素的交互影响，使孙中山的思想产生了很大的变化，他不再局限于“排满”、反清和简单地效法西方的民主制度。他开始认识到，西方世界并非完美无缺的理想境界。工业革命与生产力的迅猛发展并未使资本主义世界臻于至善，却造成与日俱增的贫富悬殊与广大劳动人民的悲惨命运。社会矛盾的尖锐化必将导致社会革命的爆发，而社会主义运动则将成为新的世界潮流。在20年代初始，孙中山已经为我们勾勒出一幅简略而又生动的画面：“十八世纪之末，

---

[1] 孙中山：《致伦敦各报主笔函》，《孙中山全集》第1卷，第36页。
[2] 孙中山：《中国的现在和未来》，《孙中山全集》第1卷，第88页。

十九世纪之初，专制仆而立宪政体殖焉。世界开化，人智益蒸，物质发舒，百年锐于千载。经济问题继政治问题之后，则民生主义跃跃然动，二十世纪不得不为民生主义之擅场时代也。”[1]为了纠正近代西方文明的缺失，孙中山在民族主义、民主主义之外，又揭橥出民生主义。以平均地权为依托的民生主义虽然不无空想成分，但其追求均富与共享社会福祉的理念，则颇与中国传统的大同思想有所相通。

但是，孙中山的革命理想与往昔古朴的大同学说又存在着极大的差别，除了其构想内容建筑于对现代文明的深切体认以外，还在于他把传统“天下”的狭小范围扩大到真实的整体的世界。孙中山的大同思想已不仅限于中国国内，而是包括世界各国，特别是还包括各国之间平等和睦的相处关系。

1897年，孙中山离开英国，经由加拿大到达日本，与以宫崎滔天为代表的大亚细亚主义者结识并建立合作关系。宫崎在初次见面时就鼓吹：“中东合同，以为亚洲之盟主。兴灭国，继绝世，用其方新之力阻遏西势东渐之凶锋者，天理人心之所会也。”孙中山赞同中日联合，更赞同亚洲各被压迫国家联合，共同阻遏殖民主义的“西势东渐之凶锋”，但是却不赞成过分强调个别国家的特殊国家利益。他向宫崎坦率表明自己的志向是“为了中国苍生，为了亚洲黄种人，更为了世界人类”[2]，而兴起革命军。这就与日本军国主义者宣扬的所谓大亚细亚主义有着根本区别。

10年以后，即1907年，中印革命志士在东京发起成立亚洲和亲会，由章太炎执笔的《亚洲和亲会约章》在日本尚有收藏者，其封里印有英文“The Asiatic Humanitation Brotherhood”。Humanitation可能系Humanitarian之误植，如此则亚洲和亲会亦有博爱兄弟会之含意。约章宣称：“先以印度、支那二国组织成会，亦谓东土旧邦，二国为大，幸得独立，则足以为亚洲屏蔽。……一切亚洲民族，有抱独立主义者，

[1] 孙中山：《〈民报〉发刊词》，《孙中山全集》第1卷，第288页。

[2]〔日〕宫崎滔天著，佚名初译，林启彦改译、注释：《三十三年之梦》，广州：花城出版社；香港：生活·读书·新知三联书店香港分店，1981年，第123页。

愿步玉趾，共结盟誓，则馨香祷祝之迎之也。”[1]约章还规定：“亚洲诸国，若一国有革命事，余国同会者应互相协助，不论直接间接，总以功能所及为限。”[2]这可以看作是对于孙中山世界大同思想的某种响应和推广。

二

20世纪最初10年，由于连续而又频繁地组织武装起义，孙中山的大量精力用于筹款和策划，未能就世界大同思想作进一步的论述。但是，民国成立以后政权却落在并无共和思想的旧官僚袁世凯手中，其后讨袁、护法等战争的艰苦奋斗，也未能改变大小军阀把持中央和地方政权的黑暗局面。这一切都使孙中山不能不作深刻的反思，同时也使他对世情与国情的认识进入一个更为深刻的层次。可以这样认为，孙中山在其晚年把他的大同思想作了更明确的论析。

1924年1月27日，孙中山开始在广州国立高等学堂演讲三民主义，每周一次，至8月24日因对付商团叛乱及准备北伐而中辍，这是孙中山思想主体部分较为全面系统的表述。在《民族主义》第六讲的末尾，孙中山总结说：“我们要将来能够治国平天下，便先要恢复民族主义和民族地位。用固有的道德和平做基础，去统一世界，成一个大同之治，这便是我们四万万人的大责任。诸君都是四万万人的一份子，都应该担负这个责任，便是我们民族的真精神！”[3]

孙中山所说的治国，是指中国的独立、自由和富强（包括均富）。而平天下，则是发扬“济弱扶倾”的传统理念，帮助其他被压迫民族谋求各自的独立、自由和富强。他说：“我们今日在没有发达之先，立定扶倾济弱的志愿，将来到了强盛时候，想到今日身受过了列强政治

[1][2] 汤志钧：《关于亚洲和亲会》，《辛亥革命史丛刊》第1期，北京：中华书局，1980年，第83页。

[3] 孙中山：《三民主义·民族主义》，《孙中山选集》，北京：人民出版社，1981年，第691页。

经济压迫的痛苦，将来弱小民族如果也受这种痛苦，我们便要把那些帝国主义来消灭，那才算是治国平天下。”[1]

孙中山所说的“用固有的道德和平做基础”，包括两层意思：

一是把《大学》所标榜的“格物、致知、诚意、正心、修身、齐家、治国、平天下”，看作我国传统时“最有系统的政治哲学”。他把道德范围的东西放在知识范围中来探讨，认为应该先从个人的内省与自我完善做起，讲究自身的文明修养，然后才谈得上齐家、治国、平天下。孙中山沿袭中国的传统观念，认为家族是国家的基层团体，由家族而宗族而国族，合群图强然后才能讲民族主义，而且只有先恢复民族主义才能讲世界主义。他的最高理想是：“用固有的道德和平做基础，去统一世界，成一个大同之治，这便是我们四万万人的大责任。”[2]

二是力图以王道与霸道这两个古老词语来区分东西方文化的本质差异。他曾经明确指出：“东方的文化是王道，西方的文化是霸道；讲王道是主张仁义道德，讲霸道是主张功利强权。讲仁义道德，是由正义公理来感化人；讲功利强权，是用洋枪大炮来压迫人。”[3]古代的儒家历来主张行仁政，孟子曰：“以力假仁者霸，霸必有大国，以德行仁者王，王不待大。汤以七十里，文王以百里。以力服人者，非心服也，力不赡也。以德服人者，中心悦而诚服也，如七十子之服孔子也。诗云：‘自西自东，自南自北，无思不服。’此之谓也。”（《孟子·公孙丑上》）这实际上也是正统儒家所服膺的一种政治哲学，认为道德的力量胜过军事的力量，民心的依违向背乃是施政者决策的根据与归宿。孙中山则把这种古老理念加以现代诠释，并且以此作为处理国与国之间关系的最高道德准则，力求在世界范围内形成和谐、平等、合作的新格局与新秩序。或许可以这样来概括：他要以王道来实现世界大同。

---

[1][2] 孙中山：《三民主义·民族主义》，《孙中山选集》，北京：人民出版社，1981 年，第 691 页。

[3] 孙中山：《对神户商业会议所等团体的演说》，《孙中山全集》第 11 卷，北京：中华书局，1986 年，第 407 页。

以这样的理想来作为奋斗目标诚然是值得尊敬的，而作为对各国政治家的规劝更是非常必要的。但是，孙中山自己的晚年却存在着两个思想上的误区：一是想把日本引为儒学大同理想的同道，二是误认苏维埃主义等同于“孔子之所谓大同也”。

1923年秋天，犬养毅出任日本内阁邮电大臣兼文部大臣，由于过去与之有较深的历史关系，孙中山对他寄予很高期望，所以闻此立即写信联络。此信一开头就说：“山田君来称，先生此次入阁，将大有为，可助吾人未竟之志，以解决东亚百年问题，闻之狂喜。”[1]信中批评了日本既往的亚洲政策与对华政策是“以列强之马首是瞻”，并且诚挚地希望日本改弦更张，“倘日本以扶亚洲为志，而舍去步武欧洲帝国主义之后尘，则亚洲民族无不景仰推崇也”[2]。但日本自明治维新以后，“脱亚论”即愈演愈烈。所谓“脱亚论”即把欧美视为文明，亚洲视为野蛮，日本应脱离野蛮的亚洲并趋近文明的欧美，并且效仿西方列强的方式以征服亚洲并争霸世界。甲午战争以后，特别是日俄战争以后，日本坚定不移地走上了军国主义道路。其后甚嚣尘上的大亚细亚主义与“脱亚论”一脉相承，所谓“共存共荣”“相互提携”之类美丽谎言，无非是蒙骗亚洲人民的毒药之糖衣而已。故只要它的经济基础与政治体制没有发生根本变化，劝说日本“以扶亚洲为志”，无异于与虎谋皮。

孙中山向犬养毅的献策有二：一是“日本政府此时当毅然决然以助支那之革命成功，俾对内可以统一，对外可以独立，一举而打破列强之束缚。从此日支亲善可期，而东亚之和平永保；否则列强必施其种种手段，以支制日，必使日支亲善永无可期，而日本经济必再难发展”[3]。二是“日本当首先承认露（俄）国政府，宜立即行之，切勿与列强一致。……夫英米（美）海军各已强于日本者数倍，而露国在于今日实天下莫强焉，不可不知也。以孤立之日本而当此海陆之强邻，

[1][2][3] 孙中山：《致犬养毅书》，《孙中山选集》，第531、532、534页。

岂能有幸？故亲露者为日本自存之一道也”[1]。孙中山把“亲露”放在世界战略的高度来审视，他说：“夫再来之世界战争，说者多谓必为黄白之战争，或为欧亚之战争，吾敢断言其非也，其必为公理与强权之战也。而排强权者固以亚洲受屈之人民为多，但欧洲受屈人民亦复不少，是故受屈人民当联合受屈人民以排横暴者。如是，在欧洲则苏俄独为受屈者之中坚，英佛（法）为横暴者之主干；在亚洲则印度、支那为受屈者之中坚，而横暴者之主干亦同为英佛；而米国或为横暴者之同盟，或为中立，而必不为受屈者之友朋，则可断言也。惟日本则尚在不可知之数，其为受屈者之友乎？抑为受屈者之敌乎？吾将以先生之志能否行于山本之内阁而定之。”[2]孙中山当时已经接受了列宁关于世界区分为压迫民族与被压迫民族，以及全世界无产阶级与被压迫民族联合起来等重要观点。在他所作的《三民主义·民族主义》系列演讲中，对此已有充分的表述。

争取日本联合苏俄，借以作为中国革命的主要外援，这在斗争策略上无疑是合理的，而当时的苏俄也确实是世界上独一无二的反对帝国主义的中心。但是，孙中山的善良愿望毕竟改变不了严酷的现实。在帝国主义时代，公理与强权之战时时刻刻都在进行，但公理并非一定都能战胜强权。各个国家的世界战略考虑都是从自己的国家利益出发，而国际斗争的胜负则主要取决于对立双方的国力。因此，代表公理的“受屈者”与代表强权的“横暴者”之间的斗争，便必然是长期、复杂而艰苦的，而国际无信义的丑恶现象则比比皆是。因此，孙中山把争取日本支持中国革命的希望寄托于犬养毅的入阁并得行其志，只能是不切实际的幻想。同时，孙中山对苏俄也缺乏更为深切的了解。他认为：“夫苏维埃主义者，即孔子之所谓大同也。……露国立国之主义不过如此而已，有何足畏！况日本为尊孔之国，而对此应先表欢迎，以为列国倡，方不失为东方文明之国也。”[3]苏维埃主义与中国传统的大同思想可说是风马牛不相及，何况此后苏联随着国力的上升，沙皇

[1][2][3] 孙中山：《致犬养毅书》，《孙中山选集》，第535、533、535~536页。

时期的大俄罗斯主义遗毒渐行泛滥，在国外也曾在不同程度上推行霸权主义，而并非始终是中国最忠诚可靠的盟友。

但是，绝不能把孙中山看作空想家，他的上述话语很多是从斗争策略考虑的。享有“世界公民”美誉的孙中山并非一个世界主义者。他把世界主义当作一个崇高而又遥远的政治理想，然而认为当务之急还是实行民族主义，因为如果没有各民族的独立与平等地位，世界主义便是卑劣的欺骗。他明确指出有两种截然不同的世界主义：一种是帝国主义用以“煽惑”被压迫民族放弃民族防线的虚伪的世界主义；另一种是以苏俄与中国为代表的以民族的独立、平等为基础的真诚的世界主义。其结论是：“我们要发达世界主义，先要民族主义巩固才行。如果民族主义不能巩固，世界主义也就不能发达。”[1]孙中山把反对帝国主义的斗争叫作民族主义，并且认为是不可逾越的历史阶段。

以中国人民作为亚洲世界主义的基础，然后扩而大之，才能实现整个人类的世界主义，也就是真正的世界大同——这就是孙中山的理想世界，也是他终生为之奋斗的伟大目标。

三

孙中山无疑是20世纪世界上最伟大的历史人物之一，他不仅属于中国，而且属于世界。他的思想和学说是中国也是世界的宝贵精神遗产，其合理内核在现今乃至未来都具有重要的借鉴价值。

时至今日，世界格局已与20世纪初有很大区别。作为“横暴者”的西方列强，势力明显削弱，作为“受屈者”的亚洲国家和非洲、拉丁美洲国家则都已获得独立或至少半独立，被孙中山称为“受屈者之中坚”的中国，更是坚定不移地走上举世瞩目的富强之路。但是，冷战时期结束以后的世界并不太平。人们都说21世纪的主旋律是和平与发展，而眼前所看到的严酷现实却是作为“横暴者”的少数大国依然横行于世界，明争暗夺，纵横捭阖，局部战争连年不断，以高科技为

---

[1] 孙中山：《三民主义·民族主义》，《孙中山选集》，第662页。

基础的现代战争造成更为残酷的人类灾祸。世界政治、经济、文化格局本来已走向多元化和多极化，可是美国却想谋求一元化和单极化的独霸地位。美国和北约协同对南斯拉夫这样一个小国狂轰滥炸，便是在 21 世纪前夜发出的一个极为危险的信号。

20 世纪的西方人曾断言“再来之世界战争必为黄白之战争”，现今的某些欧美政治学家则预测：新的世纪东西文化冲突必将成为最大的危险。其实这些高谈阔论都有意无意地掩盖了问题的实质，即孙中山所早已明确提示的“公理与强权之战”。现代国际战争的挑起者，无论是打着人道或是什么国际新秩序维护者的美丽幌子，骨子里都是为着市场、资源与霸权。而亚洲某些国家领导人所标榜的所谓“亚洲价值观”，其实也并非本国多数民众所认同的本土文化真正的精粹，他们极力维持的乃是既得利益集团的极权统治。把广大“受屈者”联合起来对抗“横暴者”的欺凌，依然是孙中山遗嘱要求我们完成而仍然需要继续的艰苦工作。公理战胜强权，也仍然是一个现今还难以完全实现的伟大理想。

环顾全球，新的千禧年的到来并不能使人乐观。重物质轻精神，重科技轻人文，道德沦丧与社会（包括国际社会）失序，已经成为弥漫世界各地的“公害”。高科技的迅猛发展，固然给人类带来物质生活水平的提高，但金钱追逐与利己主义的泛滥，包括个人、集团、国家等不同层次的利己追逐，也将给人类带来无穷无尽的灾难，例如战争残杀、环境破坏、资源浪费、毒品流行、犯罪率攀升、贪污腐化成风等。在这样紧要的关头，重温孙中山有关以仁义道德治国与追求世界大同的遗训，使我们倍感其意义之深远。

（原载《浙江社会科学》2000 年第 3 期）

辛亥革命与“只争朝夕”

“多少事，从来急；天地转，光阴迫。一万年太久，只争朝夕。”[1]这是一首曾经流传甚广的诗词的名句。我认为，它抒发的不仅是作者个人的情怀胸臆，而且是我们整个民族的潜在心态。通常，人们把这种心态称为历史紧迫感，实际上乃是许多心理因素的复合体，诸如忧惧、焦虑、发愤、渴望、急躁乃至世纪末的某些不祥预感等。近代意义的历史紧迫感，萌发于鸦片战争以后，形成于19世纪末20世纪初，氤氲浸淫，绵延积淀，直至于今。这种心态不仅对辛亥革命，而且对辛亥以后的中国历史发展都具有多方面的影响。本文试图从这个角度，对辛亥前后的历史重新加以认识。

一

近代意义的历史紧迫感，从根本上说，产生于中西经济、文化发展水平的明显差距以及因此而出现的外来严峻挑战。

中国长期滞留于农业宗法社会，人们对外界情况了解甚少。加以经济、文化水平高于周邻国家，习惯于以“天朝上国”自居。直到19世纪30年代末40年代初，即令是首先睁开眼睛看世界的林则徐，尚且保留着“天朝物产丰盈，无所不有”[2]的盲目自满心态。产生并受制约于这种心态的社会，其发展节奏必然是迂缓的，甚至是板滞的，可以说与“紧迫”二字无缘。但是，进入19世纪30年代以后，社会

[1] 毛泽东：《满江红·和郭沫若同志》，《毛泽东诗词选》，北京：人民文学出版社，1986年，第118页。

[2]《高宗纯皇帝实录》卷一四三五，乾隆五十八年八月己卯，《清实录》第27册，北京：中华书局，1986年，第185页。

危机深化与外来严峻挑战交织，首先是鸦片流毒造成的兵弱、饷绌，引起一些忧国忧民之士的警觉与焦虑，其中已经流露出若干急切心情。紧接着便是一个绝大多数中国人（包括当政者）还不知道它在世界何方的“岛夷”，居然很快就打败了堂堂“天朝上国”。割地赔款的奇耻大辱，引起一片惊呼——“此乃千古未有之变局”。先进的中国人急于了解这个变局及其出现的原因，于是有《四洲志》《海国图志》等书的编撰出版。他们开始知道在朝鲜、日本、安南、暹罗、缅甸等周邻国家的外面，还有一个更为广袤的世界。这个世界中的一些国家，不仅没有蒙受“天朝”教化的熏陶恩泽，而且还有若干远比“天朝”优胜的东西，其彰明昭著者就是船炮之类“长技”。魏源从“愤悱”与“忧患”出发，主张“师夷长技以制夷”[1]，并且期望“风气日开，智慧日出，方见东海之民，犹西海之民”[2]。承认差距，主张向西方学习以赶上西方，字里行间已经流露出若干惶急。或许可以认为，这就是近代意义的历史紧迫感的萌发。

但是，这毕竟是少数先行者孤寂的觉醒，他们的主张未能成为整个民族的共识，他们的心情更为绝大多数人所难以感应。从一般民众来看，当英军直接骚扰他们的家园时，他们“志切同仇，恨声载道”，愤怒高呼“若不灭尽尔畜，誓不俱生”，并且以血肉之躯与拥有先进火器的侵略者决斗。可是，当战争在远离其本乡本邑地区进行时，他们大多视若与己无关，并无切肤之痛。至于统治集团的多数人，则神经已经渐趋麻木。战争曾经使他们惊惶、震恐、羞辱、悲愤、痛苦，然而不过数年，时过境迁，他们依然是文恬武嬉、昏庸腐败如故。尽管龚自珍发出千古绝唱：“九州生气恃风雷，万马齐喑究可哀。我劝天公重抖擞，不拘一格降人才。”但并未能够挽回“衰世”的“颓心”，中国古老社会仍然缺乏活力与生机。以《海国图志》为例，此书流传到日本，很快就被选刻、选译达二十多种版本，明治维新的先驱们大

[1] 魏源：《海国图志叙》，《魏源集》上册，北京：中华书局，1976 年，第 207 页。

[2] 魏源：《筹海篇》（三），《海国图志》卷二，光绪二年（1876）平庆泾固道署重刻本，第 23 页。

多曾受其影响。可是，当一个东邻维新志士于 1862 年来上海访问时，却发现《海国图志》在它的祖国竟已绝版。这个日本人不禁感慨系之：“徒然提倡僻见，因循苟且……故由此而至于衰微也。”[1]

为了使这个古老的民族惊醒，需要有多次具有高强力度的外来的与内在的冲击，需要有几代先进中国人的深沉思考与宣传鼓吹。第二次鸦片战争、中法战争、太平天国运动就是这一系列外来的与内在的“风雷”，而冯桂芬、王韬、容闳、郭嵩焘、马建忠、薛福成……便是新一代的“人才”。这一代人对外面的世界有更多的乃至直接的理解，发觉中西差距不仅在“器”而且在“学”，甚至还在于“制”（制度），对差距感知的全面增进，意味着学习西方的愿望更加急切。连冯桂芬那样温和稳健的儒士，也果敢地宣称：“法苟不善，虽古先吾斥之；法苟善，虽蛮貊吾师之。”[2] 郭嵩焘则“三分”世界，一曰色维来意斯得（civilized，文明的），二曰哈甫色维来意斯里（half-civilized，半开化的），三曰巴尔比里安（barbarian，野蛮的），并且客观而又勇敢地把中国列为第二类国家。他说西方不仅长于科技、工艺，“而政教风俗，欧洲各国乃独擅其胜，其视中国，亦犹三代盛时之视夷狄也。中国士大夫知此义者尚无其人，伤哉！”[3]“夷夏之辨”是建立在文化优越感的基础之上的，清朝人一直把其他国家视为“夷狄”，现在却已被划出文明世界，转而被别人视为“夷狄”，这是多么可怕而又可悲的堕落！当时，这种高见卓识与大胆直言仅属于郭氏之类的一二人，并未被一般士大夫理解，所以郭嵩焘才被骂作汉奸，在抑郁与凄凉中度过寂寞的晚年。但无论如何，19 世纪 60 年代以后的维新思想毕竟有所发展，它们逐渐汇合形成社会思潮，并且产生较为明显的影响。有限度地学习西方与变革图强的主张，终于被一部分中央与地方的高

---

[1] ［日］信夫清三郎著，周启乾译：《日本政治史》第 1 卷，上海：上海译文出版社，1982 年，第 312 页。

[2] 冯桂芬：《收贫民议》，《校邠庐抗议》卷下，光绪十年（1884 年）豫章刻本，第 10 页。

[3] 郭嵩焘：《郭嵩焘日记》第 3 卷，长沙：湖南人民出版社，1982 年，第 439 页。

级官员采纳并付诸实施，这就是“自强新政”（或被称为“洋务运动”）。革新者首先是谋求国防现代化，然后延伸到民用工业、能源、交通的兴办，在政府机构与文化教育方面也有相应的然而是微小的变化。

也许可以认为，是历史紧迫感促成了自强新政，但自强新政却未能增进多数人的紧迫感。守旧势力从来没有停止过反对学习西方的自强新政。洋务集团既要与守旧派的公开阻挠以及所谓社会舆论的“清议”反复辩驳较量，又常常困扰于洋务集团之间利益分配的争夺，再加上他们所兴办的又是“史无前例”的大事业，缺乏经验与营私舞弊，以及其他各种主客观困难常使主事者心力交瘁乃至功败垂成。所以，他们在殚精竭虑之余也就容易满足于已经取得的进展与成就，甚至断言清朝已经“中兴”。社会上也有不少人误把“同光新政”等同于太平盛世，于是又出现一片浑浑噩噩的苟安情绪。只有少数有识之士看出洋务新政学习西方无非是“仅袭皮毛，而即嚣然自以为足”[1]，谈不上是实质性的改革，而各种洋务事业的虚有其表与内在弊端必将酿成更大的灾难。郑观应把用自己心血浇注而成的大著作命名为《盛世危言》，体现出这批先进知识分子历史紧迫感的继续增长。

不过，历史紧迫感成为整个民族的心态，还是在甲午中日战争失败以后。这不仅是一场军事实力较量的失败，而且是一场学习西方的比赛的失败，简言之即“明治维新”打败了“同光新政”。日本原来也属于落后的“东海之民”，可是明治维新励精图治，学习西方特有成效，不过25年即已丢掉了“哈甫色维来意斯里”的耻辱帽子，一举击败了一个它曾长期师事与尊崇的大国。此后，中国不仅在世界，就连在亚洲也不足以言强盛了，这是多么难堪的局面！到了1897年冬天，德国抢先占领胶州湾，其他列强纷纷效尤，掀起争夺“势力范围”的瓜分狂潮。同时，群众自发反抗斗争在沿海各省与长江流域迅

[1] 王韬：《变法上》，《弢园文录外编》卷一，光绪癸未（1893年）香海刻本，第12页。

速发展与蔓延，特别是鲁、豫、皖三省交界地区的义和拳、大刀会的奋起，已经逐渐使政府失去控制能力。用康有为在《上清帝第五书》中的话来说，就是“乱机遍伏，即无强敌之逼，揭竿斩木，已可忧危”[1]。形势已经日益紧急，或则亡国于瓜分，或则崩溃于内乱，自救之道只能是赶紧维新变法。

康有为在此前后不断呼吁：“守旧不可，必当变法；缓变不可，必当速变；小变不可，必当全变。”“能变则全，不变则亡；全变则强，小变仍亡。”[2]这些语言集中地表述了民族迅速蕴聚的心声，康有为因此也就理所当然地充当了时代的号手。

时间问题已经突出地呈现出来，康有为所主张的是“速变”。这当然是可以理解的，因为中国已经整整丢掉了半个世纪以上的时间，其中也就丢掉了若干可遇而不可求的机遇。洋务派那种慢条斯理、修修补补的变，事实上已经表明不能挽救祖国的危亡。所以康有为认为：“积习既深，时势大异，非尽弃旧习，再立堂构，无以涤除旧弊，维新气象。”[3]变法建议连同其字里行间所流露的强烈紧迫感，不仅赢得了舆论的广泛呼应，而且赢得了皇帝和支持皇帝的一些高级官员的赞赏与采纳，于是便出现了中外瞩目的百日维新。

维新而只有百日，这足以说明它是一场悲剧，当然是一场伟大的意义深远的历史悲剧。历史给康、梁以机会，但他们未能妥善地、充分地利用这个千载难逢的机会。由于守旧势力的强大与维新力量的弱小，我们很难指望变法一举取得全面胜利。但是，如果举措得当，变法也并非命中注定要失败得如此迅速而又悲惨。我曾经说过：“维新派在变法期间不大注意斗争策略，动作太快，触动面太宽，这样就树敌

[1] 康有为：《上清帝第五书》，中国史学会主编：《中国近代史资料丛刊·戊戌变法（二）》，上海：上海人民出版社，1957年，第192页。

[2] 康有为：《上清帝第六书（应诏统筹全局折）》，中国史学会主编：《中国近代史资料丛刊·戊戌变法（二）》，第197页。

[3] 康有为：《上清帝第四书》，中国史学会主编：《中国近代史资料丛刊·戊戌变法（二）》，第178页。

过多，使自己更加陷于孤立。譬如，在短短两三个月内，既要裁撤詹事府、通政司、光禄寺、鸿胪寺、太仆寺、大理寺等京师衙门，又要裁撤湖北、广东、云南三省巡抚，东河总督，以及不办运务之粮道、仅管疏销之盐道和佐贰之无地方责者，还要改革科举，大幅度变更各级考试内容，并且把各地书院改为兼学中学、西学的学校等。在发布这些诏令时，只凭主观愿望强调必要性，缺少周密调查论证其可行性，更没有考虑到各项较大改革的社会心理承受能力，以及由于民众缺乏理解而可能增加的反对。维新派包括他们的领袖康有为，大都是一群缺乏政治斗争经验的书生，他们没有完全弄清究竟依靠什么力量，联络什么力量，孤立什么力量，打击什么对象，而只是凭着一股热情，通过不断发布诏令来‘除旧布新’。他们爱国心切，因而急于求成。”[1]应该补充一句，其所以急于求成，正是由于受历史紧迫感的驱使。

为变法流血牺牲的康有溥，早在变法开始之际，即已看出康有为的急躁冒进：“伯兄规模太广，志气太锐，包揽太多，同志太孤，举行太大。当此排者、忌者、挤者、谤者盈衢塞巷，而上又无权，安能有成？弟私窃深忧之。”[2]还有另一位为变法奉献生命的志士谭嗣同，早已作过预言式的自责：“嗣同之纷扰，殆坐欲新而卒不能新，其故由性急而又不乐小成。不乐小成是其所长，性急是其所短。性急则欲速，欲速则躐等，欲速躐等则终无所得。”[3]康、谭等维新领袖当然都有性格、志气乃至举止行为方面的弱点，但“欲速”与“躐等”则不完全是这些弱点所造成的，因为业已成为社会心态的历史紧迫感乃是潜在的驱动力量，而且改革确实需要对旧制度与旧势力有较大的冲击。不

[1] 章开沅：《离异与回归——传统文化与近代化关系试析》，长沙：湖南人民出版社，1988 年，第 169~170 页。

[2] 康广仁：《致易一书》，《戊戌六君子遗集 · 康幼博茂才遗稿》，上海：商务印书馆，1937 年，第 1 页。

[3] 谭嗣同：《报贝元徵书》，蔡尚思、方行编：《谭嗣同全集》（增订本）上册，北京：中华书局，1981 年，第 2~3 页。

仅是主观上的“不乐小成”，而且在实际上也难以有所“小成”。在变法失败以后，梁启超痛定思痛，沉潜反思，曾将中国比作千年老屋，“非更新之不可复居”，只有先拆旧屋才能建成新屋。在旧屋已拆而新屋未成之际，往往是瓦砾狼藉，器物散乱，“其现象之苍凉有十倍于从前焉”。因此，“寻常之人，观目前之小害，不察后此之大利，或出死力以尼其进行；即一二稍有识者，或胆力不足，长虑却顾，而不敢轻于一发。此前古各国，所以进步少而退步多也。故必有大刀阔斧之力，乃能收筚路蓝缕之功；必有雷霆万钧之能，乃能造鸿鹄千里之势”[1]。如果说，康有溥、谭嗣同侧重检讨主观弱点，梁启超则是从客观需要来寻求解释，而贯通于这两方面心态的正是历史紧迫感。

梁启超的立论当然是有充分根据的，作为宣传尤其容易深入人心，但问题在于并未涉及如何实行的具体设计，仍然停留于比较空泛的议论。因为，没有足够的力量蓄积而偏偏要大刀阔斧，没有充分的能量储备而一味追求什么雷霆万钧、鸿鹄千里之势，则从来没有不失败的。即以拆屋而论，在新屋的设计图纸、建筑材料与施工队伍尚不具备之时，最好暂不忙于先拆旧屋。因为，即令以后的新屋将会盖得如何宏伟壮丽，也代替不了亿万小民眼前蔽风雨、御霜寒的急需，而对这种急需却不能都看成是小害。大概古今中外明智的政治家，在采取每一个大动作之前，都不会忽略涉及多数民众切身利害的现实权衡。

曾经同情变法但又终于未能积极参与变法的张謇，比较客观地指出变法之缺失在于“躁进”，其结果则是“欲速则不达”。张謇趋向于稳健，他在 1901 年初起草的《变法平议》中，主张“行百里而阻于五十，何如日行二三十里者之不至于阻而犹可达也”[2]。但是，在民族与社会双重危机空前严重、统治集团与人民群众之间的矛盾冲突日趋尖锐之际，这种稳健的富于理性的主张很难得到广泛的认可。人们是何等焦虑，何等急于改变现状，何等渴望立即采取大的行动。甚至

[1] 梁启超：《过渡时代论》，《清议报》第 83 册，1901 年 5 月 11 日。

[2] 张謇：《变法平议》，《张季子九录·政闻录》第 2 卷，上海：中华书局，1931 年，第 1 页。

与张謇同属稳健一派的何嗣焜，在为刘坤一起草建议书（《变法平议》一文的初步意见）时，竟因连续两天执笔未休，操劳过度，中风而死[1]。这些貌似从容不迫的儒者，内心深处又何尝没有历史紧迫感？

二

20 世纪之初，已经有人认真回顾过鸦片战争以来 60 多年的艰苦历程，比较清晰地梳理出晚清政局和社会思想急剧发展的轨迹。“经外界内界无穷之激刺，而吾国之政海亦累生种种变幻之风云。初坚持通商而不可者，继乃议及于制造。坚持制造而不可者，继乃议及于游学。坚持游学而不可者，继乃议及于变法。坚持变法而不可者，继乃议及于保皇。坚持保皇而不可者，继乃议及于立宪。坚持立宪而不可者，继乃议及于革命。夫至革命，以现象度之，则其抵死坚持不可者也。”[2]由此可以看出，从议及制造到议及变法、保皇，整整花费了大约 60 年的时间。可是从议及变法、保皇到议及革命，则只不过用了两三年时间，到 1903 年以后，“革命排满”之声就渐渐传遍全国了。人们不难发现，从 20 世纪一开始，中国的历史行程，其变化之大、节奏之快，都是前所未有的，甚至也是举世罕见的。作为民族心态的历史紧迫感，至此更趋成熟。

在 19 世纪与 20 世纪交接之际，先进的中国人必然要回顾既往，瞻望未来。19 世纪对于中国来说，是一部屈辱与灾难的编年史，而义和团、八国联军和庚子条约仿佛是为这个世纪做了一个总结。这个总结给人们的印象极为深刻，它像心头的烙印，也像脑际的梦，成为一代又一代中国人的精神重荷。中国已经败得无可再败，中国人不再经得起新的失败，这不仅是指领土与金钱的损失，更是指精神与感情的

[1] 据《张謇日记》光绪二十七年（1901 年）正月十二日。张謇：《张謇全集》第 6 卷《日记》，南京：江苏古籍出版社，1994 年，第 448~449 页。

[2]《中国政界最近之现象》，《国民日日报汇编》第 2 集，上海：东大陆图书译印局，1904 年，第 46 页。

创伤。

长夜漫漫的19世纪终究熬过来了。20世纪翩然到来，这个世纪将给中国人带来黎明的曙光，还是带来苦难更为深重的绵延岁月？先进的中国人理所当然地要预测这个世纪，预测中国在这个世纪的处境与命运。于是创办了《二十世纪之支那》杂志，报刊文字亦多以“二十世纪”为题，诸如《二十世纪之太平洋》《二十世纪之中国》《论帝国主义之发达及廿世纪世界之前途》等，还翻译出版了幸德秋水所著《二十世纪之怪物——帝国主义》。言人人殊，持论各异，但多数人的看法是相近的：来日大难，然而不无希望。

在书报杂志上充满这样一类语言：“拔剑而起，环顾四空，横风暴雨，森气逼人。危乎！危乎！今日之时代，帝国主义最发达之时代也。”[1] “呜呼！今日之世界，非竞争风潮最剧烈之世界哉？今日之中国，非世界竞争风潮最剧烈之旋涡哉？……呜呼！望中国之前途，如风前烛、水中泡耳，几何不随十九世纪之影以俱逝也。”[2] “二十世纪之支那，依然支那之支那乎？抑俄国之支那乎？英国之支那乎？德或法之支那乎？美与日之支那乎？吾人爱之，不能不决此疑问也。”[3]形势逼人，时不我待，由于近代国民意识的增长，越来越多的新式知识分子已经以国家主人翁自居，历史的使命感与紧迫感更加强烈。最具有代表性的，莫如孙中山的一段演说词：“中国土地、人口为各国所不及，吾侪生在中国，实为幸福。各国贤豪，欲得如中国之舞台者利用之而不可得。吾侪既据此大舞台，而反谓无所藉手，蹉跎岁月，寸功不展，使此绝好山河仍为异族所据，至今无有能光复之而建一大共和国以表白于世界者，岂非可羞之极者乎？”[4] “蹉跎岁月，寸功不

[1] 陈怀：《帝国》，《新世界学报》第10号，1903年2月12日。

[2] 李书城：《学生之竞争》，《湖北学生界》第2期，1903年2月。

[3] 卫种：《〈二十世纪之支那〉初言》，《二十世纪之支那》第1期，1905年6月3日。

[4] 孙中山：《在东京中国留学生欢迎大会的演说》，《孙中山全集》第1卷，北京：中华书局，1981年，第282~283页。

展”，这自然是反激之词，中国人并没有完全无所作为地荒废 19 世纪这后 60 年。从“师夷长技”（制造）开始，经过游学、变法、保皇，直至立宪、革命，一个又一个方案，一个又一个运动，像走马灯一样地轮番出场，令人目不暇接。还没有来得及认真总结前一个方案，现有的方案却已戛然而止，而新的方案又仓促付诸实行。20 世纪初年，本来有立宪与革命两个方案可供选择，可是两派势若水火的死战取代了冷静说理的辩难，人们匆匆忙忙就选定了革命，唾弃了立宪。“廿周新纪太平洋，墨（美）雨欧潮推亚强。军国民志正激昂，奔雷掣电孰敢当。”[1]革命潮流，势不可当，人们还来不及仔细思考，它已经蔓延全国。

辛亥一代的热血青年对革命深信不疑，认为只有革命才能挽救祖国。他们的口气几乎与戊戌一代相同：立宪不可，必当革命；缓革不可，必当速革；小革不可，必当全革。能革则存，不革则亡；全革则强，小革亦亡。用邹容的话来说：“吾于是沿万里长城，登昆仑，游扬子江上下，溯黄河，竖独立之旗，撞自由之钟，呼天吁地，破颡裂喉，以鸣于我同胞前曰：呜呼！我中国今日不可不革命；我中国欲脱满洲人之羁缚，不可不革命；我中国欲独立，不可不革命；我中国欲与世界列强并雄，不可不革命；我中国欲长存于二十世纪新世界上，不可不革命；我中国欲为地球上名国、地球上主人翁，不可不革命。”[2]对于他们来说，革命是很简单的事情，无非是“掷尔头颅，暴尔肝脑，与尔之世仇满洲人，与尔之公敌爱新觉罗氏，相驰骋于枪林弹雨中。然后再扫荡干涉尔主权外来之恶魔，则尔历史之污点可洗，尔祖国之名誉飞扬。尔之独立旗已高标于云霄，尔之自由钟已哄哄于禹域，尔之独立厅已雄镇于中央，尔之纪念碑已高耸于云冈，尔之自由神已左手指天，右手指地，为尔而出现”[3]。这些气壮山河的豪言壮语，诚

[1] 中央：《〈驳康书〉书后》，《江苏》第 5 期，1903 年 8 月 23 日。“中央”即黄宗仰，信佛，别号乌目山僧。

[2][3] 邹容：《革命军》，周永林编：《邹容文集》，重庆：重庆出版社，1983 年，第 41、74 页。

然可以迅速鼓动人们的反抗情绪，然而毕竟不能代替更为艰难的切切实实的思想启蒙、理性潜思与周密的组织策划。

这一代热血青年，大多曾在新式学堂读书，或者到海外留学，政治上非常敏感，容易接受新的思潮与学理。所谓“民约服卢梭，强权伟斯宾。潜心观天演，愿从达尔文”[1]“娶妻当娶韦露碧，生儿当生玛志尼。得听雄鸡三唱晓，我侬身在法兰西”[2]，就是他们心态活生生的写照。他们如饥似渴地寻求西方新知，但由于语言文字的阻隔，大多只能从日文译本那里接受“二手货”。梁启超后来曾用“学问饥荒”称呼这个时期，饥不择食则难免生吞活剥。他们很快就唾弃了戊戌一代所提倡的英、日模式，转而一味模仿法国和美国。他们还没有弄清楚霍布斯（1588—1679）、洛克（1632—1704）与卢梭（1712—1778）之间的传承与同异，就匆匆忙忙选定了他们并未真正理解的卢梭。他们要革命，要共和，因而梦魂萦绕法兰西。他们把法国革命当作最为理想的样板，却不注意法国革命亦曾有残酷的党派斗争乃至暴虐的雅各宾专政，更不注意法国的共和制度曾经过大约100年的反复与曲折并付出沉重代价，才得以逐步稳固与完善。形势的急剧发展也不允许他们作从容的冷静的思考。历史之所以选择这一批人，可能也就是看中了他们的勇敢与笃行。

马克思曾经用“速成的方式”一语来描绘法国1848年革命，这种说法也未尝不可借用于辛亥革命，而“革命排满”的口号就是简易速成的象征。辛亥一代虽然以法国大革命的学生与继承者自居，但他们在宣传中则颇多效法旧式会党之处。孙中山在《有志竟成》中曾经总结洪门会党的宣传有两个特点：一是“以最合群众心理之事迹，而传民族国家之思想”；一是“以不平之心，复仇之事导之，此最易发

[1] 松岑：《今怀》，《江苏》第4期，1903年6月25日。

[2] 松岑：《陈君去病归自日本，同人欢迎于任氏退思园，醉归不寐，感事因作》，《江苏》第5期，1903年8月23日。

常人之感情也"[1]。简单明了的"革命排满"最合群众心理，也最易动群众视听，因此便成为响彻云霄、家喻户晓的时代最强音。至于孙中山融会中西并构成理论体系的三民主义，反而为投入革命的一般群众所不甚了了。当年的革命者并不认为这是多大的缺失，他们以"排满"为纲，放言"举一纲而众目张，惟排满为其先务"[2]。似乎只要努力排满，革命就一定成功。

革命的方式是武装起义，这是同盟会纲领的明确规定，必须"驱除鞑虏，恢复中华"，并且建立新的革命军政府。武装起义也带有简易速成色彩，没有武装骨干的培训（青山军事学校有名无实），没有革命军队的认真组建，更谈不上起义基地的切实建设。起义的主要方式是筹款与联络会党，前期起义的发动带有很大的即兴色调，所以旋起旋灭，既无全盘规划，也无步骤与序列可言。以后重点转入在新军中策反，并且增强了某些组织因素，但从总体而言仍然缺乏有效的统一领导，大多仍为各行其是。同盟会的主要领导人孙中山、黄兴等一直集注于华南地区起义，因为他们习惯于以香港、南洋为依托，在境外临时招募兵勇作"输入式"的突袭。所以，武昌起义一旦爆发并且迅速引发各省连锁反应，他们反而有措手不及之感。

同盟会的组织建设也带有简易速成色彩。过去有些论者常认为同盟会是几个革命小团体之间的松散联盟，其实它还有各省区之间联盟的另一层含义。同盟会的正式英文译名为 China Federal Association，Federal 一词就是联邦，当然亦可译为联盟。东京中国留学生原有各省同乡会的组织，并且有以各自地区命名的革命刊物，如《江苏》《浙江潮》《洞庭波》等。同盟会成立以后，又有各省分会的设置，好些省的分会或多或少与原东京同乡会重合，至少关系相当密切。因此，凡遇同盟会本部重大动议，往往需要经过各省分会协商才能做出决定。

---

[1] 孙中山：《建国方略·孙文学说·有志竟成》，《孙中山全集》第 6 卷，北京：中华书局，1985 年，第 231 页。

[2] 章太炎：《排满平议》，《章太炎全集》（四），上海：上海人民出版社，1985 年，第 269~270 页。

加以孙中山一贯重视经营华南，南洋支部实际上成为总理行辕，同样可以发号施令，甚至享有更多的权威。1907 年东京本部发生分裂风潮以后，这一重心旁落趋势更为明显。所以，同盟会中部总会宣言说："奉东京本会为主体，认南部分会为友邦，而于中部别之。"[1] 所谓"主体"无非是一种名分，"友邦"则是实话，它确实与孙、黄直接关注的南部分会分庭抗礼。这样，同盟会自然很难形成集中的强有力的领导，及至革命进入高潮，立宪派与旧官僚纷纷"咸与维新"，它自然就很难有效地控制局势的发展。

在民族危机、社会危机空前严重而政府又极端腐朽无能的情况下，简易速成的革命有可能取得短暂的胜利，但却难以巩固与发展胜利，更容易被野心家攫取革命果实。许多人参加了革命，但是并不怎么了解革命的意义，连有些革命党人的宣传也说"革命就是造反"。"革命排满"的重要理由之一，便是直指清朝乃是异族（非汉族）入主中原，至少应该把他们赶回原来居住的满洲。但就连这么浅显的道理，也并非许多人都能懂得和接受。据赫德侧面观察："这个异族的清政府……300 年来一直是这个国家的一部分，中国人对皇帝的仇恨并未超过英国人对女王的仇恨"[2]。在这种情况下，自然很难指望有广大的群众奋勇维护新建立的共和制度，而革命党人为民主原则所作的斗争便常常陷于孤立无援的境地，他们以后只有求助于非主流派的地方军阀。

从 20 世纪最初十年的国内社会状况来判断，革命已是无可避免，正如孙中山早已看出的：星星之火即足以引发燎原之势。但是，革命毕竟是手段、是方法，革命所达成的结局仍然面临着抉择，不过革命党人已经不大容许理性地抉择。康、梁一派由于从根本上反对革命，因而他们所主张的君主立宪乃至虚君共和，都理所当然地被革命者嗤之以鼻。人们可以看出，当年革命派与立宪派的论战很多是意气之争，

---

[1]《中国同盟会中部总会宣言书》，《中央党务月刊》第 1 期，1928 年 8 月 1 日。

[2]〔英〕庄士敦著，陈时伟等译，马小军校：《紫禁城的黄昏》，北京：紫禁城出版社，1989 年，第 61 页。

相互攻讦更甚于不同学理与政治方案之冷静驳难。当然，直至武昌起义爆发以后，也并非没有超然于党派意气之争的冷静思考者，但可惜他们难以影响业已被胜利冲昏头脑的革命党人。1911 年 11 月 7 日，严复在给莫理循的信中比较务实地指出："按目前状况，中国是不适宜于有一个像美利坚共和国那样完全不同的、新形式的政府的。中国人民的气质和环境将需要至少三十年的变异和同化，才能使他们适合于建立共和国。……因此，根据文明进化论的规律，最好的情况是建立一个比目前高一等的政府，即，保留帝制，但受适当的宪法约束。应尽量使这种结构比过去更灵活，使之能适应环境，发展进步。"[1] 这些言论显然已不能再看作是反对革命，而只是期望革命能够导致一个比较切合实际的良性结局。严复在晚清思想界享有很高的声望，而且又未曾介入康、梁等人对革命党的"死战"，所以他还不失为一个可以向革命方面进言的有识之士。但可惜这些貌似温和的言论的潜在价值，只有在数十年以后才能被世人发现。

与严复持相同见解的，还有曾充当袁世凯密使与武昌起义领导人磋商过的蔡廷干。黎元洪是蔡的旧部属，是蔡任鱼雷艇正参领时的三副，因此双方谈话都比较直率。在莫理循档案中，保存着一份蔡廷干在湖北咨议局与四十多位革命方面代表座谈的记录，其中有一段话很值得注意："蔡廷干回答说，像现在英国那样的君主立宪制，是最稳定的政体，是廉洁政府的最好的例证。他谈到法兰西共和国所显示出的极度的腐败，并援引巴拿马丑闻为例说明那里的情形。他提醒代表们，他曾在美国受教育，而后描述了在美国社会生活的各部门蔓延着极端腐败的状况。……蔡廷干回答说，看看在墨西哥发生的事情吧。不要忘记自从南美洲建立共和制以来，各共和国中屡屡发生的自相残杀，每隔两三年就要来一次革命！"[2] 当然，蔡廷干不仅未能说服革命党人，反而"为代表们论争的力量和真诚所感动"。所以，当蔡廷干回

[1][2]〔澳〕骆惠敏编，刘桂梁等译：《清末民初政情内幕　〈泰晤士报〉驻北京记者、袁世凯政治顾问乔·厄·莫理循书信集》上卷（1895—1912），上海：知识出版社，1986 年，第 785、793 页。

到北京，与莫理循谈话近一小时后，给莫理循的印象是："袁世凯的密使以这种态度讲话，还能想象有保留一个立宪君主的希望吗？"[1]

中国就是这样一知半解地很快就接受了共和制度，而革命党人又不得不把共和国第一任大总统的桂冠奉送给曾是革命敌人的袁世凯。究竟是袁世凯归顺了共和，还是共和归顺了袁世凯？革命与反革命的界限逐渐模糊，孙中山已经满足于袁世凯永远忠于共和的誓言，并且转而热衷于推行民生主义，实际上主要是忙于实现他的庞大的铁路修建计划。以后成为蒋介石夫妇的顾问与密友的澳大利亚人威廉·亨利·端纳，曾经在孙中山辞去临时大总统职务以后前往访问，在孙的寓所听这位伟人介绍铁路计划。端纳在 1912 年 7 月 4 日给莫理循的信中谈到自己的印象："这幅地图大约有六英尺见方，当孙把它铺在地板上的时候，我看到了最能说明一个人的性格的证据，说明孙不仅是个疯子，而且比疯子还要疯。他丝毫不讲实际，缺乏普通常识，而且他对于自己表示的现在倡议的事业缺乏最基本的概念。……孙手持毛笔和一块墨，不时随心所欲地在各省和各个属地的位置划满了许多线路。他用双线表示沿着海岸线从上海到广州的铁路干线，又从那里穿过崇山峻岭通往拉萨，再向西绕来绕去伸到西部边界进入新疆，再穿出去到达蒙古。……老天爷，从云南到拉萨的铁路造价该要多少钱！这条铁路究竟有什么用？除非是要举办到世界屋脊去的夏季旅行，或者是给达赖喇嘛在他想逃跑时使用。这幅地图堪称为孙逸仙之梦……"[2]如果撇开其中许多大不敬的评语，则所述事实大体不误。因为在此以前孙中山已经公开发表了自己的铁路计划："以吾策之，沟通全国之真干路，则有三条：一、南路：起点于南海，由广东而广西、贵州，走云南、四川间，通入西藏，绕至天山之南。二、中路：起点于扬子江口，由江苏而安徽，而河南，而陕西、甘肃，超新疆而迄于伊犁。三、北路：起点于秦皇岛，绕辽东，折入于蒙古，直穿外蒙古，以达于乌

[1][2]〔澳〕骆惠敏编，刘桂梁等译：《清末民初政情内幕——〈泰晤士报〉驻北京记者、袁世凯政治顾问乔·厄·莫理循书信集》上卷（1895—1912），第 795、969~971 页。

梁海。”[1]

孙中山退处在野地位以后，首先从修建铁路入手，并非没有经过深思熟虑。因为，他认为“交通为实业之母，铁路又为交通之母”，“故今日欲谋富国之策，非扩充铁路不可”[2]。如果说，革命前章太炎曾以“排满”为纲，那么现在孙中山则转而以铁路为纲，其思路都是“举一纲而众目张”。辛亥革命的迅速胜利，极大地增强了革命党人的自信。1912 年第一个国庆日，孙中山说：“余现拟进行之计划，规定于今后十年之内，敷设二十万里之铁路，此诚巨大之企图，但余敢申言其必能实现也。按此次革命事业之本身，即为一巨大之工作，在二十年以前，甚至在五年以前，革命之发难与成功，似乎都不可能。但革命力量培植既深，吾人卒能奋臂而起，以敏捷之手段，于数月之间，竟即推翻专制，脱离桎梏。故今之计划虽大，乃确可实现者。因中华民族为一伟大之民族，必能完成伟大之事业也。”[3]

伟大民族必能完成伟大之事业。这句话虽然充满民族自信，可以鼓舞民心、激励士气，但毕竟是有问题的。因为，伟大的民族既能完成伟大的事业，也能铸成伟大的错误，关键在于是否有正确的导向与适合的方法。孙中山认为“救中国之贫弱必自扩充铁路始”，并且很快就发布了他的宏伟的筑路计划，但是却未能提出相应的办法。除了革命，他从来没有在中国内地办过任何事业、企业，因此也就不理解中国的事情是何等难办。1912 年 8 月 29 日，他在北京全国铁路协会欢迎会上的演讲中指出：“愚见拟于十年建筑二十万里铁路，在旁人乍听之，以为诧异。若以最浅近、最简单之法言之，则人人共晓。譬如以十人一年工作筑造路工一里，以此推之则二十万人一年可筑二万里，二百万人一年可筑二十万里矣。以中国四万万人计之，能当路工者，

[1] 孙中山：《在上海与〈民立报〉记者的谈话》，《孙中山全集》第 2 卷，北京：中华书局，1982 年，第 383~384 页。

[2] 孙中山：《在北京全国铁路协会欢迎会的演说》，《孙中山全集》第 2 卷，第 420 页。

[3] 孙中山：《中国之铁路计划与民生主义》，《孙中山全集》第 2 卷，第 490 页。

岂止二百万人乎？特一人驾驭二百万人或不易，或以各小团分办，则规画自易。期以十年，则范围更宽，其成功可操券也。惟是此项预算，必须六十万万元。以美国铁路每年收入七万万计之，合中国币不下十五万万元。将收除支，大约盈余准在六七万万元，以十年计之，尽可还本。将来每年增加十数万万，比现在中国每年收入三万万算之，多出四倍。则民间负担之力，可以锐减，兴办各事，不必患贫矣。而鄙人尤以缩短时间为最要。……即如美国收入十五万万，平均计之，每日四百万，若迟筑十日，则四千万矣。延误光阴，坐弃巨款，岂不可惜！”[1]这种论证方法，除借以宣传鼓动而外，别无任何用处。因为建筑铁路不单需要简单劳动，更需要技术力量与有经验的管理人员，所以并非有多少人就可以筑成多少里铁路。此外，他为二十万里铁路所作的预算是“六十万万元”，即每里铁路修建费用为三万元。但他并未估计物价、成本上涨的因素。詹天佑主持修建京张路时，每里费用是一万六千两，算是比较经济的了。及至修建沪宁铁路，每里已增加到三万余两（孙中山自己折算为四万多元）。而据高阳著《陈光甫外传》记述，粤汉路起自广东三水，筑路十五里即费款二百万元，即每里约十三万元。当然，这里面必然存在着严重的贪污浪费与无谓的工程损失，但是又如何能确保民国初年就能一扫铁路系统的各种既存弊端呢？

没有必要对当年这一宏伟而又粗疏的筑路构想多作批评，因为它根本未能付诸实施，很快就被搁置一边。值得思考的，倒是孙中山在被迫匆匆交出政权以后，何以这样急切地谋求推行如此庞大的铁路修建计划。原因当然是多方面的。由于缺乏经验，错误地认为推翻清朝与建立民国就是民族主义、民权主义的完成，剩下来的一件工作就是民生主义，主要是经济建设，而“交通为实业之母，铁路又为交通之母”。同时，又由于他过于轻信袁世凯，认为袁既已当上大总统，并已

---

[1] 孙中山：《在北京全国铁路协会欢迎会的演说》，《孙中山全集》第 2 卷，第 421 页。

宣誓效忠民国，自己便不宜过多干预政府工作，莫如以在野之身全力推进经济建设，巩固共和制度的基础。此外，还有一个我们过去比较忽视的原因，即革命党人原来对人民的许诺太多太高，因而人民对共和的要求也就太急与太不切实际，并且容易由于失望而厌弃共和。早在1912年4月，孙中山即已敏感地察觉到这种群众情绪的变化。他说："现在人民每谓共和不如专制，不知共和之结果，须在十年以后。譬如生子虽好，返哺必在二十年之后，若产下数月，即望食报可乎。"[1]当全国欢庆民国第一个国庆的两天之后，民众心理的变化更为显著，孙中山曾坦率地说："惟以仆观察社会之心理，多不免抱一种悲观，于报界尤甚。此悲观之由来，则因恐怖而起，以为民国今日外患之日逼，财政之艰困，各省秩序之不恢复，在在陷民国于极危险地位，觉大祸之将至，瓜分之不免。此悲观心理，遂酿成全国悲惨之气象。"[2]这种变化了的群众情绪蔓延到全国各地，特别是那些轰轰烈烈革过命的地方。1913年4月，一个外国人在成都发现："我（商人自称）在路上和遇到的商人、旅馆老板、中国士绅等人闲聊，觉得对民国的一股热情正在衰退，老百姓已产生在目前情况下比他们过去更坏的感觉。"他还评论说："从日本留学回来的鲁莽学生，看来正在成都当家作主。在一些俗气十足、不堪入目的政府建筑物中，日本的影响到处可见。"[3]

革命者不是没有理由为自己辩护。革命能够给人民带来幸福，但幸福不会旋即而至，还得靠人民自己来奋斗与创造。特别是在革命后的一段时间，即新旧交替的社会改组期间，社会可能持续动荡不安，旧的腐败未曾除尽，新的腐败又可能产生，加以新的政府官员缺乏经验或不称职等，国民经济和人民的生活水平都有可能比革命前有所下

[1] 孙中山：《对粤报记者的演说》，《孙中山全集》第2卷，第349页。

[2] 孙中山：《在上海报界公会欢迎会的演说》，《孙中山全集》第2卷，第495页。

[3] ［澳］骆惠敏编，陈泽宪等译：《清末民初政情内幕——〈泰晤士报〉驻北京记者、袁世凯政治顾问乔·厄·莫理循书信集》下卷（1912—1920），上海：知识出版社，1986年，第140页。

降。因此，孙中山以养子图报为喻，劝人民须以10年时间等待革命甜美的果实。这些话当然不无道理，但问题是包括孙中山在内的革命者，在动员人民投身与支持革命的岁月里，确曾不断作出种种美好且不切实际的许诺，仿佛革命是万灵神药，一经胜利立刻便会结束所有的腐败与痛苦，带来无限的光明与幸福。现在既然已经推翻清朝，建立民国，人民就有理由要求革命者实现诺言，很快给予他们所曾殷切期待的革命美果。但到1912年4月以后，革命已是虚有其表，连到手的政权也大部失去，几乎是一无所有。所以，孙中山在辞职一年以后曾经慨叹："但是，一般不明白的人以为从前革命成功，即马上能享幸福，现在幸福未至，且内地有遇乱之地方，人民谋生，比从前稍难。故不明白之人，以为现在共和政体，不及从前专制政体之善，因满清时代尚不至于此。此种不明白人，内地尚属不少。此不但无国家思想之言，忘记了从前奴隶人格，即以人格而论，现在我四万万人恢复了主人之地位、之人格，便可以算幸福矣。"[1]革命的领导人振振有词，恢复主人翁地位之人格就是幸福，但一般升斗小民却不知人格与权利为何物，因而也就体会不到已经和将要享受到的幸福。他们大多目光短浅，只求温饱不致缺失、柴米油盐不要涨价、生命安全不受威胁，如此等等，琐细之至。革命者理应以无条件奉献自励与自律，但人民却有权利向革命索取切身利益。革命者不应为此大发感慨，因为革命的宗旨本来就是谋求人民的福祉。

何况，辛亥一代的革命者，除默默无闻流血牺牲的无名英雄外，从个人而言大多已经颇有所得。民国肇建不久，就专门设立了稽勋局，广搜博求，论功行赏。革命先烈得到追封官爵、抚恤亲属，至少可以进入昭忠祠内永受后世纪念。革命先进则大多获得一官半职，甚至成为烜赫新贵，而无意从政者亦可出洋留学，且享有相当优厚的官费。这一切都是理所当然，受之无愧；而无非对生计艰难略有微言的升斗

[1] 孙中山：《在神户华侨欢迎会的演说》，《孙中山全集》第3卷，北京：中华书局，1984年，第47页。

小民，却被一再责以“不明白”，这说明革命者离人民渐远。

中国的百姓，力量常现为无声。鲁迅深谙此理，所以有“于无声处听惊雷”的名句流传。先知先觉的孙中山，尽管批评只重眼前蝇头小利的百姓为“不明白”，却必然会较早较多地感受到这股巨大的无形压力。他急于作出成绩，使中国早日臻于富强，让人民从切身利益中感知共和优于专制，从而恢复革命与革命者的信誉。他已经把政权让给袁世凯，把议会委托宋教仁，而自己却与黄兴在新形势下维持新形式的“孙黄轴心”，并且把工作重点转向民生主义实即经济建设，“俨然商界闻人”。他们都是大手笔，或则抓铁路协会，或则抓拓殖协会，用孙中山事后的话来说，就是集注合力谋求“从实业上改造起”[1]。本文无意权衡这一决策的是非得失，只求说明当时包括领袖与人民两个层面的社会心理变迁。

一大共和国已经建立，然而它究竟以什么“表白于世界”，问题存在如故。“蹉跎岁月，寸功不展”，仍然是许多忧国忧民的有识之志的共同遗憾。民国建立以后，一度被视为灾难祸患之源的清王朝已不再承担任何责任，而且民族的灾难祸患也没有与其偕亡。历史紧迫感愈益沉重，形成巨大的心理压力，既使人不断忧虑，不断发愤，又使人不断焦急，不断躁进。从害怕瓜分亡国，到羞于无所表白于世界，直到今天担心被“开除球籍”，都是这种民族心态的延续与发展。孙中山早在世纪初即已说过的名言“毕其功于一役”，尽管曾被批评为混淆历史发展阶段（与“躐等”“躁进”同义），但批评者又何尝没有此种心态，甚至有过之而无不及。“多少事，从来急；天地转，光阴迫。”“迫”是客观，“急”是主观，而一个“快”字——“只争朝夕”，乃是我们民族难以解脱的情结。既有客观的需要，又有主观的追求，难就难在调适合度以避免“欲速则不达”。

[1] 孙中山：《在上海青年会的演说》，《孙中山全集》第 5 卷，北京：中华书局，1985 年，第 125 页。

三

无论“急于求成”如何不断地使我们的民族遭到挫折、失败与严重损害，但历史紧迫感本身却是一种必要的、有益的社会心态。因为，“哀莫大于心死”，如果一个民族安于落后、麻木不仁，那就是自甘沦亡。而历史紧迫感乃是产生于落后民族的觉醒，体现人民奋发图强的永无休止的内心躁动。这种躁动是民族的生机与活力所在，是社会发展与繁荣不可缺少的驱动力之一。因此，应该永远珍惜与保持这种长期流传的有益社会心态。

但是，对这种心态需要正确地加以引导与调节，注意保持民族心理的平衡与稳定。因为，历史紧迫感这种民族心态已是年深日久，愈演愈烈。如果任其无限膨胀，甚至滥施利用，也有可能导致极大的民族灾难。因此，不仅要重视历史紧迫感的正面效应，而且还要注意研究其可能带来的负面效应。

与它形影相随的负面效应之一，就是急于求成。从康有为一再倡言的“速变”，即“变法三年，可以自立，此后则蒸蒸日上，富强可驾万国”[1]，“三年而宏规成，五年而条理备，八年而成效举，十年而霸图定矣”[2]，到孙中山所说的“突驾日本，无可疑也。……十年、二十年之后，不难举西人之文明而尽有之，即或胜之焉，亦非不可能之事也”[3]，以及“有五年之功夫，可以全路（指二十万里铁路）告成”[4]之类的豪言壮语，到我们这代人更为熟悉、也更为狂热的七年超英、十五年超美，乃至“提前进入共产主义”等更为伟大的豪言壮

[1]《康南海自编年谱》，中国史学会主编：《中国近代史资料丛刊·戊戌变法（四）》，上海：上海人民出版社，1957 年，第 145 页。

[2] 康有为：《进呈日本明治变政考序》，《康有为政论集》（上册），北京：中华书局，1981 年，第 224 页。

[3] 过庭（陈天华）：《纪东京留学生欢迎孙君逸仙事》，《民报》第 1 号，1905 年 11 月 26 日。

[4] 孙中山：《在北京报界欢迎会的演说》，《孙中山全集》第 2 卷，第 432 页。

语。我们都可以看到一脉相承的急于求成情绪。

先驱者对于变革速度的极端重视，往往是为形势所迫，应该给予理解与尊重。但是，他们对于速度所作判断的依据却大多是不够充分的，其论证尤其粗疏乃至错误。如康有为认为变速取决于“变力”，而“变力”又取决于皇帝的英武决断等，其缺失已由历史作出结论。本文对此不必作任何评判，只想就过去大家习以为常的两个论点稍加分析。

一个论点是先驱者经常挂在口头的“后来居上”。诚然，在西方有关现代化的众说纷纭的各种理论中，也有“落后的优势”或“后来者的优势”之类的说法。所谓“优势”，体现在两个方面，一是心理方面，落后者有穷极思变、奋起直追的发奋之心，这往往为发达国家的民众所缺乏。二是物质方面，落后者可以利用最新的设备、技术与先进国家的经验教训，因而不需要重复他们走过的漫长而又曲折的道路。过去所谓“一张白纸好画最新最美的图画”云云，无非也是这个意思。但是，落后又并非必然会转化为优势，更不是白纸上可以轻易拭去的痕迹。它可能是年深日久、层层累积的污垢，而其影响更渗入众多层面。落后转化为优势需要前提条件，首先就是需要超越自我，即战胜自己的心理，清除各种阻碍革新的陈规陋矩，特别要解除那些长期束缚人民聪明才智的重重枷锁。如果没有大量艰苦、深入、扎实且富有成效的工作作为基础，所谓“后来居上”只能流于吹牛皮、说大话。

另一个论点是先驱者经常引以为豪的“地大人多”。地大人多对于国家现代化而言，可以提供比较充分的资源，包括市场、原料、能源、劳力等，因而理应看作有利条件。然而，落后国家的这些资源大多是潜在的，有待于长期的、切实的、有步骤的开发，并非俯拾即可利用。对于广阔的国土，不仅需要勘察地下资源，而且需要调查地表植被乃至土壤构成等状况，取得大量比较准确的资料与数据，然后才能周密规划与充分利用，否则只能是为他人储宝、捧着金碗要饭。再就人口而言，也不能简单地认为越多越好。除了人口增长与生产增长需要合理协调以外，人口的素质与构成特别需要不断加以改进。如果听任大量文盲存在，特别是残障弱智者不断增多，则众多人口反而成为难以负荷的重压、成为民族前进的包袱。同时，在中国辽阔的大地上，还存在着民族之间与地区之间社会经济、文化发展不平衡等问题，如果民族关系、地区关系处理得不好，反而不如小国或较小地区的革新、建设易见成效。当年的先驱们却把问题想得过于简单，也过于乐观。如康有为向光绪皇帝进呈《日本变政考》时，一则曰："泰西以五百年讲求之者，日本以二十余年成之，治效之速，盖地球所未有也。……然论其地，不过区区三岛；论其民，不过三千余万，皆当吾十之一。"再则曰："日本为其难，而我为其易；日本为其创，而我为其因；按迹临摹，使成图样，加以人民、土地、物产皆十倍之，岂止事半而功倍哉！"[1]十多年后，孙中山讲得比康有为更加自信："我中华民国土地比日本大二十倍，人民比日本亦多二十倍，要照日本办法，亦采用开放主义，不到三五年后，兄弟可决定，比日本富强十倍。"[2]也许这些都是鼓舞士气之言，我们不必过于认真推敲。但将近一个世纪以来，诸如此类的豪言壮语实在太多，周而复始地充塞于神州大地，我们的民族已经与"急"字结下了不解之缘。

我们的先辈们急急忙忙地推行过维新变法，急急忙忙地推行过立宪运动，紧接着又急急忙忙地推行过民主革命。"无量金钱无量血，可怜购得假共和。"[3]辛亥革命失败的原因很多，其中一个极为重要的教训就是缺乏足够的思想准备。在西方先进国家，从文艺复兴、启蒙运动到民主革命，一般都经两三百年以上的发展过程（康有为所谓"以五百年讲求"），而近代中国却要在不到二十年的时间"毕其功于一役"（包括连西方也未解决的"社会革命"），这样的指导思想难免浅薄与粗疏。作为领袖人物之一，梁启超在《清代学术概论》一书中对

---

[1] 康有为：《日本变政考》，黄明同、吴熙钊编：《康有为早期遗稿述评》，广州：中山大学出版社，1988 年，第 105~106 页。

[2] 孙中山：《在安徽都督府欢迎会的演说》，《孙中山全集》第 2 卷，第 533 页。

[3] 蔡济民：《书愤六律》，《中华民国公报》1912 年 7 月 18 日。

此检讨颇深，责己甚严："晚清西洋思想之运动，最大不幸者一事焉，盖西洋留学生殆全体未尝参加于此运动。运动之原动力及其中坚，乃在不通西洋语言文字之人。坐此为能力所限，而稗贩、破碎、笼统、肤浅、错误诸弊，皆不能免。故运动垂二十年，卒不能得一健实之基础，旋起旋落，为社会所轻。"[1]但我们不能苛求于前贤，即令有西洋留学生全体参加，以当时先进中国人的认识水平，恐怕也很难在二十年内消化别人两百年来的进步思想成果，而"稗贩、破碎、笼统、肤浅、错误诸弊"，恐怕仍然在所难免。

20 世纪初年，形势瞬息万变，时机稍纵即逝，对行动的诉求远远多于冷静的思考。我们不难发现，在当年主要进步报刊的"论说"栏中，很少见到从容论道的严谨说理文章，大多是情盛于理的比较粗糙的急就章，而且还有不少草草亦未能终篇的"待续"长文。刊登最多而又流传最广的则是宣传鼓动性的文章与诗歌，其风格笔调与《革命军》《猛回头》《警世钟》大同小异。其所以如此，章太炎为《革命军》作序时已有所解释："今容为是书，一以叫咷恣言，发其惭恚，虽嚚昧若罗、彭诸子，诵之犹当流汗祇悔，以是为义师先声，庶几民无异志，而材士亦知所返乎？若夫屠沽负贩之徒，利其径直易知，而能恢发智识，则其所化远矣。"[2]四年以后，已经转向立宪派的杨度对这层道理说得更透，他对梁启超说："凡理由甚简单而办法甚复杂者，虽智者不易寻其条理。凡理由甚复杂而办法甚简单者，虽愚者亦能知之，能言之，能行之，范围反较为大，势力反较益增也。"[3]"此'排满革命'四字，所以应于社会程度，而几成为无理由之宗教也。"[4]

杨度所说的"几成为无理由之宗教"，实即革命者充满献身热忱的信仰。理论需要转化为信仰，才能推动群众投身革命实践。但是，

[1] 梁启超：《清代学术概论》，《梁启超论清学史二种》，上海：复旦大学出版社，1985 年，第 80 页。

[2] 章炳麟：《序革命军》，《苏报》1903 年 6 月 10 日。

[3][4] 丁文江、赵丰田编：《梁启超年谱长编》第四册，上海：上海人民出版社，1983 年，第 399、398 页。

中国早期的革命理论是从国外引进的，正如早期的近代工业也是从国外引进的一样。由于引进得匆忙，更由于形势发展太快，穷极思变的群众急于行动，先驱者自己还没有弄清楚甚为复杂的理由，便需要提出甚为简单的办法，两者很难合成名实相符的整体。由于洋务、变法、立宪的相继失败，人们已极其不满于局部的枝节改革，因而也就不耐烦于探讨一个一个具体问题，而热衷于追求从根本解决一切问题的主义。当时最盛行的是民族主义，其次是民权主义，民生主义则由于陈义过高而未能被一般人理解，国粹主义与无政府主义的影响也相当有限。民族主义与民权主义“理由甚复杂”，包括一些领导人在内的革命者自身也未必了了。但他们毕竟找到了“应于社会程度”的简单办法，这就是“革命排满”，实现了“排满”也就同时实现了民族主义与民权主义，其风靡一时，“几成为无理由之宗教”。

革命需要信仰，但信仰走向极端便成为武断与迷信，成为排他主义（Exclusionism）。当年革命者即曾把“排满”当作可以张全目的“纲”。好学深思且敢于怀疑进化、公理的章太炎，在其早年亦曾宣扬革命近于狂热。如他说：“革命犹易，立宪尤难。”“人心之智慧，自竞争而后发生。今日之民智，不必恃他事以开之，而但恃革命以开之。”“公理之未明，即以革命明之；旧俗之俱在，即以革命去之。”革命不是“天雄、大黄之猛剂”，而是“补泻兼备之良药也”[1]。但是，没有真正懂得的理论，虽然经过简单的办法转化为近乎宗教的信仰，却经不住时间与实践的考验。辛亥革命失败以后，人们很快就发现“革命排满”的成功，并不等于民族主义、民权主义的实现，而议会政治也未能使中国迅速臻于富强，甚至离开武力便阻止不了野心家的独裁以至复辟帝制。新文化运动虽然依旧高唱民主，但已悄悄地离开法美模式，转而师法俄国。

20年间的历史仿佛转了一个圆圈，师法的榜样起先是由东（俄、日）而西（法、美），继而又是由西而东。当然，这时的“以俄为师”

---

[1] 章太炎《驳康有为论革命书》，《章太炎全集》（四），第179~181页。

已不再是效仿彼得大帝时代的俄国，而是学习十月革命以后的苏俄。孙中山即曾把十月革命称为“人类中的大希望”[1]，认为列宁是“为世界上被压迫的人打不平”[2]，苏维埃主义“即孔子之所谓大同也”[3]。人们于是把目光转向苏俄，仿佛苏俄模式可以解决一切问题，使中国最后臻于更美满的富强。应该看到，社会主义确实是历史的选择，但是也应该看到，实现社会主义比选择它更难，这需要一个不断探索、不断创造的漫长而曲折的过程。如果同样是学理甚复杂，办法甚简单，领导许诺太多，群众期望太高，那么我们的民族则将会继续为此付出痛苦的代价。

本文无意触及时事，但历史毕竟可以借鉴。如果本文能引起人们对长期与历史紧迫感相伴随的急于求成心态的注意，加以研究，加以引导，加以化解，使之成为相对稳定而正常的现代化的驱动力，则笔者将感到极大的欣慰。

（原载《华中师范大学学报》增刊，1991 年专辑）

[1][2] 孙中山：《三民主义・民族主义・第四讲》，《孙中山全集》第 9 卷，北京：中华书局，1986 年,第 224、226 页。

[3] 孙中山：《致犬养毅书》，《孙中山选集》下卷，北京：人民出版社，1956 年，第 471 页。

《辛亥革命时期的精英文化研究》序言*

记得是1993年暑假，我在日本饭能市美杉台风景区小住。有一天，东京辛亥革命研究会“四条汉子”（久保田文次、中村义、小岛淑男、藤井升三）邀同餐叙。席间，中村义突然问我：“知道我们团体为什么取名辛亥革命研究会，而不是辛亥革命史研究会吗？”我正琢磨其提问用意，他却自问自答：“我们没有把辛亥革命作为单一的历史事件来研究，而是作为一种社会运动，或是作为社会整体运动的一个组成部分来研究。”我当即表示赞赏，并引为同调。

其实，北美、西欧学者早在20世纪六七十年代，即已把社会学和社会史的方法引入辛亥革命研究，也是把这次革命作为一种社会运动的历史过程来探讨，尽管他们各自的研究或限于特定地区，或限于特定群体，或限于特定层面。正因为如此，辛亥革命研究才以丰富多彩、欣欣向荣的大好局面呈现于世界。

我国辛亥革命研究长期受单一政治事件狭小格局的束缚，直至20世纪70年代末改革开放以后，情况才有所好转。我从80年代初开始，不断强调要加强辛亥革命时期社会环境的研究，强调在综合的和专题的研究中努力上下延伸和横向会通，用意亦在于此。80年代中期以后，一批风华正茂的年轻辛亥革命研究者脱颖而出，他们或从事社会群体研究，或从事社会结构研究，或从事社会心态研究，都有颇具功力的专著问世，从而把我国辛亥革命研究推进到较高层次，并引起世界各地同行学者的重视。

本书作者对辛亥革命的长期研究，主要是侧重于思想文化层面。他以国粹主义派研究为发端，顺理成章地进入章太炎思想研究。20世

---

* 罗福惠：《辛亥革命时期的精英文化研究》，武汉：华中师范大学出版社，2001年。

纪80年代后期，作者转入中国现代化研究，但思想文化史研究从未间断，而且还有很大进展。《国情、民性与近代化——以日、中文化问题为中心》《湖北近三百年学术文化》两部专著的先后出版，以及发表于海内外各种刊物的一系列论文，都表明作者在学术上已臻于成熟。作者日益善于在较长的时间跨度与更广阔的空间对历史作宏观的把握，近几年来在大型《湖北通史》的撰写与主编工作中，这个优势表现得更为明显。

1999年春天，在一次筹议举办纪念辛亥革命90周年国际学术研讨会的座谈中，我提出武汉地区的相关中生代历史学者应该回归辛亥、回报辛亥。意思就是说，20世纪80年代以来国内外的“辛亥热”，为他们的迅速成长与展示才华提供了前所未有的大好机遇。而90年代以后，由于研究领域的扩展，或是由于学科发展需要而衍生的领域转换，他们或多或少对辛亥革命研究有所疏离。现在为了纪念辛亥革命90周年，大家应该把研究的主要精力回归于辛亥革命，以新的更好的成果回报对青年学者惠泽良多的辛亥革命史。此后大家即纷纷选题，以实际行动“回归”与“回报”，其中以本书作者撰著最为专心致志，并且成为最先交来全部书稿者。但此稿绝非急就章，它是作者自己多年积累的创获，同时也充分吸收了海内外同行学者最新成果的精粹，含英咀华，厚积薄发，融会贯通，遂成有体系的一家之言。

此书不仅着力探讨辛亥至“五四”之间这个极为重要而又常被忽略的历史接合部，而且还把辛亥时期的精英文化放在较大的时空环境中进行整体的考察，旁征博引，条分缕析，理清源流。这就使读者感受到一种恢宏的气势，并且在较高的层次上增进对辛亥时期精英文化的理解。

历史是有连续性的，正如抽刀断水水更流，不承认连续性就意味着割裂历史。多年以来的中国近代史研究，不仅受到政治事件格局的限制，而且前不与清朝中叶以前的历史衔接，后不与“五四”以后的历史沟通，因此成为一个80年若干历史断片的松散结合体。作者很早就注意矫正这种流弊，他在撰写《湖北近三百年学术文化》和主编

《湖北通史》的过程中，就非常注意在前后贯通上下功夫。本书不仅对辛亥时期思想文化的丰富内容及其已经达到的高度作了相当细密的阐发，而且还注意到它对包括“五四”在内的整个 20 世纪中国文化的影响。虽然由于篇幅限制对这种影响未能充分阐发，但他对辛亥及“五四”两代人物、期刊、社团乃至话语之间连续性的粗略梳理，已能给此后的研究者以很大启发。

正如作者所说，本书的重点是“从宏观上分析辛亥文化的内容及那一代新式知识分子的思想行为和性格特征”。与此相关的论著过去出版已多，但细心的读者不难看出，本书作者凭借其丰厚的功底以及敏锐的史感与史识，往往在探幽索微之处透露出新的意境。即使是龚鹏程先生在此书撰写之前，已经运用主流文化、非主流文化的地位关系来回顾不同性质的文化和文学流派的此消彼长，但那不过是《近代思想史散论》中的几段文字；而作者却在这一思路的启发下全面厘清了辛亥时期不同流派文化之间的相互关系与消长变化。读者可以不尽同意他的某些具体见解，但不能不承认这是辛亥文化思想史研究的新的创获。

作者说：“历史本来没有断层，但历史研究出现了断层。”诚哉斯言！但愿有更多的学者在填补研究断层方面狠下功夫，让历史固有的连续性得以更完美地展现。

2000 年 8 月于武当山犟峰之侧

离异与回归

从离异到回归

——孙中山与传统文化的关系

传统文化与现代化的关系问题，今天已经成为人们极为关注与热烈讨论的重要课题。本文试图剖析孙中山与传统文化的关系，目的也是探讨传统文化与现代化的关系这个总课题。孙中山是推动中国现代化的伟大先驱，他对传统文化的认识与态度，至今仍然可以作为我们有益的借鉴。

一、曲折的历程

孙中山对中国传统文化，有一个从离异到回归的曲折历程。

先说离异。

孙中山在《复翟理斯函》中，对自己少年时代的思想变化，曾有简括而又生动的回顾："幼读儒书，十二岁毕经业。十三岁随母往夏威仁岛（Hawaiian Islands），始见轮舟之奇、沧海之阔，自是有慕西学之心，穷天地之想。是年母复回华，文遂留岛依兄，入英监督所掌之书院（Iolani College，Honolulu）肄业英文。三年后，再入美人所设之书院（Oahu College，Honolulu）肄业，此为岛中最高之书院。初拟在此满业，即往美国入大书院，肄习专门之学。后兄因其切慕耶稣之道，恐文进教为亲督责，着令回华，是十八岁时也。"[1]

檀香山靠近中途岛，位于西经 160°，与国际日期变更线相距不远，正好处在东半球亚洲大陆与西半球北美大陆中间，可以说是东西文化交接之地。1875 年，美国通过所谓"互惠条约"控制了夏威夷群

[1] 孙中山：《复翟理斯函》，《孙中山全集》第 1 卷，北京：中华书局，1981 年，第 47 页。

岛的政治与经济，1899 年更进而加以吞并。孙中山恰好于 1878 年到檀香山，从 1879 年 9 月至 1883 年 7 月，先后在英、美基督教会主办的初、高中就学。一个只受过两年多村塾教育的农家子弟，骤然接触到西方近代文明（尽管是它的边缘地区），不能不产生仰慕之情。如果说，西方的船坚炮利曾经把一部分地主阶级开明人士吸引到洋务事业，那么，太平洋上的轮舟之奇则驱使这个乡村少年立即倾心西学。他认真学习英语，学习自然科学与西方社会政治学说的基本知识，也热心地阅读《圣经》并参加宗教活动。从十二岁到十八岁，是人的一生中可塑性最强的岁月，近代基督教文明的潜移默化，使他逐渐成为一个从传统文化圈游离出来的西化中国人。其结果便是对基督教的趋近皈依，而在偏向保守的哥哥孙眉看来，这乃是对祖国古老传统的决裂。他害怕弟弟将会成为背祖忘宗的家族叛逆，所以扮演了海外卫道士的威严角色，立即把孙中山强行遣返故土。

但是珠江三角洲毕竟是开放已久的地区，即使是穷乡僻壤如翠亨，气氛也要比内地某些闭塞的城市宽松得多。回乡以后，父母对孙中山“亦无所督责，随其所慕”。因此，他对传统文化的离异过程便依然继续，其骇俗惊世之举便是公然捣毁村庙北极殿中的菩萨。守旧势力不能容忍这种悖逆行为，孙中山被迫再次离乡前往香港，随即正式受洗成为基督教徒。此后是一系列继续西化的学历：香港拔萃书室、中央书院（Queen's College）、广州南华医学堂（美国长老会举办）、香港西医书院，直到 1892 年以最优异成绩从西医书院毕业。这时孙中山已是二十六岁的青年，在顽固的守旧势力看来，他仿佛是一个外来人。

早年在檀香山的生活经验，给孙中山留下难以磨灭的印象。1905 年 8 月，在东京中国留学生欢迎大会上，孙中山的演说特别提到檀香山百年来的变化：“与外人交通，由野蛮一跃而为共和。”所谓“与外人交通”，就是接受西方资本主义文化。孙中山反对故步自封，主张以檀香山为鉴，自觉地努力学习西方。他说：“我们中国先是误于说我中国四千年来的文明很好，不肯改革，于今也都晓得不能用，定要取法于人。若此时不取法他现世最文明的，还取法他那文明过渡时代以前的吗？我们决不要随天演的变更，定要为人事的变更，其进步方速。”[1]作为革命运动的带头人，孙中山更为注重的是引导人民与中世纪的野蛮诀别。

从1894年檀香山兴中会盟书提出“创立合众政府”，到1911年回国前在巴黎宣称“倘用北美联邦制度实最相宜”[2]，都可以看作是对传统文化离异过程的继续，多少留有早期全盘西化倾向的痕迹，也表现出久处海外的孙中山对国情与传统文化的明显隔膜。所以，国内立宪派领袖张謇与孙中山接触以后便产生一个印象：“知其于中国四五千年之疆域、民族、习俗、政教因革损益之递变，因旅外多年，不尽了澈。即各国政治风俗之源流，因日在奔波危难之中，亦未暇加以融会贯通。”[3]这种批评，不宜单纯看成是立宪、革命两派之间的党同伐异，它多少还是指出了孙中山当时确实存在的不足之处。

但是从总体上来看，又不宜把这种离异程度估计过高，孙中山一生的革命事业终究扎根于本国土壤。作为热爱祖国的海外游子，他对中国传统文化又日益增长着回归的倾向。

现在再说回归。

首先，我们不能忘记，孙中山童年的生活环境仍然是封建农业宗法社会，而且他还受过两年传统的村塾教育。尽管他对这种教育方法表示怀疑，但不能排除儒学对童稚孙文的熏染。

其次，孙中山在檀香山虽受资本主义教育，但仍然生活在华人传统文化圈中。随着美国排华政策的推行与当地土著居民排华情绪的滋

---

[1] 孙中山：《在东京中国留学生欢迎大会的演说》，《孙中山全集》第1卷，第281~282页。

[2] 孙中山：《与巴黎〈巴黎日报〉记者的谈话》，《孙中山全集》第1卷，第562页。

[3] 张謇：《追悼孙中山演说》，《张季子九录・文录》第17卷，台北：文海出版社，影印本，1974年，第12页。张謇对传统文化的眷恋正好表现出他的保守倾向，其《国粹保存会第三年祝典征诗》云：“秦火光中有伏生，遗经收拾汉承明。谁能战栗绵周社，尚借哀弦慰鲁城。世变九州三古绝，国魂千劫一丝轻。维持自系吾曹事，辛苦丛残已得名。”

长，夏威夷华人社会中的保守倾向更有所增强。这种特定的生活环境，必然对少年孙中山离异传统文化的过程有所制约。

孙中山不同于一般归化外国的海外华人。他不仅热爱祖国而且决心改造祖国。他对传统文化的离异，其实质是与野蛮诀别而趋向文明，丝毫也不意味着对祖国的背弃。因此，回香港以后，特别是在中法战争刺激下萌发反清思想以后，他逐渐察觉自己对本土的历史与文化了解甚少，遂受教于曾在柏林大学教授汉文数年的区凤墀牧师。习医期间，又请汉文教师陈仲尧授读。正如他自己回忆的那样："于中学则独好三代两汉之文，于西学则雅癖达文之道（Darwinism）；而格致政事，亦常浏览。"[1]孙中山对中学的补课是有成效的，至少是使他的革命宣传增添了若干民族色调。1899 年在横滨与章太炎讨论土地问题时，孙中山已经能够结合中国历史阐明自己的平均地权主张。以一代传统文化宗师自命的章太炎，在"善哉"的赞许声中表明来自内地的先进知识分子对孙中山开始认同。[2]而到 1903 年，在黄中黄译述的《孙逸仙》一书中，章太炎更把孙中山推崇为刘邦、洪秀全式的领袖人物，"外来者"的印象在他们的心目中已经逐渐淡薄。

革命不能输入。革命不仅必然具有本土的社会根源，而且必须具有本土的民族形式。如果说，简单的"反清复明"宣传，已经表现出孙中山对会党传统心理的辨认与利用；那么，当他把自己宣传的重点从会党转向国内知识分子时，他就必须更为精心地把自己的民族主义披上"夷夏之辨"的古朴外衣。因为如果没有传统文化方面最起码的共同语言，他就很难赢得那些曾经熟读经书的爱国志士的尊敬与信任。但是，更为明显的文化回归，还是在回国创建南京临时政府以后。这不仅是由于施政必须洞悉国情，而且还由于他面临着为数更多的另外一种类型的知识分子群体，孙中山渴望得到他们的理解与支持。在这些人的心目中，孙中山仍然是一个与国情及传统文化格格不入的"外

---

[1] 孙中山：《复翟理斯函》，《孙中山全集》第 1 卷，第 48 页。

[2] 章太炎：《訄书 · 定版籍》，《章太炎全集》（三），上海：上海人民出版社，1984 年，第 275 页。

来者”。

创建同盟会，主要是依靠聚集在东京的那些中国留学生，这是崛起于20世纪初年的一代新式知识分子。他们中间的先进分子，对西方近代文明与美、法共和制度的仰慕，几乎达到如痴如狂的程度。他们或则自我标榜：“民约服卢梭，强权伟斯宾。潜心观天演，愿从达尔文。”或则反复吟诵：“娶妻当娶韦露碧，生儿当生玛志尼。得听雄鸡三唱晓，我侬身在法兰西。”对于这些热血沸腾的倾向于西化的留学生，孙中山凭借自己比较丰富的西学知识与革命激情，可以得心应手地把他们争取过来。传统文化素养的差异，不足以成为阻碍两者思想交流的鸿沟。

可是，回国以后，他立即生活在一个与海外迥然有别的社会环境，而且由于自己已处于执政地位，更不能不与张謇这样的立宪派及东南绅商相周旋。这是与古老文化传统保持密切联系的一批新旧参半的知识分子，他们保持着比较稳定的传统文化心理结构。辛亥革命爆发与建立民国的现实，促使（甚至是迫使）他们在政治观念上有了新的突破，即从君主立宪转向民主共和。正是由于如此，孙中山的领袖地位才能得到他们有一定限度的认可与尊敬。张謇有一段评述，大体上可以代表这些人对从海外归来的孙中山的观感：“中国以四五千年之君主国体，一旦改为民主，在世界新趋势虽顺，在世界旧观念则逆。况以一二人为之，则因逆而更难。而孙中山不畏难，不怕苦，不耻屡仆屡起，集合同志，谋举革命，千回百折，备尝艰苦。至辛亥年，事会凑合，卒告成功。从历史上看来，中国革命之第一人要推商汤。其后因君主之昏聩，或其他原因，起而革命者，代不乏人；然不过一朝一姓之变更而已，不足为异。孙中山之革命，则为国体之改革，与一朝一姓之更变迥然不同。所以孙中山不但为首创民国之元勋，且为中国及亚东历史上之一大人物。”[1]

但是，深入传统文化心理结构的里层，在伦理观念以至所谓道统

---

[1] 张謇：《追悼孙中山演说》，《张季子九录・文录》第17卷，第11~12页。

观念方面，张謇等人对孙中山与革命派则持另外一种评价。民国创建之始，张謇连续撰写《尧舜论》（上、中、下三篇）、《革命论》等文章，显然是有针对性的批评："使革人之命，而上无宽仁智勇文武神圣之君，下无明于礼乐兵农水火工虞之佐，则政教号令旧已除而新无可布，布者复不足以当王泽而餍民望，其愈于不革者几何？"他把两千年来的革命者分为神圣、豪杰、权奸、盗贼四类，并且总结说："汤武圣贤也，假汤武者豪杰或庶几，其次类皆出入于权奸、盗贼之间，此诚专制之国体有以造之。"这些评论都是以传统伦理观念为尺度，并且把太古的尧舜禹汤作为最高政治道德楷模，显然是拘守儒学的道统规范。

传统是一种无形的巨大的力量，人们到处都可以感受到它的存在。长期流亡海外的革命者一旦回归故土，立刻为传统文化的魅力所吸引，同时又必然要承受传统文化惰力的沉重负荷。血性男儿如黄兴，可以率两百壮士驰骋南疆，视成千上万清军如草芥；但是一旦"骤与立宪派人遇，即歉然自以为不如；还视同党，尤觉暴烈者之只堪破坏，难与建设"。因此，他对具有较深传统文化素养的立宪派人物持亲近与谦抑态度，不仅"引进张、汤（张謇、汤寿潜）为收缙绅之望"，并且着意延揽杨度、汤化龙、林长民等以争取更多的助力。[1]胡汉民曾以此为根据，批评黄兴政见"日以右倾"。但是这绝不应该仅仅看作是黄兴个人的转向，而是表明强大的传统力量在思想上对整个革命派都产生了影响。1912 年 10 月，孙中山在漫游燕、晋、齐、鲁回到上海以后，曾经发表观感说："革命起于南方，而北方影响尚细，故一切旧思想，未能扫除净尽。是以北方如一本旧历，南方如一本新历，必新旧并用，全新全旧，皆不合宜。"[2]因此，他把政权让给袁世凯的原因之一，就是："故欲治民国，非具新思想、旧经练旧手段者不可，而袁

[1] 胡汉民：《胡汉民先生自传》，台北：中国国民党中央委员会党史委员会，影印本，1978 年，第 239 页。

[2] 孙中山：《在上海国民党欢迎会的演说》，《孙中山全集》第 2 卷，北京：中华书局，1982 年，第 485 页。

总统适足当之。”[1]

此后，特别是在他的晚年，孙中山向中国传统文化回归的趋向更加明显。

1923年年底，孙中山在一次演说中指出：“大家都知道中国最有名的人是孔子，他周游列国，是做什么事呢？是注重当时宣传尧、舜、禹、汤、文、武、周公之道。他删诗书，作春秋，是为什么事呢？是注重后世宣传尧、舜、禹、汤、文、武、周公之道。所以传播到全国，以至于现在，便有文化。今日中国的旧文化，能够和欧美的新文化并驾齐驱的原因，都是由于孔子在二千多年以前所做的宣传工夫。”[2]紧接着，1924年初，他在关于三民主义的一次演讲中又强调指出：“大凡一个国家所以能够强盛的缘故，起初的时候都是由于武力发展，继之以种种文化的发扬，便能成功。但是要维持民族和国家的长久地位，还有道德问题，有了很好的道德，国家才能长治久安。”“所以穷本极源，我们现在要恢复民族的地位，除了大家联合起来做成一个国族团体以外，就要把固有的旧道德先恢复起来。有了固有的道德，然后固有的民族地位，才可以图恢复。”[3]孙中山在这里所说的“固有的道德”，指的是忠孝、仁爱、信义、和平，以及本来属于道德范畴却又已经发展成为一整套政治哲学的“格物、致知、诚意、正心、修身、齐家、治国、平天下”。

从离异开始，以回归终结；离异之中经常有回归，回归之中继续有离异。这或许可以作为孙中山与中国传统文化关系的动态概括。

---

[1] 孙中山：《在上海国民党欢迎会的演说》，《孙中山全集》第2卷，北京：中华书局，1982年，第485页。

[2] 孙中山：《革命成功全赖宣传主义》，《孙中山选集》下卷，北京：人民出版社，1956年，第492页。

[3] 孙中山：《三民主义·民族主义》，《孙中山选集》下卷，第649页。

二、取中西文化而融贯之

辛亥革命爆发以后，孙中山曾经宣布："将取欧美之民主以为模范，同时仍取数千年前旧有文化而融贯之。"[1]取中西文化而融贯之，可以说是孙中山一贯的方针。

从总体上看，孙中山把中国传统文化当作固有的"旧物"，把西方近世文明当作外来的"新物"。他反对守旧，主张"取法于人""取法于上"，"对欧洲文明采取开放态度"。但是，自从1896年到欧美考察以后，他亲眼看到资本主义的严重弊端，便认为不应迷信西方，更不能把欧美文明"全盘照搬过来"。正确的做法应该是"取法西人的文明而用之"，然后"渐渐发明"，"转弱为强，易旧为新"，"则一切旧物又何难均变为新物"[2]。

孙中山对中西文化较少偏颇的成见。他认为，固有的文明，只有在对外开放的过程中，通过与其他文明的比较、选择，才能不断向前发展。他把对外开放、取法西方与国内改革紧密联系起来，并且对此充满信心。有人持怀疑态度："中国此时改革事事取法于人，自己无一点独立的学说，是〔事〕先不能培养起国民独立的性根来，后来还望国民有独立的资格吗？"孙中山回答："此说诚然。但是此时异族政府禁端百出，又从何处发行这独立的学说？又从何处培养起国民独立的性根？盖一变则全国人心动摇，动摇则进化自速，不过十数年后，这'独立'两字自然印入国民的脑中。所以中国此时的改革，虽事事取法于人，将来他们各国定要在中国来取法的。如米〔美〕国之文明仅百年耳，先皆由英国取法去的，于今为世界共和的祖国；倘是仍旧不变，于今能享这地球上最优的幸福不能呢？"[3]

孙中山在革新事业中对待传统文化的态度，既不同于康有为的托

---

[1] 孙中山：《在欧洲的演说》，《孙中山全集》第1卷，第560页。

[2][3] 孙中山：《在东京中国留学生欢迎大会的演说》，《孙中山全集》第1卷，第278、281页。

古改制，也不同于章太炎的国学振兴。他出生于贫农家庭，少年即去海外，是在接受西方基础教育以后，再回过头来补习中国语文、经史等课程。因此，他所受封建传统束缚较少，而取法西方近世文明的决心更大，也具有更多的乐观情绪。同时，他又是一位合格的西医，经过系统的科学理论与方法的训练，在世界观、思想方法、价值观念诸方面都具有更多的时代风貌，所以在中西文化交流融通问题上也就表现得更为冷静、理智与豁达。可以说是择善而从，不拘一格。当然，这并不意味着他完全不受当时人们认识程度的限制。

孙中山对中西文化的“融贯”，大体上可以区分为三个层次。

第一层次是在辛亥革命以前，其“融贯”主要表现为政治纲领的形成。“驱除鞑虏，恢复中华”，显然是传统“夷夏之辨”观念与近代民族主义“融贯”的产物。“建立民国”则主要脱胎于西方民权学说与议会政治，但同时也“融贯”了中国固有的民本思想，并且借鉴了传统的监察、考试制度，以五权宪法弥补三权分立的不足。“平均地权”当然是师法亨利·乔治与约翰·穆勒，但同时也与古老的大同思想以及均田、公仓等法有渊源关系。可以说，三民主义就是中西文化“融贯”的产物。孙中山对自己的做法充满自信，并且批评那些盲目抄袭西方模式的留学生：“其故在不研究中国历史风俗民情，奉欧美为至上。他日引欧美以乱中国，其此辈贱中国书之人也。”[1]

第二层次是在辛亥革命、“二次革命”、讨袁、护法相继失败以后，孙中山屡遭挫折，反复思索，逐步认识到人们的思想状况与心理建设的重要。他在《建国方略》一书中即已指出：革命之所以一再失败，主要是由于党人对革命宗旨、革命方略信仰不笃，奉行不力。“而其所以然者，非尽关乎功成利达而移心，实多以思想错误而懈志也。此思想之错误为何？即‘知之非艰，行之惟艰’之说也。此说始于傅说对武丁之言，由是数千年来深中于中国之人心，已成牢不可破矣。故予之建设计划，一一皆为此说所打消也。呜呼！此说者予生平之最

[1] 孙中山：《与刘成禺的谈话》，《孙中山全集》第1卷，第444页。

大敌也！其威力当万倍于满清。夫满清之威力，不过只能杀吾人之身耳，而不能夺吾人之志也。乃此敌之威力，则不惟能夺吾人之志，且足以迷亿兆人之心也。”[1]

孙中山更为深切地感受到了传统的巨大惰力，但是他没有屈服于这种惰力，并且勇敢地向传统惰力挑战。

孙中山这一层次认识的特点主要表现在三个方面：

第一，物质文明必须与精神文明同步前进：“实际则物质文明，与心性文明相待，而后能进步。中国近代物质文明不进步，因之心性文明之进步，亦为之稽迟。”这就是说，物质文明是精神文明的基础，它制约着精神文明发展的速度与水平。

第二，对中国固有文明不可“一概抹杀”：“持中国近代之文明以比欧美，在物质方面，不逮固甚远，其在心性方面，虽不如彼者亦多，而能与彼颉颃者正不少，即胜彼者亦间有之。”总之，应该加以具体分析，不可笼统判定优劣。

第三，从总体来说，对中国传统文化也不可采取迷信保守态度，应该加以改良，以求为今天所用。“且中国人之心性理想，无非古人所模铸，欲图进步改良，亦须从远祖之心性理想，究其源流，考其利病，始知补偏救弊之方。”“如能用古人，而不为古人所惑，能役古人，而不为古人所奴，则载籍皆似为我调查，而使古人为我书记，多多益善矣。”

这一层次的主要成果就是知难行易学说。孙中山从饮食、用钱、作文、建屋、造船、筑城、开河、电学、化学、进化等方面，运用西方近世自然科学及人文科学的知识与方法，对宋明理学家宣扬的传统知行观（从知先行后、知易行难到知行合一），作了系统的清理与批判，然后形成了自己的认识论——知难行易。孙中山强调实践在认识过程中的地位与作用，发展了从王充到王船山的行先于知的唯物主义

---

[1] 孙中山：《建国方略》，《孙中山选集》上卷，北京：人民出版社，1956 年，第 105 页。以下引文，除注明者外，均据此书。

知行观。

同时，孙中山借用西方实验科学中的以太概念，结合星云说、地质缓慢进化说，对宇宙形成作了比较科学的解释，在自然观方面发展了中国古代的唯物主义元气论。此外，在存在与意识、物质与精神的关系等哲学根本问题上，孙中山也结合西方自然科学与社会政治学说，对心性文明与物质文明的关系作了许多合理的解释。当然，其中也包含着夸大精神作用的传统唯心主义倾向，如认为“心也者，万事之本源也”。

孙中山对中西文化“融贯”的第三个层次出现于他的晚年。如果我们把第二层次称作哲学“融贯”，则第三层次或许可以称为伦理“融贯”；不过这两个层次相互交叉渗透，时间的间隔也并非十分清晰。

早在1917年至1919年撰写《建国方略》期间，孙中山在心理建设方面虽然侧重于知难行易学说框架的营筑，但是已经考虑到伦理道德的重要意义。他认为：“社会国家者，互助之体也；道德仁义者，互助之用也。人类顺此原则则昌，不顺此原则则亡。”并且把中国贫弱的原因，归结为“官吏贪污、政治腐败之为害也”，“倘此害一除，则致中国于富强，实头头是道也”。1919年10月10日，孙中山为纪念辛亥革命八周年，在上海《晨报》发表《八年今日》一文，沉痛指出：“今日何日？正官僚得志，武人专横，政客捣乱，民不聊生之日也。追源祸始，则政客实为万恶之魁。……惟政客则全为自私自利，阴谋百出；诡诈恒施，廉耻丧尽；道德全无，真无可齿于人类者。”如果这里讲的还只限于政治道德，那么到了1924年春天，他在关于民族主义的一次演讲中，则更加明确且全面地强调：“我们现在要恢复民族的地位，除了大家联合起来做成一个国族团体以外，就要把固有的旧道德先恢复起来。有了固有的道德，然后固有的民族地位才可以图恢复。”

值得注意的是，孙中山公开号召恢复“固有的旧道德”时，已经是在五四运动发生以后，而且在一定程度上正是对新文化运动反对旧道德的逆向反应。

孙中山虽然曾对五四运动表示过热情支持，但并不讳言自己对新文化运动绝对否定旧道德的不满。他在同一演说中指出：“讲到中国固有的道德，中国人至今不能忘记的，首是忠孝，次是仁爱，其次是信义，其次是和平。这些旧道德，中国人至今还是常讲的，但是现在受外来民族的压迫，侵入了新文化，那些新文化的势力，此刻横行中国。一般醉心新文化的人，便排斥旧道德，以为有了新文化，便可以不要旧道德。”

这可以看作是孙中山对中国传统文化极为明显的回归，但不能认为是完全对立于新文化运动的复旧。

需要作两点说明：

第一，孙中山并非全盘否定新文化运动，只是反对新文化运动过程中出现的民族虚无主义倾向。新文化运动的活跃分子，很多是二三十岁血气方刚的青年。他们愤慨于辛亥革命的果实为旧势力所吞没，因此更增大了对传统文化离异的跨度，甚至说了一些诸如废灭汉文、不读汉字写的书籍之类的过头话。还有一些完全迷醉于西方文化的留学生，简单、粗暴地贬低以至全盘否定本土文化，如说中国“百事不如人”，中华民族是“一分像人九分像鬼的不长进民族”等，这样自然要引起许多人的反感，其中也包括具有民族自尊心的爱国者的反感。孙中山对旧道德的维护，正是由于担心民族主体意识的可能泯灭。

第二，孙中山也并非主张全盘恢复旧道德、旧传统，至少从主观愿望来说，他还是力图区分传统文化的精华与糟粕，并且对自己认为应该保留的旧道德也作了许多新的解释。譬如，他在《北伐宣言》中就曾指出：“观于袁世凯之称帝，张勋之复辟，冯国璋、徐世昌之毁法，曹锟、吴佩孚之窃位盗国，十三年来，连续不绝，可知其分子虽有新陈代谢，而其传统思想则始终如一。”[1]这里所说的传统思想，自然是指帝王思想、专制思想之类的糟粕，这些反动成分理应加以摒弃。再如，他主张保留固有道德的“忠”，但对其加以新的阐释：“我们做

[1] 孙中山：《北伐宣言》，《孙中山选集》下卷，第873页。

一件事，总要始终不渝，做到成功，如果做不成功，就是把性命去牺牲，亦所不惜，这便是忠。”“我们在民国之内，照道理上说，还是要尽忠，不忠于君，要忠于国，要忠于民，要为四万万人去效忠。”[1]此外，他还把正宗儒学提倡的内省式的修身，解释成为自重、自律与文明行为，并且强调需要向西方人学习：“假如大家把修身的工夫做得很有条理，诚中形外，虽至一举一动之微，亦能注意，遇到外国人不以鄙陋行为，而侵犯人家的自由，外国人一定是很尊重的。所以今天讲到修身，诸位新青年便应该学外国人的新文化。”[2]

不仅如此，孙中山晚年的中西文化“融贯”，还萌现了一个更高层次的趋向，那就是企图把中国传统的大同、王道思想，同列宁所宣传的全世界无产阶级与被压迫民族联合起来以反对帝国主义的伟大思想结合起来。

1923 年，他在《致犬养毅书》中，就已把苏维埃主义（即列宁主义）概括为“受屈人民当联合受屈人民以排横暴”。并且引申说：“夫苏维埃主义者，即孔子之所谓大同也。……露国（指苏俄）立国之主义不过如此而已，有何可畏！”次年冬，他在神户高等女子学校演讲《大亚洲主义》，又把这种思想与中国传统的王道文化主张结合起来。孙中山解释说：“东方的文化是王道，西方的文化是霸道；讲王道是主张仁义道德，讲霸道是主张功利强权。讲仁义道德，是由正义公理来感化人；讲功利强权，是用洋枪大炮来压迫人。”并且特别恳挚规劝日本：“你们日本民族既得到了欧美的霸道的文化，又有亚洲王道文化的本质，从今以后对于世界文化的前途，究竟是做西方霸道的鹰犬，或是做东方王道的干城，就在你们日本国民去详审慎择。”

从道德观而言，这也进入了一个更高的层次，即把传统的王道观念与当代的国际主义结合起来，作为处理国与国之间关系的最高道德准则，以求在世界范围内形成合理的格局与秩序。这种对传统文化的

[1][2] 孙中山：《三民主义·民族主义》，《孙中山选集》下卷，第 650、655～656 页。

回归，已经注入了崭新的时代内容，并且闪耀着理想主义的光彩，因而与复古主义不可同日而语。

孙中山逐渐把自己敏锐的洞察力集注于十月革命以后的俄国，对新兴的“苏维埃主义”寄予很大希望，并且已经表现出引进这种新型西方文化的某些意愿。只是由于不幸过早病逝，他未能亲自开创一个中西文化“融贯”的崭新局面。

三、历史的启示

对传统文化的离异与回归，在人类历史上不是个别的、偶然的现象，它带有相当的普遍性。从中世纪进入近世文明的转变时期，情况尤其如此。

在文艺复兴的发源地意大利，新的社会力量的知识界代表，为了与中世纪的旧制度、旧观念决裂，曾向古老的希腊、罗马文明汲取精神力量。他们不仅通过世界的发现达到人的发现，并且向那些用羊皮纸抄写的希腊文、拉丁文典籍，向那些精美绝伦的艺术珍品，直至向那些历史遗址的断壁残垣，寻求建设新社会的理想与激情。这些近世文明的先驱们，仿效古典文化已经如痴似狂。他们不仅以西塞罗、普林尼为楷模而勤勉地学习书写拉丁文信札，甚至连每一次演讲都仿佛是古罗马元老院雄辩家们的幽远回声。为了反对当今旧传统的权威，不得不借取更为遥远的古老传统的权威。正如路德曾经穿过使徒保罗的服装、克伦威尔曾经借重旧约全书中的先知哈比谷那样。还是马克思说得好：“使死人复生是为了赞美新的斗争，而不是为了勉强模仿旧的斗争。”[1] 回归古典文化的热潮，反而促使地中海沿岸成为抚育资产阶级文明的摇篮。

在彼得大帝厉行改革后的俄国，离异与回归两种趋向曾经表现为两个派别。西化主义者代表彼得一世以来的革新潮流，他们认为要想

[1] 马克思：《路易·波拿巴的雾月十八日》，《马克思恩格斯选集》第1卷，北京：人民出版社，1972年，第605页。

摆脱俄罗斯的野蛮与落后就必须全盘西化，特别是仿效实行君主立宪制的英国。为了与旧传统决裂，他们使用了极端的语言，甚至认为俄罗斯对人类文明进步一直只起玷污作用，从未作过任何贡献。这些民族虚无主义的言论严重伤害了许多俄罗斯人的感情，于是又产生了斯拉夫主义一派。斯拉夫主义者自命为俄国历史遗产的卫士，他们主张尽量发掘民族固有的美德，激发人民的爱国思想，反对西方影响对俄国文化的腐蚀。不过斯拉夫主义者并不反对自上而下的改革，在这个问题上他们与西化主义者没有根本的分歧。

近代资产阶级文明的发展，从世界趋势而言，可以用“西潮东渐”四字概括。东方国家，包括地跨欧亚的俄国，近代化过程一般都是从学习西方开始。如果说俄国的革新者只是主张背离本民族的陈旧传统，那么日本的倾慕西方进步文明的维新志士，则是进而主张与整个亚洲的陈旧传统脱钩。福泽谕吉 1885 年发表的《脱亚论》，便是这股思潮的代表作。但是，由于面临着强大的西方势力的冲击，害怕丧失固有民族精神的忧患意识有增无已，所以“和魂洋才”主张依然颇有影响。国学派的三宅雄次郎、志贺重昂等固然是提倡保全国粹，宣扬“日本主义”[1]；享有“东方卢梭”美誉的中江兆民，也对“崇外卑内主义”的流行，怀有深沉的忧虑，也认为不可一切模仿西方。

西学东渐，经由日本冲击中国，在中国也曾引起开放与排外两种反应，表现在对待本民族固有文化的态度上，则有离异与回归两种倾向。上述孙中山从离异到回归的曲折过程，无非是这种近代文化发展总形势的一个侧面。

中国的古老传统文化，既具有极大的魅力，又具有深沉的惰性。为了向西方近世文明学习，首先需要与陈旧传统决裂，至少是动摇其绝对的权威。离异的趋向从 19 世纪中叶即已开始，然而旧传统始终阻碍着新制度的诞生。从冯桂芬的“以中国之伦常名教为原本，辅以诸国富强之术”，到洋务派奉行的“中学为体，西学为用”，都可以看出

[1] 黄节：《〈国粹学报〉叙》，《国粹学报》第 1 期。

前进是何等步履维艰。有识之士不满于这种表层的离异，他们认为本与术、体与用是不可分的，因而呼吁推动本体的更新。严复引用裘可桴的话说："体用者，即一物而言之也。有牛之体则有负重之用，有马之体则有致远之用，未闻以牛为体以马为用者也。中西学之为异也，如其种人之面目然，不可强谓似也。故中学有中学之体用，西学有西学之体用，分之则并立，合之则两亡。"[1]这种见解诚然是深刻的，然而曲高和寡，先驱者的哲理之言，并不一定能为民族既定的心态所容纳。即令是披着托古改制外衣的戊戌维新，也很快就被顽固派残酷扼杀，接踵而至的则是全面排斥新事物的"扶清灭洋"运动。就与陈旧传统的离异而言，辛亥革命与五四新文化运动，都可以说是继承戊戌维新的未竟之业。

新的社会制度大多是在旧社会的母体中孕育诞生的，然而正如婴儿必须剪断脐带、脱离母体才能赢得自己的独立生命，新制度也存在着一个如何冲破旧势力网罗的严重课题。需要很大的力量，包括阶级的、经济的、政治的、意识形态的力量，更需要许多世代的不懈努力，才能逐步解决这一课题。而首要的任务是推倒旧传统的绝对精神权威。在西方是通过赞誉古代文明的辉煌以揭露中世纪的黑暗落后，从而以人性取代神性，否定旧宗教的腐败统治。在东方则是通过与西方的对比以揭露自身的愚昧野蛮，从而动摇正统文化的权威地位，在中国就是否定儒学的神圣道统。从别林斯基的《给果戈理的信》、车尔尼雪夫斯基的《序幕》、福泽谕吉的《文明论概略》、中江兆民的《一年有半·续一年有半》，以至辛亥革命前夜的《江苏》《浙江潮》等书刊中的许多诗文，都可以看到作者们通过对比东西文化，强烈鞭挞了自己国家亚洲式的野蛮与愚昧。孙中山在1897年春发表的《中国的现在和未来》一文，也是论述同一内容。

与水流之由高趋低相反，人类在多种文明的对比选择中，一般都

---

[1] 严复：《与〈外交报〉主人论教育书》，周振甫选注：《严复诗文选》，北京：人民文学出版社，1959年，第142页。

是背离低级而趋近高级。因此，在近代东西文化交流碰撞的过程中，东方国家出现的与传统文化离异并趋向西方文明的现象，乃是历史的必经阶段，也是一股进步的潮流。但是由于两方差距过大，东方国家在冲突与竞争中通常处于弱者与失败者的地位，因而在学习西方的过程中又容易产生民族自卑感，即中江兆民所厌恶的“崇外卑内主义”。这种倾向发展到极端便是主张全盘西化，彻底背离本民族的固有文化。物极必反，作为全盘西化的对应产物，必然是重新强调回归传统文化，甚至公开倡言保存与复兴古学。这种回归，从其积极方面而言，是对民族精神可能沦丧的担心；但从其消极方面而言，也容易产生近代化的逆向反应。

在日本，除国学派的排外论调外，1890 年颁布的《教育敕语》，还要求“完善道德力量”以及人民生活方式中西化与传统双轨并存，这些都表现出努力保存“和魂”的强烈愿望。在中国，20 世纪初年兴起的国粹主义思潮，也宣称：“昔西欧肇迹，兆于古学复兴之年；日本振兴，基于国粹保存之论。前辙非遥，彰彰可睹。”[1] 国学大师章太炎则声明自己提倡国粹，正是为了反对欧化主义者的“自暴自弃”[2]。孙中山对传统文化的大幅度回归，与辛亥前的国粹主义思潮虽然相距有十年以上，但是他担心丧失民族主体意识，并且把发扬“中国固有的精神”与恢复“固有的民族地位”联系起来，其基本思路与章太炎等自有相通之处。

道德是传统文化的核心部分，也是民族文化心理结构最为稳定的层次之一，它渗透到社会生活的各个方面，并且成为维系民族与国家的强大凝聚力。西潮东渐对传统文化的冲击，最令人焦虑的也是道德观念方面，因为它可能引起整个社会的巨大震荡。正如中江兆民在《一年有半·续一年有半》中所描绘的日本明治维新以后的情况那样：“日本和欧美各国，互相交际往来，把这些国家的货物，以及制度、文

[1]《拟设国粹学堂启》，《国粹学报》第 26 期。
[2] 章太炎：《演说录》，《民报》第 6 号。

化、习惯、风俗、服装一起传入日本的时候，日本的固有文化，陡然烟消云散，整个国家一齐闯进了新的世界。”结果便是唯利是图，损人利己，骄奢淫逸，道德沉沦，以致“教育家、社会事业家、政治家，一开口没有不谈论腐化堕落问题”。于是主张恢复神道者有之，主张弘扬儒学者有之，主张推广佛教者亦有之。众说纷纭，但谋求恢复固有道德之用心则一，向传统文化回归的趋向亦同。类似的趋向在章太炎1906年以后的思想中也有明显的滋长，他认为道德堕废是亡国灭种的“根极”，也是“革命不成之原”。因此以知耻、重厚、耿介、必信四德要求于革命队伍，并且深以早年过于鄙薄传统道德为悔[1]。

章太炎的道德说教带有明显的守旧色彩，他还把重建传统道德作为“文学复古”的组成部分，但是他的忧虑并非没有客观依据，而且在革命阵营内部也并非没有应和者。南京临时政府成立以后，由于政治地位的变化，同盟会骨干以及其他军政官员腐化的现象日渐增多，要求注意道德品格的呼声愈加强烈。胡汉民曾经说过：“时各省军人往来苏沪者，颇纵情声色，以为英雄本色。当时剪发易服，而社会渐趋奢侈，政客之猎官热亦骤盛，故精卫与吴、蔡、李（汪精卫、吴稚晖、蔡元培、李石曾——引者）诸人思力矫之，‘进德会’‘六不会’皆由此起。”[2]这与中江兆民所描述的日本明治维新后社会风习的变化颇相类似。孙中山晚年对传统文化与固有道德的回归，可以看作是辛亥革命前后这种力图矫正精神弊端的继续。

人们在道德方面的忧心忡忡是可以理解的，但是却很难说是接近科学的认识。

因为，“资本来到世间，从头到脚，每个毛孔都滴着血和肮脏的东西”[3]。资产阶级生来就是为了赚钱，它是用一种公开的、无耻的、直接的剥削来取代由宗教幻想、政治色彩和道德外衣掩盖着的剥削。

---

[1] 章太炎：《革命之道德》，《民报》第8号。

[2] 胡汉民：《胡汉民先生自传》，第246页。

[3] 马克思：《所谓原始积累》，《马克思恩格斯选集》第2卷，北京：人民出版社，1972年，第265页。

资产阶级在自己统治的地方，如果不无情地斩断形形色色的包括宗法和道德的封建羁绊，它就没有可能创造出前所未有的巨大生产力。章太炎在1906年发表的《俱分进化论》一文，曾对人类文明发展作过某些精辟的论述。他说："进化之所以为进化者，非由一方直进，而必由双方并进。专举一方，惟言智识进化可尔。若以道德言，则善亦进化，恶亦进化。若以生计言，则乐亦进化，苦亦进化。双方并进，如影之随形，如罔两之逐景。"[1]这已经相当深刻地接触到上述历史命题，然而他是以小资产阶级伤感的眼光来看待近代文明，因此向传统文化的回归就容易走向复旧。我们不难发现，包括孙中山在内的这些旧民主主义者，都不同程度地受着传统思维模式的制约，即以三王为政治理想，以伦理为教化依归，以内省为修养根本。因此，他们对传统文化的回归，往往侧重于道德方面。

但是，日本明治维新时期的若干思想家并不如此重视旧道德的堕废。福泽谕吉认为，"文明的根本并不在于私德一方面""文明与否是不能单纯以坏人的多寡来判断的"。如果一味用劝善惩恶的"德教"来笼络天下人心，可能"反而使人们天赋的智力衰退"，"阻碍人的天性的发展"。甚至使现代回到太古，都市转为乡村，成人返归儿童，人类变成猿猴。因此，他提倡"智德"，实际上是强调建立在近代科学知识基础上的"智慧"。他反对迷信传统道德，并且认为后人在道德上虽然无法超过既往的圣贤，但今人的智慧则远远超过古人。如果就智慧而言，古代圣贤只不过是今天三岁儿童的水平。同时，后人智慧的发展也不是由于听到圣人所讲的道德而实现的。[2]中江兆民虽曾规劝"各个阶级的人，都应该稍稍加强自己的品德修养"，但是他也能以进化的乐观的眼光看待明治时期社会风气的变化，认为"大概是时势决定的，是自然的历程，是必然的程序"。他更为强调的也是发展文教、繁荣科学，而"物质的美"可以转化为巨大的精神力量。在他看

[1] 章太炎：《俱分进化论》，《民报》第7号。

[2]〔日〕福泽谕吉著，北京编译社译：《文明论概略》，北京：商务印书馆，1959年，第82页。

来，日本的“重大病根”并非缺乏道德，而是没有“独创的哲学”，难以建立伟大事业。所以，“唯一重要的事情就是赶快从根本上改革教育，努力培养活跃的人民而不是死板的学者”[1]这些认识显然要比20世纪初年中国的思想家们深刻一些，说明日本人更善于吸收先进外来文化，而且日本社会也具有较多促进资产阶级文明发展的积极因素。相形之下，与传统文化的离异刚刚开始就困惑于旧道德的沉沦，这正说明中国的资产阶级革命还很不成熟。

通过以上粗略的比较论析，或许可以获致以下几点认识：

第一，在从封建社会向资本主义社会演变的过程中，创造新制度的先驱者对传统文化大都曾有离异与回归两种倾向。资本主义发展最早的西欧是一种类型。那里的离异，主要表现为对中世纪腐败宗教的批判与背离；那里的回归，主要表现为从古代精神文明中寻求人文主义的力量源泉。或许可以说，这是一种跨越时间距离的离异与回归。长期沉睡于中世纪落后状态的东方又是一种类型。这里的离异，首先表现为向西方近代文明模仿、学习与趋近；这里的回归，则主要表现为从传统文化中寻觅本民族的主体意识，以求避免被先进的外国文明同化。或许可以说，这是一种跨越空间距离的离异与回归。

第二，就东方国家而言，表现为趋向于西方近代文明的对传统文化的离异，从总体上来说是进步的历史潮流。然而由于强弱富贫差距悬殊，也很容易产生缺乏自信的民族自卑感，产生全盘西化主义和民族虚无主义。至于向传统文化的回归，情况则相当复杂。顽固派复古守旧，对抗新的潮流，自然是一种倒退倾向。一批新制度的创造者往往也向传统文化回归，主要是担心丧失独立的民族精神，预防被西方全盘同化。这种回归自然是合理的、必要的，并且具有积极意义。然而由于旧传统根深蒂固，惰力太大，新的社会力量在有限的离异之后便容易经由回归趋向复旧。因此，在东西文化交流的过程中，离异与

---

[1]〔日〕中江兆民著，吴藻溪译：《一年有半·续一年有半》，北京：商务印书馆，1979年，第16页。

回归都需要适度。或许可以说，离异不可忘本，回归不可返古。

第三，孙中山主张取中西文化而“融贯”之，兼容并包，择善而从，既珍惜本土文化的精华，又勇于汲取外来文化的先进部分，这些主张都应该给予很高评价。但是，也应该看到，他并没有妥善解决离异与回归两者之间的关系。他是一个伟大的实践家，频繁而紧张的革命活动不容许他用更多的时间从事理论探讨，自然也就无法支付更多的精力用以研究如何对待传统文化。他并非来自旧的传统文化营垒，这可以说是他趋向西方进步文明的有利条件；然而对中国文化理解不深，却又成为他“融贯”中西文化的难处。医生的专业训练与职业素养，使他具有科学头脑并且重视实践，但也使他缺乏更高水平的哲学思想与抽象思维。他的理论著作往往先列举大量事实例证，然后加以归纳并略作理论概括，因此难以形成严密而又深刻的思想体系。他对中西文化“融贯”的思考，也大多限于概略的比较与论析，缺乏应有的深度与力度。这样，他就没有可能比较完满地解决对传统文化的离异与回归的问题。离异缺乏应有的彻底性，回归又显然受到旧传统某种程度的束缚。孙文主义之所以在其身后比较容易被向右发展，被歪曲成戴季陶主义之类的亚种，其原因即在于此。

然而绝不可轻浮地鄙薄先驱者，应该尊重前人为祖国近代化而奋斗的劳绩，何况孙中山又是在政治上、思想上、文化上都曾深刻地影响过近代中国社会的一位巨人。他的成功的经验与失败的教训，都是我们民族的一笔珍贵财富。他所未完成的事业，包括在“融贯”中西文化的基础上创造本民族现代文明的伟大理想，需要我们为之继续努力奋斗。我们既没有理由骄傲自满，更不应该妄自菲薄。历史赋予我们的使命是：正确地总结前人的历史经验，科学地更新我们的观念形态与思维方法，以更加开放的态度引进国外先进文明，同时也以更加宽容的态度妥善处理本国优秀文化遗产，兼容并蓄，择善而从，博采众长，融会贯通，努力创造当代中华民族辉煌灿烂的精神文明与物质文明。

（原载《历史研究》1987 年第 1 期）

离异的艰难历程

就鸦片战争以后中国百余年历史的总体来说，对传统文化的全面离异是在甲午中日战争以后开始的，而前此半个世纪无非是为正式的离异过程作了也许必要但却太多的铺垫。

与两次鸦片战争、中法战争相比较，甲午战争所遭到的是一次更为全面彻底的失败，割地赔款的数量之大为以前所未曾有，内地准许外商设厂也给农业宗法社会的经济结构带来强烈冲击。战争的失败对人们思想上的打击甚至更为沉重。过去几次对外战争的失败是败于白人，败于西方国家；经过几十年的观察、思考，终于有些人认识到英吉利、米利坚之流并非想象中的蛮夷，而是文明富强的经济高度发达的国家，所以败于这些国家也是理所当然。但是，现在却败于一向师事中华的邻近岛国日本，而且又是败在日本仅仅维新二十多年之后，这当然引起人们更大的震惊。对日本崛起挑战的反应表现在两个方面：一是堂堂大清帝国竟败于小小日本，可见国势之颓唐，事态之紧急，于是更加增强了危机感；一是有感于日本学习西方的明显有成效，因而也增强了学习西方乃至学习日本的自觉性。随着形势的急速发展，人们再也不能忍受“中体西用”这样狭小的活动空间，他们要求解放自己的思想，舒展自己的手脚，在更为广阔的天地里学习西方与变法图强。

甲午中日战争以后，进步知识界思想之演变日渐迅速。1903 年，有人回顾这短短几年的思想变迁历程说：“夫自甲午之创，庚子之变，大江以南，六七行省之士，翘然于旧政治、旧学术、旧思想之非，人人争从事于新智识、新学术，迄今而自由民权之论飘沸宇内，莫能禁遏，固不得谓智育之无进步矣。”[1] 这里讲的主要是东南地区的知识界，但大体上能反映出社会思想发展的总趋势。

如果说，郭嵩焘早在甲午战争十多年以前即已批评洋务集团学习西方“是治末而忘其本，穷委而昧其源也”，那么，在1884年10月以原两广总督张树声遗折形式出现的一篇政论，即已对西方国家之本作了较为具体的探求，并且更为明确地认为应该着重学习西方富强之本。遗折说：“近岁以来，士大夫渐明外交，言洋务，筹海防，中外同声矣。夫西人立国，自有本末，虽礼乐教化，远逊中华，然驯致富强，具有体用。育才于学堂，论政于议院，君民一体，上下一心，务实而戒虚，谋定而后动，此其体也。轮船、大炮、洋枪、水雷、铁路、电线，此其用也。中国遗其体而求其用，无论竭蹶步趋，常不相及，就令铁舰成行，铁路四达，果足恃欤？”同时，此折还有“圣人万物为师，采西人之体，以行其用”等语[2]。遗折据说是张树声口授，他人笔录，但具体情况不详。论者多据此折认为张树声思想先进，平时压抑心中，临终则发诸遗言。我则认为遗折中这些精到意见不一定都是张树声所独有，甚至也不一定就是他本人的意见，更大的可能则是出于亲信幕僚与家人集议，或者竟是某一捉刀人的借题发挥。遗折有不同的情况：有些是死前神志较清明时自己草写，此类遗折较能代表本人思想；有些则是临终之际已无力自书，委托他人代为草拟，或经本人过目，或本人来不及过目即已死去，此类遗折则不一定能代表本人实际思想。如翁同龢就是在临终时委托张謇“草遗疏”。翁同龢死于1904年7月4日，张謇7月9日才收到翁宅讣告，则遗折一定在翁死后起草上奏。此外，一般遗折都是套话连篇，四平八稳，无非是眷恋君王恩德，不胜感激涕零之类。但张树声的遗折中却有一些实质性的内容，与当时的维新思想发展相呼应，所以值得重视，而且也确曾引

[1] 杜士珍：《论德育与中国前途之关系》，《新世界学报》第14号，光绪二十九年（1903年）二月十五日。

[2] 参见张树声：《遗折》，《张靖达公奏议》第8卷，台北：文海出版社，影印本，1968年，第33页。

起一些人的重视。

就我记忆所及，同在 1884 年，郑观应的《南游日记》也有极相类似的语言："余平日历查西人立国之本，体用兼备。育才于书院，论政于议院，君民一体，上下同心，此其体；练兵、制器械、铁路、电线等事，此其用。中国遗其体效其用，所以事多扞格，难臻富强。"从这本日记中还可以知道，郑观应这年年初奉旨到达广东，由兵部尚书、督办广东海防彭玉麟札委会办湘军营务处，两广总督张树声也派郑观应"赴香港与英兵总理论提炮事"。彭玉麟与张树声都把郑观应当作洋务专家。1884 年冬天，彭为《盛世危言》作序，自称："余赋性木讷，不谙洋务，今阅是书所说，中西利病情形，了如指掌。其忠义之气，溢于行间字里，实获我心。故缀数语，亟劝其刊行问世，以期于海内诸公采择而力行之。"很难判断张树声是否也看过《盛世危言》书稿，但他从郑观应那里曾经了解许多"中西利病"，想必与彭玉麟的感受相同。所以，我们倒更有理由相信，张树声遗折中那段精彩语言，很可能是郑观应的进言，即令郑观应不是遗折的捉刀者。张树声恰好在这年 5 月 22 日因病被免职，10 月死于广东。郑观应则是在这年 6 月奉彭玉麟委派到南洋各地了解敌情，8 月已回到广州并向彭玉麟及刚刚接任两广总督的张之洞汇报有关情况。所以，当彭玉麟、张之洞为张树声料理后事并商讨遗折等问题时，郑观应很有可能参与其中。

但是，郑观应 1892 年为《盛世危言》写自序时，却偏偏要一字不漏地引用上述张树声遗折中的那段话，并且赞曰"善夫""诚中的之论也"。这无非是借重张树声的地位与声誉来宣传自己的主张罢了。常言道，人之将死，其言也善，临终前的遗言往往更容易打动人心，郑观应懂得这些传统社会心理。

甲午战争中国战败，洋务运动的内在弱点充分暴露出来，"中体西用"经过实践检验被证明局限甚多，因此对它的批评也日渐激烈而趋于深刻。1894 年 8 月，谭嗣同在《思纬壹壹台短书——报贝元徵》中指出："圣人之道，果非空言而已，必有所丽而后见。""故道，用也；器，体也。体立而用行，器存而道不亡。自学者不审，误以道为体，道始迷离徜恍，若一幻物，虚悬于空漠无朕之际，而果何物也耶？……将非所谓惑世诬民异端者耶？夫苟辨道之不离乎器，则天下为之器亦大矣。器既变，道安得独不变？变而仍为器，亦仍不离乎道，人自不能弃器，又何以弃道哉！且道非圣人所独有也，尤非中国所私有也，惟圣人能尽之于器，故以归诸圣人。以归诸圣人，犹之可也。彼外洋莫不有之。以私诸中国，则大不可。”[1]谭嗣同从哲学高度把被颠倒了的道与器、体与用的关系重新颠倒过来，而且论证了道器不可分离、器变道亦不能不变、中国有道外国亦有道，这就从更深的理论层次上批判了在洋务运动中占支配地位的“中体西用”说。谭嗣同是个颇有点“霸蛮”精神的湖南血性男子，他的议论颇为痛快淋漓，直称那些误道为体且又把道说得很玄乎的正统儒士为“惑世诬民异端”，表现出极大的理论勇气。

坚持“中体西用”的人，最大的顾虑是被西方文明同化，即所谓“变夷”。谭嗣同在同一封信中恺切开导说：“语曰：‘知己知彼。’先必求己之有可重，而后可以轻人。今中国之人心风俗政治法度，无一可以比数于夷狄，何尝有一毫所谓‘夏’者！即求并列于夷狄，犹不可得，遑言变夷耶？”[2]落后到不能自立于世界之林，连并列于夷狄（此指西方国家）的资格都没有，还大谈什么“变夷”，这不是可笑到了极点吗？谭嗣同认为，解除这些顾虑并不为“嚣谈所夺”，最好的办法是“亲身阅历”，特别是到国外作实地考察。他说：“历观近代名公，其初皆未必了了。更事既多，识力乃卓。如曾文正惠敏父子（曾国藩、曾纪泽），丁雨生中丞（丁日昌），洞彻洋务，皆由亲身阅历而得。左文襄（左宗棠）晚达，故沈观最久。其请造轮船之疏曰：‘彼既巧，我不能安于拙；彼既有，我不能傲以无。’所至辄兴创机器，信知所先务矣。沈文肃（沈葆桢）疏论船政，自谓：‘臣则一无知而已矣，其悔恨为何如耶！’彭刚直（彭玉麟）号为不喜洋务，然筑沿江

[1][2] 谭嗣同：《思纬壹壸台短书——报贝元徵》，《谭嗣同全集》，北京：生活·读书·新知三联书店，1954年，第390~391、423页。

炮台，何尝不用西法，又何尝不请造兵轮。其序郑陶斋（郑观应）《盛世危言》，至谓‘孔孟复生，不能不变法而治’，是于洋务独能深入其蕴。黎莼斋（黎庶昌）兵备为诸生时，上书言事，似深薄洋务。及使东章奏，迥然如出两人。郭筠仙（郭嵩焘）侍郎归自泰西，拟西国于唐虞三代之盛，几为士论所不容。薛叔耘（薛福成）副都初亦疑其扬之太过，后身使四国，始叹斯言不诬。夫阅历者，人所同也。但能不自护前，不自讳过，复何难瘑之有？”[1]这里说的虽然是对西方器、用看法的变化，但实际上已涉及对西方道、体评价的变化。把西方国家比拟于“唐虞三代之盛”，这与谭嗣同所说的“求并列于夷狄，犹不可得”是一个意思。上面这段简短文字，比较形象地描述了洋务集团几个主要成员如何被西方近代文明吸引，而逐渐游离于传统营垒之外的变化过程。然后，谭嗣同又怀着深沉的自责心情，回顾了自己逐渐离异于传统文化的过程。他说：“即嗣同少时，何尝不随波逐流，弹抵西学，与友人争辩，常至失欢。久之渐知怨艾，亟欲再晤其人，以状吾过；而或不更相遇，或遂墓上草宿。哀我无知，负此良友！”这是何等诚挚的反省，何等坦荡的胸怀！充分表明了这位维新志士义无反顾地献身变法是有深厚的思想基础的。

不能认为对“中体西用”的批判仅限于戊戌维新时期，而忽视了这是一个曲折且常有反复的漫长过程。“中体西用”对于排外守旧而言当然是一个进步，但在社会发展和人们的思想都出现急剧变化的新时期，它便成为前进道路上的巨大障碍。因为，排外守旧是赤裸裸地公开反对向西方近代文明学习，而“中体西用”则摆出一副公正持平的姿态，貌似维新而在骨子里却维护了农业宗法社会安身立命的根本。正如甲午战争失败七年以后严复所作的反思那样：“若夫言主中学而以西学辅所不足者，骤而聆之，亦若大中至正之说矣。措之于事，又不然也。往者中国有武备而无火器，尝取火器以辅所不足者矣；有城市而无警察，亦将取警察以辅所不足者矣。顾使由今之道，无变今之俗，

[1] 谭嗣同：《思纬壹壶台短书——报贝元徵》，《谭嗣同全集》，第427页。

是辅所不足者，果得之而遂足乎？有火器者遂能战乎？有警察者遂能理乎？此其效验，当人人所能逆推，而无假深论者矣。尝谓吾国今日之大患，其存于人意之所谓非者浅，而存于人意之所谓是者深；图其所谓不足者易，而救其所自以为足者难。”[1]严复认为，洋务集团头痛医头、脚痛医脚的自强之道，其错误与失败已是显而易见，人所共知。但是，更重要的问题不在于这种做法，而是在于导引这种做法的思想与心态（“人意”）。危害中国最大的并非存在于社会心态浅层的否定（“非”），而是存在于社会心态深层的肯定（“是”）。“图其不足”属于“用”的范畴，如器艺之类的东西，所以做起来比较容易（也并非真正容易）；“所自以为足者”则属于“体”的范畴，是形而上而又深藏于“人意”的道，所以很难加以改变与补救。

当时，金匮有个举人叫裘可桴，他也对“中体西用”说作过深刻的批判，其立论的基点是：“体用者，即一物而言之也。有牛之体则有负重之用，有马之体则有致远之用，未闻以牛为体以马为用者也。中西学之为异也，如其种人之面目然，不可强谓似也。故中学有中学之体用，西学有西学之体用，分之则并立，合之则两亡。议者必欲合之而为一物，且一体而一用之，斯其文义违舛，固已名之不可言矣，乌望言之而可行乎？”他所说的“分之则并立，合之则两亡”，是专就“中体西用”而言，即不应把中西双方的体用胡乱拼凑在一起，而不顾各自体用的内在联系。这位举人把“中体西用”比喻为“牛体马用”，颇为风趣且又有说服力。所以严复对之表示赞赏，并且加以发挥说：“一国之政教学术，其如具官之物体欤，有其元首脊腹而后有其六府四支，有其质干根荄而后有其支叶华实。使所取以辅者与所主者绝不同物，将无异取骥之四蹄，以附牛之项领，从而责千里焉固不可得，而田陇之功又以废也。挽近世言变法者，大抵不揣其本，而欲支节为之，及其无功，辄自诧怪。不知方其造谋，其无成之理，固已具矣，

[1] 严复：《论教育书》，《外交报》1902 年第 9 期。

尚何待及之而后知乎。”[1]

裘可桴的“牛体马用”比喻与严复的论析发挥，说明先进知识分子对中西文化的比较认识已经更为深刻。除了中外交往的增多与社会环境的变化外，严复还有自己在学识素养方面的优势。既不同于王韬的中学深而西学浅，也不同于容闳的西学深而中学浅，严复是中国第一个中西兼通的大学者。从中学而言，他自幼熟读儒家经典，而且终生刻苦研讨本国文化。从西学而言，他接受过西方的系统正规的教育，对亚当·斯密、孟德斯鸠、卢梭、边沁、穆勒、达尔文、赫胥黎、斯宾塞的著作都曾熟读精研，历历如数家珍，特别是达尔文的进化论对他的影响最大。他与裘可桴实际上是用社会机体说的眼光来考察中西社会与文化，把它们看作两个具有完整的结构、机制、功能、效应的大系统，这就不仅产生了观念的重大变化，而且更体现了思想方法的根本变化，从而突破了道器、体用、主辅传统范畴的既定格局，并且开辟了新境界与新思路。

当然，严复也并非主张中国全盘西化，而是强调西学的体与用之间的内在联系，认为简单的、局部的引进或移植是难以奏效的。对于自己的传统，对于自己的民族特色，他也同意应该“别择其故所善者葆而存之”。但他又认为这种“别择之功”是很困难的，非思想守旧者所能胜任。“必将阔视远想，统新故而观其通，苞中外而计其全，而后得之，其为事之难如此。”同时，他认为“别择”的价值标准为是否有利于中国的文明进化。中国之大患为愚、为贫、为弱，凡事只要有利于清除此三患皆可也。三者之中，以“愈愚”为最急，因为愚是贫、弱之源，处于贫、弱而不知为何贫弱即为愚。严复说：“继自今，凡可以愈愚者，将竭力尽气、皲手茧足以求之，惟求之为得，不暇问其中若西也，不必计其新若故也。有一道于此，致吾于愚矣，且由愚而得贫弱，虽出于父祖之亲，君师之严，犹将弃之，等而下焉者无论已。有一道于此，足以愈愚矣，且由是而疗贫起弱焉，虽出于夷狄禽

[1] 严复：《论教育书》，《外交报》1902年第9期。

兽，犹将师之，等而上焉者无论已。何则？神州之陆沉诚可哀，而四万万之沦胥甚可痛也。”[1]只要是导致愚、贫、弱的东西，即令是祖宗传下来的和皇帝宠爱的“宝贝”，也要毫不顾惜地抛弃。只要是能“愈愚、疗贫、起弱”的办法，哪怕是出于“夷狄禽兽”，也应该努力学习，因为不管以什么为本，都应该以保证民族的生存与国家的富强为前提。如果对神州陆沉、同胞沦胥视若不见，反而抱残守缺，拘守道统与陈规陋矩，那才是真正的可悲。

严复还以世界各国的“废兴存亡之故”为鉴，说明维新变法需要极大的决心与魄力。“最近莫若日本，稍远则有普鲁士之弗烈大力、俄罗斯之大彼得，方其发愤图自强，其弃数百千年之旧制国俗，若土苴然。他若法之所为于十八稘，英之所为于十六稘，实皆犯天下之所不韪。顾至今论世，莫不谅其民之所为者，保国存种其义最高，而文明富强之幸福至为难得故也。若夫徒轩轾于人己之间，尊其旧闻，若不可犯者，则亦有之矣，突厥、埃及、波斯、印度是已。之数国者，夫岂不主排外？其所以排外之道，夫岂不自谓文明？其于教育也，夫岂不自张其军，而以他人为莫我若？然而其效则公等所共见而共闻者矣。吾故曰：期于文明可，期于排外不可。期于文明，则不排外而自排；期于排外，将外不可排，而反自塞文明之路。”[2]总结正面的与反面的历史经验，结论是明确的：笼统的排外是不可取的，其恶果必然是“自塞文明之路”。

到19世纪末年和20世纪初年，“中体西用”原先那点有限的进步作用迅速消失殆尽，并且逐步走向自己的反面。先进的中国人已经不满足于仅仅学习西方的科学技术，他们还要求学习西方的经济、政治体制，并且进而要求学习西方的文化学术乃至治国之本原。说到底，就是要求全面地开放，全面地学习，也就是全面地与传统文化相离异。原来总说，就物质文明而言，中国不如西方，但就精神文明而言，则中国仍然优越于西方。可是，现在连这点优越感也从根本上动摇了，

[1][2] 严复：《论教育书》，《外交报》1902年第9期。

因为经过甲午战争中国的失败与洋务运动的破产，人们逐渐懂得了一个道理：物质文明与精神文明是不可分的，只有优越的精神文明才能创造优越的物质文明，也只有优越的物质文明才能滋育优越的精神文明。只有老老实实承认自己落后，以西方先进文明为榜样，既革新自己的物质文明，又革新自己的精神文明，中国才能掌握自己的命运并有光明的前途。

谭嗣同在《仁学·自叙》中说："网罗重重，与虚空而无极。初当冲决利禄之网罗，次冲决俗学若考据、若词章之网罗，次冲决全球群学之网罗，次冲决君主之网罗，次冲决伦常之网罗，次冲决天之网罗，次冲决全球群教之网罗，终将冲决佛法之网罗。然其能冲决，亦自无网罗。真无网罗，乃可言冲决。"谭嗣同的思想颇为复杂，孔、墨并蓄，耶、佛兼收，且多蹈于空想，但要求冲决利禄、俗学、君主、伦常等重重网罗，则完全属于此岸的思想与行为，并且具有一往无前的大无畏气概。这种离异的力度也是前所未有的。

这种文化离异在政治上的表现，是戊戌变法——百日维新的出现。戊戌变法是对日本明治维新的失败的模仿，但其中也不乏高瞻远瞩的精神领袖、运筹帷幄的重臣谋士、鼓动舆论的文章里手，以及组织经营的行政干才。至于六君子血洒于菜市口，光绪帝被囚禁于瀛台，更是悲壮惨烈，曲折离奇，具有千古难以磨灭的魅力。然而所有这一切都经不住守旧势力的阻挠与破坏，仿佛轻量级的拳击选手奋勇向重量级选手挑战，但只要后者稍一挥拳，前者便倒在地上再也站不起来。这并非我现在的讽喻，一位当事人在当时便有类似的感觉。康有为的弟弟、"戊戌六君子"之一的康有溥（康广仁），百日维新期间在北京协助其兄起草变法奏稿，他就看出新旧两党力量相差悬殊。他忧心忡忡地函告友人："伯兄（康有为）规模太广，志气太锐，包揽太多，同志太孤，举行太大。当此排者、忌者、挤者、谤者等盈衢塞巷，而上又无权，安能有成？弟私窃深忧之……伯兄非不知之，惟常熟（翁同龢）告以上眷至笃，万不可行，伯兄遂以感激知遇，不忍言去。但大变法，一面为新国之基，一面令民人念圣主，以为后图，弟旦夕力言，新旧水火，大权在后，决无成功，何必冒祸？伯兄亦非不深知，以为死生由命，非所能避。”[1]这封信比较客观而又生动地刻画了当时的政局态势和维新派领导人的心理状态。维新志士并非一群急功好利的鲁莽家，他们并非没有设想过变法也可能失败。但他们认识的基点在于：即令变法失败，也可以为国家的更新开辟道路，同时又可以提高光绪皇帝的威信，期望他在“慈禧以后”能够大展宏图，成为中国的彼得大帝或是日本的明治天皇。

寄希望于“慈禧以后”并非始于康、梁。早在 1878 年 9 月（光绪四年八月），郭嵩焘在巴黎会晤德国驻英公使巴兰德（M. A. Brandt），谈到京师守旧“清议”对李鸿章、左宗棠新政的牵制。巴兰德询问造成这种不正常状况的原因，郭嵩焘回答说：“中国幅员太广，地大民殷，一切须有成法，遵行已三千余年，本不易言变通。而自天津定约至今二十年，并值圣躬幼弱，大臣无敢主事者。此须候至十余年亲政后，能考求变通，始可望有前进之机。”[2]巴兰德又问如何变通，郭嵩焘回答：“中国律例不能违也，军机大臣主持朝政，尽容变通，一切不拘以成法，但责成督抚了事而已。朝廷以责督抚，督抚以责地方官，而尤以通民气为先。一切新政，皆鼓舞百姓为之。”他还奉劝巴兰德：“愿巴大人深谅此等情形，稍俟之。皇上亲政之后，从容劝导，勿遽以逼迫为之，反致无益有损。”郭嵩焘出国以前曾经在总理衙门工作，而且还受过慈禧太后的接见与面谕，因此他对宫廷内外的政治情况是比较清楚的。他的变通之法，就是设想在皇帝亲政以后，由军机处主持国务，除旧布新，层层放权，发扬民主，鼓舞民气。读者不难看出，20 年以后的戊戌变法，与郭嵩焘的设想是多么相似。历史不容许假设，但我们仍不免会有所遐思，假如不是翁同龢而是郭嵩焘在军机处统筹全局，戊戌变法又将是什么样的面貌呢？可惜他在戊戌变法前就死了，而就其政治生涯来说，则在戊戌变法之前 20 年就结束了。

---

[1] 康有溥：《致易一书》，《戊戌六君子遗集》，上海：商务印书馆，1917 年，第 1~2 页。

[2] 郭嵩焘：《伦敦与巴黎日记》，长沙：岳麓书社，1984 年，第 739~740 页。

当然，翁同龢作为皇帝的老师，也是寄希望于“慈禧以后”的。翁同龢本来属于旧派大臣，但在中法战争后思想渐有开通。1889年(光绪十五年)皇帝开始所谓“亲政”，翁同龢曾经进呈《校邠庐抗议》，并且在日记上夸奖自己的学生说：“(皇帝)看《抗议》，昨言此书最切时宜……今日上挑六篇，装订一册，题签交看，足征留意讲求，可喜！”[1]甲午战败以后，翁同龢“憾于割台，有变法之心”，又先后进呈陈炽《庸书》、汤寿潜《危言》等书。以后，康有为进呈《日本变政考》《泰西新史揽要》《各国振兴记》《俄罗斯大彼得变政记》等书，目的也是培养维新皇帝，着眼于“慈禧以后”。甚至在戊戌变法失败皇帝被囚于瀛台以后，康、梁等仍然念念不忘君主，在南洋与北美各地组织保皇党，用心也仍是寄希望于“慈禧以后”。“慈禧以后”像梦魇一般缠绕这些维新志士一二十年，直至1908年光绪皇帝死在慈禧太后之前，他们自己编织的梦才最后破碎，而他们曾想“换血”的大清王朝，这时已经是无从起死回生了。

帝党与维新派的最大失误，就是对皇帝的估价太高、期望太大。他们还没有摆脱“自古非常之事，必待大有为之君”这类传统观念。他们期望光绪皇帝能像彼得大帝那样“才武”“志深”“力雄”“气猛”。他们向皇帝进言：“呜呼！雷动而草木坼，其变力大者，其治功大。苍萌亿亿，皆草木也，待雷而坼，于以荣华，于以参天。彼得之变力，雷力也哉！宜其坼而荣华，而参天。呜呼！凡数百年一姓之国，既危既弱者，宜鉴于斯。”[2]任何政治斗争，都是不同方式的力的较量。维新派强调“变力”，强调“力雄”“气猛”，说明他们已经懂得这个道理。但是，他们又不太懂得，统治阶级的权力是不会轻易转移的，即令是在其内部父子、母子、兄弟之间，因为权力总是与利益相联系的。权力转移了，利益也就随之转移了；统治者之所以死死抱着权

[1]《翁文恭公日记（节录）》，中国史学会主编：《中国近代史资料丛刊·戊戌变法（一）》，上海：上海人民出版社，1957年，第509页。

[2]康有为：《进呈〈俄罗斯大彼得变政记〉序》，汤志钧编：《康有为政论集》上册，北京：中华书局，1981年，第226页。

力不放，原因也正在于此。因此，所谓“慈禧以后”的政治格局，只有在慈禧太后死了以后才会出现；只要她还有一口气，任何权力的转移，即令是转移给她亲自抚养成人的过继儿子，都必须经过激烈的力的较量。

无论是在皇帝亲政以前还是在皇帝亲政后，无论是采取垂帘听政还是采取撤帘归政，当时清朝的最高统治权力都集中在慈禧太后手中，这是帝党和维新派必须面对的严酷现实。

关于清末的政治格局，我在《开拓者的足迹——张謇传稿》一书中曾有如下的论析：

> 慈禧是一个非常精明而又善于玩弄权术的宫廷贵妇。她曾与恭亲王奕䜣结成同盟，依靠列强的支持，通过辛酉政变扫除肃顺等政敌，取得了最高统治权力——垂帘听政。并且又利用汉族地方实力派湘、淮等系军队，镇压了太平天国、捻军和其他各族人民起义，重新恢复中央皇室的权威，恢复了政治局势的平衡。她长期生活在宫廷之内，心胸狭窄而又工于心计。她缺少近代政治眼光，更谈不上什么治国安民的雄图大略。她考虑的只是如何维护自己历经艰险所赢得的绝对权威，然后才是爱新觉罗皇室世系的延续。她利用奕䜣，但又唯恐这位亲王“功高震主”，不断地打击、折辱、罢斥，直至使奕䜣在政治上不再具有任何重大影响。她不能容忍有任何人凌驾于自己之上，包括自己的亲生儿子同治小皇帝。同治不幸早死，她又选择另一个小皇帝光绪。把这些乳臭未干的孩子管教得服服帖帖地坐在龙椅上，完全按照她的意志来治理天下，这使她感到一种极大的甚至是不可缺少的满足。她要求于这些小儿皇帝的只是他们的孝敬恭顺，而并非英断多谋。所以，当光绪在甲午战争和戊戌维新期间刚刚表现出有所作为的时候，她就毫不犹豫地把光绪囚禁在瀛台，甚至把这个青年人折磨成为一个活死人。她曾经选择溥儁，目的也无

> 非是再调换一个可以任意摆弄的儿皇帝。只是由于社会舆论的强烈反对，再加上列强的出面干涉，才使她不得不有所收敛。
>
> 应该指出，慈禧对付地方实力派，则要比在皇室内部的争权夺利困难得多，因为她所面临的是若干个拥有兵力、财力、物力和地盘的实体，而且这些实体还有一定的社会基础。在中央和地方之间，每逢出现利害冲突和政见分歧之际，如果她需要采取任何重大对策，都必须首先通盘权衡各种政治力量的对比，而首先是中央和地方政治力量的对比。她利用湘、淮等系镇压农民起义，又利用湘、淮等系办洋务。及至中央集权专制的网络得到恢复与相对稳定，而湘、淮等系实力逐渐膨胀，她又利用湘、淮等系之间的矛盾玩弄权术，并且利用"清议"来牵制洋务派。当一部分清流围绕在光绪周围形成帝党，并与维新派联合推行变法图强时，她唯恐大权旁落，又依靠淮系打击迫害帝党和维新派。她很善于在各派政治力量之间寻求平衡，但可惜这种平衡最后听命于一个昧于世情的落后头脑。
>
> 一大群翎顶辉煌的男人被一个控制着君权的女人摆弄得俯首帖耳，而这个女人又早已被男人们编造的纲常名教整治得短见浅识。就是这么一帮子人占据着最高统治地位，这是近代中国历史的不幸。[1]

戊戌变法之所以失败，就在于缺乏足够的力量来改变这种既定的政治格局。光绪皇帝颇想有所作为，他通过帝党向宫廷之外的维新派寻求奥援，但维新派除鼓动舆论外别无其他实力。京师之外最有力量的是地方实力派，但其中举足轻重的淮系乃是太后的实力后盾，其余多数督抚对变法持怀疑、观望乃至抵制态度，真正有所响应的只有湖

[1] 章开沅：《开拓者的足迹——张謇传稿》，北京：中华书局，1986年，第179~180页。

南一省，这就使戊戌变法不能如同明治维新那样得到许多藩主的支持。具有进步倾向的绅商与开明地主是维新变法的真诚支持者，但由于中国资本主义的发展刚刚开始，他们的经济、政治力量都十分有限，戊戌变法因而也就缺少足够的中坚力量作为依托。甲午战后，普天同愤，民气昂扬，下层群众的反抗斗争又复高涨。但他们仇恨的主要对象，是正在谋求瓜分中国的帝国主义列强，他们的自发反抗由于缺乏先进力量的领导而多半流于笼统排外。他们把西方近代文明与殖民主义侵略混为一谈，统统予以排拒，必欲使之绝迹于神州大地而后快。因此，维新派不会去联络他们，他们也不关心和支持向洋鬼子学习的维新事业，在他们中间没有出现过类似日本讨藩斗争中出现的“豪商”与“豪农”。

维新派在变法期间不大注意斗争策略，动作太快，触动面太宽，这样就树敌过多，使自己更加陷于孤立。譬如，在短短两三个月内，既要裁撤詹事府、通政司、光禄寺、鸿胪寺、太仆寺、大理寺等京师衙门，又要裁撤湖北、广东、云南三省巡抚，东河总督，以及不办运务之粮道、仅管疏销之盐道和佐贰之无地方责者，还要改革科举，大幅度变更各级考试内容，并且把各地方书院改为兼学中学、西学的学校等。在发布这些诏令时，只凭主观愿望强调必要性，缺少周密调查论证其可行性，更没有考虑到各项较大改革的社会心理承受能力，以及由于民众缺乏理解而可能增加的反对。维新派包括他们的领袖康有为，大都是一群缺乏政治斗争经验的书生，他们没有完全弄清究竟依靠什么力量，联络什么力量，孤立什么力量，打击什么对象，而只是凭着一股热情，通过不断发布诏令来“除旧布新”。他们爱国心切，因而急于求成，康有溥对康有为的批判就指出了这个毛病。谭嗣同也曾自我反省：“嗣同之纷扰，殆坐欲新而卒不能新，其故由性急而又不乐小成。不乐小成是其所长，性急是其所短。性急则欲速，欲速则躐等，欲速躐等则终无所得。”[1]曾经同情戊戌变法的张謇，事后总结经验教训说：“行百里而阻于五十，何如日行二三十里之不至于阻而犹可

[1] 谭嗣同：《报贝元徵书》，《谭嗣同全集》，第388页。

达也。”[1]也是针对维新派这一策略失误而言的。

变法时机的选择也不够恰当。略通军事的人都懂得，发起总攻击的时间最好是定在敌人阵脚未稳或已动摇之际，而先决条件又是自己的部队已经准备就绪，以及指挥员对战役进展有充分的掌握。维新派的主要对手是后党及其主要支持者淮系集团。后党与淮系处境最为困难，政治上最为虚弱，是在甲午战争节节失败与《马关条约》订立以后，当时他们处于全国的唾骂中，只能采取被动防御。不过，维新派在这个时候主要忙于反对卖国条约和割让台湾，而来不及全面鼓吹变法与组织自己的队伍。及至俄、法、德“干涉还辽”以后，收回辽东半岛为后党与淮系争回一点体面，一般人心理上也得到某些补偿。后党与淮系正是以此为契机，并且利用沙皇俄国或明或暗的支持，重新稳定了自己的阵脚，在政治上采取表面上有所克制而实际上是引而不发的姿态。维新派对政治形势的微妙变化缺乏敏锐的洞察，在尚未组织好力量也没有切实可行的步骤与方案的情况下，就贸然向旧体制和旧势力发动全面攻击。这是典型的“浪战”，其结果不仅是“六君子”死难，康有为、梁启超流亡海外，国内维新派元气大伤，地盘尽失，连最大的资本——光绪皇帝也贴进去了。这里不妨设想（请原谅我又一次违反史学的传统忌讳），如果康、梁不是这样急于求成，利用甲午战后的良好际遇，一方面鼓动舆论，组织力量，一方面先从阻力较小而收效较快的某些改革着手，逐步在政治上占领阵地与扩大影响，然后再利用对手处于困境之际（譬如1900年慈禧太后逃亡西安或《辛丑条约》订立以后），一举控制变法的领导权，则结局又将如何？

亨廷顿虽然是美国人，但由于他曾将戊戌变法与其他许多国家君主倡导的改革作过比较，所以也有自己独到的见解。他认为：“在传统社会中，皇族改革家显然属于少数。所以，行动过于迅速和过于激进常常会促使潜在的反对者转变成积极的反对者。1898年，光绪皇帝的

---

[1] 张謇：《变法平议》，《张季子九录·政闻录》第2卷，上海：中华书局，1931年，第2页。

‘百日维新’，就是例证。”同时他还举出一个百年前欧洲出现的“十分类似而同样惨败的帝国乌托邦主义的例子”，那就是激进君王约瑟夫二世（Joseph Ⅱ）于1780年至1790年之间在哈布斯堡领地内所进行的改革。这次改革涉及的范围与激烈的程度，几乎接近于法国在大革命期间所进行的各项改革。“实际上，在自下而上的法国革命爆发之前，一个自上而下的革命已在奥匈帝国试验过。”不过后来者获得胜利，而先行者以惨败而告终。

姑且不论约瑟夫二世的改革是否适合与戊戌变法比较，以及怎样进行比较更为恰当，亨廷顿专就君王领导改革所说的一段话还是很有启发性。他认为：“要有效地进行这种改革显然需要耐心和毅力。在大多数社会里，激进的改革往往与松懈怠慢的改革交替出现，甚至还经常出现欲维护传统的反动。而与现代的改革者们相比，传统的改革者们如果要获得成功，就不得不更缓慢地行动。一旦一个社会的旧秩序被推翻，那么这个社会的舆论就会同情改革的观念。”[1]人们也许会用日本明治维新的例子来反驳亨廷顿，但日本传统社会的天皇是“尊者不强”，实际的君权掌握在幕府手中，而明治维新并不是由幕府自上而下进行的。明治维新并非一次和平的渐进的改革，它以通过激烈争夺而实现的政权转移为前提。天皇本身徒有虚名，他的力量来自赞成改革的各藩，来自为数众多的下层武士，来自具有开明倾向的“豪商”与“豪农”。这样，日本的明治维新便区别于戊戌变法或此前的约瑟夫二世的改革。当然，说到底，这又是社会结构不同所导致的差异，而亨廷顿早已注意到这一点。

戊戌变法作为一次政治运动是失败的，但其主要历史意义则是在思想方面。正如老友戴逸先生早就详尽论析过的那样，它是中国近代史上第一次思想解放运动。本书对戊戌变法以及接踵而来的辛亥革命的分析，也是着眼于中国走向近代的文化历程，而不是将它们作为两

[1]〔美〕塞缪尔·亨廷顿著，李盛平、杨玉生等译：《变革社会中的政治秩序》，北京：华夏出版社，1988年，第154页。

个分开的孤立事件来探讨。

对于 19 世纪末和 20 世纪初，也就是两个世纪相互交接的年代，梁启超早在 1901 年即已称之为过渡时代，并且对过渡时代的中国社会作过颇为形象的描述："中国自数千年来，常立于一定不易之域，寸地不进，跬步不移，未尝知过渡之为何状也。虽然，为五大洋惊涛骇浪之所冲激，为十九世纪狂飙飞沙之所驱突，于是穷古以来，祖宗遗传深顽厚锢之根据地，遂渐渐摧落失陷，而全国民族亦遂不得不经营惨憺，跋涉苦辛，相率而就于过渡之道。故今日中国之现状，实如驾一扁舟，初离海岸线，而放于中流，即俗语所谓两头不到岸之时也。语其大者，则人民既愤独夫民贼愚民专制之政，而未能组织新政体以代之，是政治上之过渡时代也；士子既鄙考据词章庸恶陋劣之学，而未能开辟新学界以代之，是学问上之过渡时代也；社会既厌三纲压抑虚文缛节之俗，而未能研究新道德以代之，是理想风俗上之过渡时代也。语其小者，则例案已烧矣而无新法典，科举议变矣而无新教育，元凶处刑矣（指顽固派载勋、毓贤等被赐自尽或处死）而无新人才，北京残破矣而无新都城。数月以来，凡百举措，无论属于自动力者，属于他动力者，殆无一而非过渡时代也。"[1]

每个时代都会呼唤自己需要的英雄崛起，过渡时代则呼唤着"崛起于新旧两界线之中心"的英雄。康有为、梁启超、严复、谭嗣同、孙中山、黄兴、章太炎、邹容等，就是这样的英雄，或称"过渡之英雄"，尽管他们分别属于相互对立的两个政治派别。

按照梁启超的体会，"崛起于新旧两界线之中心的过渡时代之英雄"，其不可缺少的"德性"有"三端"，首先就是"冒险性"（即胆略与勇气）。这时由于旧势力太大，保守恋旧的惰性太强，而革新者必然需要承担各种各样的风险。梁启超说："过渡者，改进之意义也。凡革新者不能保持其旧形，犹进步者必当掷弃其故步。欲上高楼，先离平地；欲适异国，先去故乡；此事势之最易明者也。"但是离异于旧的

[1] 梁启超：《过渡时代论》，《清议报》第 83 册，1901 年。

传统，绝不会如同离平地、去故乡那么容易，因为，在传统社会中，总是过去拖住现在，死人拖住活人，每前进一步，都得历尽艰辛，付出代价，作出牺牲。经过戊戌变法失败血的教训，梁启超在这方面的体会更深。他把中国的改革比作千年老屋，“非更新之，不可复居”，只有先拆旧屋才能建成新屋。最难堪的是旧屋已拆而新屋未成之际，往往是瓦砾狼藉、器物散乱，其残破苍凉更有甚于旧屋尚在之日。“寻常之人，观目前之小害，不察后此之大利，或出死力以尼其进行；即一二稍有识者，或胆力不足，长虑却顾，而不敢轻于一发。此前古各国，所以进步少而退步多也。故必有大刀阔斧之力，乃能收筚路蓝缕之功；必有雷霆万钧之能，乃能造鸿鹄千里之势。”[1]

作为维新运动的精神领袖，康有为的最大历史功绩，就是不再满足于对“千年老屋”的修修补补；他虽然没有公开提出拆旧屋、造新屋，但已谋求全面更新并且动手拆除某些旧的梁柱。他在 1891 年刊行的《新学伪经考》、1898 年刊行的《孔子改制考》，以及在 1901 年至 1902 年期间写成的《大同书》，后来曾被梁启超比作大飓风、火山大喷火与大地震。这标志着清学的正式分裂，标志着近代意义的新旧党争的发端，同时也标志着一个新的历史时期的到来。

梁启超曾经从学术思想的角度，考察过从魏源到康有为之间的发展脉络，并且比较准确地点明了康有为的历史地位。他说：“‘鸦片战役’以后，志士扼腕切齿，引为大辱奇戚，思所以自湔拔；经世致用观念之复活，炎炎不可抑。又海禁既开，所谓‘西学’者逐渐输入，始则工艺，次则政制。学者若生息于漆室之中，不知室外更何所有，忽穴一牖外窥，则粲然者皆昔所未睹也，还顾室中，则皆沉黑积秽。于是对外求索之欲日炽，对内厌弃之情日烈。欲破壁以自拔于此黑暗，不得不先对于旧政治而试奋斗，于是以其极幼稚之‘西学’知识，与清初启蒙期所谓‘经世之学’者相结合，别树一派，向于正统派公然举叛旗矣。”[2]

---

[1] 梁启超：《过渡时代论》，《清议报》第 83 册，1901 年。

[2] 梁启超：《清代学术概论》，《梁启超论清学史二种》，上海：复旦大学出版社，1985 年，第 59 页。

康有为的上述三大著作，以经学为外衣，以辨伪为手段，以一往直前的勇猛气概，向占统治地位的古文经学和程朱理学挑战；“摧廓伪说，犁庭扫穴”，从根本上打击正统派的精神权威。同时，他又把“信而好古”“述而不作”的孔子，改造成为“拨乱世、致太平”与志在改革的孔子，并且借今文学家“三世”（乱世、升平世、太平世）之说，宣传进化历史观，为变法图强提供理论依据。此外，他还“合经子之奥言，探儒佛之微旨，参中西之新理，穷天人之赜变，搜合诸教，披析大地，剖析今故，穷察后来”，编织了一幅“大同世界”的美好图案，作为人们奋斗的理想目标。这样，他就为自己，也为维新派，营造了一个庞大而又驳杂的思想理论体系，向道学正统“公然举叛旗”。

当然，康有为这些著作的学术价值，自然不宜估计过高，其经学的辨伪往往流于主观武断，而对西学的了解更是有很大的局限。考察康有为个人的气质，与其说是政治家，不如说是学问家；与其说是学问家，不如说是宗教家。他不是一个合适的党魁，也不是一个理想的经师，倒颇有几分教主的气质。二十多年以后，梁启超曾经批评自己的老师：“有为之为人也，万事纯任主观，自信力极强，而持之极毅。其对于客观的事实，或竟蔑视，或必欲强之以从我。其在事业上也有然，其在学问上也亦有然；其所以自成家数崛起一时者以此，其所以不能立健实之基础者亦以此。”[1]此外，梁启超还曾在《三十自述》一文中回忆初就学于康有为门下的情况：“时余以少年科第，且于时流所推重之训诂词章学颇有所知，辄沾沾自喜。先生乃以大海潮音，作狮子吼，取其所挟持之数百年无用旧学更端驳诘，悉举而摧陷廓清之。自辰入见，及戌始退，冷水浇背，当头一棒，一旦尽失其故垒……自是决然舍去旧学。”知师莫如其徒，在梁启超的笔下，我们看到的是一个自信而又武断、坚毅而又专横、以热情感染而不是以理服人、以气势冲压而不是循循善诱的康有为。正是这样一个人，由于风云际会、因缘巧合，在甲午战后被时势迅速推到历史舞台的前沿。

[1] 梁启超：《清代学术概论》，《梁启超论清学史二种》，第 64 页。

康有为的历史作用，主要在于“摧故垒而张新军”，在于带头拆除“千年老屋”的砖瓦，为建筑新屋清理出一部分空间。但是，以他的特殊气质和西学水平，很难在建设中国新学方面有更大的建树。引进影响最大的进化论和西方近代社会政治学说的主要功绩，应该归于真正中西兼通且受过系统科学方法训练的严复。从甲午战后到辛亥前夕，严复除一度办《国闻报》外，还以信、达、雅的文笔译述了大量的西方学术名著，包括赫胥黎的《天演论》（1898 年）、亚当·斯密的《原富》（1902 年）、斯宾塞的《群学肄言》、约翰·穆勒的《群己权界论》（1903 年）、甄克斯的《社会通诠》（1904 年）、孟德斯鸠的《法意》（1904—1909）、约翰·穆勒的《名学》（1905 年）、耶芳斯的《名学浅议》（1909 年）。这些著作和严复在按语中所作的发挥，为中国社会走向近代提供了系统的理论基础。

严复的理论贡献是巨大的，也是多方面的，既有进步世界观、价值观念与科学方法的引进，又有中西文化的大量对比研究，而更为重要的则是在中国首先导引了人的发现。

如果说，西欧是经由外部世界的发现，转而从内心世界发现了人的自我，那么中国则是经由外部世界的冲击，通过中西文化反复对比，于是才有自己的人的发现。

严复于 1895 年 2 月在天津《直报》上发表《论世变之亟》一文，其中有一段极为精辟的论析。他说：“今之称西人者，曰彼善会计而已，又曰彼擅机巧而已。不知吾今兹之所见所闻，如汽机兵械之伦，皆其形下之粗迹，即所谓天算格致之最精，亦其能事之见端，而非命脉之所在。其命脉云何？苟扼要而谈，不外于学术则黜伪而崇真，于刑政则屈私以为公而已。斯二者，与中国理道初无异也。顾彼行之而常通，吾行之而常病者，则自由不自由异耳。”把科学（黜伪崇真）与民主（屈私为公）看作西方近代文明的“命脉”，这在当时的历史条件下已经称得上是超凡脱俗的真知灼见。而把西方行科学与民主而常通，中国行科学与民主而常病，归结为自由与不自由导致的差别，这更非一般略通西学者所能言，至今仍然可以发人深省。没有自由，就没有科学与民主，就无从获致西方国家那样的富强——这就是严复在 19 世纪末即已形成的基本思路。

严复进一步对近代意义的自由作了简要的论述："夫自由一言，真中国历古圣贤之所深畏，而从未尝立以为教者也。彼西人之言曰：唯天生民，各具赋畀，得自由者乃为全受。故人人各得自由，国国各得自由，第务令毋相侵损而已。侵人自由者，斯为逆人理，贼人道。其杀人伤人及盗蚀人财物，皆侵人自由之极致也。故侵人自由，虽国君不能，而其刑禁章条，要皆为此设耳。中国理道与西法自由最相似者，曰恕，曰絜矩。然谓之相似则可，谓之真同则大不可也。何则？中国恕与絜矩，专以待人及物而言。而西人自由，则于及物之中，而实寓所以存我者也。"他不仅介绍了西方的天赋人权学说及其在法制上的表现，而且还将西方的自由与中国的恕道、絜矩作了比较深入的比较，并认为二者形似而实异。"絜矩"一词出于《大学》，"是以君子有絜矩之道也"，而朱熹又把"絜"解释为"度也"。严复指出，中国的恕与絜矩是专就待人及物而言，把群体与客体放在首要地位；西方的自由则于待人及物（客体）之中具有存我的寓意，亦即以自我（个人）为主体与出发点。也正是由于这一根本差异，带来了中西文化其他各个方面的差异："自由既异，于是群异丛然以生。粗举一二言之：则如中国最重三纲，而西人首明平等；中国亲亲，而西人尚贤；中国以孝治天下，而西人以公治天下；中国尊主，而西人隆民；中国贵一道而同风，而西人喜党居而州处；中国多忌讳，而西人众讥评。其于财用也，中国重节流，而西人重开源；中国追淳朴，而西人求欢虞。其接物也，中国美谦屈，而西人务发舒；中国尚节文，而西人乐简易。其于为学也，中国夸多识，而西人尊新知。其于祸灾也，中国委天数，而西人恃人力。若斯之伦，举有以（与）中国之理相抗，以并存于两间，而吾实未敢遽分其优绌也。"这里相比较的双方，一是农业宗法社会的传统文化，一是资本主义社会的近代文明；严复虽然说是未敢遽分优绌，但价值天平的偏倚已经显而易见。

甲午战后，民气昂扬，学会林立，报刊纷呈，议会、民权之类逐渐成为新派人士竞相议论的时髦。唯独严复冷静沉思，在中西文化比较研究的基础上，探寻出两者在自由问题上的根本差异，并且把这看作是其他“群异丛生”的出发点，其见解之深刻至今都令人惊叹！

自由总是与人权相联结的，没有无自由的人权，也没有无人权的自由。中国古代的圣贤之所以“深畏”自由，未尝“立以为教”，就是因为他们把农业宗法社会的人身依附、等级差别、血缘纽带，以及反映在意识形态上的纲常名教，统统看作万古不变的天经地义，而这一切与自由、人权都是水火不相容的。救国必先救人，戴着千年枷锁的奴隶臣民，不可能建成近代文明国家。如果没有人的发现，或者没有人的价值的肯定，没有作为人权基础的自由在观念上和法制上的确立，则西方议会、宪法、政党、民主、科学、教育等新事物的移植，都会流于“逾淮为枳”的可悲结局。

值得注意的是，在人的发现和个性解放方面，严复的最早应和者是谭嗣同而不是梁启超，尽管梁启超在上海主办的《时务报》与《国闻报》南北呼应，是戊戌变法时期影响最大的两处舆论阵地。梁启超在戊戌以前主要是鼓吹变法的紧迫性，宣传变法的基本内容，并且为变法扫除各种阻力与心理障碍。直到戊戌变法失败以后，梁启超在海外对西方文明有了进一步的理解，才开始在《新民说》等论著中继续从事严复业已开创的工作。

过去，人们常把谭嗣同看作维新派的左翼，而把严复视为右翼或至少是中间偏右，这仅仅是就政治表现上的激进与缓进立论。如果从维新运动的整体来考察，特别是把维新运动当作一次思想解放运动来考察，恐怕就难以作上述那样简单的区分。实际上，严复在思想上、理论上的建树与高度，是戊戌时期康、梁所难以比拟的，而谭嗣同与严复倒有许多相通之处，尽管两者的言辞有典雅与激烈的差异。谭嗣同在其名著《仁学》中认为“仁以通为第一义”，而“通之象为平等”[1]，

---

[1] 谭嗣同：《仁学界说》，蔡尚思、方行编：《谭嗣同全集》（增订本）下册，北京：中华书局，1981年，第291页。

对传统的“仁”作了近代观念的解释。因此，他认为名教“乱仁”，是仁的对立物。“俗学陋行，动言名教，敬若天命而不敢渝，畏若国宪而不敢议。嗟乎！以名为教，则其教已为实之宾，而绝非实也。又况名者，由人创造，上以制其下，而不能不奉之；则数千年来，三纲五常之惨祸烈毒，由是酷焉矣。君以名桎臣，官以名轭民，父以名压子，夫以名困妻，兄弟朋友各挟一名以相抗拒，而仁尚有少存焉者得乎？然而仁之乱于名也，亦其势自然也。中国积以威刑钳制天下，则不得不广立名为钳制之器。如曰‘仁’，则共名也，君父以责臣子，臣子亦可反之君父，于钳制之术不便，故不能不有忠孝廉节等一切分别等衰之名，乃得以责臣子曰：‘尔胡不忠！尔胡不孝！是当放逐也，是当诛戮也。’忠孝既为臣子之专名，则终必不能以此反之。虽或他有所摭，意欲诘诉，而终不敌忠孝之名为名教之所出，反更益其罪，曰‘怨望’，曰‘觖望’，曰‘怏怏’，曰‘腹诽’，曰‘讪谤’，曰‘亡等’，曰‘大逆不道’。是则以为当放逐，放逐之而已矣；当诛戮，诛戮之而已矣；曾不若狐豚之被絷缚屠杀也，犹奋荡呼号，以声其痛楚，而人不之责也。施者固泰然居之而不疑，天下亦从而和之曰：‘得罪名教，法宜至此。’”这可以说是对于严复上述人权自由与个性解放思想的具体发挥，也可以说是19世纪末中国的《人权宣言》。严复自幼生活在封建礼教家庭，而且在母亲死后备受父亲虐待，正如他自己所说的那样：“吾自少至壮，遍遭纲伦之厄，涵泳其苦，殆非生人所能任受。”[1]所以他对名教的揭露更为深刻，憎恨更为强烈，抗议之情也更为激越，更富于感染力。

具有丰富政治阅历的翁同龢，与谭嗣同初次会晤便认为他是世家子弟中的“桀傲者”。所谓桀傲者也就是叛逆者。他不仅要背叛他所出生的那个家庭，而且还要背叛他所厕身的那个阶级，那个社会。他自号壮飞，志在冲决重重网罗，在宽阔而自由的宇宙间振翮飞翔。三

---

[1] 谭嗣同：《仁学·自叙》，蔡尚思、方行编：《谭嗣同全集》（增订本）下册，第289页。

纲之中，他最痛恨的是君权之纲，并且认为："君臣之祸亟，而父子夫妇之伦遂各以名势相制为当然矣。"他借外国人之口痛骂君主："法人之改民主也，其言曰：'誓杀尽天下君主，使流血满地球，以泄万民之恨。'朝鲜亦有人曰：'地球上无论何国，但读宋、明腐儒之书，而自命为礼义之邦者，即是人间地狱。'夫法人之学问，冠绝地球，故能唱民主之义，未为奇也。朝鲜乃地球上最愚暗之国，而亦为是言，岂非君主之祸，至于无可复加，非生人所能任受耶？夫其祸为前朝所有之祸，则前代之人，既已顺受，今之人或可不较；无如外患深矣，海军熸矣，要害扼矣，堂奥入矣，利权夺矣，财源竭矣，分割兆矣，民倒悬矣，国与教与种将偕亡矣。唯变法可以救之，而卒坚持不变。岂不以方将愚民，变法则民智；方将贫民，变法则民富；方将弱民，变法则民强；方将死民，变法则民生；方将私其智其富其强其生于一己，而以愚贫弱死归诸民，变法则与己争富争强争生，故坚持不变也。究之，智与富与强与生，决非独夫之所任为。"[1]这已经不是理论上反对泛指的君权，而是实际上反对大清帝国的君主；不是通过变法以限制君权、提高民权，而是把君主与民权放在反对或要求变法的两极，并且明确把自己的同情放在民众一边。他显然是以民众的代表自居，并且断言要求人民智、富、强、生的变法必然为"独夫"统治所难容，这就远远超越了现实生活中维新变法的有限范围。

谭嗣同对自由也有自己独特的见解，曾说："五伦中于人生最无弊而有益，无纤毫之苦，有淡水之乐，其惟朋友乎！顾择交何如耳，所以者何？一曰'平等'；二曰'自由'；三曰'节宣惟意'。总括其义，曰不失自主之权而已矣。兄弟于朋友之道差近，可为其次。余皆为三纲所蒙蔽，如地狱矣。上观天文，下察地理，远观诸物，近取之身，能自主者兴，不能者败。公理昭然，罔不率此。伦有五，而全具自主权者一，夫安得不矜重之乎！……夫惟朋友之伦独尊，然后彼四伦不

[1] 谭嗣同：《仁学二》，蔡尚思、方行编：《谭嗣同全集》（增订本）下册，第342~343页。

废自废。亦惟明四伦之当废，然后朋友之权力始大。今中外皆侈谈变法，而五伦不变，则举凡至理要道，悉无从起点，又况于三纲哉！”[1]自由就是人人要有自主之权，而朋友最能体现这种平等的人际关系。如果君臣、父子、夫妇、兄弟之间都能像朋友一样相互对待，人人都有自主之权，那么传统的三纲五常也就“不废自废”了。重视独立人格与自我意识，这表明谭嗣同的自由观已达到较高的水平。

在千百年“独夫民贼”的暴虐统治下，中国只有奴隶而无国民，不仅人性甚至连体貌都被扭曲丑化。谭嗣同痛切指出：“西人以在外之机械，制造货物；中国以在内之机械，制造劫运。今之人莫不尚机心，其根皆由于疑忌……吁，可畏也！谈人之恶则大乐，闻人之善则厌而怒。以谩骂为高节，为奇士，其始渐失其好恶，终则胥天下而无是非。故今人之论人，鲜不失其真焉。”“且观中国人之体貌，亦有劫象焉。试以拟诸西人，则见其委靡，见其猥鄙，见其粗俗，见其野悍，或瘠而黄，或肥而弛，或萎而伛偻，其光明秀伟有威仪者，千万不得一二。”[2]这是在先进文明面前的自惭形秽，但绝非盲目的崇外卑内和妄自菲薄，而是迫切要求改变这种愚昧羸弱的落后状况，实际上已经接触到民族素质问题，亦即以后所谓国民性改造问题。但由于谭嗣同过早地为变法献出了年轻的生命，来不及就此作进一步的思考与阐明，所以这个任务仍然需要严复、梁启超等人来承担。

早在1895年3月，严复在《直报》上发表《原强》一文，对三十多年的洋务事业作了一个小结：“夫自海禁既开以还，中国之仿行西法也，亦不少矣：总署，一也；船政，二也；招商局，三也；制造局，四也；海军，五也；海军衙门，六也；矿务，七也；学堂，八也；铁路，九也；纺织，十也；电报，十一也；出使，十二也。凡此皆西洋至美之制，以富以强之机，而迁地弗良，若亡若存，辄有淮橘为枳之叹。公司者，西洋之大力也，而中国二人联财则相为欺而已矣。是何

[1][2] 谭嗣同：《仁学二》，蔡尚思、方行编：《谭嗣同全集》（增订本）下册，第349~350、356页。

以故？民智既不足以与之，而民力民德又弗足以举其事故也。”他把“民智日开，民力日奋，民德日和”作为自强之本。三者之中以开民智为最急，因为富强为利民之政，利民之政“而必自民之能自利始，能自利自能自由始，能自由自能自治始，能自治者，必其能恕、能用絜矩之道者也”，而这便必然要以人民文化、政治素养的提高为前提。以后《侯官严氏丛刻》所刊的《原强》修改稿，又将民力、民智、民德解释成“血气体力之强”“聪明智虑之强”和“德行仁义之强”，并且把当今要政归结为三端：鼓民力、开民智、新民德。

严复认为，鼓民力、开民智、新民德是很艰巨的任务，因为这是对长期形成的民族性格的根本改造。“夫中国今日之民，其力、智、德三者，苟通而言之，则经数千年之层递积累，本之乎山川风土之攸殊，导之乎刑政教俗之屡变，陶钧炉锤而成此最后之一境。今日欲以旦暮之为，谓有能淘洗改革，求以合于当前之世变，以自存于劻勷烦扰之中，此其胜负通窒之数，殆可不待再计而知矣。”但是，严复并不悲观，他对自己祖国的未来抱有信心：“今者外力逼迫，为我权借，变率至疾，方在此时。智者慎守力劝，勿任旁守，则天下事正于此乎而大可为也。即彼西洋之克有今日者，其变动之速，远之亦不过二百年，近之亦不过五十年已耳，则我何为而不奋发也耶！”

严复提出的“三民”说，实际上是要把人从旧的传统束缚中解放出来，塑造具有健全体魄与当代道德观念和知识结构的新人。这种主张，在谭嗣同的《仁学界说》中也不是完全没有反映，不过是以更加抽象的哲学语言来表述。谭氏强调灵魂，认为灵魂乃“精神之属也”，即属于高级精神范畴。在《仁学》中有个看似很玄虚的命题，即“通则必尊灵魂”，而“通之象为平等”。实际上这是中外通商以后商品经济观念在哲学和伦理学上的折射，因为商品是天然的平等观念的教师，而《仁学》的作者倒是很坦率地承认自己确实从商品那里受到启发。谭氏从上述命题出发，引申为四通，即“中外通”“上下通”“男女内外通”“人我通”。这就是要求冲决一切妨碍中外、上下、男女内外、人我之间平等交往的传统网罗，求得人的个性解放，树立以自由、平等、博爱相标榜的资产阶级国民精神。

不过，维新派对国民性改造这个重大课题阐明得更为详尽且影响也更大的著作，还得数梁启超1902年在《新民丛报》上发表的《新民说》一文（笔名即“中国之新民”）。梁氏从严复那里接过“三民”说，并且着重从公德、权利思想、自由与进步诸方面，具体论证了新的国民精神。他认为：“凡一国之能立于世界，必有其国民独具之特质，上自道德法律，下至风俗习惯、文学美术，皆有一种独立之精神，祖父传之，子孙继之，然后群乃结，国乃成，斯实民族主义之根柢源泉也。”需要保持这种固有的民族“特质”，并且不断加以淬厉、濯拭、锻炼、培浚，以求岁岁有新芽之茁，息息有新泉之涌。同时，还需要“采补所本无以新我民之道”，即“博考各国民族所以自立之道，汇择其长者而取之，以补我之所未及”。只有把“因材而笃”与“变化气质”结合起来，才能培育出自立于20世纪的一代新国民。

梁启超非常强调国民权利、权利思想，认为世界上只有中国人的权利思想最为薄弱，其可悲情况颇似孟子所谓“逸居而无教，则近于禽兽”。他呼吁：“为政治家者，以勿摧压权利思想为第一义；为教育家者，以养成权利思想为第一义；为一私人者，无论士焉、农焉、工焉、商焉、男焉、女焉，各以自坚持权利思想为第一义。国民不能得权利于政府也则争之，政府见国民之争权利也则让之。欲使吾国之国权与他国之国权平等，必先使吾国中人人固有之权皆平等，必先使吾国民在我国所享之权利与彼国民在他国所享之权利相平等。若是者国庶有瘳，若是者国庶有瘳！”

梁启超对自由问题也相当重视，他把14、15世纪以来的人类史，归结为一部争取自由的斗争史。《新民说》指出，中世纪是西方宗教、政治专制的黑暗时代，“及十四五世纪以来，马丁·路得兴，一抉旧教藩篱，思想自由之门开，而新天地始出现矣，尔后二三百年中，列国或内争，或外伐，原野餍肉，溪谷填血，天日惨淡，神鬼苍黄，皆为此一事而已。此为争宗教自由时代。及十七世纪格林威尔起于英，十八世纪华盛顿兴于美，未几而法国大革命起，狂风怒潮，震撼全欧，列国继之，云滃水涌，遂使地中海以西，亘于太平洋东岸，无一不为立宪之国，加拿大、澳洲诸殖民地，无一不为自治之政，直至今日，而其机未止。此为争政治自由时代。自十六世纪，荷兰人求脱西班牙之轭，奋战四十余年，其后诸国踵兴，至十九世纪，而民族主义磅礴于大地，伊大利、匈牙利之于奥大利，爱尔兰之于英伦，波兰之于俄、普、奥三国，巴尔干半岛诸国之于土耳其，以至现今波亚（即布尔）之于英、菲律宾之于美，所以死亡相踵而不悔者，皆曰非我种族不得有我主权而已，虽其所向之目的或达或不达，而其精神一也，此为争民族自由时代……前世纪（十九）以来，美国布禁奴之令，俄国废农佣之制，生计界大受影响。而廿卅年来，同盟罢工之事，所在纷起，工厂条例，陆续发布，自今以往，此问题遂将为全地球第一大案，此为争生计自由时代。凡此诸端，皆泰西四百年来改革进步之大端，而其所欲以去者，亦十之八九矣。噫嘻！是遵何道哉？皆‘不自由，毋宁死’之一语，耸动之鼓舞之，出诸壤而升诸霄，生其死而肉其骨也。於戏，璀璨哉自由之花！於戏，庄严哉自由之神”！

人们要想摆脱奴隶的地位，首先应该摆脱自己心中的奴隶思想。“若有欲求真自由者乎，其必自除心中之奴隶始。”梁启超借用庄子的名句“哀莫大于心死，而身死次之”，将之演变为“辱莫大于心奴，而身奴斯为末矣”。为了自除心中之奴，他提出：一不要做古人之奴隶，二不要做世俗之奴隶，三不要做境遇之奴隶，四不要做情欲之奴隶。他理想中的“新民”应该是：“我有耳目，我物我格，我有心思，我理我穷，高高山顶立，深深海底行，其于古人也，吾时而师之，时而友之，时而敌之，无容心焉，以公理为衡而已。自由何如也！”

但梁启超对自由的宣传是很有节制的，远不如谭嗣同那样鲜明坚决。他把世界上因自由精神而造成的结果归纳成六个问题：一、四民平等问题；二、参政权问题；三、属地自治问题；四、信仰问题；五、民族建国问题；六、工群（即劳工）问题。他认为第一、三、四个问题不存在于中国，第六个问题即工群问题在中国将来可能出现，但现在还不存在。今日中国所急于解决的是第二个和第五个问题，即参政权问题与民族建国问题。梁氏强调国民参政权与建立独立的民族国家，这当然是有进步意义的。但他认为自战国以来即废世卿之制，“阶级陋习早已消灭”，中国不存在四民平等问题，这却不符合历史实际，而且反映了他内心对阶级对抗、革命潮流的恐惧。他在人民还没有获得起码权利与自由之前，即已念念不忘自由泛滥之危害，并且处处设防，限之又限，这表明他所追求的仍是很有限度的民权。

因此，作为维新派影响最大、拥有读者最多的文章里手，梁启超在 1903 年以后便逐渐减弱了先前的耀眼光辉，新一代的思想先驱已经迅速赶上了他，并且终于走在他的前面，甚至使他望尘莫及。时代在前进，社会在变化，人们的思想不断新陈代谢。“人事有代谢，往来成古今。”后人总是跨过前人的足迹，并把前人未竟之业推向新的境界。当年先进人士已经认真回顾过鸦片战争以来六十多年的艰苦历程，比较清晰地理出了晚清政局和社会思想发展的轨迹。“经外界内界无穷之激刺，而吾国之政海亦累生种种变幻之风云。初坚持通商而不可者，继乃议及于制造。坚持制造而不可者，继乃议及于游学。坚持游学而不可者，继乃议及于变法。坚持变法而不可者，继乃议及于保皇。坚持保皇而不可者，继乃议及于立宪。坚持立宪而不可者，继乃议及于革命。夫至革命，以现象度之，则其抵死坚持不可者也。”[1] 新生的、先进的、革命的事物，总是这样不屈不挠，在不断克服陈腐、落后、反动事物阻挠搪塞的过程中发展壮大，形成一股不可逆转的历史潮流，这就是无所不在的历史辩证法。

尽管梁启超多少有些忧心忡忡地劝诫：“自由而不乱暴”“破坏而不危险”“独立而不轧轹”，但革命思想却像摆脱羁绊的烈马，振鬃扬蹄向前飞奔。正是在《新民说》发表的第二年，有位署名“横江健鹤”的作者，在《江苏》杂志上发表了一篇《新中国传奇》，并且以谭嗣同的鬼魂到“上海自由戏院”观看《新中国传奇》演出作为楔

[1]《中国政界最近之现象》，《国民日日报汇编》第 1 集，上海：东大陆图书译印局，1904 年。

子。在作者的笔下，谭嗣同的形象乃是从血泊中醒悟过来的灵魂。谭魂一出场就自称是“为民流血的第一人”，而把唐才常等自立军在汉就义说成是“第二次流血”。值得注意的是他的一段较长的独白：“哈哈，革命革命！自由自由！目下风潮又起，章枚叔（太炎）、邹慰丹（容）两同志，竟编成《革命军》一书（原文如此——引者），倡九世复仇之旨，策十年血战之勋。此唱彼和，风行沪上。文字收功日，全球革命潮，二君愿力诚非小可哩！”“幽明异路，今是昨非，自由革命的主义，究竟是万劫不磨的。老夫昔日理想幼稚，所以堕落魔障，生为保皇党魁，死作革命雄鬼……寄语昔日保守党，一息尚存，难道必像咱们至死方悟么？”对于为变法流血牺牲的谭嗣同，当年革命的人们始终是同情与尊重的，所以《新中国传奇》的楔子绝非轻薄的讥嘲，而是诚挚的规劝。时过境迁，思想流变，历史舞台上即将登场的主角应是“第三次流血者”。

“第三次流血者”的杰出代表与急先锋是年轻的邹容（1885—1905）。这个巴县商人的子弟，少年时就对传统教育与科举考试极为反感，曾因“非尧舜，薄周孔”，“攻击程朱及清儒学说，尤体无完肤”，被重庆经学书院开除。1898年（13岁）即向日本人学习英语、日语，并阅读新学书刊。他同情戊戌变法，并以继承谭嗣同遗志自勉。邹容于1901年到上海进江南制造局附设的“广方言馆”补习日语。次年自费留学日本，入东京同文书院，积极参加中国留日学生组织的爱国革命活动。1903年春回国，在上海参加“爱国学社”，并投身“拒俄”运动。著名的《革命军》就是在此时写成。他的年龄、经历、知识结构以及个人气质，都使他的著作展现出与戊戌时期迥然不同的时代风貌。

《革命军》通篇都显示出豪迈而奔放的青春风采。作者在《绪论》中如此开头：“吾于是沿万里长城，登昆仑，游扬子江上下，溯黄河，竖独立之旗，撞自由之钟，呼天吁地，破颡裂喉，以鸣于我同胞前曰：呜呼！我中国今日不可不革命；我中国今日欲脱满洲人之羁缚，不可不革命；我中国欲独立，不可不革命；我中国欲与世界列强并雄，不可不革命；我中国欲长存于二十世纪新世界上，不可不革命……革命哉！革命哉！我同胞中，老年、中年、壮年、少年、幼年、无量男女，其有言革命而实行革命乎？我同胞其欲相存、相养、相生活于革命也。吾今大声疾呼，以宣布革命之旨于天下。”正如梁启超笔端常带感情的文字开创了“新民体”一样，邹容这种“叫咷恣言，发其惭恚”的激情文字也开创了一种革命文体。许多作者在说理以前，一定要登昆仑，游长江，溯黄河，树独立旗，撞自由钟，并表露出自己最大的个人愿望就是牺牲后留下一尊巍巍铜像矗立于天地之间。这些在今天看来似乎是带有某种程度公式化的标语口号，在当年却实在是革命者饱含血泪与激情的心声，并且能够引起千千万万读者的强烈共鸣。它与八股制艺、桐城派古文不仅在思想内容上判然有别，就是在文体上也是一次很大的解放，适应了革命岁月所需要的通晓明透、热情洋溢与较快的节奏感。

邹容这一代人，呼唤革命的理论武器全都来自西方，他们欲与传统文化作更大的决裂。《革命军》写道：“吾幸夫吾同胞之得与今世列强遇也；吾幸夫吾同胞之得闻文明之政体、文明之革命也；吾幸夫吾同胞之得卢梭《民约论》、孟德斯鸠《万法精理》、弥勒约翰《自由之理》、《法国革命史》、《美国独立檄文》等书译而读之也。是非吾同胞之大幸也夫！是非吾同胞之大幸也夫！”“夫卢梭诸大哲之微言大义，为起死回生之灵药，返魄还魂之宝方。金丹换骨，刀圭奏效，法、美文明之胚胎，皆基于是。我祖国今日病矣，死矣，岂不欲食灵药、投宝方而生乎？苟其欲之，则吾请执卢梭诸大哲之宝幡，以招展于我神州土。不宁惟是，而况又有大儿华盛顿于前，小儿拿破仑于后，为吾同胞革命独立之表木。嗟乎！嗟乎！革命！革命！得之则生，不得则死。毋退步，毋中立，毋徘徊，此其时也，此其时也。”以前，郭嵩焘等将东哲与西哲并列，即已被视为汉奸卖国贼；康有为借所谓孔子改制以推行变法，也被斥为谬妄悖逆。而现在诸如邹容这些年轻的新式学堂学生，则干脆用西哲来取代东哲，甚至用西哲来打倒东哲，这表明社会思潮的变化是多么深刻，而变化的实质便是背离传统文化与趋近西方文化。同年，江苏诗人金松岑欢迎陈去病自日本归国，曾做长诗一首，其中也有“娶妻当娶韦露碧，生儿当生玛志尼。得听雄鸡三唱晓，我侬身在法兰西”之类语言。还有蒋性才在日本演说夸奖爱国学社，“仿佛像这个学堂可以造就出来许多拿破仑、华盛顿、加富尔、玛志尼、加里波的、西乡隆盛的一般人才出来。他们顽固的官场又道这个学堂希奇得狠，他们办下去，必定要造就出来许多造反的家伙，仿佛有许多宋江、李自成、张献忠、洪秀全、孙文、康有为一般人才”[1]。留学生对外洋贤哲英雄人物可以如数家珍，顽固官场自然是不甚了了，因而只能摭拾国内的叛逆作为例证，这也正好形成鲜明的对照。

“《苏报》案”发生，邹容、章太炎先后被捕，革命和尚兼诗人乌目山僧（黄宗仰）曾作《〈革命军〉击节》一诗，抒发对于清廷的愤怒抗议。其中有“革命革命真英雄，一书英法争传译，光铓电闪泰西东，咸识汉人有豪杰”等句。所谓“一书英法争传译”，指的是邹容在《革命军》自序中的自我表白：“其有责我为大逆不道者，其有信我为光明正大者，吾不计。吾但信卢骚、华盛顿、威曼诸大哲于地下有灵必哂曰：‘孺子有知，吾道其东！’”辛亥时期这一代革命者，再也不耐烦跪着造反，不屑于以曲折隐晦的文字来表达自己对西方近代文明的仰慕，他们公开声明自己是西方贤哲的学生，是西方近代文明的传播者，是对正统文化的光明正大的叛逆。

章太炎在解释邹容何以将书名定为《革命军》时曾经指出：“谅以其所规画，不仅驱除异族而已，虽政教、学术、礼俗、材性，犹有当革者焉，故大言之曰革命也。”[2]但由于作者的年轻与篇幅的限制，《革命军》的主要功绩仅在于鼓动反清与宣传民主共和思想，而对政教、学术、礼俗、材性等方面的革新则论述有限。因此，我们应该看到，还有更多的先进人士，在更大的范围与更深的层次，进行革命舆

[1]《教育会会员蒋君性才由日本寄来演说稿》，《苏报》1903年5月12日。

[2] 章太炎：《序革命军》，汤志钧：《章太炎年谱长编》上册，北京：中华书局，1979年，第164页。

论以至理论工作。

其中有一个重要内容，就是关于国魂问题的探索与鼓吹。20世纪初革命派所讲的国魂问题，实际上就是维新派在19世纪末开始提出的国民性改造的继续与发展。

1903年秋天，《江苏》杂志刊登一篇题为《国民新灵魂》的文章。作者认为，在君主专制主义长期暴虐统治下，特别是在腐败透顶的清朝政府的残酷奴役下，作为立国精神的可贵国魂已经消磨殆尽，而弥漫于中国大地的则是种种愚昧怯弱的旧灵魂。展现在人们眼前的是一幅惨淡的画面："梦魇于官，辞呓于财，病缠于烟，魔着于色，寒噤于鬼，狂热于博，涕縻于游，痞作于战，种种灵魂，不可思议。而于是国力骤缩，民气不扬，投间抵罅，外族入之，铁鞭一击，无敢抗者，乃为奴隶魂，为仆妾魂，为囚虏魂，为倡优魂，为饿殍待毙一息之魂，为犬马豢养摇尾乞食之魂。而籀其府，而徘徊其都市，则商黯其色，工悴其容，农喘其息，士淹其气。悲风吹来，四山落叶，晚景袭人，灯烛无光，暮气入床，沉冥石室，乃魂之房。耗矣哀哉！中国魂！中国魂！"显然，这段文字乃是脱胎于龚自珍的《尊隐》，而对王朝"衰世"的刻画更为深刻；其中描述的各种旧魂，也比谭嗣同在《仁学》中勾勒的落后中国人的形象更为丑陋。作者的意图也很清楚：在这样困顿落后的情况下，如果不认真洗刷传统文化，不灌输新的精神文明，祖国是很难有复苏振兴之望的。因此，革命派以陶冶熔铸新的国魂为己任，他们豪迈地宣言："于是上九天下九渊，旁求泰东西国民之粹，囊之以归，化分吾旧质，而更铸吾新质。吾使孔子司炉，墨子司炭，老子司机，风后力牧执大革，运气以鼓之，而黄帝视其成。采烟直上，纠蟠空际，天花下降，白鹤飞来。而国民乃昭然其苏，呆然其如隔世，一跃而起，率黄族以与他种战。国旗翻翻，黄龙飞舞，石破天惊，云垂海立，则新灵魂出现而中国强矣。"[1]这是一种相当开放而又富有自

[1] 壮游：《国民新灵魂》，《江苏》第5期，1903年8月23日。以下参见拙文《论辛亥国魂之陶铸》。

信的心态，既敢于蔑视古人，又敢于包容西学，兼收并蓄，熔于一炉，化分旧质，熔铸新质，从根本上改变民族素质与文化心理结构。20世纪初年的中国先进知识分子，确实具有一种恢宏而纯真的魅力。

革命派所鼓吹的国魂，内容颇为庞杂，解释也很不一致，大体上包括：（1）山海魂，或称冒险魂，提倡勇于探索，不畏险阻，一往直前的进取精神；（2）军人魂，或称武士魂，提倡军国民精神，严守纪律，强毅坚忍，同仇敌忾；（3）游侠魂，提倡重然诺，轻生死，急国难，卫国权，反对儒者空言、柔懦、因循、自私等痼疾；（4）宗教魂，提倡忠于信仰，牺牲一身以为众生，忍苦耐劳以排万难；（5）魔鬼魂，提倡秘密运动，严守机密，使革命潜势力遍布于中国；（6）平民魂，或称社会魂，提倡自由、平等，革命必须重视平民。“美之独立，法之革命，英之改革，十九世纪演种种活剧，皆是魂之产出物也”。

在诸魂之中，他们最重视的是平民魂，并且认为有无真正的国民，乃是20世纪中国之一“大问题”。他们说：“中国而有国民也，则二十世纪之中国，将气凌欧美，雄长地球，固可翘足而待也。中国而无国民也，则二十世纪之中国，将为牛为马为奴为隶，所谓万劫不复者也。”[1]因此，他们最为痛恨的是臣服于暴虐统治的奴隶状态与奴隶心理。他们愤怒地抨击：“且也今日之中国，报馆有禁，出版有禁，立会演说又有禁，倡公理则目为邪说，开民智则诬为惑人。坐是种种，而中国国民之种子绝，即中国人求为国民之心死。故父以戒子，师以率徒，兄以诏弟，夫妇朋友相期望，莫不曰安分、曰韬晦、曰柔顺、曰服从、曰做官、曰发财。……故卒举一国之人而无一不为奴隶，即举一国之人而无一可为国民。”[2]他们痛切地认为，为了改变这种愚昧落后的状况，必须以祖国为“国民之田”，以孟德斯鸠、伏尔泰、卢梭那样的有识之士为“国民之农夫”，以自由平等学说为“国民之种子”，著书立说，一倡百和，辛勤耕耘，才能收获丰硕的“国民之果”。

---

[1][2]《说国民》，《国民报》第2期，1901年。

20世纪初年，革命派与改良派尽管在“排满”、政体乃至斗争方式等问题上，存在着原则分歧与激烈争论，但如果就改造旧文化与建设新文化而言，他们之间却有许多共同的认识与重合的工作。1907年以后，由于革命派的主要骨干（包括理论骨干）转向策动频繁的武装起义，改良派在文化革新方面甚至做了更多也更为坚实的工作。或许可以说，他们在政治战线上是对手，而在文化战线上却是友军。

辛亥前十年，由于中国被迫开放的门户日益扩大，中外文化交往日益增多，民族资本主义的初步发展，科举的废除与新式学堂的到处兴办，留学热潮与新式知识分子群的迅速成长，对传统文化的批判与冲击也就进入了一个新阶段。

新派人士更加具有战斗勇气，他们敢于向一切传统的神圣挑战。对君权的批判早已成为无可遏止的潮流，章太炎直斥皇帝是不辨菽麦的小丑，进步舆论公开指出真正的大逆不道乃是违反民意的朝廷，这些都是人所共知的事实。值得注意的是，他们还把批判的矛头指向皇帝之上和皇帝背后的那些曾经被视为绝对权威的神圣观念。

譬如说，天曾经长期被视为至高无上的神圣，九五之尊的皇帝被视为天子，无与伦比的君权被视为天授。中国没有一统独尊的宗教，却有一致敬天崇天的古老传统。汉儒之天与经合，宋儒之天与道合，都体现了这一传统。可是，随着《天演论》的翻译出版，随着天文学与其他自然、人文科学的传播，人们勇敢地提出了问题：“顺天者昌，逆天者亡。何顺乎尔？何逆乎尔？……无论昌与亡之樊然淆乱，不主故常，而即有一定之轨道，绕之以行，其所以然者，有适合之趋势也，亦理也。”[1]天道不可知，而科学之理则可知，人类战胜禽兽，文明战胜野蛮，天演实为人演。古语有云：“人定胜天。”他们认为道理还未说透，应该改为“人定代天”，而“代天者，以己之权行己之志，无所谓天者也”。他们指出，崇尚不可知的天道，沮败摆在眼前的人道，这是中国数千年黑暗落后的根源。因此，必须革天之命，“天革，而他

[1]《革天》，《国民日日报汇编》第1集，1904年。

革乃可言矣”。

道统，也是皇帝之上和皇帝背后的神圣之物，是人人（包括皇帝在内）都必须尊敬遵循的绝对权威，千百年来一直被视为无可怀疑的真理。可是，新派人士起而向这个庞然大物挑战。他们公开揭露，古代本无道统之说。“唐宋之儒，以为天不变道亦不变也，于是有传道之人；又以吾儒之道异于异端也，于是有道统之说。是说也，一人倡之，百人和之，扬波汩流，至今未绝。”[1]世儒标榜道统，无非是帮助专制君主愚民与御民，以“黜邪崇正”之名束缚臣民思想，消磨其聪明才力，并使之柔顺屈从。当时，已经有些人看出道统与宗法制度之间的联系，他们认为国之正统、道之宗法、家之统系，实为三位一体。“正统之说，足以长君主专制之焰；统系之说，足以启家族压制之端。”而其更大的危害，则是压制思想、言论、信仰自由，以中学为正，西学为邪，阻碍吸收外来先进文明。他们否定道统，反对道统，并且强调指出：“吾中国国民固富于保守之特质，使更煽以道统之说，则西学之所长，将一无所采，而士大夫之攻西教者，又将有所凭借矣，于思想、言论、信教自由之公理，不亦大相背耶？”

新派人士还敢干冒天下之大不韪，公然提倡“祖宗革命”。在传统观念中，祖宗是保佑子孙、永传血统的神明。子孙感其恩德，族人畏其神灵，祭祀祷祝，事死若生。可是在新派人士看来，“于科学中，祖宗仅为传种之古生物耳，及其死则其功用已尽，复何神灵之有？”他们认为：“与科学及公理为反对者，即迷信与强权也。于宗教中，用祸福毁誉之迷信，行思想之强权；于政治中，用伪道德之迷信，行长上之强权；于家庭中，兼用以上之两种迷信，行两种之强权。故家庭遗毒至深，人类蒙害甚切。而家庭中之最愚谬者，更莫甚于崇拜祖宗，故作祖宗革命。”[2]

不敬祖宗，背叛道统，革天之命，与传统文化的离异，至此已是

---

[1]《道统辨》，《国民日日报汇编》第3集，上海：东大陆图书译印局，1904年。

[2]《祖宗革命》，《新世纪》第2、3期，1907年。

进入白热化。在革命运动一日千里向前发展的同时，进步知识界从各个方面批判旧思想、旧道德，提倡新思想、新道德，对维护君主专制与宗法制度的纲常名教发动更为猛烈的攻击，并且把革命引入文学、史学乃至哲学、伦理、经济、法律等各个学术领域。同时，他们还十分重视风俗习惯的改革，反对吸毒、缠足、纳妾、赌博等颓风恶习，提倡文明、卫生、剪辫、易服等新的风尚。他们的抱负是："激来太平洋上之潮，洗净陈陈脑髓；树起昆仑山顶之旆，招归渺渺国魂。他日者，民德日新，百业蔚起，内足以巩国基，外足以御强敌。"[1]一个由数亿健全国民组成的新中国，将以雄伟刚健的姿态自立于世界民族之林。

可以说，如果没有这样坚决地与传统文化离异，没有这样具有相当规模、声势与深度的思想解放运动，辛亥革命就不可能一举推翻清朝，在中国大地上建立第一个共和国。

（原载《离异与回归：传统文化与近代关系试析》
湖南人民出版社 1988 年版）

---

[1]《云南杂志发刊词》，《云南》第 1 号，1906 年 10 月 15 日。

回归面面观

“无量头颅无量血，可怜购得假共和。”辛亥革命的胜利和南京临时政府的成立，曾经引起中国人民极大的兴奋、欢乐与期待，以为中国的独立、民主、富强指日可待。但曾几何时，政权落在袁世凯手里，祭天祀孔，独裁称帝，革命成果连同革命志士都淹没在血泊之中，旧势力的卷土重来与社会之黑暗较之清末有过之无不及。以孙中山为代表的民主力量，一次又一次反抗斗争，一次又一次遭到失败，人们不能不陷于悲观失望之中。“拒狼进虎亦何忙，奔走十年此下场！岂独桑田能变海，似怜蓬鬓已添霜。死如嫉恶当为厉，生不逢时甘作殇。偶倚明窗一凝睇，水光山色剧凄凉。”[1]这是革命烈士宁调元被捕入狱后的悲愤之作，大体上可以反映当时革命者共同的心态。

辛亥革命失败的原因，中外学者的论析车载斗量，可以列出十条、百条。但如果从文化史的角度来考察，我认为主要是由于旧的、传统的势力太大，离异的力量太弱，而回归的力量则太强。

传统是一种无形的巨大的力量，无论何时无论何地人们都可以感受到它的存在。长期流亡海外，在另一种文化氛围中生活、学习与思考的革命者，一旦回归故土就立刻为传统文化的魅力所吸引，同时又必然承受传统文化惰力的沉重负荷。因为魅力总是与惰力交织在一起，而有些魅力就存在于惰力之中。勇猛刚强如黄兴，可以率两百壮士厮杀南疆，视成千上万敌人如草芥，但回国后“骤与立宪派人遇，即歉然自以为不如；还视同党，尤觉暴烈者之只堪破坏，难于建设”。因此，他对具有较深传统文化素养的立宪派人物持亲近与谦抑态度，不

---

[1] 宁调元：《武昌狱中书感》，柳亚子编：《太一遗书·太一诗存》第4卷，1915年铅印本，第2页。

仅“引进张、汤（张謇、汤寿潜）为收缙绅之望”，并且延揽杨度、汤化龙、林长民等以争取更多的助力。[1]胡汉民曾据此以批评黄兴政见“日以右倾”，但这绝不应仅仅看作是黄兴个人的政治转向，而是表明强大的文化传统力量对许多革命精英都产生了潜在而又深刻的影响。1912 年 10 月，孙中山在漫游燕、晋、齐、鲁回到上海以后，曾经发表此行观感，他说：“革命起于南方，而北方影响尚细，故一切旧思想，未能扫除净尽。是以北方如一本旧历，南方如一本新历，必须新旧并用，全新全旧，皆不合宜。”[2]他不仅看到中国南北经济、文化发展的不平衡，而且还深深感受到旧传统势力的强大，而新历旧历并用的比喻则无非是说明一切革命必须考虑到社会心理的承受力，必须在新旧之间谋求某种平衡乃至妥协。因此，他把政权让给袁世凯的重要原因之一就是：“故欲治民国，非具新思想、旧经练旧手段者不可，而袁总统适足当之。”[3]对于曾经受过系统西方教育并且长期流亡于海外的孙中山来说，回归祖国就意味着大幅度回归传统文化的开始。

回归具有如此大的力量，又表现为各式各样的形态，因此有必要认真加以探析研究。

世界上的万事万物，尽管千差万别，但也往往包含许多相近乃至相通，至少是可以相互得到印证的道理。

据说，某些金属也具有“记忆”，无论如何加以压迫扭曲，它在暂时变形以后又将慢慢恢复到原来的状态。

生物遗传学中有所谓返祖现象，例如蝇在繁衍过程中，隔若干代即有可能出现与祖先相似性状的遗传现象，人们称之为返祖遗传。

某些动物如猫、犬之类有返回原地的很强的能力，它们所利用的导航线索可能与鸟类长途迁徙时所利用的相同，如太阳角度、星球分布形态等，人们称之为返回性（Homing）。当然，返回性最强的还得

---

[1] 参见胡汉民：《胡汉民先生自传》，台北：中国国民党中央委员会党史委员会，影印本，1978 年，第 239 页。

[2][3] 孙中山：《在上海国民党欢迎会的演说》，《孙中山全集》第 2 卷，北京：中华书局，1982 年，第 485 页。

数鸟类，如鸽、燕、燕鸥、信天翁、军舰鸟等[1]。

人类则有“回归心理”。据医生说，这种过分迷恋往事的心理现象，属于精神上与心理上的病态。根据统计资料可以看出，呈现“回归心理”现象者，老年女性多于老年男性，文化偏低、心胸狭窄、性格内向的人，多于文化较高、思想开朗、性格外向的人。

如果放开来说，古老的、封闭的、落后的文明，其“回归心理”的表现必然多于年轻的、开放的、先进的文明。越是落后且在竞争中遭到挫折与失败的文明，就越是习惯于从陈旧的回忆中寻找昔日的光荣，以此作为心理上的补偿。

当然，情况也不完全如此，即使在当今发达国家，文化回归现象也时有发生，人们称之为“现代怀旧”。1988 年初，《巴黎竞赛画报》曾刊登《1987 年是怀旧的一年》一文，大意是：旧时的东西又复盛行，人们跳起了 20 世纪 60 年代的邦巴舞，电影院放映早期影片时座无虚席，女人戴上过时的小帽，古老的小汽车成为无价的收藏品，老式的家具从仓库里取出来重新使用，最为引人注目的是以往的作家……文章说：“这种怀旧不同于以往。现代的怀旧不是悔恨、伤感、消沉的怀旧，而是肯定、挑战、带有一点挑衅、充满温情的怀旧。这种怀旧犹如一种复制：人们选择一个时代，犹如选择一个复制品一样。”“现代的怀旧，就是一种新的青春。过去的怀旧是一种衰老感，而今天的怀旧是一种复兴和复活——恢复青春的方法。”此文作者似乎是用过分乐观的笔调来描述今日西方的“现代怀旧”，其实这也包含着人们对现代文明的厌倦，以返回往昔以至返归自然来缓解过于紧张的现实生活的压迫感。而回归东方式的新儒学的鼓吹，则显然是借用中国传统文化中的某些适用部分来填补西方精神世界的贫乏与空虚。

文化回归现象确实千差万别，但本书只能把探讨的范围确定在 19 世纪末年和 20 世纪初年的中国。

---

[1] 据《简明不列颠百科全书》称，有的燕子返回能力极强，若将它关闭在容器内，运到离巢约 5 500 公里处，它在 12.5 天内能够返回原地。

回归总是发生在离异之后，没有离异就没有回归，或者说回归就缺少存在的前提。19 世纪 60 年代以前，在中国基本上就没有文化回归的现象，有的只是大量出现的对西方近代文明的排拒，而离异实乃微乎其微，以致很难引起众多的注意。60 年代以后，随着维新思想的发展与洋务事业的兴办，出现了同传统文化比较明显的离异。虽然还仅仅是开始，但是已经引起旧势力比较强烈的反应，围绕着同文馆与修建铁路的争论，就是离异引发回归、回归阻止离异的具体表现。但是，真正具有相当规模和更为强烈的回归现象，则出现在甲午战争以后，特别是在戊戌变法全面展开以后。值得注意的是，反对维新变法的急先锋正是礼部的一些负责官员，其攻击立论之一就是："袭西报之陈说，轻中朝之典章。"地方上新旧斗争最为激烈的地区是维新先驱最为集中的湖南，这又说明离异力越大，回归的反作用力越大，而岳麓书院则是围剿时务学堂、南学会、《湘学报》等维新势力的守旧派巢穴。岳麓书院山长王先谦及叶德辉等顽固士绅，攻击梁启超等"自命西学通人，实皆康门谬种"，称时务学堂的学生"他日年长学成，不知忠孝节义为何事，此湘人之不幸，抑非特湘省之不幸矣"[1]。顽固势力自称是："人之持异教也愈坚，则人之护圣教也愈力。"[2]南学会会长皮锡瑞，由于其子嘉祐曾作《醒世歌》，内有"若把地图来参详，中国并不在中央。地球本是浑圆物，谁是中央谁四旁"等语，在旧势力的围攻下只得走避江西。在魏源的家乡邵阳，守旧士绅竟以"乱民"名义将当地南学会会长樊锥驱逐出境，并且在各处张贴"罪榜"，指责樊锥"首创邪说，背叛圣教，败灭伦常，惑世诬民，直欲邑中人士尽变禽兽而后快"[3]。由慈禧太后亲自决定的结束变法的政变，集中反映了众多守旧势力对维新变法的全面反动。

政变以后，一切复旧，杀死"六君子"，并缉拿康、梁，严查、

[1]《湘绅公呈》，《翼教丛编》卷 5，台北：文海出版社，1996 年，第 12 页。

[2]《叶焕彬吏部明教》，《翼教丛编》卷 3，台北：文海出版社，1996 年，第 30 页。

[3]《邵阳士民驱逐乱民樊锥告白》，《翼教丛编》卷 5，台北：文海出版社，1996 年，第 3418 页。

销毁康有为所有著作。清廷的谕旨号召全国："际兹邪说暴行之繁兴，自当以名教纲常为己任，以端学术而正人心。"这股反动的潮流愈演愈烈，一直发展成为利用义和团全面排外的庚子事变。例如反对变法最烈的刚毅，也就是庚子时期力主排外的头面人物。他曾反对裁减绿营和改用西法练军，仍旧认为"有藤牌地营，则枪炮不足畏。能徒手相搏，则洋人股直硬，申屈弗灵，必非我敌"[1]。另一个从反对变法到力主排外的顽固派大臣徐桐，则是一贯反对洋务的倭仁的门生。他"深恶外人，尤恶谈外务者"；门人有言新政者即不许入谒，甚至"削弟子籍"。庚子事变发生，他竟以为"洋人且灭矣"，更加洋洋自得[2]，结果却是八国联军攻入京师，他愤而自杀，成为陈腐道统的殉葬品。

义和团运动本来是反对帝国主义奴役与瓜分中国的正义斗争，但却被统治阶级中的顽固势力利用引导到全面守旧排外的错误道路，小生产者的愚昧落后也因此暴露无遗，整个运动遂表现为十分扭曲怪异的形式。当年有革命者早已看出这一问题，他们说："彼无意识之排外虽甚剧烈，其发念不过从耳目接近之忿恨点而起，而非从爱国心之点而起。故虽讲尊亲之学深厚如徐桐，尚不知割台湾，租胶岛，借旅顺、广［州］湾为何事，惟使馆市街有侵其府第一寸土者即忿忿不能平。适拳民亦妒教士之势横，两盲同意，二聋联盟，遂决欲铲除东交民巷使馆，及烧毁四牌楼教堂，以为如此外人即可莫予毒。乌乎！此即挟民族主义之国民举动乎？扶清者，仅扶东交民巷及四牌楼；灭洋者，仅灭公使馆及天主堂，如此彼尚知国家国民为何解乎？"[3]所谓"两盲同意，二聋联盟"，尽管模糊了阶级区别并含有轻视劳动人民的偏见，但确实颇为形象地说明了顽固派如何利用农民落后的思想，把义和团运动引入失败的歧途，终至酿成一场历史大悲剧。

---

［1］费行简：《慈禧传信录》，转引自汤志钧《戊戌变法人物传稿》下编，北京：中华书局，1982 年，第 530 页。

［2］唐文治：《记徐桐崇绮事》，《茹经堂文集》卷 6，台北：文海出版社，1996 年，第 464 页。

［3］《箴国民》，《苏报》1903 年 5 月 8 日。

如果说，慈禧太后的政变以及由此引发的庚子事变，是对戊戌变法的全面反动，那么民国初年的帝制复辟逆流则是对于辛亥革命的全面反动。

民国建立以后，全国各地确实出现了许多新事物、新气象，民族生气又有所振作。但是，在顽固守旧势力看来，这却是旷古未有的奇变和灾难。他们哀叹“邪说流行，堤防尽决”，“三纲沦，九法斁，千圣百王相传之遗教，扫除破坏，荡然无复几希之存”[1]。他们不肯剪辫，尊孔读经，煽起一股又一股复古风潮。他们在政治上公开反对共和，认为民主体制不适用于中国，一切灾祸混乱都来源于君主制的倾覆。他们宣称：“中国帝制行已数千年，不可骤变；而大清得国最正，历朝德泽沦洽人心。存帝制以统五族，弭乱息争，莫顺于此。”他们把帝制与尊孔联为一体，宣称：“惟今者共和政体大变，政府未定为国教，经传不立于学官，庙祀不奉于有司……夫民既不敢奉，而国又废之，于是经传道息，俎豆礼废，拜跪不行，衿缨并绝，则孔子之大道，一旦扫地，耗矣，哀哉！”[2]而发出如此陈腐论调的并非别人，乃是戊戌维新的领袖人物康有为。另一维新思想先驱严复，也在1913年公开提倡读经，反对“荒经蔑古”。他说：“盖不独教化道德，中国人之所以为中国者，以经为本原。乃至世变大异，革故鼎新之秋，似可以尽反古昔矣；然其宗旨大义，亦必求之于经而有所合，而后反之人心而安，始有以号召天下。即如辛壬以来之事，岂非《易传》汤武顺天应人与《礼运》大同、《孟子》君重民轻诸大义为之据依，而后有民国之发现者耶！顾此犹自大者言之，至于民生风俗日用常行事，其中彝训格言，尤关至要。举凡五洲宗教，所称天而行之教诫哲学，征诸历史，深权利害之所折中，吾人求诸《六经》，则大抵皆圣人所早发者……今之科学，自是以诚成物之事，吾国欲求进步，固属不可抛荒。至于人之所以成人，国之所以为国，天下之所以为天下，则舍求群经

[1] 劳乃宣：《续共和正解》，《桐乡劳先生遗稿》卷1，台北：文海出版社，1969年，第62页。

[2] 康有为：《孔教会序（其一）》，《孔教会杂志》第2号，1913年。

之中，莫有合者。彼西人之成俗之国，固不必则吾之古，称吾之先，然其意事必与吾之经法暗合，而后可以利行，可以久大。盖经之道大而精有如此者。”[1] 1921 年 10 月，严复在遗嘱中还谆谆教导子女：“知中国不灭，旧法可损益，必不可叛。”“余则前哲嘉言懿行，载在典策，可自择之，吾不能覼缕耳。”从倾慕西哲之言，到尊经返古，事事时时处处必以中国圣贤经典为依据，凡是合乎经义者可行，凡是不合经义者必不可行，于此可见传统文化回归力量之强。

与这种思想上的倒退相伴随，民国初年出现了一次又一次政治上的复辟逆流，终于导致袁世凯炮制的洪宪帝制与张勋等发动的丁巳复辟，而辛亥革命有限的胜利成果也就逐渐消失殆尽。

上述此类回归，属于历史上的反动，是社会进步的极大障碍。但是人类社会总是极为复杂的，对传统文化的回归并非仅此一种，也还有包含着进步内容的回归，甚至就是作为社会进步表现形式的回归。后一种回归，当然与前一种回归有很大的差别。

1868 年马克思在给恩格斯的一封信中曾经指出：“在人类历史上存在着和古生物学中一样的情形。由于某种判断的盲目，甚至最杰出的人物也会根本看不到眼前的事物。后来，到了一定的时候，人们就惊奇地发现，从前没有看到的东西现在到处都露出自己的痕迹。对法国革命以及与之相联系的启蒙运动的第一个反应，自然是用中世纪的、浪漫主义的眼光来看待一切，甚至像格林这样的人也不能摆脱这种看法。第二个反应是越过中世纪去看每个民族的原始时代，而这种反应是和社会主义趋向相适应的，虽然那些学者并没有想到他们和这种趋向有什么联系。于是他们在最旧的东西中惊奇地发现了最新的东西，甚至发现了连蒲鲁东看到都会害怕的平等派……”[2]

马克思所说的是一种带普遍性的情况，我把它也称为回归，当然

[1] 严复：《读经当积极提倡》，王栻主编：《严复集》第 2 册，北京：中华书局，1986 年，第 331 页。

[2]《马克思致恩格斯》，《马克思恩格斯选集》第 4 卷，北京：人民出版社，1972 年，第 366~367 页。

是区别于前面所谈到的全属反动的另一种回归，即有进步性的回归。爱作历史玄想的汤因比也在一定程度上注意到这些现象的两重性，他把前者称为“回归过去的反动”，而把后者（他谑称为“开倒车”）的努力动机，归于“来自争取特殊表现和文化独立的民族主义的要求”。他特别提到，“日本人竭力复活其所固有的原始偶像崇拜所谓神道教，又是一种宗教的复古主义”，其动机则在于“要在一个半西方化的‘大社会’里保持它自己的地位，循着西方民族主义的路线力图革新”[1]。日本不仅把神道教定为国教，而且还把维新变法称为王政复古。明治维新初期，“脱亚入欧论”盛行一时，当政者决心“在亚洲造成一个与泰西文明情同手足的兄弟之邦”。外务卿井上馨等甚至不惜花费巨资兴建“鹿鸣馆”，经常举办西洋式舞会以博取外国人欢心，因此被称为“鹿鸣馆外交”。甚至连享有“东方卢梭”美誉的中江兆民，也对这种“崇外卑内主义”的流行表示忧虑[2]，认为不可一切模仿西方。由于面临着西方近代文明强有力的冲击，害怕丧失固有民族精神的忧患意识有增无已，所以“和魂洋才”主张仍然颇有影响。国学派的三宅雄次郎、志贺重昂等极力宣扬“日本主义”，提倡保全国粹。甚至到1890年，明治天皇亲颁的《教育敕语》还规定：“国家、天皇和道德的根源已成一体，应以对天皇忠、对父母孝为道德的根本。”可见，即使在向西方学习极有成效的日本，向传统文化回归的现象也是屡见不鲜。

我们不妨把眼光转向近代文明始创的西欧，看看那里的民族是如何走出所谓千年黑暗的中世纪野蛮，看看他们是如何“在最旧的东西中惊奇地发现了最新的东西”。在文艺复兴的发源地意大利，新的社会力量的知识界代表，为了与中世纪的旧制度、旧观念决裂，曾经不得

[1] 参见〔英〕汤因比著，曹未风等译：《历史研究》中册，上海：上海人民出版社，1986年，第334、336、344页。

[2] 福泽谕吉也有类似的忧虑，他认为除洋人在日本狂妄自大、横行霸道以外，还有居留地、内地旅行、关税等问题，都存在着不平等，如不改变这种状况，“日本人民的品格必将日趋卑屈”。

不向古老的希腊、罗马文明汲取精神力量。他们不仅通过世界的发现达到人的发现，并且向那些用羊皮纸抄写的陈旧希腊文、拉丁文经典，向那些精美绝伦的艺术珍品，甚至向那些古代遗址的断壁残垣，寻求建设新社会的思想与激情。这些近世文明的先驱者，已经把仿效古典文化当作一种时尚。他们不仅以西塞罗、普林尼为楷模而勤勉地学习书写拉丁文信札，直至连每一次演讲都仿佛是古罗马元老院雄辩家们的幽远回声。人们给子女改取希腊、拉丁名字，借以表明对古代世界的热情压倒对宗教圣徒的虔诚，这是一种古典的声音与新的意义的糅合。正如马克思所说的那样："使死人复生是为了赞美新的斗争，而不是为了勉强模仿旧的斗争。"[1]在社会结构变化过程中出现的回归古典文化的热潮，反而促使地中海沿岸成为抚育资产阶级文明的摇篮。

让我们再把眼光转向邻近中国的沙皇俄国。彼得大帝用雷厉风行的手段向西方学习，甚至下令剃去胡须并禁止穿俄罗斯旧式长袍（这种"服装革命"于1851—1875年期间又在日本重演）。此后，对俄罗斯传统文化的离异与回归两种趋向，曾经表现为两个派别之间的分歧。西方主义者代表彼得以来的革新潮流，他们认为想要摆脱俄罗斯的野蛮与落后，就必须全盘西化，特别是认真仿效实行君主立宪制的英国。为了表明与旧传统的决裂，他们使用了极为偏激的语言，甚至认为俄罗斯对人类文明进步一直只起玷污作用，从未作过任何贡献。当然这严重伤害了许多俄罗斯人的民族感情，于是又产生了与西方主义相对立的斯拉夫主义一派。斯拉夫主义者自命为俄罗斯历史遗产的卫士，他们主张尽量发掘民族固有的美德，激发人们的爱国思想，抵制西方影响对俄罗斯文化的腐蚀。不过斯拉夫主义者并不反对自上而下的改革，在这个问题上他们与西方主义者没有根本分歧。

我们再把眼光回到20世纪初年的中国。1905年以后出现的国粹主义思潮，与俄国的斯拉夫主义者、日本的国学派颇为相近。他们并

[1] 马克思：《路易·波拿巴的雾月十八日》，《马克思恩格斯选集》第1卷，北京：人民出版社，1972年，第605页。

非完全反对向西方近世文明学习，但害怕中国民族文化可能在西潮冲击下泯灭独立的特质。1906 年章太炎出狱到日本后说得很清楚：“为甚提倡国粹？不是要人尊信孔教，只是要人爱惜我们汉种的历史。这个历史，是就广义说的，其中可以分为三项，一是语言文字，二是典章制度，三是人物事迹。近来有一种欧化主义的人，总说中国人比西洋人所差甚远，所以自甘暴弃，说中国必定灭亡，黄种必定剿绝。因为他不晓得中国的长处，见得别无可爱，就把爱国爱种的心，一日衰薄一日。若他晓得，我想就是全无心肝的人，那爱国爱种的心，必定风发泉涌，不可遏抑的。”[1]章太炎自称其宗旨是：“用国粹激动种性，增进爱国的热肠。”所谓“种性”就是民族主义，也就是被当时革命派认为能够团结全国人民共同奋斗的精神纽带。

国粹主义者把自己的振兴国学比拟为西方的文艺复兴，他们也以极大的热情“在最旧的东西中惊奇地发现了最新的东西”。他们废寝忘食，呕心沥血，努力发掘并宣扬那些曾经在几千年漫长岁月里凝聚、团结、鼓舞、振兴民族的经济、政治、文化乃至心理素质方面的各种因素，以此来唤起“我同胞之国民”的民族觉醒和爱国心。

他们从古老的传说中借取黄帝的形象，并且自我标榜华夏胤裔、炎黄子孙，以激发民族感情，增进内部的凝聚力。早在 1903 年夏天，刘师培即发表《黄帝纪年论》一文，力主以黄帝纪年来取代清朝正朔。他认为：“凡一民族，不得不溯其起原。为吾四百兆汉族之鼻祖者谁乎？是为黄帝轩辕氏。是则黄帝者，乃制造文明之第一人，而开四千年之化者也。故欲继黄帝之业，当自用黄帝降生为纪年始。”[2]他毫不讳言这是学习日本立国以神武天皇纪年，用以唤起同胞的民族自觉。与此同时，《江苏》杂志第 3 期刊登了“中国民族始祖黄帝之像”，并公开改用黄帝纪年。稍后，又有《黄帝魂》一书的辑录刊行和《黄帝传》在《中国白话报》的连载。广泛流传的陈天华的《猛回头》《警

[1] 章太炎：《演说录》，《民报》第 6 号，1906 年。

[2] 无畏（刘师培）：《黄帝纪年论》，《国民日日报汇编》第 1 集，上海：东大陆图书译印局，1904 年。

世钟》，也高呼黄帝为“始祖公公”，并且较早地刊登了黄帝肖像。1905 年宋教仁即将此像用于《二十世纪之支那》杂志，并撰写《纪年之意义》《中国新纪年》等文章和书籍。黄节也在《国粹学报》连载《黄史》，力主“黄帝第一甲子纪年”之说。宋教仁为黄帝像题词：“起昆仑之顶兮，繁殖于黄河之浒。借大刀与阔斧兮，以奠定乎九有。使吾世世子孙有啖饭之所兮，皆赖帝之栉风而沐雨。嗟我四万万之同胞兮，尚无数典而忘祖。”[1] 正好抒发了当时人们对共同祖先的景仰与缅怀。

此外，当年一批进步知识分子，探幽索微，抉剔爬梳，或讲述历史，或整理国学，或研究语言，或探讨制度，或品评人物，目的都是反对一味迷醉于欧风美雨的崇外思想，激发“我同胞之国民”的民族自信心与自豪感。他们大声疾呼：“十五世纪为欧洲古学复兴之世，而二十世纪则为亚洲古学复兴之世。”但是他们对传统文化回归往往走得太远，有些人甚至陷于故纸堆中不能自拔。譬如说什么“国粹者，精神之学也；欧化者，形质之学也”。“国粹者，道德之源泉，功业之归墟。”[2] 个别人干脆把国学与“黄帝尧舜禹汤文武周公孔子之学”等同起来，复兴古学就是复兴孔学。这些论调几乎已经回到“中体西用”的水平，并且淡化乃至混淆了新学与旧学之间的界限。所以，有的旧派分子竟把国粹主义派创办的《国粹学报》引为同调，写诗称赞说：“神州日黯晦，道义久消沉。不有真英杰，何堪支古今。新潮漫大陆，故国发哀音。礼乐先王事，儒生共此心。”[3] 对那些有志于倡导 20 世纪中国文艺复兴的革命党人来说，这真是莫大的历史讽刺。

汤因比有一段很深刻的议论：“复古主义者之所以受人非难，便在于他的企图的本性永远是要调停于过去和现在之间，这两种互相冲突

[1] 宋教仁：《题〈二十世纪之支那〉黄帝像》，《二十世纪之支那》第 1 期，1905 年。

[2] 许守微：《论国粹无阻于欧化》，《国粹学报》第 7 期，1905 年。

[3] 潘复：《寄题〈国粹学报〉第三周年祝典兼呈秋枚、晦闻诸君子》，《国粹学报》第 38 期，1908 年。

的要求之不能并立，正是复古主义作为一种生活方式内在的弱点。我们可以说，复古主义者无异立足于进退维谷的两难之境，不管他向哪一边走去，都将找不到出路。如果他只顾恢复过去而不考虑现在，那么永远向前的生命的激流势必将他的脆弱的机制冲得粉碎。相反地，如果他要把怀古之幽情从属于改造现在的事业，那么他的复古主义便将证明是一种骗局。"[1] 国粹主义派也是陷于"进退维谷的两难之境"，他们主观上想与自己的民族一起进入 20 世纪，但传统的幽灵则胡搅蛮缠地把他们拉向古老的往昔。更为可悲的是，鼓动革命风潮的"排满"口号本来就来源于传统的"夷夏之辨"，这个口号的风靡一时使国粹主义者得意忘形，他们毫未觉察自己难以克服的内在弱点。及至辛亥革命失败以后，这种回归趋向更有所发展，特别是表现在道德观念方面。

道德是传统文化的核心部分，也是民族文化心理结构最为稳定的层次之一，它渗透到社会生活的各个方面，并且成为民族与国家的强大凝聚力。西潮东渐对传统文化的强大冲击，最令人焦虑的正是在道德观念方面，因为它可能极大地削弱传统精神支柱，引起整个社会的动荡。关于这方面的问题，在考察民国初年社会情况之前，先了解一下明治维新初期的情况也许是必要的。根据中江兆民《一年有半・续一年有半》的记述："日本和欧美各国，互相交际往来，把这些国家的货物，以及制度、文化、习惯、风俗、服装一起传入到日本的时候，日本的固有文化，陡然烟消云散，整个国家一起闯进了新的世界。"结果便是唯利是图，损人利己，骄奢淫逸，道德沉沦，以致"教育家、社会事业家、政治家，一开口没有不谈论腐化堕落问题的"[2]。于是主张恢复神道教者有之，主张弘扬儒学者有之，主张推广佛教者亦有之。众说纷纭，歧见迭出，但谋求恢复固有道德之用心则一，向传统文化回归的趋向亦同。另一位维新思想家福泽谕吉在《文明论概略》

[1]〔英〕汤因比著，曹未风等译：《历史研究》中册，第 345 页。

[2]〔日〕中江兆民著，吴藻溪译：《一年有半・续一年有半》，北京：商务印书馆，1982 年，第 62~63 页。

中也有类似的记述："有些人注意到这个问题，认为现代人行为轻薄，而归罪于'忘古'二字，重新提倡大义名分企图复古。为此，他们开始研究这方面的学问，从古昔的神代寻求证据，提倡'国体论'，企图以此来挽救人心，这就是所谓'皇学派'。"此外，"洋学家则主张推行耶稣教，汉学家则主张实行尧舜之道，莫不致力于维系人心统一思想趋向，以保卫我国的独立，但是这些主张直到今天还没有收到一个成效，同时以后也不会收到成效，这怎不令人慨叹！"[1]

民国初年的社会情况，与福泽谕吉、中江兆民等人所讲的明治维新后的日本，颇有类似之处。由于旧的道德观念受到猛烈冲击，新的道德观念又未确立与普及，南京临时政府成立后革命党人的政治地位发生变化，同盟会骨干以及其他军政官员腐化的现象日渐增多，社会上要求注意道德品格乃至公开要求恢复固有道德的呼声日益高涨。胡汉民曾回忆说："时各省军人往来苏沪者，颇纵情声色，以为英雄本色。当时剪发易服，而社会渐趋奢侈，政客之猎官热亦骤盛，故精卫与吴、蔡、李（指汪精卫、吴稚晖、蔡元培、李石曾——引者）诸人思力矫之，'进德会''六不会'皆由此起。"[2]湖北革命党人潘康时讲得更为沉重："戴国民党之假面具者，朝进党而暮脱党，暮进党者而朝又脱党，朝秦暮楚，一人一日数变，恬不为怪。党德、政德，荡然无存，卖票、卖脱党、卖不出席，皆有定价。狡诈阴险，曲尽其妙。新式交易所，实所罕见。令人笑则笑大口，哭则哭断肠，卒致令人哭笑不得。"[3]这些慨叹与呼吁必然要对孙中山产生影响，作为具有高度使命感的革命领袖，他不能不谋求补救之道。

早在 1917 年至 1919 年撰写《建国方略》期间，孙中山在心理建设方面虽然侧重于知难行易学说框架的营筑，但是已经考虑到伦理道德的重要意义。他认为："社会国家者，互助之体也；道德仁义者，互

---

[1]〔日〕福泽谕吉：《文明论概略》，北京：商务印书馆，1982 年，第 171、176 页。

[2] 胡汉民：《胡汉民先生自传》，第 246 页。

[3] 潘康时：《潘怡如自传》，《辛亥首义回忆录》第 3 辑，武汉：湖北人民出版社，1980 年，第 40 页。

助之用也。人类顺此原则则昌，不顺此原则则亡。”并且把中国贫弱的原因，归结为“官吏贪污、政治腐败之为害也”，“倘此害一除，则致中国于富强，实头头是道也”。[1] 1919年10月10日，孙中山为纪念辛亥革命八周年，在上海《晨报》发表《八年今日》一文，沉痛指出：“今日何日？正官僚得志，武人专横，政客捣乱，民不聊生之日也。追源祸始，则政客实为万恶之魁。……惟政客则全为自私自利，阴谋百出；诡诈恒施，廉耻尽丧；道德全无，真无可齿于人类者。”如果这里讲的还只限于政治道德，那么到1923年年底和1924年年初，他在几次演说中则已扩大为整个社会道德与伦理文化。例如，他曾说：“大家都知道中国最有名的人是孔子，他周游列国，是做什么事呢？是注重当时宣传尧、舜、禹、汤、文、武、周公之道。他删诗书，作春秋，是为什么事呢？是注重后世宣传尧、舜、禹、汤、文、武、周公之道。所以传播到全国，以至于现在，便有文化。今日中国的旧文化，能够和欧美的文化并驾齐驱的原因，都是由于孔子在二千多年以前所做的宣传工夫。”[2]又说：“大凡一个国家所以能够强盛的缘故，起初的时候都是由于武力发展，继之以种种文化的发扬，便能成功。但是要维持民族和国家的长久地位，还有道德问题，有了很好的道德，国家才能长治久安。”“所以穷本极源，我们现在要恢复民族的地位，除了大家联合起来做成一个国族团体以外，就要把固有道德先恢复起来。有了固有的道德，然后固有的民族地位，才可以图恢复。”[3]孙中山所讲的国族，是传统的家族、宗族的联合体；而所谓“固有道德”则指的是忠孝、仁爱、信义、和平，以及本来属于伦理范畴却已发展成为一整套政治哲学的“格物、致知、诚意、正心、修身、齐家、治国、平天下”。尽管孙中山对上述道德范畴作过某些新的解释，但基本上未能

[1] 孙中山：《建国方略》，《孙中山全集》第6卷，北京：中华书局，1985年，第196、223页。

[2] 孙中山：《革命成功全赖宣传主义》，《孙中山选集》下卷，北京：人民出版社，1956年，第492页。

[3] 孙中山：《三民主义·民族主义》，《孙中山选集》下卷，第649页。

超越农业宗法社会传统道德体系，这可以说是对传统文化的一次大幅度回归，而且还是发生在对传统文化进行比较彻底的离异与批判的五四运动以后。

从离异开始，以回归终结；离异之中经常有回归，回归之中继续有离异。这或许可以作为孙中山与中国传统文化关系的动态概括，也未尝不可以看作是中国走向近代的文化历程的一种粗略小结。道路是曲折的，步伐是蹒跚的，何况还肩负着沉重的传统因袭。但我们的民族从未停止过前进的脚步，仍然从时代、从世界、从自身不断导引新的生命活力。辛亥一代人未能完成的任务，由“五四”一代人来接手承办，而这一代人又是如此朝气蓬勃，充满勇气与信心。在历史新纪元到来之际，李大钊迎着曙光大声呼唤：“一日有一日之黎明，一稘有一稘之黎明，个人有个人之青春，国家有国家之青春。今者，白发之中华垂亡，青春之中华未孕，旧稘之黄昏已去，新稘之黎明将来。际兹方生方死、方毁方成、方破坏方建设、方废落方开敷之会，吾侪振此‘晨钟’，期与我慷慨悲壮之青年，活泼泼地之青年，日日迎黎明之朝气，尽二十稘黎明中当尽之努力，人人奋青春之元气，发新中华青春中应发之曙光，由是一一叩发一一声，一一声觉一一梦，俾吾民族之自我的自觉，自我之民族的自觉，一一彻底，急起直追，勇往奋进，径造自由神前，索我理想之中华，青春之中华。”[1]这样振聋发聩的时代最强音，至今仍然字字句句强烈叩击着我们的心弦。

（原载《离异与回归：传统文化与近代化关系试析》，
湖南人民出版社 1988 年版）

---

[1] 李大钊：《〈晨钟〉之使命——青春中华之创造》，《李大钊选集》，北京：人民出版社，1959 年，第 58 页。

没有结束的思考

传统文化与近代化之间的关系问题，自从魏源提出“师夷长技”以来，已经存在并争论了一百多年，而且至今仍然在继续。体用之争、全盘西化与中国本位之争、彻底否定传统与重新振兴儒学之争等，都在不同历史条件下和不同水平上，周而复始地再现着对传统文化离异与回归的两难抉择。可以说，这不仅是既往几代人感到困惑的问题，而且现在和若干岁月以后的将来都会继续使我们的民族感到困惑。可以预见，随着全球化浪潮冲击的日益剧烈，这种困惑必将有增无减。

困惑产生于差距，即我国与发达国家的差距，而且首先是经济上的巨大差距。因为有这种巨大差距，人们便不断重新审视和改造自己的传统文化，但同时也容易滋长鄙薄以至完全否定民族固有文化的极端心理。当局者迷，旁观者清，我们考察日本历史也许会比考察中国历史更为客观一些。中江兆民在谈到日本在开港通商后从“侮外病”发展成“恐外病”的时候，有一段比较平实而且有深意的议论：“然而仅仅阐明物质和道德的区别，还是不够的。也即物质的美对于促进爱国心，也有巨大的力量；而爱国心的提高，又能够自然而然治好恐外病。因此到朝鲜和中国去的日本人，自然有怜悯他们的念头；来到日本的朝鲜人和中国人，自然有尊崇日本的心理。这没有别的原因，而是由于他们的一切事物，都大大地赶不上日本这样齐备的缘故。就欧美各国来说，他们胜过日本，又不止像日本胜过朝鲜和中国一样。凡属从那些国家输入日本的物品，即使日本国内也出产同样的品种，而质量的好坏，却不能相比。所以日本商人一定说，这是顶好的洋货。凡属一切事物，他们都一一胜过日本，我们自然要发生自卑感。这是一般人所不能够避免的。所以就小康人家以下的人说，不仅必须阐明道德和物质的区别，同时一定要直接促进并使之看到物质的美，以便激发爱国心（至于发生战争的时候，自然又当别论）。所以发展教育和文化，繁荣科学，这两者是互相平行，不可缺一的。”[1]明治维新以后，由于日本利用比较有利的历史机遇，国家采取积极的经济政策，工业和整个国民经济有了比较迅速的发展。特别是在相继战胜中国和俄国两个邻近大国以后，日本人极大地增强了民族自信，而外国人也对日本刮目相看。果然，所谓崇外卑内主义渐成陈迹，代之而起的却是大和民族的优越感，乃至称雄东亚争霸世界的军国主义野心。

当然，这并不完全符合中江兆民原来期望的结果，因为他一贯强调物质的美与道德的善既相区别又必须协调发展。他曾提醒国人：“不论科学技术是怎样的高深，权力和气势是怎样的强大，名誉和声望是怎样的崇高，假如做儿子的虐待父亲，做丈夫的压迫妻室，欺骗朋友；并且做了各种各样的坏事；那么，结果怎么样呢？不论我们国家是怎样的强盛，邻国是怎样的软弱，假使我们无缘无故派兵到邻国去，那么，结果怎么样呢？外表的事物，终归是不能够战胜理义的，因为有主要和次要的区别的缘故。”[2]但是很可惜，日本人忘记了这位身患绝症的智者的遗嘱，在军国主义道路上愈走愈远，终至酿成亚洲乃至世界的大灾难，而同时也是日本民族自身的大灾难。应该指出，我们许多文化史研究者，自己也不大注意中江兆民这些诚挚的语言，单纯从物质的美即经济发展程度来评价日本的近代化，仿佛日本处理传统文化与近代化之间关系的经验是完美无缺的典范。

诚然，日本是个既善于向外来文化学习也珍惜本国文化传统的民族，日本明治维新的成功不仅表现为经济的发展，而且还有文化教育和政治体制的一系列革新；如果没有整体改革的配合，资本主义经济的迅速发展是难以实现的。但是，决不能认为日本已经妥善地解决了传统文化如何适应现代生活的问题。正如美国学者本尼迪克特在《菊

[1][2]〔日〕中江兆民著，吴藻溪译：《一年有半·续一年有半》，北京：商务印书馆，1982年，第60、59页。

花与刀》一书中所说的那样，日本人的极大部分说教都是把“忠”提到道德的最高位置，而把其他德行置于“忠”的范畴之下，从而简化了义务体系。这样做的目的，不仅把天皇置于至高无上的地位，消除了将军与诸侯的势力，使全日本统一在天皇崇拜之下；而且还要削弱其他各种道德可能起的离心作用，使一般日本人相信，只要履行了“忠”便等于履行了其他一切义务。明治天皇颁发的《军人敕谕》与《教育敕谕》一样，都是日本人真正的《圣经》。“每次捧读时，先从神龛中取出，然后在听众散去前，再恭恭敬敬地放入神龛。捧读敕谕和敕语的人若读错一句就得引咎自杀。”[1]这样长期的严格的军国主义教育，使千百万日本人自告奋勇地充当了统治者的忠诚侵略工具乃至炮灰。甚至直到20世纪80年代的今天，日本军国主义的潜在影响仍然阴魂不散，难道我们还能够把这种所谓与现代化“并行不悖”的传统文化看作是健全的吗？

借鉴日本的历史与现实，可以参悟出一个道理，即不能离开社会的整体结构来孤立地谈论文化。日本经济结构的变化，促成了传统文化的改革与发展，并使之赢得偏高的评价；而日本传统文化中的消极部分，又适应于垄断资本主义发展的需要，其畸形扩展则在人类历史上造成奇灾大祸。文化可以对经济发展起促进或延缓作用，但说到底还是经济结构决定文化的发展态势与走向。生产力的发展及其所引起的经济结构的变化，是一切社会改革的巨大驱动力；而对于这种驱动力，传统文化的惰力可能在某种程度上有所抵消，但终究难以阻止它发挥作用。正如汤因比所说的那样：“无论在哪一种场合，复古主义者都将发现他努力的结果使他已经不自觉地成了未来主义者。在他竭力保持一种时代错误的时候，事实上他便等于敞开门户迎接不顾一切的改革，这种改革随时随地都在暗中伺机而动，一有可能

[1]〔美〕鲁思·本尼迪克特著，孙志民、马小鹤、朱理胜译：《菊花与刀——日本文化的诸模式》，杭州：浙江人民出版社，1987年，第177页。

马上就会排闼直入。”[1]

经济发展有自己的规律。一个国家的经济起飞，既有涉及国内外市场、资源条件的机遇问题，也有社会结构、机制是否适应经济发展的调节问题，而更为重要的还有是否适合世情、国情并把握机遇的经济决策问题。如果把现实的经济发展水平低下，甚至把一些重大经济决策的失误，也统统归咎于传统文化，那就未免失之于偏颇，等于是自己没出息反来怪祖宗不好（当然也并非说与传统文化毫无关系）。有位美术界朋友的见解对我们很有启发，他认为：传统体现着本体，本体永远包含正、反矛盾两仪的统一，所以任何民族群体的传统中都包含了消退与进展两种因素。由于接受者条件不同，他或可能接受（选择）着进展的方面，或可能接受（选择）着消退的方面。又由于其自身条件基因的不同，进展的方面亦可导致消退，消退的方面反可导致进展。因此，对传统不可笼统地肯定或否定。传统永远在发展变化，它作为自在之物时，无所谓优劣。其所带来的优与劣，主要取决于接受者主体的自身条件。因此，传统对于优越者来说，就是优越的；传统对于拙劣者来说，就是拙劣的[2]。这位先生说得多么好啊！应该以强者（优越者）的姿态来对待传统文化，不是肩负传统包袱，而是超越传统并根据现实生活的需要来选择传统中的有用部分，摒弃其消极或有害的部分。用余英时先生的话来说，就是不要“把传统文化和现代生活笼统地看作两个不兼容的对立体”，应该努力发掘经过长期筛汰的中国文化价值系统中的生命活力，使之适应现代生活并为当代文明的发展服务[3]。

问题既然涉及传统接受者主体的自身条件，这就必然又涉及主体

---

[1]〔英〕汤因比著，曹未风等译：《历史研究》中册，上海：上海人民出版社，1962 年，第 345 页。

[2] 参见李德红：《文化传统——本体作用下的精神流体》，《美术》1987 年第 12 期。

[3] 参见余英时：《从价值系统看中国文化的现实意义》，《中国思想传统的现代诠释》，南京：江苏人民出版社，1998 年。不过，他认为“传统的自我观念只要稍加调整即可适应于中国人”，则似对改造国民性的难度估计过低。

条件的改善，即如何使自身成为强者（优越者）的问题。关于这个问题，上述这位美术界朋友也有一处深刻的议论：传统作为本体作用下人类群体精神升华延续的洪流，它是流在历史的纵向上。它在历史上这样或那样流，主要是由于历史的“地形”（我则宁愿称之为“历史社会土壤”）造成的。传统在我们这代人身上怎样流下去，自然也取决于我们时代的地形。我们不必沮丧于其过去流得如何“坏”，亦无须陶醉于其过去流得如何“好”，重要的是我们为传统之流开辟了“地形”甚至新的“源泉”。传统在我们身上流得如何，也取决于我们心灵的“地形”，所以在研究讨论传统的同时，反思我们自身的精神思维态势是千万不可忽略的。

其实，对于外来文化新潮也有一个接受者主体自身的“精神思维态势”问题，尽管它与传统文化不同，乃是流在历史的横向上。应该用强者（优越者）开放的心态来对待外来文化，即令是在两相较量中遭到失败，也要善于利用“失败者的优势”，在精神上转化为“十年生聚，十年教训”的强者，放手吸收外来文化的先进部分，改造革新自身的传统文化，并在两者融会贯通的基础上整合、发展本民族的新文化。在这一点上，日本民族是有自己的长处的。它不仅在19世纪五六十年代被西方列强侵入后，反应比较积极主动，因而迅速转弱为强；就是在第二次世界大战中彻底遭到失败以后，它也勇于承认失败，并且不失信心地从头做起。日本投降5天后，在美军进驻日本以前，东京《每日新闻》即发表社论，强调任何人一刻也不要忘记日本已经彻底失败。因为建立一个完全以实力为基础的日本的努力已归于破产，此后必须走和平国家的道路。于是他们欢迎美军的进驻，主动起草摒弃战争的宪法，而在正式投降10天以后，另一家大报就发表社论，强调指出：“我们在心中必须有军事失败与一国文化的价值无关这样一种坚定的信念。军事失败应被作为一个转机而发挥作用……为了使日本国民真正地面对世界，客观地看到事物的本来面目，有必要做出国家失败这样一种巨大的牺牲。至今歪曲日本人思考的一切不合理的事必须用坦率的分析来排除……把这次战败作为严酷的事实加以正视需要勇气，（但我们必须）相信明天的日本文化。”其他各家报纸的社论也都反复论述“日本必须在世界民族之林中受到尊敬”，而日本国民的责任就是在新的基础上再次赢得这种尊敬。值得注意的是，不仅报纸舆论迅速作180°的转变，而且从东京街头到偏僻乡村的普通百姓也迅速实现了这种转变。他们态度的友善（也许有几分虚伪），竟使美国占领军难以相信，这些国民就是那些曾发誓用竹矛战斗到死的人。因此，曾经专门研究日本文化诸模式的本尼迪克特认为，日本人的伦理是一种“允许取舍”的伦理，他们至今所受的训练把他们塑造成为能够“见风使舵”（似亦可译为“随机应变”）的人，他们既不会坚持主观信奉的正义，又不会为罪过而忏悔[1]。战后的日本，就是在这种国民精神的支持下度过了最艰难的岁月，并且在满目疮痍的国土上重建了高度发达的经济，又在保持着大量传统的民族文化中吸收融合了许多美国乃至其他西方国家的文明。当然，我并不认为日本文化十全十美，它既有传统的消极因素，又有当代文明的潜在忧患，但这种敢于承认失败、承受失败并且以实干赢得重新崛起的民族精神，却是非常可贵并且应该借鉴的。

近代化不等于西方化，因为西方近世文明中也包括许多不利于民族文化健康发展的弊病，这是许多学者的共同认识。但是毋庸讳言，由于西方文明在17、18世纪以后处于领先地位，中国的近代化在很长一段时间里确实是与学习西方联系在一起，甚至连马克思主义也是来自西方，而不属于土生土长的固有文化。由于西方文化源于与儒家文化迥然有别的基督教文明，而且又是随同殖民主义侵略暴行一起涌进中国，所以必然在很长一段时间里难以形成平等的、正常的双向交流。中国传统文化是一种比较内倾、封闭的大陆文化，悠久的文明历史与“夷夏之辨”的深远影响，往往使中国人在接受西方文明时带有忍辱负重的民族感情，难以形成真正开放的心态。加以帝国主义的军事侵

[1] 参见〔美〕鲁思·本尼迪克特著，孙志民、马小鹤、朱理胜译：《菊花与刀——日本文化的诸模式》，第256~260页。

略与经济、文化侵略有增无已，更容易在中国的上层以至民间对外来文明滋长排拒心理。因此，救亡与启蒙便成为一对难分难解的情结，并且限制了学习西方进步文明的广度与深度，特别是妨碍了人权与自由观念的传播。人们在宣传爱国主义时常常强调所谓凝聚力，实际上这些凝聚力中就包含了许多传统中的消极因素，包括盲目自傲、大汉族主义乃至宗法、地域观念等，而至今我们有些爱国主义的宣传，对这些消极因素还未能给以应有的清理。

我觉得我们已经为周而复始的体用之争、西化论与本位论之争消耗了太多太多的时间，现在我们应该既超越西方文化又超越传统文化，根据现实生活与未来发展的需要营造新的价值体系。当然这种新的价值体系并非无根无源、无依无傍，但它既非传统文化价值体系的简单继承，更非西方文化价值体系的盲目抄袭。它既有择善而从、兼容并包，更应该有自己的新的开拓与创造，为此就必须首先提供一个开放、民主、自由的宽松环境。我们现在已经是一个独立的社会主义大国，因此就不应该继续保持那些在半殖民地和农业宗法社会中长期形成的畸形心态，而应该以更高的自信与更为宏伟的气魄来对待外来文化与传统文化。不必害怕泥沙俱下、鱼龙混杂，更不必担心民族文化独特素质的丧失，应该更勇敢地走进世界，同时也更勇敢地让世界走进中国。我们这样一个具有古老文化传统的大国，只有在强手如林的世界大竞技场上奋勇拼搏，才能荡涤那些年深日久的陈规陋矩，并且重新焕发出青春活力与创造潜能。

我们过去已经对世界做出过伟大的贡献，今后应该为世界做出更为伟大的贡献。我们既要广搜博采世界文化中的一切精华，更要把新的绚丽多彩的中华文化奉献给世界。我们既没有理由自满，更没有理由自卑，排除一切外在的与内在的、行为的与心理的障碍，勇敢而又稳步地走向21世纪吧！

“惟当过渡时代，则如鲲鹏图南，九万里而一息；江汉赴海，百十折以朝宗；大风泱泱，前途堂堂；生气郁苍，雄心矞皇。其现在之势力圈，矢贯七札，气吞万牛，谁能御之？其将来之目的地，黄金世界，荼锦生涯，谁能限之？故过渡时代者，实千古英雄豪杰之大舞台也，多少民族由死而生、由剥而复、由奴而主、由瘠而肥所必由之路也。美哉过渡时代乎！”[1]这是梁启超在 1901 年展望新世纪的豪迈感叹，谨以这段至情文字作为本书作者尚未结束的思考的暂时结语。

（原载《离异与回归》：传统文化与近代关系试析》，
湖南人民出版社 1988 年版）

[1] 梁启超：《过渡时代论》，《清议报全编》第 1 册，1901 年，第 1~2 页。

《俱分进化论》的忧患意识

章太炎在《民报》第7号（1906年9月5日出版）发表的《俱分进化论》一文，过去常被认为是他思想倒退的标志，并且与他此后在政治上的渐趋消极联系起来。近些年，对《俱分进化论》蕴含的合理因素虽发掘日深，但论者又往往将其局限于道德范围。我则认为此文所议颇具有近代忧患意识，内容亦并非仅限于道德，而是阐明了一种涉及范围更广的进步文明观。

一

首先，需要弄清《俱分进化论》[1]的基本思路。

通观全文，此篇乃是对风靡一时的进化论的深刻反思。甲午战争以后，特别是经过戊戌维新，进化论已经成为爱国救亡、革故鼎新的精神武器，无论是维新派、立宪派还是革命党人，都对这一学说深信不疑，争相传诵，广为演绎。就是章太炎本人，也以进化学说作为自己的立论基础。他在1903年发表的《驳康有为论革命书》，一则曰："人心之智慧，自竞争而后发生，今日之民智，不必恃他事以开之，而但恃革命以开之。"再则曰："人心进化，孟晋不已。……然则公理之未明，即以革命明之；旧俗之俱在，即以革命去之。"[2]但是，经过三年狱中生活，研诵佛学，晨夜冥思，他对宇宙、对社会、对文明、对人生都有了更深一层的看法，其中就包括对进化论的反思，也孕育着此后对公理、唯物、自然乃至代议政治等流行新观念的反思。

---

[1] 以下《俱分进化论》引文均据《章太炎全集》（四），上海：上海人民出版社，1985年，第386~394页。

[2] 章太炎：《驳康有为论革命书》，《章太炎全集》（四），第180~181页。

章太炎并非全盘否定进化，而是告诫人们不可盲目迷信进化，把进化变成一种绝对的信仰。他认为：（1）进化终极未必能达于“尽美醇善之区”。（2）其所以如此，是由于进化之所以为进化，“非由一方直进，而必由双方并进”。以道德而言，“善亦进化，恶亦进化”；以生计而言，“乐亦进化，苦亦进化”。（3）而且，随着经济、文化的发展，随着智识与科技水平的提高，善恶、苦乐亦将不断同步增长。“曩时之善恶为小，而今之善恶为大；曩时之苦乐为小，而今之苦乐为大。”既然如此，章太炎便对进化提出疑问：“然则以求善、求乐为目的者，果以进化为最幸耶？其抑以进化为最不幸耶？”他自己的答案很明确：“进化之实不可非，而进化之用无所取，自标吾论曰《俱分进化论》。”

尽管当时章太炎正在筹建国学讲习会，并且随即编辑发行《国学振兴社讲义》，但他并不是站在传统文化的守旧立场上执意排拒外来的进化论。历经甲午刺激、戊戌洗礼、庚子转折，章太炎已经成为一个颇具新知的进步思想家。他强调国粹的地位与作用，但并不墨守成规、因循封闭，而是广泛吸收并传播外来的哲学、社会学、人类学、考古学、民俗学、经济学以及自然科学各方面的知识。以有关进化学说为例，他曾认真研读过日本有贺长雄的《族制进化论》，芬兰韦斯特马克的《婚姻进化史》，达尔文、拉马克的生物进化论以及斯宾塞和吉丁斯的社会进化论，而且经常加以征引、印证、评判、发挥。对于西方哲学，他更是如饥似渴、博览精思，古至希腊伊利亚、斯多葛诸学派，以及苏格拉底、柏拉图、亚里士多德、伊壁鸠鲁诸名家，近至康德、费希特、黑格尔、叔本华、谢林、尼采、培根、休谟、贝克莱、洛克、莱布尼兹、穆勒、笛卡儿、斯宾诺莎等各家代表性著作，都曾广泛涉猎、咀嚼吐纳。此外，对于印度哲学的吠檀多、婆罗门、胜论、数论各宗，以及法华、华严、涅槃、瑜伽诸经，他更是沉潜涵泳、熟谙会通[1]。他特别重视认识论在近代哲学中的地位与作用，后来曾在

---

[1] 参见唐文权、罗福惠：《章太炎思想研究》，武汉：华中师范大学出版社，1986年，第23~24页。

《菿汉微言》中说过："康德以来治玄学者，以忍（认）识论为最要。非此所得，率尔立一世界缘起，是为独断。"因此，他不仅努力熔铸与发展自己的认识论，而且在宏观认识与微观认识两方面都下过苦功夫。大至宇宙天体，小至细胞、原子，乃至声、光、电、化，以及人类社会的整体结构与各个侧面，他都有自己的观察与判断。因此，他对进化论的吸收与批判，都是建立在严谨而沉潜的思考辩证的基础之上，根本不同于一般轻浮新派人士的随风流转、朝三暮四[1]。

他追溯进化论的发展过程，指出黑格尔所谓"世界之发展，即理性之发展"，即为进化之说的萌芽。其后达尔文从生物现象、斯宾塞从社会现象加以应用，进化论遂完备形成。而叔本华早就批评黑格尔的发展论，认为世界之成立系"由于意欲盲动，而知识为之仆隶"，盲动不识道途却惟以求乐为目的，追求无已，乐不可得而苦反因以愈多。此外，赫胥黎对进化论亦持异议，认为世运日进，生齿日繁，供给不足以应欲求，则相争相杀必不可已。章太炎对叔本华、赫胥黎之学说亦不尽同意，他锲而不舍地求索自己的结论。

他以生物进化为例证：有机物界以哺乳动物为最高级，哺乳动物中又以人类为最高级。人"无爪牙而能御患，无鳞毛而能御寒，无羽翼而能日驰千里"，其智识自然远较其他动物进化，其道德亦较其他动物为善稍大。但是，智识程度愈高，为恶的能力及效果亦愈大，如以武力或用智谋攻取，其酷烈均远甚于虎豹与太古之人。所以，人类"其善为进，其恶亦为进也"。而从"生计"的角度来比较，人类的生活水平与各种享乐自然也远远高于其他动物，并且随着文明的进化而不断提高。但是，乐之愈多，求之愈苦，且求之而不得者十犹八九，即令得之又不一定能够"摄受"，如能"摄受"则"舍之也愈苦"。所以，"是不亦乐之愈进者，其苦亦愈进乎？"

章太炎认为"生物之程度愈进，而为善为恶之力亦因以愈进"，

[1] 章太炎在《箴新党论》中即曾批评那些"是非之不分，美恶之不辩，惟以新为荣名所归"的所谓"新党"，并深刻指出，"是中国士民流转之性为多，而执着之性恒少"。

但不等于说任何个人都是"善恶兼进"。因为从一个人来说，其善力、恶力"互相抵抗"，或者是善"征服"恶，或者是恶"征服"善。不过，章太炎又认为，就一个社会、一个国家的多数人而言，仍必然是"善恶兼进"。例如欧洲各国，从斯巴达、雅典时代以至现今，等级贵贱、上下尊卑的差别"日渐划削"，人人皆有平等观念，这诚然是社会道德的进步。但是，随着物质文明的发展，金钱又成为新的不平等的表征。"富商大贾之与贫民，不共席而坐、共车而出；诸佣雇者之事其主人，竭忠尽瘁，犹必以佞媚济之。虽无稽首折腰之礼，而其佞媚有甚于是者。"于是见利忘义，惜命苟安，比比皆是。"风教陵迟，志节颓丧，其进于恶也，盖已甚矣。"又如日本，明治维新以后，法治观念胜于往昔，勇于私斗渐转向为国家死难，这诚然是社会道德的进善。但是，现今学术虽胜于前，很少不为权势利用，也很少不受富贵利禄诱动，因而便不再能够看到西乡隆盛那样"刚严直大"的大臣与中江笃介（兆民）、福泽谕吉那样的"东方师表"。这也说明善进恶亦与之俱进。再如中国，情况更差，自宋以后，"善亦愈退，恶亦愈退"。至于清朝为尤甚，"朝有谀佞，而乏奸雄；野有穿窬，而鲜大盗；士有败行，而无邪执；官有两可，而少顽嚚。方略不足以济其奸，威信不足以和其众"。不仅不能为大善，连作大恶的本事都衰退了，这还有什么进化之可言。

章太炎对进化的再认识，显然带有悲观乃至厌世色彩。他自己并不讳言这一点，但强调厌世观念亦有两种。一种是"决然引去，惟以出此世界为利，亦无余念及于众生"，这自然是彻底解脱而又纯属消极。另一种则有别于此："以世界为沉浊，而欲求一清净殊善之区，引彼众生，爰得其所，则不惮以身入此世界，以为接引众生之用，此其志在厌世，而其作用则不必纯为厌世。"章太炎内心显然是倾向于后一种，所以他反问："若是，则何不可厌世之有？"他认为，在现实生活中，早弃斯世以济众生而灭度之"有勇猛大心之士"是罕有的，一般只能是"随顺进化，渐令厌弃"。但即令是"随顺进化"，也"必不可以为鬼为魅，为期望于进化诸事类中，亦惟择其最合者而倡行之，此则社会主义，其法近于平等，亦不得已而思其次也”。决心走出中世纪的黑暗，然而又眼见资本主义文明严重弊端的日益显露，彻底解脱既不可得，于是只能“思其次”，“近于平等”的社会主义不失为一种可行的选择。不过，根据“俱分进化”的观点，社会主义的发展也不是纯然光明坦途，而必然也是善恶、苦乐俱进。但那毕竟是更为遥远的未来的事情，章太炎没有必要也不可能作进一步的求索。

二

20 世纪初年，先进的中国人对西方近代文明有所批评者并非章太炎一人。然而把这种批评提到哲学的高度，并且辩证地看出进化存在着相互对立而又相互依存的两种趋向，却是以章太炎的见解最为深刻，尽管他所阐明的原理也存在着谬误。

我把俱分进化论的合理核心称为近代忧患意识。它并非绝对排拒近代文明，而是比较清醒地看到近代文明日益显露的弊病，并且为人类文明发展的前途担忧。如果说这是悲观，那就是一种深沉的悲观；而深沉的悲观比浮浅的乐观，往往在思想境界上要高一个层次。浮浅的乐观易被世俗理解与接受，而深沉的悲观则往往专属于哲人。在这里，我联想起日本死于 20 世纪初的、号称“东方卢梭”的思想家中江兆民，也就是章太炎在《俱分进化论》中誉为“东方师表”的中江笃介，他正是怀着对文明发展前途的深沉忧虑离开人世的。他在临终前出版的名著《一年有半・续一年有半》中曾生动描述了日本近世文明发展中相互伴随的两种趋向。他把日本封建制度长期统治下的社会结构、等级和家族制度以至生活、行为方式的刻板凝固，比喻为“全国人民几乎一概变成了化石”，中产阶级以下的人“朴素”到常常是过着“非人的生活”。明治维新以后，“日本和欧美各国，互相交际往来，把这些国家的货物，以及制度、文化、习惯、风俗、服装一起传入到日本的时候，日本的固有文化，陡然烟消云散，整个国家，一齐闯进了新的世界”。从善的进化角度来看，官民、上下的严格等级界限，至少在生活方式上逐渐淡化，人们的生活水平迅速提高。但随之而来的便是物欲的膨胀与习俗的败坏。"人人都希望追求超过自己的经济力量以上的娱乐，千方百计想得到它。于是乎做官吏的人，就接受礼品及贿赂以养肥自己。经营工商业的人，就钻营奔走，投靠背景，互相勾结，寻找牟取暴利的机会。再加上日本西部的武士，数百年来，受尽了苛刻死板的法律及制度的束缚，到了日本明治维新的时候，忽然做了大官，参加国家的政治活动，好像放射出去的箭一样，急速地趋向骄奢淫逸，大大地造成和煽起了城市的荒淫和糜烂的风气，成为日本全国的吃喝玩乐的样板；从官僚资本家、富商大亨，到其余的中产阶级以下的人们，也都相继沉沦，以为这是自己的阔气。这就是现代我们日本帝国的官民上下，贵贱贫富，一般人等所以造成了奢侈、淫逸的习惯的历史。"[1]《俱分进化论》所举日本明治维新以后善恶俱进的例证，很可能受到《一年有半·续一年有半》的某些启迪。中江兆民对近世文明的弊端并未停留于道德的谴责，而将它看作"是时势决定的，是自然的历程，是必然的程序"。同时，他也没有纯然消极，而是苦心探求"活路"，倡导品德修养，甚至设想将来有朝一日废除国界、消弭战争、统一货币、设立世界统一政府、废除土地私有制及遗产继承权等。这与章太炎设想无政府、无聚落乃至社会主义，亦有某些相近与相通之处。

实际上，早在一百五十多年以前，卢梭本人在1755年出版的《论人间不平等的起源和原因》一书中即已展示类似"俱分进化"的思想。他认为，人在自然和野蛮的状态中是平等的，而人的趋于完善化（亦即往前发展）的能力，在促使社会进步的同时却又构成不平等的原因。卢梭没有对不平等单纯作道德谴责，他既把不平等的产生看作一种进步，又指出这种进步是对抗性的，因而它同时又是一种退步。卢梭断言："以后的（越过原始状态的）一切进步同样是表面上走向个人完善化而实际上走向类的没落的步骤……金属加工和农业是两种

[1]〔日〕中江兆民著，吴藻溪译：《一年有半·续一年有半》，北京：商务印书馆，1979年，第62~63页。

技艺，它们的发明引起了这一巨大的革命（把原始森林变为耕地，但是也由于私有制而引起了贫困和奴役）。使人文明起来并使人类没落下去的东西，在诗人看来是金和银，在哲学家看来是铁和谷物。”人民拥立国君本来是为了维护自己的自由，但国君必然成为人民的压迫者，而压迫加重造成的极端不平等，又会转变为自己的反面，成为新的平等的原因。这仿佛“是封闭一个圆圈的终点，它和我们所由出发之点相遇”。暴力支持暴君，暴力又推翻暴君。于是，不平等重新转变为平等，但不是回归到原始人野蛮的、自然的平等，而是高一级的社会契约的平等。至于社会契约的平等又将如何发展，卢梭没有也不可能作明确的预言，而《俱分进化论》在这个问题上竟如同是《论人间不平等的起源和原因》的续篇。

恩格斯高度评价卢梭这种包含着否定之否定的矛盾辩证法思想，并且将之概括为：“文明每前进一步，不平等也同时前进一步。随着文明产生的社会为自己建立的一切机构，都转变为它们原来的目的的反面。”[1]当然，恩格斯并没有停留于肯定卢梭，也不尽同意卢梭对不平等起源的解释，所以他稍后在《家庭、私有制和国家的起源》一书中，对这个问题又有进一层的阐述：“由于文明时代的基础是一个阶级对另一个阶级的剥削，所以它的全部发展都是在经常的矛盾中进行的。生产的每一进步，同时也就是被压迫阶级即大多数人的生活状况的一个退步。对一些人是好事的，对另一些人必然是坏事，一个阶级的任何新的解放，必然是对另一个阶级的新的压迫。这一情况的最明显的例子就是机器的采用，其后果现在已是众所周知的了。如果说在野蛮人中间，像我们已经看到的那样，不大能够区别权利和义务，那末文明时代却使这两者之间的区别和对立连最愚蠢的人都能看得出来，因为它几乎把一切权利赋予一个阶级，另方面却几乎把一切义务推给另一个阶级。”[2]

---

[1][2]《马克思恩格斯选集》第 3 卷，北京：人民出版社，1972 年，第 179、173~174 页。

由此可见，《俱分进化论》所包含的忧患意识，已经不再是传统士大夫那种古老忧患意识的简单重复。它突破了宗庙社稷、王朝统系的狭窄框架，也超越了忧国忧民、愤世嫉俗的固有格局，它是把自己的视野与思路引向更为广阔的空间与更为长远的时间。它关心的不仅仅是自己的民族与国家的命运，而且包括整个文明、整个人类，乃至人类栖息于其上的地球、地球运行于其中的宇宙的发展前景。稍后在《五无论》中，章太炎即已自我表白：“今之人不敢为遁天之民，随顺有边，则不得不有国家，亦不得不有政府。国家与政府，其界域固狭隘，故推其原以得民族主义，其界域亦狭隘。……夫于恒沙世界之中而有地球，无过太仓之有稊米。今于其间分割疆域，葆为己有，而命之曰国家；复于其间建设机关，区分等级，而命之曰政府。则蛮氏触氏之争，不足喻也。”[1]正是由于具有这种高度的超越，他才提出无政府、无国家乃至无人类、无众生、无世界。所谓“五无”，貌似虚无荒诞，实则怀有深沉的隐忧，乃是对近世文明深重弊端的悲愤抗议。

如果把《俱分进化论》《五无论》与以后的《四惑论》联系起来考虑，则更可看出这种以否定与虚无来批判现实弊端的积极意义。章太炎把“今人以为神圣不可干者”的公理、进化、惟物、自然视为“四惑”。例如，他肯定“公理”比理学家倡言的“天理”进步，然而“公理”如果“持论至极，必将尊奖强权”；以强者抑制弱者，或则张大社会以抑制个人，其凌驾个人自主并束缚人“亦与言天理者相若”。而且所谓“公理”往往是“以己意律人”，又“以社会抑制个人”，使之无所逃于宇宙，所以其“惨刻少恩，尤有过于天理”[2]，理性本来是资产阶级用以反对中世纪蒙昧主义的精神武器，他们正是打着“理性王国”的旗帜来取代封建贵族的统治。可是，当他们取得统治地位以后，“理”之前冠以“公”字，但实际上却是假公济私、以“己意

[1] 章太炎：《五无论》，《章太炎全集》（四），第429~430页。

[2] 章太炎：《四惑论》，《章太炎全集》（四），第444~449页。

律人”，使更多的个人屈从于“公理”，也就等于是屈从于他们的私利。因此，便出现了《四惑论》中所列举的种种二律背反现象：“幸福增进，一部人类所盲从也，他部人类，则或有反对此者。以善恶言，求增进幸福者，特贪冒之异名。……日进不已，亦惟是扩张兽性。”进化本来是客观事实，可是一旦极端发展成为进化主义乃至进化教，便容易被“主持强权者”（外来的帝国主义和本国的统治阶级）作为奴役与愚弄群众的工具。又如“人之借资于外物者，诚不可乏”，如衣食、居住、医药等；但如单纯凭借物质文明求得幸福，甚至“执鞭为隶于物，以斯求福，其猥贱又甚于向之为隶者矣”。再如“自然”，无非是物的自性以及由其自性而发生的作用，可是人们动辄大言自然规则，甚至以“违背自然规则”抨击异己，这又是很荒谬的事情，因为自然规则并不一定能够给人类带来幸福，“且黠者之必能诈愚，勇者之必能陵弱，此自然规则也。循乎自然规则，则人道将穷。于是有人为规则以对治之，然后烝民有立。……以自然规则本无与于人道，顺之非功，逆之非罪云尔”。这显然是对帝国主义“强权即公理”以及“生存竞争、弱肉强食”之类强盗逻辑的有力批判。

综上所述，可以看出理性批判乃是章太炎早期文化思想的重要特色之一。他不仅冷静地、客观地、深刻地批判了封建主义暴虐统治的腐朽，而且还冷静地、客观地、深刻地批判了资产阶级“理性天国”化为现实的谬妄。他既敢于傲视古之圣贤，又敢于傲视今之权威，上天入地，俯瞰人间，重新审视与判别一切既有的学说与观念，确实表现出一种前无古人、后无来者的独立卓异的风貌，而这种可贵的学者品格正是一个走向现代化的社会所必不可少的。

三

由于章太炎沉溺于哲理，精研佛学，驰骋老庄，汪洋恣肆，放言无忌，所以他的思想往往容易被人视为玄渺荒诞，其合理内核亦因之长期冷置湮没。但是，这也无足为奇，因为历史上并非任何一个学者的任何一种见解都能在生前或死后短期内被充分确认其价值。也许，将俱分进化学说用以观察当今人类文明的发展，人们可以更清楚地看出它的潜在的精微之处。

我们不妨摘引汤因比与池田大作的两段对话与《俱分进化论》相互印证。

汤因比："远在人类共同贫困的时代，我们的祖先由于衣食住等生活必需品的不足，生存不断受到了威胁。在那种状况下，朴素被看作美德，奢侈则被看作堕落。但是在产业革命以后，勤俭朴素使得生产者缺乏推销市场，而结果又反过来使工人们失业。因此，消费者方面的节俭，从生产者和被雇佣者的角度来看，就不再是美德，而成了恶德。生产者势必要采取广告宣传这种人为的手段来刺激消费。广告宣传业伴随工业革命同时出现。这绝非偶然。可是，通过刺激消费，一部分生产者和被雇佣者获得的利益，正如您指出的，却违背了整个社会的利益。人类的贪欲性受到宣传的刺激，由此产生了全面的污染，对现代人的健康，乃至于生命都构成了威胁。现代人的贪婪将会把珍贵的资源消耗殆尽，从而剥夺了后代的生存权。而且，贪欲本身就是一个罪恶。它是隐藏于人性内部的动物性的一面。不过，人类身为动物又高于动物，若一味沉溺于贪婪，就失掉了人的尊严。"[1]

池田大作："从根本上用长远的目光来看，不能不令人痛切感到现代人在经济方面，犯了多么愚蠢的错误。日本人对 GNP（国民生产总值）的信仰，可称之为最。众所周知，第二次世界大战后的日本，把 GNP 的成长视为绝对的东西，以实现赶上欧美发达国家的水平为目标，发挥追求利润的贪欲精神，完成了飞跃的高度经济成长，然而，结果如何呢？人民始终在完全无视人性的条件下劳动，情况一直没有好转的征兆。在狭长的国土上，公害到处像火山的岩浆一样喷发出来。还有，日本产品打入世界市场，最初使人惊叹，可是最近倒不如说在

---

[1]〔英〕汤因比、〔日〕池田大作著，荀春生等译：《展望21世纪——汤因比与池田大作对话录》，北京：国际文化出版公司，1985年，第56页。

加剧人们的反感。”[1]

读者不难看出，汤因比与池田大作的议论几乎就是《俱分进化论》某些段落的现代语言的阐释。而且据池田大作回忆，当他询问汤因比希望出生在哪个国家时，这位英国史学大师竟然面带笑容地回答：希望生在“公元一世纪佛教已传入时的新疆”。由此更可看出，尽管时间相隔六十多年，但中英两位思想家之间竟有如此相近相似之处。

当然，我并不认为《俱分进化论》的思想体系已经臻于尽善尽美，至少，它对俱分进化的成因的解释难以让现今的人们接受。章太炎认为，作为物质世界与精神世界本原的阿赖耶识（ālaya-vijnňāna，或意译为藏识），其中既伏藏着善的种子，也伏藏着恶的种子。“种子不能有善而无恶，故现行亦不能有善而无恶。生物之程度愈进，而为善为恶之力亦因以愈进。”这显然是以佛学瑜伽行派与法相宗所立心法“八识”作为理论依据，并非章太炎自己的创造。善恶是一种道德评判，只能在人际关系上得到体现，因此必须从社会结构与群体关系的发展变化中寻求原因。离开近世文明的社会背景，单纯从人心，甚至从更为虚无缥缈的所谓阿赖耶识中寻求终极原因，则不仅使人愈来愈陷于困惑，而且也容易掩盖（至少在客观上）近世文明诸恶产生的真实根源。

同时，章太炎对近世文明弊病的批判尽管有其精粹之处，但其思想体系仍然未能摆脱伦理中心的传统格局。加上他往往习惯于用某些陈旧的道德观念来评判当代事物，这就更加增添了他的著作中的怀旧情绪与复古色彩。在善恶对立的研究上，恩格斯认为黑格尔比费尔巴哈深刻得多，他曾经说过：“在黑格尔那里，恶是历史发展的动力借以表现出来的形式。这里有双重的意思，一方面，每一种新的进步都必然表现为对某一神圣事物的亵渎，表现为对陈旧的、日渐衰亡的、但为习惯所崇奉的秩序的叛逆，另一方面，自从阶级对立产生以来，正

---

[1]〔英〕汤因比、〔日〕池田大作著，荀春生等译：《展望21世纪——汤因比与池田大作对话录》，第117页。

是人的恶劣的情欲——贪欲和权势欲成了历史发展的杠杆，关于这方面，例如封建制度的和资产阶级的历史就是一个独一无二的持续不断的证明。但是，费尔巴哈就没有想到要研究道德上的恶所起的历史作用。历史对他来说是一个令人感到不愉快的可怕的领域。”[1] 章太炎提出善恶俱进诚然是认识上的一大进展，但善恶对立的历史对他来说也并非一个令人感到愉快的可爱的领域。所以，他 1906 年在东京留学生欢迎会上，便提出“用宗教发起信心，增进国民的道德”。紧接着又在《民报》第 8 号发表《革命之道德》一文，公开表露了“道德衰亡，诚亡国灭种之根极”的隐忧。他所提出的“知耻”“重厚”“耿介”“必信”，尽管含有希望革命者严于律己的积极意义，但确实带有明显的传统道德色彩。例如，他把“耿介”就解释为“非礼勿视，非礼勿听，非礼勿言，非礼勿动”。而到辛亥革命以后，章太炎由于对革命失望与对现实不满，更逐步回归到儒家的道德立场。

如果把章太炎与日本近代思想家福泽谕吉相比较，则后者的近代意识显然更为鲜明。福泽谕吉认为：“文明之为物，至大至重，社会上的一切事物，无一不是以文明为目标的。无论是制度、文学、商业、工业、战争、政法等等，若将它总括地互相比较时，用什么作标准来衡量其利害得失呢？能促进文明的就是利就是得；反之，使文明退步的就是害就是失。”[2] 他并不是没有看到西方文明发展中也有许多不道德行为的伴生，如用欺诈办法营商、用威吓手段谋利、民族不平等与贫富悬殊等，但他没有因此对文明的发展丧失信心，认为“文明是指正在不断前进的过程。今天的文明还没达到路程的一半，岂能遽然要求它尽善尽美？”他没有单纯从道德的角度来批评近世文明的弊病，而是从智与德两方面并且把两者结合起来加以冷静分析。他一再强调，“文明的根本并不在于私德一方面”，“文明与否是不能单纯以坏人的多寡来判断的”。如果一味用劝善惩恶的“德教”来笼络天下人心，

---

[1]《马克思恩格斯选集》第 4 卷，北京：人民出版社，1972 年，第 233 页。

[2]〔日〕福泽谕吉著，北京编译社译：《文明论概略》，北京：商务印书馆，1959 年，第 30 页。

可能“反而使人们天赋的智力衰退”，“阻碍人的天性的发展”。发展到极点，将会使现代回到太古，都市转为乡村，成人返归儿童，人类变成猿猴。因此，他提倡新的“智德”，而不是恢复固有的“道德”，实际上更为重视的乃是建立在近代科学知识基础上的“智慧”[1]。日本近代另一思想家中江兆民，虽然也为明治维新后社会风气的败坏忧虑，并曾规劝“各个阶级的人，都应该稍稍加强自己的品德修养”；但他认为日本的“重大病根”并非缺乏道德，而是没有“独创的哲学”，难以建立伟大的事业。因此，他主张“惟一重要的事情就是赶快从根本上改革教育，努力培养活跃的人民而不是死板的学者”[2]。

两相比较，便可以看出明治维新时期的日本思想家更加勇于与善于吸收西方近世文明，而日本社会也具有更多促进资产阶级文明发展的积极因素。

综上可见，《俱分进化论》确实包含着一种进步文明观，其中存在着明显的合理因素。就中国当时的具体国情而言，它对资本主义文明弊病的批判堪称具有超前意识。然而，20 世纪初年中国的当务之急，毕竟是批判封建主义而非资本主义。由于资本主义与外来侵略连在一起，而它的内在弊端也确实是日益深化与暴露，因而使一部分先进的中国人在主张引进西方近世文明之际，过早又过多地把注意力集中于它可能带来的文明污染。过犹不及。这种思虑不仅不切中国实际，而且也缺少适合的、有力的批判武器，以致他们往往不自觉地又操持着中世纪落后的戈矛，还未走进近世文明，便已经困扰于道德的转型，且迅速产生对近世文明的重重疑虑与潜在排拒心理，终于多次失去机遇并大大延缓了近代化的步伐。这是中国的不幸，也是章太炎的悲剧。

（原载《历史研究》1989 年第 5 期）

---

[1]〔日〕福泽谕吉：《文明论概略》，第 90 页。

[2]〔日〕中江兆民著，吴藻溪译：《一年有半·续一年有半》，第 16 页。

传统文化与现代化*

一、继承与重建精神文明

我曾应邀到美国，继而日本，后又到台湾地区从事研究与讲学，颇多见闻，感触也极深。一般说来，东方文化讲究精神文明，中国精神文明更是源远流长，而现代西方人则偏重追求物质文明，至今已是弊端百出。但我回国后产生了一种古怪的感觉：我们现在物质文明发展很快，而对精神文明的重视程度还赶不上西方及日本和新加坡。当然，西方精神文明早已存在堕落趋势，很多海外有识之士呼吁用东方文明来补救西方文明，把中国传统文化中的优秀部分用于西方精神文明的重新构建。

重建中国适合时代潮流的人文主义，应是当务之急，是关系民族命运的头等大事。我曾到沿海开发区去看过，坦率地讲，我们的文化氛围和品位并不比西方强，某些方面甚至更差。西方有基督教文明，这是传统文化，也是源远流长，渗透在很多方面。有人把宗教等同于迷信，这是对中世纪宗教的传统看法。现在基督教已有了很大变化，美国很多人把它看作传统文化，宗教色彩已逐渐淡化。

龟山电视塔（曾是江城人民引以为荣的塔）上面曾经出现的洋烟广告让人看不顺眼。若这类广告出现在巴黎埃菲尔铁塔上，会引起民众公愤。对香烟广告一般有限制，何况在这象征民族精神的地方。即使在香港，堂而皇之的香烟广告下面，也要注明香烟有害的文字。前不久，有关部门来检查，洋烟广告才撤了下来。

社会风气不好，主要是百姓素质水平低还是某些导向出现了偏差？

---

* 1994年10月在华中理工大学人文讲坛上的演讲，姚国华整理。

我觉得是后者。某些地区有人说："革命时期靠红色娘子军，开放时期靠黄色娘子军。"某些地方甚至出现"无娼不盛"，用孔子的话说，真是人欲横流。我讲这些的目的是说新的人文主义重建刻不容缓。有人说这是经济发展必须付出的代价。将来社会发展了，"仓廪实而知礼节，衣食足而知荣辱"，总有一天会促进精神文明建设的。香港曾被称为"文化沙漠"，后来经济繁荣了，对文化教育也非常重视。但我们不能采取顺其自然、无所作为的态度。我们应该大声疾呼，提醒社会与政府的注意，并尽自己的力量投入重建。

我在台北市有两位朋友，都是著名的中国近代史研究专家。他们今年夏天到武汉访问，参观了辛亥革命武昌起义纪念馆，看了以后很难过，说红楼被小摊贩糟蹋得不成样子。作为辛亥革命武昌起义纪念馆名誉馆长，我很难为情。我向管理人员转达这个反映，并提出文化遗址品位亟待提高，对小摊贩要加强管理。管理人员却说："他们为什么不先打个电话？"这话耐人寻味。但管理人员也有说不出的苦衷，一是无权管理商贩，二是资金严重不足，不创收连日常工作都难以开展。听说西安和其他地方的遗址也有类似情况，真让人担心。

二、正确对待现代化与传统文化的关系

社会上曾有种错觉，即把传统文化和现代化截然对立起来。现在情况明显变化了，提倡传统文化的呼声日益增强，但对两者关系的正确处理应作深入思考。

辛亥革命前期，当时老讲"中体西用"，严复就不同意，认为"体"和"用"是联系在一起的，譬如牛体有牛用、马体有马用，绝不能"牛体马用"。辛亥革命时期有人提倡革命是为了反抗精神权威、批判祖宗，甚至要革"天"命。"五四"时期人们在政治革命迭遭挫折之际，又从文化寻找根源，这对当时的社会产生了正负两方面的效应。为了推翻旧的政治权威，必须从理性上批判，但批判的结果往往有两种：其一，健康地批判传统文化；其二，粗暴地片面否定传统文化。后者是一种"左"的思潮，发展到极致就会带来深重的文化灾

难。它已给社会造成了不良影响，人们只要发现现代化过程中出现一点问题，就马上归咎于传统文化。

传统文化和现代文化之间并不存在不可逾越的鸿沟。任何一个国家在现代化建设过程中，对传统文化大部分是保留的。日本、新加坡发展了，但他们把传统文化保存得很好，中华文化也保存了很多，因为中国古代的传统文化已融合到他们的民族文化中。利用传统文化中有用的东西来促进现代化，这是很聪明的做法。涤荡旧社会的污泥浊水，绝不意味着与传统文化彻底决裂。

北京本是历史名城，但现在已被钢筋水泥淹没了。巴黎、柏林的老建筑保存得很好，法国古老的拉丁区至今风貌依旧，而中国摧枯拉朽地拆毁了老建筑。这的确是一个民族文化素养、精神境界的问题。

现在重游西湖已很难认出其旧貌。西湖周围违章建筑太多，把原有景观弄得不伦不类。在庐山，牯岭已完全变了样，牯岭公园已看不到原有的湖光山色，只看到一片乱七八糟的房子。这个优美的风景区，单靠小小一个庐山管理局怎么行。它应该属国家级，像美国的国家公园一样严格管理，不允许任意破坏。

提倡精神文明重建，发扬中国固有的优良传统，包括新民主主义革命时期的、社会主义建设时期的，也要吸收西方人文主义的优秀成分，再加上今天新的创造，三点结合起来，以我为主，以今为主，就可以做得更好。长期以来由于对传统文化有偏见，我们不能正确继承传统文化的精华部分。

三、传统文化的多元性及变迁性

前人说过，不要把传统文化看作绝对的好或绝对的坏。不要将其视为简单纯粹的板块，要看到中华文化的多源头和多元性。因为，从地区上讲，中华文化虽有代表性的主流文化，也有非主流文化，如荆楚、巴蜀、吴越文化和各少数民族的文化。所以我们今天在继承传统文化的精粹时，绝不能单源化、单一化。

光从文化的源头来讲，中华文化有好多个源头。现在崇敬黄帝、炎帝，我们常把他们作为中华民族起源的象征，但绝不能过分夸大，谁也不知道他们到底是什么样子。近代，黄帝是被“炒”热的，辛亥时期不仅有黄帝纪年，还有黄帝肖像，那是为了革命宣传。现在不宜再作情绪化的简单处理，应深层地理性思考，研究如何更完善地处理历史文化源头，来增强整个中华民族的凝聚力，否则会出乱子。

中国是统一的多民族国家，许多民族都有自己的文化源头，而且在中华民族和文化的发展过程中，相互渗透融合，都有自己的贡献。我们应在“炎黄热”“华夏热”中保持清醒的头脑，看到某些简单片面宣传的负面效应。

如果强调文化的多元性，反过来设想，假如荆楚文化成为中华文化的主流，中国现在也有可能很强盛很活跃。荆楚文化与中原文化不同，它粗犷、奔放，充满浪漫色彩和丰富的想象力。当然里面有很多鬼神，鬼神不能被看作迷信，它也是文化的一个重要源头，是人类与自然交往沟通中想象的产物。这种想法似乎荒诞不经，但目的是提倡中华文化的包容性，要有更广阔的胸怀，不能“定于一尊”。

我们一讲传统文化，就觉得似乎“四书五经”才是传统文化，这不对。姑且不说远古文化的多元性，到了汉代，罢黜百家、定于一尊，儒家文化才逐渐占统治地位。再到魏晋南北朝及隋唐，外来佛教文化逐渐繁荣，中华文化又有了很大变化，非常丰富，更具生命力。其后宋明理学的兴起，从学术上讲有进步意义，但它同君主专制主义结合起来，成了统治者的意识形态，其末流更是畸形发展，给民族的发展带来严重的阻碍。

今天再看传统文化，不能再用“定于一尊”的眼光，更不能用单一的价值观来评价，这样才能古为今用、推陈出新。

四、用超越的心态对待传统文化与外来文化

历史上曾有两种片面观点：一种是把传统文化当作现代文化的障碍，恨不得把传统文化彻底消灭；另一种是对传统文化顶礼膜拜，把传统文化神奇化。

在当前的对外开放中，有些地方领导人的认识水平令人震惊，譬如，他们宣称：“外资就是上帝。”与此相对应的，就是把传统文化庸俗化，这实际上是帮倒忙。如磨山（武汉东湖）楚城景观的建设，充满楚文化情调，有较高文化品位。把毛泽东早年手书《离骚》刻在巨大的石壁上，有气魄。但也有败笔，如楚市的花轿，非常浅薄粗俗。我们需要的是精品，而不是市侩。台湾地区对文化的传承相对比较重视，但在商品大潮的冲击下，也有走向粗俗的倾向。表面上，连街道名称都是忠孝路、仁爱路，好像很尊重传统文化，讲究传统道德，其实有些事很可笑。就说讲孝道吧，我有个台湾亲戚，我们相约为舅父扫墓。他太太问我大陆和台湾扫墓有什么习惯，我说献束花和花圈就行了。但后来他上坟时还是带了香烛、纸钱，烧的纸钱不仅有新台币，还有美元。想得挺周到，但很可笑，据说还有烧信用卡的。在台湾，父母死后通常要大办丧事，有条件的还请和尚念经，有些听着很热闹，其实是录音，据说日本还有机器人和尚念经。你看，科技发展竟使丧事也“现代化”起来了。

当然，这些情况大陆也有，但不如他们“讲究”。所谓“慎终追远”，到了这种地步就虚有其表。传统文化极端商业化、粗俗化，变成了市侩文化和伪劣的民族文化。在台湾有些地方，哭丧竟成为一种职业。有位职业哭丧小姐把死者弄错了，办丧事的人家死的是父亲，母亲还在，她却哭成“我的妈呀！”丧事成了吵架大会，这岂不是对传统文化的亵渎？当然大陆也有类似的笑话，有家老太太死后，乐队竟吹奏起《妹妹你大胆地往前走》。也许我把消极的现象讲得太多，但目的是强调要正确对待传统文化，要在深刻理解的基础上加以继承，发扬优良部分，扬弃糟粕。千万不可盲目赶潮流，一提倡文化革命便横扫一切，把孔庙的碑统统打断；一提倡重视传统文化，又简单重复，用市侩的口味来重复。在建设精神文明的过程中，应具有健康的心态，积极发掘古今中外各种文化的精华，古为今用，洋为中用。我国是屹立于世界民族之林的大国，经济、文化、科技已有举世瞩目的发展，我们再也不是“东亚病夫”“一穷二白”，因此，在文化上应该和在经济、政治、外交上一样，无需顾虑重重，怕这怕那，要有勇气实行“拿来主义”，中外传统文化中一切好的东西，凡对我们有用的都拿来，统统为我所用，加以吐纳、吸收，以重建世界上最优秀的精神文明。

《中外近代化比较研究丛书》总序

在中国实现现代化的进程中，历史学理应发挥自己的作用，作出较大的贡献。

我们的老前辈，司马迁早就说过，史学家应该“究天人之际，通古今之变，成一家之言”。从学科分工而言，史学家虽然侧重研究过去，但是更应该立足现实、面向未来。

“人事有代谢，往来成古今。”过去、现在、未来，总是前后连续的，而且如果作更为超越的宏观考察，三者又都是相对而言的。历史学者不仅应该积极参与现实生活，而且应该成为把现实与过去及未来连接起来的桥梁，应该用自己的研究成果丰富与影响现实生活，并且与人民一起追求光明的未来。

中国应如何实现自己的现代化？中国应该实现什么样的现代化？当前已经成为全国乃至全世界各方面人士共同关心的问题。对于这样重大的问题，应该作多学科的综合研究，并且对当前的实践及时作理论性的总结与探索，这样才能得出比较确切而有益的结论。历史学不能代替其他学科，更无法涵盖一切，但它有自己特定的功能，而且本身就有多学科相互渗透的需要，因此应该而且能够在中国现代化问题的研究中发挥较大的作用。

我们把这套丛书定名为《中外近代化比较研究丛书》，目的在于从历史学的角度，对中外近代化进程作多方面、多层次的比较研究，力求在辨别各国近代化的共性与个性的基础上，寻求某些带规律性的经验教训，作为现今“四化”建设的借鉴。其所以取名为“近代化”而不是“现代化”，乃是由于这套丛书作者的研究范围，大多侧重于中国1949年以前的历史。多写一点自己熟悉的东西，少写或不写自己不熟悉的东西，这倒不一定就是取巧或偷懒，或许正是一种具有某些自知之明的实事求是。

从历史本身来说，前后连续的过程是很难一刀两断的。特别是所谓近代化与现代化，由于它们都承担了工业化、民主化这样一些基本任务，因而更难做严格的断限。概略地说，作为这套丛书研究对象的近代化，大体相当于罗荣渠教授在《建立马克思主义的现代化理论的初步探索》一文中所说的“早期现代化”，时间可以断限在晚近现代化之前。早期现代化及晚近现代化的历史主题与基本内容是前后相连贯的，但有各自的阶段特征。与晚近现代化相比较，早期现代化的社会结构及其机制、效应，具有发育尚未成熟、还不完全的特点。然而也正是由于这个原因，它又具有相对单纯与易于比较、辨析的特点。这也就是我们把这套丛书作为承担整个国家社会科学研究项目——中外现代化比较研究——的起点与基础的理由之一。

正如早期现代化与晚近现代化难以一刀两断一样，历史与现实也很难截然分开。我们在研究中外近代化的历史进程时，必然要牵扯到国内外许多重大现实问题。这是因为，社会结构尽管在其早期显得相对简单，但它的许多机制与社会效应，却往往是在发育成熟以后，才能作出更为完整、深刻、清晰的判断。历史考察的时段，之所以需要有较大的时间跨度，原因也正在于此。因此，在这套丛书中，有些作者必然要对若干重大现实问题作出自己的解释与评论，其中有的是外国作者，由于社会文化背景的差异，其见解难免有与我国习见的观念相距甚远乃至正好相反之处。我认为，学术上的见解分歧是正常的现象，不同观点的相互辩证驳难，乃是学术发展繁荣的必经之途。对于中外近代化比较研究这样的大课题，更应该超越民族情绪与意识形态的局限，以人类文化的总体观念来综览全局。希望读者以客观、冷静的态度对待各种不同的学术观点，并且欢迎大家给以评论甚至辩驳。当然，有的外国学者在亲自校阅译文的过程中，由于考虑到中外学者在使用某些名词概念时理解差异甚大，为避免引起某些不必要的误解，已对译文若干段落略加更动。我们尊重原作者的意愿，并认为有必要在他们的著作中译本行将出版之际作适当的说明。

在编写这套丛书的过程中，我们深深感到，中外现代化比较研究是一个难度极大而又工程浩繁的科研项目。而说到底，难就难在知己知彼。

如果对己对彼都知之甚少或知之甚浅，我们就不能作出较有意义的比较。即令有的作者运用了较为优越的比较方法，但如果他对中外历史与现状缺乏必要的了解，甚至缺乏有关中外学术文化的起码素养，那也很难获致较有意义的研究成果。在这里，有必要借鉴晚清思想解放运动的经验教训，因为它也是以中外比较，特别是中外文化比较，作为思想与理论基础的。作为这次运动的领袖之一，梁启超在《清代学术概论》一书中曾经作过坦率的检讨："晚清西洋思想之运动，最大不幸者一事焉，盖西洋留学生殆全体未尝参加于此运动。运动之原动力及其中坚，乃在不通西洋语言文字之人。坐此为能力所限，而稗贩、破碎、笼统、肤浅、错误诸弊，皆不能免。故运动垂二十年，卒不能得一健实之基础，旋起旋落，为社会所轻。"梁氏强调了语言文字的阻隔，但问题又不仅仅限于语言文字的阻隔。因为语言文字固然是通向西方文化的桥梁，但如果仅仅满足于西方语言文字的掌握，而不去认真研读西方的重要典籍文献，不去深入了解西方的社会结构与风土人情，则仍然说不上是通晓了西方的学术文化，当然也说不上是通晓了西方的历史与现状。正如过去一般八股士人，尽管文笔娴熟，制艺成篇，但也不等于是通晓了中国的文化、历史与现状。

梁启超具有相当丰厚的中国传统学术文化素养，又曾在日本住过一段时间，并曾周游欧美诸国，对日本与欧美的学术、文化、历史、现状都曾下过很大功夫去了解，尽管不免有生吞活剥、饥不择食之讥，但其治学之勤与涉猎之广，至今仍然使我们惊叹心折。以他这样的条件，尚且以"稗贩、破碎、笼统、肤浅、错误诸弊"自责，我们现在进行中外近代化比较研究，岂可不在知己知彼方面更为扎扎实实地做一些工作。

中国是世界上屈指可数的大国之一，虽然是长期比较统一的中央集权国家，但各个地区经济、文化发展很不平衡，沿海和内地，南方和北方，东部和西部，乃至于相邻各省之间，都有很大差异。中国又是一个民族众多的国家，各民族都有自己的经济、文化乃至社会结构方面的特点。汉族文化虽然处于主导地位，但长期兼收并蓄、吸收涵蕴，其中已包含许多国内兄弟民族文化以及外国文化的因素与影响。迄至今日，各少数民族虽然越来越多地受到汉族文化影响，但同时又保持许多本民族的文化特点。

中国也是世界上屈指可数的文明古国之一，历经沧桑，活力犹存，其漫长的发展诸阶段又各有自己的特点。儒学由于统治者的提倡，曾经长期处于统治地位，对民族文化产生深远的影响。然而它在不同阶段又与墨、法、道、佛诸家碰撞渗透，形成儒学本身的演化流变。及至鸦片战争以后，情况更为复杂，中学与西学既相冲突又相融合。五四运动以前有进化论与西方资产阶级社会政治学说的传入，五四运动以后有马克思主义与其他社会主义流派的传入，这些外来思想都曾在不同时期及不同程度上与中国固有文化结合，并且以不同地位包摄在中华文化之中。因此，时至今日，已经很难说还有什么纯粹的、一成不变的中国传统文化。我们只有认真地、具体地辨析中国文化的历史与现状，并且与外国文化的历史及现状作多方面的比较研究，才有可能获致某些切合实际的有益结论。如果不是从详尽了解历史与现状的实际出发，而是匆匆忙忙急于作简单的定性、立论、构架，则很难避免主观武断的毛病，其“稗贩、破碎、笼统、肤浅、错误诸弊”，可能更甚于晚清思想界诸先驱。

研究中国近代化的历史进程，需要客观，需要超脱，需要尽量排除某些不必要的政治的、感情的乃至意识形态的干扰。“不识庐山真面目，只缘身在此山中。”对自己国家的历史与现状之所以一时看不清楚或产生错觉，并不一定都是由于立场、观点的错误，倒往往是由于视野的局限与视角的差错。因此，我们既要着眼中国，又要走出中国；既要立足现实，又要超越现实。这就需要具备世界的眼光、世界的见识，力求从世界全局来观察中国，而不仅仅是从中国来环顾四周的世界。我们之所以需要做中外近代化比较研究，原因即在于此。

钟叔河先生办了一件大好事，他编辑出版了一套《走向世界丛书》，帮助我们了解世界的形象如何在中国人的眼光中逐渐发生变化，而这些世界形象的变化又如何逐渐影响着中国的变化。但我觉得这还不够，还缺少一项与此相对应的大工程。为此，应该编辑一套《走向中国丛书》，通过那些曾经到过中国的旅行者、学者、传教士、商人以至外交官的日记、游记、通信、回忆录等文献资料，帮助我们了解中国的形象如何在外国人的眼光中逐渐发生变化，而这些变化又是如何影响着中国乃至世界。把上述已经做了和尚未做的两项大工程结合起来，一定有助于增强我们的世界眼光与世界见识。

今年夏初，我利用频繁的外事活动的间隙，在美国新港（New Haven）小住三周，每天到耶鲁大学宗教学院图书馆（Yale Divinit School Library）的善本室（Special Collects）查阅有关档案文献。在我过去的老师贝德士（Dr. Miner Searl Bates）的百余盒档案中，发现有一部他晚年尚未完成的大书手稿，题目是《新教徒在华五十年》（*Protestant Effort in China 1900–1950*），内容极为丰富有趣。我循着他所引用的许多文献线索，又发现这个图书馆收藏着卷帙浩繁的到过中国的众多外国传教士的档案、手稿与著作，相当详细而又如实地记录了他们在中国的经历、见闻与感想。其中当然夹杂了不少宗教色彩、种族歧视与政治偏见的内容，但也保留着大量比较客观、平实的原始记录，仿佛是一面面镜子，从不同侧面、角度、层次，反映出中国的形形色色。虽难免有所扭曲，但从总体上来说，毕竟可以帮助我们加深对自己国家的理解。因为这些文献正好弥补了我们所缺少的东西，即从外在世界来观察中国。

以上说的主要是知己难，下面再讲一点知彼之不易。

梁启超说西洋留学生“全体未尝参加”晚清思想启蒙运动，这句话显然有一个漏洞，因为作为运动领袖之一的严复就是西洋留学生，尽管是官派的而且学的是海军。但即令通晓西学的严复，他最熟悉的也无非是英国的学术、文化、历史与现状，充其量也只能说是对作为西方文化主要代表的西欧（包括英、法、德）了解较多。至于与法国有同等影响的美国，严复就不大熟悉。真正说得上“美国通”的是容闳，可惜他虽然写了一本著名的《西学东渐记》，但并未着力于美国学术文化的介绍。所以，梁启超的评判从总体上看也没有错，“晚清西洋思想运动”所大谈特谈的“西洋思想”，主要还是靠“东洋留学生”从日本人那里零零星星贩来的“二手货”。

所谓西方文化或西方文明，其包含内容之广泛与内部差异之悬殊，与中华文化相比较，只能是有过之而无不及，因为中国毕竟是一个国家，而西方则包括几十个国家，甚至包括好几个洲。各洲之间和各国之间固然差别很大，一个国家内部的不同地区之间的差别也很大。我们研究鸦片战争史，常说西方进步、开放而中国落后、封闭，殊不知当时西方也有落后、封闭的国家和地区。正如恩格斯所曾指出的，直到 1847 年，“欧洲有两个地方还保持着最原始的古基督教德意志式的野蛮，几乎还以橡实为食料，这两个地方就是挪威和阿尔卑斯高山地区即旧瑞士”[1]。特别是“旧瑞士”，“它简直像牲畜一样顽固地坚持与整个世界隔绝，死守着地方习惯、装束、偏见以及全部地方狭隘性和封闭性”。我举这样的例子，绝非想在鸡蛋里挑骨头，只是想说明，即令是同属于所谓西方现代化模式的欧洲众多国家，其历史进程也是很不平衡的，而且各有自己的特点。因此，所谓西方模式，其统一性便是相对的，它蕴含于许多国家的千差万别之中。如果忘记了这一点，就可能把这一模式简单化、绝对化，以致闭塞自己的视野、堵住自己的思路。

现时一些人所津津乐道的西方文明，大抵都是指美国文明或美国式的文明。美国虽然得天独厚，经济发展水平极高，但它的文明并非西方文明的原型，而是英、法文明在新大陆的支脉，也是各国移民带来的形形色色文明的综合。真正说得上是属于美洲本土的印第安人文化，由于殖民主义、种族主义的猖獗，已经几乎被赶尽杀绝，只能作

[1] 恩格斯：《瑞士的内战》，《马克思恩格斯全集》第 4 卷，北京：人民出版社，1958 年，第 385 页。

为博物馆的陈列品或旅游景点的装饰。美国东北地区，特别是所谓新英格兰诸州，受英国文化影响较深，而西部地区则受西班牙文化影响较多。至于北方与南方之间差异之明显，则即令是初到美国者，一眼也可以看出。但是这些话早已成为陈词滥调，因为20世纪70年代以后情况已经并且正在发生急剧的变化。按照《大趋势》作者约翰·奈斯比特（John Naisbitt）的判断，北部的衰落和西南部的兴盛，即经济重心由北向南转移之势已经无可逆转。尽管新英格兰诸州某些古老家族仍然那么矜持傲慢，但加利福尼亚、佛罗里达、得克萨斯三州正在逐渐取代他们传统的主导地位。所以难怪我的学长TK（唐德刚）要批评他的老师胡适，指出胡氏所终身倾慕的新英格兰和纽约郊区的WASP（White Anglog-Saxon Protestant）阶级生活方式不能代表美国文明的全局。“至于WASP幕后还有些什么其他的花样，又怎是胡适当年这批二十多岁的中国青年所能体会的呢？也更不是后来一些隔靴搔痒的名流学者们所能透彻了解的了。”[1] TK是历史学家而又旅居美国逾四十年，“隔靴搔痒”之讥当非无的放矢。

作为亚洲国家，西化最早而又收获最大的当数日本。但日本向西方学习并走向现代化，也有一个复杂的过程。虽然所谓“脱亚论”（即主张脱离亚洲的陈旧传统）曾经一度颇具声势，但“和魂洋才”主张（相当于我国的“中体西用”）仍然具有很大的影响，日本并未完全脱离东方儒学文化圈。当然，所谓“和魂”并非单纯是已经日本化的儒学，还包括其本土的神道教之类。在日本，真正堪称大幅度的西化，是在战败并被盟军（主要是美军）占领以后，与土地制度改革及民主观念冲击相伴随，日本社会受到美国文化的极大影响。尽管有人将日本列入“儒教+资本主义”模式，实际情况却是离开传统儒学文化愈来愈远，特别是青年一代。当然，这并不排除日本仍然保留着不少旧的传统的东西，甚至亚洲人民所最为痛恨的军国主义的残余。

[1] 参见唐德刚编校译注《胡适的自传》第三章注释（4）（5），上海：华东师范大学出版社，1981年。

近些年在现代化问题研讨中出现一种倾向，即单纯以经济发展程度和物质生活水平来衡量各种文化的价值，而且往往是只注意眼前却不顾及长远，这当然有很大的片面性。社会结构是一个整体，不能只注意经济发展水平而忽视其他各个重要方面。同时，资本主义经济发展总是不平衡的，某个时期、某个国家、某个地区，经济得到较快发展，但并不意味着这个国家或地区的文化就永远那么先进、社会结构就那么十分合理。如过去的德国和今天的日本，都存在着这样的问题。美国的经济发展，在第二次世界大战以后很长一段时间里，曾经傲视全球并被一些人视为西天乐土，然而曾几何时它也面临着与大英帝国趋于颓败相似的境遇。对于美国，我们既不应因为其昔日的兴盛而褒之过高，又不能因为其现今的衰降而贬之过低。对于日本的兴衰浮沉，似乎也可以作如是观。当然，日本人并非都“沉醉于日本自开天辟地就是雄踞世界的一流国家这一幻想之中”，其中始终保持清醒头脑者大有人在。在国内争议甚多的《丑陋的日本人》一书的作者高桥敷，就曾经忧心忡忡地提醒国人：“请看当今日本人的现状——他们满足于名次排列和产品的数量；关于人的意识，仍停留在二千年前的石器时代；他们狂妄自大，以世界一等国民自居。也许，正是这种心理意识的偏颇和落后，竟被当作日本的传统美德而继承着。于是，人们变得像化石一样，冥顽不化。”

与日本一起被列入“儒学+资本主义”模式的，还有新加坡、韩国，以及中国香港、中国台湾等地区。这表面似乎是过分强调了文化因素的作用，实际上却是在这些国家和地区经济起飞以后才在儒家文化方面寻求理论解释，或者至少是以经济起飞为鼓吹所谓“新儒学”提供事例根据。我曾经多次到新加坡及香港等地考察，也曾向这些国家和地区的专家学者广泛求教，试图能多少发现一些儒学对振兴经济的神奇作用。但是很遗憾，也可能是由于自己的“冥顽不化”，我很难得出“儒学导致经济起飞”的结论。我的初步认识是：这些国家与地区的经济起飞，主要取决于机遇、市场、决策与机制，与儒家文化并没有多少直接关联。一位新加坡学者对我说：“与其说儒学导致了经济起飞，倒不如说是经济起飞以后才有条件、也有某种需要来提倡儒学。”一位颇有成就而又有较高文化水平的香港实业家则说得更为坦率：“儒学吗？在香港只有少数学者热心鼓吹，一般香港人没有兴趣，他们只关心发财与享乐。香港之所以繁荣，就是因为香港容许失业。”他的语言是冷酷的，然而隐藏着理智的思考。

以上说的是知彼的困难。也许我把困难说得太多，但从事近现代化比较研究的学者大多都有同感。长期从事现代化与比较史学研究的布莱克（C. E. Black）教授就曾感慨：严格地说，这项大工程必须要有百科全书式的大学者才能胜任。但是正如马克思在《资本论》第一卷第一版序言中早已说过的那样：“万事开头难，每门科学都是如此。”我们当然应该正视困难，但我们更应该勇于克服困难，勇于做披荆斩棘、筚路蓝缕的科学新领域的开拓者。我很欣赏罗荣渠教授在《建立马克思主义的现代化理论的初步探索》一文中讲过的两句话：

“中国为探索自己的现代化道路进行了长达一百多年的艰苦斗争，但现代化研究在学术界一直未引起应有的重视，现在是改变这种理论严重落后实际的情况的时候了。”

“在这样伟大的时代新浪潮面前，社会科学理论界应当振奋精神，敢于去迎接现代化的挑战！”

我认为他准确地表达了我们社会科学理论界共同的心声，而我们编辑出版这套《中外近代化比较研究丛书》，也就是为了迎接呼啸而来的现代化大潮的严峻挑战。

交流与融汇

愤悱·讲画·变力

——对外反应与中国近代化

一部近代中外关系史，其主体就是侵略与反侵略的历史。当然其间也有积极的乃至进步意义的文化交流，但即令是文化交流，也往往带有侵略与反侵略的印记。因此，民族情绪便必然使中国人对外来冲击的反应常带感情色彩，特别是在民族危难关头，感情更容易湮没理智。对于被侵略民族的义愤，应该给以历史的理解与尊重。但也应该看到，义愤如果不与理智结合，则又很难把可贵的民心、民气、民力引向正确的道路，甚至会给本民族带来更大的损失与灾难。考察中国人对外来侵略的反应的发展过程，是中国近代史研究一个极为重要的课题。当然，这是一个很大的课题，本文无力作全面论述，仅就“愤悱”“讲画”“变力”三个词语的提出及其内涵，从一个侧面对此试作探索。

一

“愤悱”与“讲画”二词出于魏源。《海国图志·叙》借用明臣之言，称“欲平海上之倭患，先平人心之积患”，并且指出：“人心之积患如之何？非水、非火、非刃、非金，非沿海之奸民，非吸烟贩烟之莠民。故君子读《云汉》《车攻》，先于《常武》《江汉》，而知‘二雅’诗人之所发愤；玩卦爻内外消息，而知大《易》作者之所忧患。愤与忧，天道所以倾否而之泰也，人心所以违寐而之觉也，人才所以革虚而之实也。”又说：“昔准噶尔跳踉于康熙、雍正之两朝，而电扫于乾隆之中叶。夷烟流毒，罪万准夷，吾皇仁勤，上符列祖，天时人事，倚伏相乘，何患攘剔之无期？何患奋武之无会？此凡有血气者所宜愤悱，凡有耳目心知者所宜讲画也。”

鸦片战争是近代中国所承受的第一次侵略战争。西方殖民主义的残暴罪行与战争所造成的严重恶果，必然引起整个中华民族的义愤。这种义愤可以激发人们奋起反抗外来侵略，但并非所有单纯的义愤都可以转化成为民族“违寐而之觉”的精神驱动力。所以，魏源在强调“发愤”与“忧患”之际，特别提出“愤悱”一词。“愤悱”出于《论语·述而》，即所谓“不愤不启，不悱不发”。“愤悱”与“启发”联系在一起，也就是把感情与理智联系在一起，特别是与民族的觉醒联系在一起，这就构成了19世纪中叶中华民族义愤的较高层次。

但是，统治阶级中的绝大多数人，并未达到这样的认识高度。他们在鸦片战争以后的义愤，大多仍然停留于情感激动的层次，而且与传统的“夷夏之辨”的思路紧密联系。中华帝国历来以文明古国自傲，而以野蛮的夷狄鄙视外邦，即令时至已渐衰微的清朝中叶，这种荒诞的陈腐观念仍然根深蒂固。鸦片战争开始打破了他们心目中固有的世界格局与秩序，因而使他们惊呼：“此华洋之变局，亦千古之创局也。天地为之震撼，沧海听其横流。爝火争光于曜灵，破獍砺牙于当道。漆室女闻而啜泣，况乃须眉；童汪锜誓以身殉，矧曰壮士？凡有血气者，莫不抚膺浩叹，指发狂呼。”[1]《江宁条约》订立以后，这些人固然愤慨于割地、赔款，然而令他们更为痛心的还是外国人“与中国官员用平行礼”，他们认为“国体之沦失以此为最”。他们振振有词地说：“《春秋》所最重者，冠履之分。所最谨者，华夷之辨。成公二年，书公会楚公子婴齐于蜀，君子讥其中国诸侯降班失列下与夷狄大夫会也。今督抚之尊，不止古大国诸侯，竟下与犬羊之逆，用平行礼。不特亵渎衣冠，为中外所耻笑。且使各夷闻风效尤，等威莫辨，中国又何恃以为尊乎？……逆夷藐视中国官员，是藐视中国天子。窃恐平行者，争长之阶。争长者，倒悬之渐。”[2]这些慷慨激昂的悲愤抗议，并未使他们渐趋麻木的中枢神经恢复活力。时人记载说：“和议之

---

[1] 雪中人：《夏燮〈中西纪事〉后序》，转引自阿英编《鸦片战争文学集》下册，北京：古籍出版社，1957年，第813页。

[2] 沈衍庆：《请罢英夷和议书》，阿英编：《鸦片战争文学集》下册，第1005页。

后，都门仍复恬嬉，大有雨过忘雷之意。海疆之事，转喉触讳，绝口不提。即茶坊酒肆之中，亦大书‘免谈时事’四字，俨有诗书偶雨之禁。怡（良）奏英夷索还台湾已杀之俘。上曰：‘这个东西，不过又要我找些银子罢了。’盖以其未有大志，惟在图利而已。”[1]

魏源与这些人不同。尽管他仍然属于这个阶级，仍然没有完全超越“华夷之辨”的传统窠臼，但他反对恪守祖制的泥古不化，主张“变古愈尽，便民愈甚”。他鄙薄那些“徒知侈张中华，未睹寰瀛之大”的愚昧统治者，嘲笑他们：“岛夷通市二百载，茫茫昧昧竟安在？”[2]连敌国坐落何地都弄不清楚，还有什么资格议战、议和、议守？

鸦片战争与《江宁条约》在民间激起更大的义愤，东南沿海地区劳苦群众纷纷拿起原始的武器，奋勇抗击外来侵略者。但是，这些反侵略斗争大多由地主士绅领导，而他们的思想也仍然为忠君、爱国、宗庙、社稷之类陈腐说教所束缚，如《三元里等乡痛骂鬼子词》说：“向来嘆夷屡不安分，久犯天朝，昔攻沙角炮台，戕害官兵，我皇上深仁，不忍加诛，且示怀柔。彼尚不知感恩，犹复包藏祸心，深入重地，施放火箭，烧害民居，攻及城池，目无大宪。……是以饱德之义士，佥助兵粮，荷锄之农夫，操戈御敌，纠壮勇数十万，何逆之不可剪除？水战陆战兼能，岂怕夷船坚厚？务使鬼子无只影存留，鬼船无片帆回国。”[3]魏源重视民众的力量，特别是通过三元里之战认识到“义民可用”。他认为：“广东岸上力作之人与水中渔贩之人，其技勇皆欧罗巴人所不及，若挑练此等人为兵卒，可谓一等勇壮之兵。”[4]但是，他的头脑是清醒的，并不相信这些“义士爷爷”，“每人出钱十文，便足以造船只、修战具，灭尔等（指侵略者）有余矣”。他不仅

[1] 无名氏：《软尘私议》，阿英编：《鸦片战争文学集》下册，第838页。

[2] 魏源：《都中吟》，《魏源集》下册，北京：中华书局，1976年，第677页。

[3] 广东文史研究馆编：《三元里人民抗英斗争史料》，北京：中华书局，1959年，第111~112页。

[4] 魏源：《筹海篇》（二），《海国图志》卷一，光绪二年（1876）平庆泾固道署重刻本。

反对“浪款”，而且反对“浪战”，反对孟浪地拼命。他只是在“以守为战，以守为款”的前提下肯定“岂特义民可用，即莠民亦可用”，并非指望依靠群众自发反抗就会出现“诛尽英夷”的奇迹。因为他深知，从民族的总体来看，人心仍处于“寐患”之中，广东的“义民”“义勇”并无明确的国家意识，他们的反抗与否多半取决于自己的家园乡里是否直接遭受损害。魏源曾经生动地记述，由于奕山等人率军抵粤后歧视、残害当地人民，“粤民久不平，而英人初不杀粤民，所获乡勇皆释还，或间攻土匪，禁劫掠，以要结民心，故虽有擒斩敌人之赏格，无一应命。当洋兵攻城，居民多从壁上观”。南海义勇甚至因为有人被湘兵诬杀而大举哗变，与湘军相互仇杀。及至英军在广州郊区“日肆淫掠，与粤民结怨”，特别是由于英兵千余自四方炮台回至泥城淫掠，这才激起三元里一带民众愤起倡义报复。[1]

因此，魏源谋求人心“违寐而觉”，实即谋求整个民族的觉醒。他不仅主张“去伪，去饰，去畏难，去养痈，去营窟”，而且主张向西方学习：“因其所长而用之，即因其所长而制之。风气日开，智慧日出，方见东海之民，犹西海之民。”[2]“风气”与“智慧”实即民族的文化氛围与文化素质。愚昧的民族很难实现整个民族的觉醒，也很难有效地抵抗外来侵略，因此便需要启蒙（“祛寐”）与反思，把人民的觉悟与智慧提高到一个新的水平。“时乎时乎，惟太上能先时，惟智者能不失时；又其次者，过时而悔，悔而能改，亦可补过于来时。”[3]“过时”就是落后于时代，悔就是醒悟，改就是去弊存利，革故鼎新。这样，魏源从愤悱出发，提出“因其所长而用之，即因其所长而制之”这一光辉的命题，把对外来侵略的反应从感情层次提高到了理性层次，并且已经接触到近代化这一伟大的历史任务。所谓

---

[1] 广东文史研究馆编：《三元里人民抗英斗争史料》，北京：中华书局，1959 年。

[2] 魏源：《筹海篇》（三），《海国图志》卷二，光绪二年（1876）平庆泾固道署重刻本。

[3] 魏源：《道光洋艘征抚记》（下），《魏源集》上册，北京，中华书局，1976 年，第 206 页。

“亦可补过于来时”，就是希望中国在未来的岁月赶上西方先进文明的步伐。

我们说愤悱是通向感情与理智的结合，这绝非望文生义，因为魏源在《默觚》中提出的“才情”一词，也是主张感情与理智的结合。他认为：“才生于情，未有无情而有才者也。慈母情爱赤子，自有能鞠赤子之才；手足情卫头目，自有能捍头目之才。无情于民物而能才济民物，自古至今未之有也。小人于国、于君、于民，皆漠然无情，故其心思智力不以济物而专以伤物，是鸷禽之爪牙，蜂虿之芒刺也。”[1]魏源所说的情不是单纯的感情范畴，尽管他举的是慈母情、手足情的例子，但已提出“于国、于君、于民”这样的社会责任感前提，而在这一点上“情”与“愤悱”便是相通的，其本身也带有理智的成分，而且已经进入伦理范畴。魏源的这些精彩议论，使我们想起比他晚生44年的日本维新思想家福泽谕吉，后者在其名著《文明论概略》中曾提出与“才情”遥相对应的“智德”一词。福泽谕吉认为“智德必须相互依赖才能发挥其功能”，并且更加强调智的重要作用：“智慧不仅能增加道德的光辉，而且还能保护道德，消灭罪恶。”福泽谕吉比魏源离开传统的道德中心主义更远，他的“智德论”与“脱亚论”一同推动了明治维新的进展。由此也可以使我们进一步认识魏源泛释“愤悱”“才情”二词的社会历史意义。

当然，在19世纪40年代，魏源与其阶级本体之间的思想差别还只能说是大同小异，而且当时这些为数极少的维新思想先驱者是相当寂寞的。“月前孤唳为谁哀，无复双栖影绿苔。岂是孤山林处士，只应花下一雏来。”[2]他们心灵痛楚的浓郁与深沉可想而知。但是，他们的沉潜思考与孤独呐喊在稍后的岁月里逐渐产生影响，而且引发了中国走向近代化的维新潮流，其结果便是戊戌变法与辛亥革命。关于这一统绪关系，王韬的《扶桑日记》曾有明确表述。1879年王韬访问日本

---

[1] 魏源：《默觚下·治篇一》，《魏源集》上册，第35页。

[2] 魏源：《悼鹤》，《魏源集》下册，第838页。

时，著名学者重野安绎称赞他对海外情况的了解比魏源深切；王韬回答说："然'师长'一说，实倡先声，惜昔日言之而不为，今日为之而犹徒袭皮毛也。"重野安绎则认为："魏默深血性人耳，得先生继起，而后此说为不孤矣。"实际上，继起者也并非只有王韬一人，还有冯桂芬、郭嵩焘、薛福成、马建忠等一批先进知识分子，而对于后起的康有为、严复、梁启超、孙中山等人来说，王韬这一代人也无非是进化序列的中介层。

与魏源、林则徐等发其端绪的进步潮流相对立的，是在朝野都占统治地位的顽固守旧潮流。外来侵略的刺激，未能促使他们走向警醒、省悟与革新，而狂热的民族情绪反而淹没了他们有限的理智。以其中代表人物大学士倭仁为例，他在1867年春上奏反对设同文馆，认为国家"所恃读书之士，讲明义理，或可维持人心。今复举聪明隽秀，国家所培养而储以有用者，变而从夷，正气为之不伸，邪氛因而弥炽，数年以后，不尽驱中国之众咸归于夷不止"[1]。这些守旧势力的指导思想就是："立国之道，尚礼义不尚权谋；根本之图，在人心不在技艺。"对他们来说，无论是魏源倡导的"师夷制夷"，还是以后流行一时的"中体西用"，都是"变而从夷"之邪说，至于康有为等人提倡的维新变法，竟然敢于要求变千百年祖宗之成法，那更是大逆不道。这般顽固潮流，到义和团运动时更发展到极端，变成仇恨一切外国人和外来事物的笼统排外主义，支配其行动的是狂热的仇外情绪。已经毫无理智可言。早在20世纪初年，有些民主革命的先行者已经看出症结之所在："彼无意识之排外虽甚剧烈，其发念不过从耳目接近之忿恨点而起，而非从爱国心之点而起。故虽讲尊亲之学深厚如徐桐，尚不知割台湾，租胶岛，借旅顺、广［州］湾为何事，惟使馆市街有侵其府第一寸土者即忿忿不能平。适拳民亦妒教士之势横，两盲同意，二聋联盟，遂决欲铲除东交民巷使馆，及烧毁四牌楼教堂，以为如此外人即可莫予毒。乌乎！此即挟民族主义之国民举动乎？扶清者，仅扶东交

[1]《筹办夷务始末·同治朝》第47卷，北京：中华书局，1957年，第24页。

民巷及四牌楼；灭洋者，仅灭公使馆及天主堂，如此彼尚知国家国民为何解乎！”[1]“两盲同意，二聋联盟”的说法虽然过于尖刻，却道出了丧失理智的笼统排外主义的真谛。劳苦群众与统治者本来是对立的阶级，可是在瓜分惨祸迫在眉睫与仇外情绪空前高涨之际，却在一定时期内走上一条道，轰轰烈烈的反帝斗争遭到扭曲的命运。这就是两个世纪之交发生在中国大地上的民族大悲剧，而又从反面验证了魏源半个世纪以前提出的“愤悱”二字的深刻意义。

二

魏源说，“凡有血气者所宜愤悱，凡有耳目心知者所宜讲画”。愤悱属于感情层次，但含有理智成分并通向理智层次，而讲画则显然应该完全列入理智层次。魏源的思考与讲画并非始于鸦片战争，早在战前他即已“积感”于社会危机的日趋深重。但是，确实是外来侵略及民族危机促使他作更为全面而深入的思考与讲画。正如他在《圣武记叙》中所说的那样：“晚侨江、淮，海警飙忽，军问沓至，忾然触其中之所积，乃尽发其椟藏，排比经纬，驰骋往复。”除作四十余万言《圣武记》外，又在林则徐《四洲志》的基础上编成《海国图志》这部大著作。“钩稽贯串，创榛辟莽，前驱先路”，这可以看作是他的自我写照，也就是以后王韬所说的“‘师长’一说，实倡先声”。

人们常把中国先进知识分子对近代化的认识过程区分为三个层次或三个阶段，即器物、制度、心性。这作为总体的大略勾画未尝不可，但如考察个别人物的思想与实践，则很难作如此简单明快的分割。即以魏源首倡的“师夷长技以制夷”而言，他所说的“技”并非仅限于器物。因为，与“战舰”“火器”并列的“养兵练兵之法”，即涉及军事的管理、训练、教育乃至人员素质的改善。而且，魏源并没有把“长技”狭隘地理解为单纯的技术或技巧，而是从更高的文化层次来诠释。他反对传统的“奇技淫巧”成说，公开倡言：“有用之物，即

[1]《箴国民》，《苏报》1903 年 5 月 8 日。

奇技而非淫巧。”“今西洋器械，借风力、水力、火力，夺造化，通神明，无非竭耳目心思之力，以前民用。因其所长而用之，即因其所长而制之。风气日开，智慧日出，方见东海之民，犹西海之民。”[1]耳目属于感官，是感性认识的来源；心思属于大脑功能，认识进入较高层次即转化为理性。运用自然能源而达到“夺造化，通神明”的境界，这就绝非仅靠灵巧的手脚所能奏效，所以必须“竭耳目心思之力”来制造器械（包括制造器械的机器）。把“耳目心思之力”与“风气日开，智慧日出”连接在一起，这就已经提出了向西方学习的理论问题。

比魏源稍后的冯桂芬，继承并发展了“师夷长技以制夷”的思想。他在《校邠庐抗议》一书中，除“制洋器议”外，还有“采西学议”以至“变科举议”“改会试议”诸篇，这就把“师夷长技”扩大到引进西学更为广阔的范围。冯桂芬的“千古名论”（阔普通武语）是：“法苟不善，虽古先吾斥之；法苟善，虽蛮貊吾师之。”[2]这里所说的法显然是泛义的，绝非只限于器法。因为他还曾指出：“人无弃材不如夷，地无遗利不如夷，君民不隔不如夷，名实必符不如夷。”[3]“四不如”兼包技器、体制、心性三方面的革新愿望，且为三十多年以后孙中山《上李鸿章书》所沿用。

推动洋务潮流的先驱者之一郭嵩焘，也是沿着从愤悱到讲画的路线前进的。他总结鸦片战争以来反抗外来侵略的经验教训，认为单纯靠义愤与空言无补于艰危：“洋人之入中国，为患已深，夫岂虚骄之议论，嚣张之意气所能攘而斥之者？但幸多得一二通知其情伪，谙习其利病，即多一应变之术。”郭嵩焘从总体上来说并未超越“中学为体，西学为用”的框架，但他比同时代人高明之处在于认识到西学本身也有本有末，并非尽皆为末。其《条议海防事宜》即曾明确指出：“西洋立国，有本有末，其本在朝廷政教，其末在商贸。造船制器，相辅

[1] 魏源：《筹海篇》（三），《海国图志》卷二，光绪二年（1876）平庆泾固道署重刻本。

[2][3] 冯桂芬：《校邠庐抗议·收贫民议》，中国史学会主编：《中国近代史资料丛刊·戊戌变法（一）》，上海：上海人民出版社，1957年，第18、30页。

以益其强，又末中之一节也。”把“造船制器”看作“末中之一节”，把西方朝廷政教看作“立国之本”。这种认识当然是已经从器物文明层次进入制度乃至心性文明层次。循着这种思路前进，必将导致对“中体西用”的否定，其后裘作桴把“中体西用”比喻为“牛体马用”，严复又将之发挥为“无异取骥之四蹄，以附牛之项领，从而责千里焉固不可得，而田垄之功又以废也”[1]。这都是把器物、制度、心性视为具有内在联系的一个整体，主张比较全面的革新讲画。

当然，从讲画的实践来说，又确实是从器物层次开始的。因为反侵略战争既然构成了中国近代史的发端，那么中国近代化以国防现代化迈开第一步也就是顺理成章。洋务运动初期的重点是军事工业，而且在历史上曾被称为自强新政。据美国学者亨廷顿考察，这乃是许多落后的传统君主国的共同特点，而国防近代化必然要导致鼓励经济发展与工业化，扩大交通运输能力，提高教育质量，改革陈旧风习，促进公共卫生等。器物文明的革新是在特定的环境中进行的，它不可能脱离制度、心性文明的相应配套革新；无论在哪个国家，单纯追求器物文明的革新是不可能成功的。

洋务运动虽然不是历史上固有的名词，但它确实是一种社会运动，尽管在广度上与深度上都很有局限。军事工业的建立首先带动了原料（铁）与能源（煤）工业的兴起，继而又带动了交通运输、邮传电讯以及其他工商企业的发展。工业的发展需要科学技术，需要掌握科技知识以及管理现代企业的人才，这又必然要促使教育以及整个文化事业的变革与发展。所以，至少在上海等通商口岸，风气已经率先逐步开化。1880 年傅兰雅曾说及他的在华观感：“今在十八省中所有新法新事已见流通，且显沛然莫御之势。要之，西国所有有益中国之学，中国必欲得之，盖华人已有饮泉思渴之心焉。”并且指出，中国人“明知学术一道，不在一国一邦，故虽视西人为夷狄之邦，亦乐学其有

[1] 严复：《论教育书》，《外交报》1902 第 9 期。

益于中国之事；惟必依中国之法以学，否则弃而不取”[1]。傅兰雅对西学东渐之势估计未免过高，但“必依中国之法以学”的说法则大体符合洋务新政决策层的心态，实际上就是以“中体西用”为前提，“否则弃而不取”。甲午战前的洋务新政，无论是“求强”抑或“求富”，主要还是限于学习西方的物质文明，在制度与心性层次方面的革新则是枝节与零碎的。

较早看出并指出洋务新政的局限与失误的有识者是郑观应。他于1884年在《南游日记》中说过：“余平日历查西人立国之本，体用兼备，育才于书院，论政于议院，君民一体，上下同心，此其体；练兵、制器械、铁路、电线等事，此其用。中国遗其体而效其用，所以事多扞格，难臻富强。”这已经是对“中体西用”论者的公开挑战。及至经过甲午战争的失败，洋务新政的内在弱点充分暴露，有识之士对“中体西用”的批判便更加激烈与深刻。1894年8月，谭嗣同在《思纬壹壹台短书——报贝元徵》中，从哲学高度把长期被颠倒了的道器、体用关系重新颠倒过来，论证了器为体而道为用，“体立而用行，器存而道不亡”。因此，他认为道器不可分离，器变道亦不能不变，中国有道外国亦有道。他深知“中体西用”论者最大的顾虑是怕被西方文明同化，即人们常爱说的“变夷”，所以又痛切陈述：“语曰：‘知己知彼。’先必求己之有可重，而后可以轻人。今中国之人心风俗政治法度，无一可比数于夷狄，何尝有一毫所谓‘夏’者！即求并列于夷狄，犹不可得，遑言变夷耶？”[2]“夷夏之辨”本来是产生于中国文化高于四邻国家的优越感，现在落后到难以自立于世界各国之林，连并列于“夷狄”的资格都没有，还大谈什么“变夷”，岂不是可笑到了极点吗？

---

[1] 傅兰雅：《江南制造总局翻译西书事略》，张静庐编：《中国近代出版史料初编》，上海：群联出版社，1953年，第26页。

[2] 谭嗣同：《思纬壹壹台短书——报贝元徵》，《谭嗣同全集》，北京：生活·读书·新知三联书店，1954年，第423页。

因此，维新派便越过洋务新政“求强”“求富”的藩篱，正式提出全面变法的政治主张，从而把救亡图存的讲画推进到一个新的阶段。康有为向皇帝进言：“窃以为今之为治，当以开创之势治天下……不当以一统垂裳之势治天下。盖开创则更新百度，守成则率由旧章，列国并立则争雄角智，一统垂裳则拱手无为，言率由则外变相迫，必至不守不成，言无为而诸国交争，必至四分五裂。”[1]这是以更为儒雅委婉的语言表达了谭嗣同的思想，驳斥了“变夏从夷”的迂腐成见。他们比较冷静、客观、准确地把握了国际局势的变化，并且把世情与国情结合起来，提出器物、制度、心性联为一体的全面变法主张。这里所说的制度主要还只限于体制，并非整个社会制度的根本变革。但既然是追求经济、政治、文教体制的全面变革，那么从逻辑推论来说，社会制度的变革也就是必将导致的结果。

有些论者把戊戌变法与辛亥革命都列为追求制度变革的层次，这种说法有所依据但也不尽准确。诚然，戊戌维新要变的法确实是各种制度（体制），包括与此相应的一系列政策法令。康有为撰写的指导维新变法的重要理论著作即以《孔子改制考》为书名，把孔子捧为改制素王、教主；而顽固派叶德辉等攻击维新派，焦点亦在于“康有为之徒，煽惑人心，欲立民主，欲改时制，乃托于无凭无据之公羊家言，以遂其附合党会之私智”[2]。1897 年初，康有为奉诏上疏“统筹全局”，阐明变法全盘部署，强调“能变则全，不变则亡；全变则强，小变则亡”。疏中所陈明治维新要义有三，第三条（关键的一条）即为开制度局而定宪法，并具体建议在内廷设制度局，订立各种新章，下设十二局，实际上就是规划改革中央一级的政治体制。这与此前他所编的《日本变政考》《俄罗斯大彼得变政记》的思路是一致的。

然而，维新派同样重视物质文明与心性文明，并且理解物质、制

---

[1] 康有为：《上清帝第二书》，中国史学会主编：《中国近代史资料丛刊 · 戊戌变法（二）》，上海：上海人民出版社，1957 年，第 140 页。

[2] 叶德辉：《輶轩今语评》，《翼教丛编》卷四，转引自汤志钧《戊戌变法人物传稿》下编，北京：中华书局，1982 年，第 602 页。

度、心性之间的联系。譬如康有为等人的《公车上书》，在敦促皇帝“变法成天下之治”部分中，首先就陈述“富国之法有六”“养民之法有四”，其内容大多属于物质文明层次。不过，他们紧接着便提出“教民”问题，着重指出“小民不学，则农工商贾无才。产物成器，利用厚生，既不能精；化民成俗，迁善改过，亦难为治”。于是，他们要求改武科为艺科，各省州县遍设艺学书院。所谓艺学，实即科学，包括科技与自然科学、人文科学，并将“艺学”的“专门之业”，列为科举考试项目。同时他们还要求“讲求挽救”风俗人心，推广经过革新改造的孔教。至于严复倡言的民力、民智、民德与稍后梁启超鼓吹的“新民说”，无一不表现出致力于制度（侧重政治体制）改革的维新志士对心性文明改造的热衷。

与维新派相比较，革命派在20世纪初年所要求的制度变革更为全面与深刻，可以称得上全面的社会制度的变革。孙中山从开始倡导革命之日起，便把建立民主共和国作为奋斗目标，而同盟会的纲领又包括了社会经济制度的变革。同时，革命党人在浴血战斗的岁月，也没有忘记传播新知、改革教育与批判陈旧的封建传统文化。当然，也应该看到，在辛亥革命及其以前十年的岁月里，革命派领导人的主要精力在于追求社会制度的变革，而1912年初南京临时政府在其短暂存在的时期内，更在这方面倾注了大量心血。民国成立以后，孙中山把国民党的主要注意力转移到民生主义，其中当然包括社会经济制度变革方面的含义，但实际上主要是倡导发展实业，亦即物质文明建设，特别是关系经济命脉与国家存亡的铁路建设。而稍后发表的《实业计划》，更全面制定了中国工业化的蓝图。但是，即令在强调物质文明最甚之际，孙中山也没有忘记心性文明之重要。1919年春定稿的《孙文学说》，卷一就是“知难行易”，以后编为《建国方略》之一，并题名为《心理建设》。具有讽刺意味的是，原先热衷于用暴力改变社会制度的一批老革命党人，他们曾经激烈抨击梁启超等人的“民智不逮”论，而在多次暴力革命失败之余，现在也以大力启迪民智为己任了。

以上种种情况说明，理智的讲画比单纯的义愤对中国的救亡图存乃至近代化起了更为切实的促进作用。至于物质、制度、心性三种文明层次的讲画，在不同历史阶段各有所侧重，但由于三者之间固有的联系密切，因此必然有互相交叉、重合、渗透之处。这说明社会变革或近代化乃是一个巨大的系统工程，指导革新的决策层必须有宏观的总体规划，然后才能有计划有步骤地推行改革并且取得预期的成效。由于民族危机与社会冲突空前激化，中国近代百余年来的几代革新领导者常常在思想、组织、讲画都缺乏充分准备的情况下，就被推到历史舞台的前沿，因此往往在实践的全局上没有清晰的章法，在潮流驱动下的随机应变，多于按既有计划的前进，因此不断遭到挫折与失败。当然，历史一般都是在曲折迂回中前进的，不同时期的革新先驱大多走完了自己应走的路程，并且在不同侧面与不同程度上取得了或多或少的成就。我们只能在充分尊重这些成就的前提下总结前人的经验教训，把他们的不足与失误化为我们的历史殷鉴，任何简单否定前人成果的做法，都不是马克思主义者应有的郑重态度。

三

至于“变力”，康有为在《进呈〈俄罗斯大彼得变政记〉序》中讲得比较清楚：“呜呼！雷动而草木坼，其变力大者，其治功大。苍萌亿亿，皆草木也，待雷而坼，于以荣华，于以参天。彼得之变力，雷力也哉？宜其坼而荣华，而参天。”[1]变革需要力量，更需要力度，所谓雷力，就是特大力度的形象表述。用康有为的话来说，既危又弱的数百年一姓之国“宜鉴于斯”。

当然，追求变力者并非始自康有为。早在半个世纪以前，龚自珍呼唤“九州风气恃风雷”，即是对社会变力的追求，而且也是希望出现具有非凡力度的“风雷”。他在《尊隐》这一名篇中，寄希望于“则山中之民，有大音声起，天地为之钟鼓，神人为之波涛矣”对于

[1] 康有为：《进呈〈俄罗斯大彼得变政记〉序》，中国史学会主编：《中国近代史资料丛刊·戊戌变法（三）》，上海，上海人民出版社，1957 年，第 2 页。

“山中之民”，人们往往给以许多现代意义的解释，其实无非是龚氏寄予希望的某种泛指的社会力量，亦即足以发动并推行改革的力量。在鸦片战争以前，这种力量还是潜在与微弱的，因而其形象也只能是模糊不清的。

很难把龚自珍看作是预言家，但他所呼唤的“山中之民”，却在十多年后崛起的太平军身上得到某种程度的印证。太平天国确曾具有“天地为之钟鼓，神人为之波涛”那样巨大的社会冲击力量，如果与具有明确革新要求的社会群体相结合，未尝没有可能驱动中国比较有效地走上近代化道路。但是很可惜，当时屈指可数的维新思想先驱者对农民起义大都持敌视态度，而他们曾投身依附的洋务集团则是镇压太平天国的主要社会群体。因此，这个凭借广大农民奋起反抗而建立的天朝，仍然是一个未能摆脱农业宗法模式的守旧王朝，并且仍然重复了历次农民战争悲惨失败的结局。不过，也不能以虚无主义的眼光来看待这次农民大起义。太平天国的历史贡献，主要在于破坏而不可能在于建设。它以雷霆万钧之力冲击中国最后一个王朝，使其根基摇动而此后更易趋于土崩瓦解。也许历史对太平天国的要求正是以风雷狂飙激发神州大地的生气，使浑浑噩噩的人们从沉睡中惊醒。洋务集团利用镇压太平天国的时机开始办起了近代工业，维新派利用太平军的余威敦促皇帝变法图强，而孙中山则公然以洪秀全继承人的姿态发动了辛亥革命。这就是人们所看得见的连锁反应。

由于充当了镇压太平天国的主干力量，洋务集团亦曾充当中国近代化载体这一历史事实往往容易被人们忽略。前面已经说过，早期的维新思想先驱为数甚少，他们如果不依附一定的政治集团，则只能局限于孤独的呐喊。及至 19 世纪 60 年代初，农民起义与外来侵略的双重压力，促使清朝统治者不得不图谋有所革新自强，于是洋务便成为一种潮流乃至社会运动。应该承认，走在这个潮流前面的乃是洋务集团，而一些维新思想先驱则是这个集团的成员。在洋务集团内部，大体上可以区分为四个群体。一是曾国藩、李鸿章、左宗棠等督抚群体。他们有兵、有权、有钱、有势，可以影响朝廷决策，并在自己管辖的省区内举办各类大型新式企业、事业。二是郭嵩焘、薛福成、马建忠等思想先驱群体。他们在幕府内外影响幕主，参与决策并鼓动舆论。三是华蘅芳、李善兰、徐寿父子等科技专家群体。由于他们已走出书斋与实验室，并被委以建厂、办厂重任，所以也可以说是技术官僚群体。四是盛宣怀、徐润、唐廷枢等经营管理者群体。这是一批应运而生的颇具开拓型、经营型气质的新起经济官僚。他们的作用极为重要，督抚群体的决策、思想先驱群体的观念、科技专家群体的聪明才智，都要经过他们的组织运营才能熔为一炉，化为分布在各地的近代企、事业实体。

最早注意到洋务派这种集团力量的是容闳，他在 1863 年描述曾国藩幕府盛况时说："总督幕府中亦有百人左右。幕府外更有候补之官员、怀才之士子，凡法律、算学、天文、机器等等专门家，无不毕集，几于举全国人才之精华，汇集于此。"[1]到甲午战前，洋务集团以及与洋务事业直接间接相联系的各色人等，确已形成一股有相当声势的变力。但是，与庞大的顽固守旧势力相比较，这股变力仍然显得过于弱小，而且其本身又有很大局限。即以在洋务集团中起主导作用的督抚群体而言，真正具备近代头脑的人几乎还没有出现。按照熟知内情的郭嵩焘的说法，甲午战前堪称"洞悉洋务"的督抚只有三人，"合肥（李鸿章）能见其大，沈尚书（葆桢）能得其实，丁中丞（日昌）能得其精"。但是，郭嵩焘又批评他们未能超越"中体西用"框架，"徒能考求洋人末务而忘其本也"。情况很清楚：西方国家的文明进化，涉及社会制度、政治体制、科学技术、文化学术、风俗习惯各方面的革新与进步。如果离开整体环境的变革，孤零零地去考求西洋军火，引进外国军事口令、阵法、条例，乃至办若干工厂，辟几条航线，那就只能造成"橘逾淮而北为枳"的悲剧结局。

甲午战争的惨败证实了维新思想先驱者的远见卓识。于是，康有为明确提出变力问题，即所谓"其变力大者其治功大"，洋务运动之

[1] 容闳：《西学东渐记》，长沙：湖南人民出版社，1981 年，第 74 页。

所以失败，就是因为它缺少如同彼得改革那样的“雷力”。康有为不仅强调变革的力量、力度，而且从文化形态学的角度辨析力的素质。他认为，凡能实现变政者，必然是“才武、志深、力雄、气猛”，所以能锐意改革，推移旋转，举重若轻。而同光新政之所以失败，则是由于主其事者“才文、志浅、力薄、气弱”，所以因循苟且，难以成事。

维新派批评洋务派缺乏“才武”的气质，可是他们自己没有如同洋务派那样能够直接掌握武装。他们把寻求更大变力的希望寄托于两方面：一是皇帝，二是民间。他们仍然是君权主义者，但他们力求把强大的君权化为推动变革的伟力。康有为劝光绪皇帝，要像大彼得那样，做大有为之君，“知时从变，应天而作，奋其武勇，破其千年自尊自愚之习，排却群臣阻挠大计之说”，这样才能“雷动霆震，万法并兴”[1]。为了争取皇帝，他们与帝党结成同盟，极力向后党争权。同时，他们又寄希望于民气、民力，努力举办各种学会，出版报刊书籍，借以启迪民智、组织力量，推动变法。平心而论，维新派在宫廷内部与社会动员两方面的工作，都比洋务集团出色；加以他们具有较明确的政治思想与变法纲领，所以从变革的力量与力度两方面都超过了洋务运动，尽管它存在的时间非常短暂。戊戌变法旋起旋灭的原因很复杂，如果仅就变力的角度而言，则主要是没有也不可能与声势浩大的义和团运动结合起来，他们所依靠的民间力量只限于数量有限的开明绅商与刚刚形成的近代知识分子群体；同时，他们所凭借的帝党并无多少实权，特别是手头没有一支可靠的军队，而且也不是什么有严密组织的政治集团，因此在关键时刻便抵敌不住后党——淮系同盟闪电般的反击。

不过，戊戌维新毕竟从思想上、组织上、骨干上为后起的辛亥革命提供了一定程度的准备，也可以说前者为后者开辟了道路。六君子的血使年轻的革命派醒悟，他们不再对皇帝寄予幻想，决心推翻整个

---

[1] 康有为：《进呈〈俄罗斯大彼得变政记〉序》，中国史学会主编：《中国近代史资料丛刊·戊戌变法（三）》，第2页。

腐败的王朝，因而决心联络人数更为众多的下层劳苦群众，用暴力革命来改变社会制度。孙中山在革命活动的初期，主要是联络华侨与会党，同盟会成立以后则以进步知识分子、新军、会党为主干。用杨毓麟的话来说，就是由“中等社会”（知识分子）“提携下等社会以矫正上等社会”，“破坏上等社会以卵翼下等社会”。在20世纪的最初十年，以新式知识分子及其所代表的资产阶级、小资产阶级组成的“中等社会”力量确实有明显的增长。他们组织了革命政党，提出了政治纲领，并且在一部分有组织的下层群众（会党、新军）中做了大量卓有成效的宣传动员工作，所以辛亥革命在民族矛盾与社会矛盾空前激化的有利形势下，得以一举推翻清朝、建立民国，推动中国近代化又大大迈进了一步。但是，革命派在发动群众方面主要限于部分会党、新军的联络，而在启动农民伟力的艰巨任务面前踌躇不前。因此，作为变力而言，辛亥革命的力量与力度仍然是有限的，其变革的效果大多也限于表层，而很难掘翻旧社会的根基。这就是孙中山在五四运动以后所认识到的：“八年以来的中华民国，政治不良到这个地位，实因单破坏地面，没有掘起地底陈土的缘故。”“我们既经要改造中国，须造成一灿烂庄严的中华民国。像工程师建筑伟大房屋一般，须用新的方法去建筑。……所挖出的陈土须远远搬开。”[1]

当然，孙中山所讲的尽管已深入一步，但实际上仍然并未触及中国社会的深层结构；因为他只看到军阀、官僚、政客这些社会集团，而未能辨析产生这些社会集团的根源。只是在中国共产党成立以后，毛泽东等领导者以马克思主义为武器，科学地阐明了中国社会性质以及革命的任务、对象、动力、前途等一系列重大问题，这样才由表及里，更为深刻地弄清了中国的社会结构，同时也找到了彻底变革社会的力量源泉，于是才最终埋葬了旧中国、建立了新中国。

---

[1] 孙中山：《改造中国之第一步》，《孙中山选集》，北京：人民出版社，1981年，第474~475页。

从鸦片战争到现在，已经整整 150 年了。尽管国际局势与中国社会都已经发生了翻天覆地的变化，但是先驱者们反复思考过的愤悱、讲画、变力诸问题，至今仍可作为历史的借鉴。

（原载《历史研究》1991 年第 2 期）

中国教会大学的历史命运

——以贝德士文献（Bates’ Papers）为实证

中国教会大学在大陆已经绝迹四十多年了，但它毕竟曾经存在半个世纪以上，具有一定的历史地位与作用，而且其影响至今仍然不难察觉，因此有必要做进一步的研究[1]。本文限于时间与篇幅，只想就贝德士博士（Dr. Bates）所遗留的相关文献，并且循着贝德士的视角和思路，从宏观上考察中国教会大学的历史命运。这也许可以看作我自己研究中国教会大学史的起步。

一

首先，应该介绍贝德士博士其人。

贝德士本名 Miner Searle Bates，1887 年 5 月 28 日生于美国俄亥俄州的纽瓦克（Newark）。父亲 Miner Lee Bates 是一位新教牧师，长期担任哈莱姆学院（Hiram College）院长，在当地享有很高的声望。小贝德士就在这所学院读书，于 1916 年（19 岁）获学士学位。由于品学

---

[1] 对中国教会大学史，美国学者着手较早。从 1954 年开始，中国基督教大学联合董事会主持编写了一套有关教会大学的系列丛书，已出版有福建协和大学、金陵女子大学、之江大学、圣约翰大学、齐鲁大学、东吴大学、华南女子文理学院、燕京大学、华西协合大学等十种。20 世纪 70 年代以后，又有一批学术专著出版，较重要者如 Jessie Gregory Lutz，*China and the Christian Colleges，1850-1950*，Cornell University Press，1971；William Purviance Fenn，*Christian Higher Education in Changing China，1880-1950*，Eerdmans，1976；Philip West，*Yenching University and Sino-Western Relations，1916-1952*，Harvard University Press，1976；Mary Brown Bullock，*An American Transplant：the Rockefeller Foundation and Peking Union Medical College*，University of California Press，1980。

俱优，得到罗兹（Rodes）奖学金，去英国牛津大学攻读历史。时值欧洲战火正烈，第二年（1917 年）他便离开牛津，作为基督教青年会（YMCA）干事随军前往近东，稍后又正式加入美国军队。

退伍后，贝德士回牛津继续读书，专攻近代史，1920 年以优异成绩获硕士学位。这年夏天回到美国，随即志愿接受教会派遣，前往中国南京在金陵大学任教。这是他在中国教学生涯的开始，直到 1950 年最终离华返美，前后整整三十年。金大以外，他还先后在金陵女子文理学院、国立中央大学、中央政治学校等校兼课。同时，他又在课余兼职于基督教高等教育委员会（The Christian Council for Higher Education）、太平洋关系研究院（The Institute of Pacific Relations）等机构。他经常为报刊撰写国际评论，是一位学者型的传教士和社会活动家。

20 世纪 20 年代在中国迅速蔓延的反基督教运动，特别是 1927 年的“南京事件”，对金陵大学和贝德士本人都是一次猛烈冲击。金大副校长文怀恩（Williams，J. E.）惨遭杀害，外籍教职员全部撤退。贝德士偕妻携子，先到上海，继往日本。事态平息以后，他是最先获准返校的美籍教师。此后一直在金大教书，直至全面抗战爆发。其间曾一度赴美深造，1935 年在耶鲁完成《公元前 221—前 87 年的中国历史》学位论文，并获得博士学位。1936 年至 1941 年之间，他曾七次访问日本，作为教会代表利用当地资料研究亚洲现状、日本社会状况及其政府政策。当时，他是较早向国际社会发出“日本军国主义将点燃全面侵华战火”警报的少数美国学者之一。

全面抗战爆发后，金大西迁成都。其时尚滞留于日本的贝德士，奉学校当局之命，历尽艰险穿过日军战线返回南京，以副校长名义全面负责留守校产。南京沦陷前后，他是南京国际难区委员会（Nanking International Safty Zone Committee）的发起者之一，随后又是南京国际救济委员会（Nanking International Relief Committee）的骨干与主席，在南京大屠杀期间做了大量保护与救济中国难民的工作。

抗战胜利以后，贝德士又奉命交涉收回校产，为金大复校南京做了大量工作。1946 年 7 月 29 日，贝德士出席东京远东军事法庭对日本战犯的审判。作为南京大屠杀的重要目击者，他以无可辩驳的亲身见闻与实地调查资料，证实并指控日军大肆烧杀淫掳的万恶罪行，他的证词受到广泛传播和赞扬。由于他在南京沦陷期间援救难民的卓越贡献，国民政府亦曾经授予他襟绶景星勋章以示奖励。

1950 年由于朝鲜战争爆发和中美关系恶化，贝德士最终离开金大返回美国。此后一直在纽约协和神学院（The Union Theological Seminary）担任教会史等课程的教授，并经常参加哥伦比亚大学东亚研究中心的有关学术活动。1965 年退休以后，开始从事《基督徒在华奋进六十年》（*The Protestants' Endeavours in Chinese Society, 1890–1950*）这一巨著的写作。迄至 1978 年秋猝然病逝，他穷尽 13 个寒暑，为我们留下约1 000种书刊、报纸的摘录和复印资料，还有3 800页工作笔记（working drafts），其中包括全书预拟提纲，许多章、节的提要和初稿等。这批宝贵资料，连同他生前细心保存的信件、日记、其他已发表和未发表的文章手稿等各种文献，共 130 盒、1 000余卷，全部收藏于耶鲁大学神学院图书馆特藏室（The Special Collections of Yale Divinity School Library），统称贝德士文献（Bates' Papers）。贝德士文献是该馆“中国文献收藏”的一部分，编号为 RG10[1]，它不仅是贝德士一生的记录[2]，也是中国教会大学的一部实录。可惜至今学者还未能充分加以利用。

二

为什么会在一个非基督教国家（Non-Christian country）出现教会大学？什么是教会大学建立的主要宗旨？这个宗旨实现没有？对于这些问题，我们可以从贝德士的手稿中寻求某些答案，虽然并不完整，也很难说是全面。

---

[1] “中国文献收藏”原文是 China Records Project, Miscellaneous Personal Papers Collection，包括许多在华美国传教士的私人档案，内容极为丰富。

[2] 以上贝德士简介，即据此文献所写，同时也参考了 Maude Taylor Sarvis, Bates of Nanking, The International Committee of YMCA, 1942, pp.1–7.

贝德士不仅是一个传教士教育家（missionary educator），而且是一个受过良好训练的历史学者。他具有足够的洞察力去分析那些影响教会大学历史命运的中国社会和文化因素。

贝德士陈述说，在 1899 年，在中国4.5亿总人口中，大约有 2 800 名传教士导引着将近 10 万中国基督教徒。英、美传教士在一个贫穷的大国中工作，面临着排斥一切外来事物的强大挑战。传统的儒学教条和强烈的反帝情绪，成为基督教在华奋进的主要阻力。但是，需要西方先进科技而又缺乏现代教育制度，却为传教士们提供了新的机遇。外国教会发现，他们可以通过学校在各种境况下接触中国人并影响他们的生活。因此，在 1890 年至 1907 年期间，教会学校迅速增多，其中包括几所学院和初级学院（junior college）。

贝德士认为，教会大学是跨文化互动（cross cultural interaction）的产物。当然，这是一个漫长的发展过程。在 1882 年，全中国只有一所教会学校可以界定为高等学校（post-secondary institution）。12 年以后（1894 年），增加到四所学院，不到 300 名学生。到 1950 年，增加到 13 所大学、13 000 名学生，这些教会大学分布在全国各地[1]。

但是在基督教内部，对于教会大学始终存在着意见分歧。贝德士指出："教会中有些人强烈反对提升教会学校的层次，他们认为这将削弱'直接福音'（direct evangelism）。宗教教育应是绝大多数教会学校的重要功能，只有口头布道和宗教仪式才能福音化中（evangelizing China）。但是，罗伯特·斯皮尔——一位优秀的神学与福音传布者，却深信教会在中国从事高等教育是一种优势（advantage），这可以介绍新知识、基督教理念、道德规范，使之植根于人心，从而减少社会猜疑并改善对基督教的态度，特别是对那些徒有其表的基督徒。"[2]

---

[1] William Purviance Fenn, *Christian Higher Education in Changing China, 1880-1950*, Eerdmans, 1976, pp.14-15.

[2] Cynthia McLean ed., *Gleanings: From the Manuscripts of M. Searle Bates*, The China Program, National Council of Churches of Christ in the U. S. A., 1984, p.43.

上述两种意见的争论，长期持续于基要派（Fundamentalism）与现代派（Modernism）之间。从历史上看，现代主义最初是指天主教内的一种运动，它宣告基督教义应随时俱进，容许作必要的调节适应，并与阿夫烈·路易丝（Alfred Loisy，1857—1940）及乔治·泰雷（George Tyrrell，1861—1909）的教旨结合。1907 年教宗庇佑十世曾对现代主义严加谴责。此后现代派则是专指新教（基督教）中新的神学趋向，一般称为自由主义或自由神学（Liberalism or Liberal Theology）。现代派与基要派经常发生冲突，因为一方代表自由主义的新教教义（Liberal Protestantism），另一方代表保守的福音主义（Conservative Evangelicalism）。现代派潜心于对《圣经》作批判地研究，愿意接受"现代科学"某些与《圣经》教旨差异甚大的结论，普遍拒绝上帝自我天启（self-revelation）的观念。

基要派，特别是建立于美国的基要派，大约在 1920 年专指保守的福音主义。在 1910—1915 年间，有一系列小册子取名"基要"（Fundamentals），用意即在反对现代派，坚持传统基督基本教义与价值标准，特别是要排拒理性主义与现代派的腐蚀影响，维护对经典逐字逐句严谨研读的信仰（the belief in the inerrancy and literal interpretation of scripture）。

贝德士面临现代派与基要派的冲突，并且明显地倾向于前者，虽然他并未留下任何直接的文字陈述。其历史背景大略如下：19 世纪 70 年代，基督教革新运动即已开始，1890 年至第一次世界大战期间更发展到高峰。革新分子们的成就之一便是海外布道运动。大学生志愿去海外传教的热潮，从北部很快遍及全美，到 1914 年已有约6 000名学生作为布道者远赴异国。贝德士正是这一运动成千上万的跟随者之一。这个运动后来与进步主义（progressivism）相连接，特别强调"社会福音"（Social Gospel），关心人们物质的和社会的进步，社会革新成为海外事工的合格验证（hallmark）。而在基要派眼光中，学生海外布道运动就是现代派与进步主义，他们都难以认同。

基要派与现代派的争执很早已引入中国。邵玉铭说过：这里存在着自由派与正统派，或者是现代派与基要派的冲突。中国教会在1949年以前分成两个阵营。燕京神学院的领导人赵紫宸教授，一位中国宗教界很有思想的作家，由于他的有关中国哲学、传统、宗教思想和生活的论著而知名，而这些书都被看作是自由主义的。另一位基督教领袖吴耀宗，由于《黑暗与光明》（*Darkness and Light*）一书而知名；燕京大学副校长吴雷川是清朝取得科举高位的学者，由于有关基督教与中国传统文化的著作而享盛誉。两位吴先生不仅被看作现代派，而且是宗教界的激进派。基要派的代表人物则有宋尚节、王明道、倪柝声，他们大多是本地的传教士。他们都拘守基督教义的基要，对现代派深恶痛绝。中国的基要派也反对“社会福音”，认为人们只有通过《圣经》的个别中介才能获得天启。他们都是基督教的虔诚皈依者，但缺乏现代科学知识，并且忽视高等教育与整个社会的发展[1]。

贝德士与中国教会大学的多数传教士教育家们一样，都或多或少在思想上趋近现代派。他作为带有新观念的年轻教师来到金陵大学，经常与上述两位吴先生合作并热心参加诸如青年会之类的社会活动。在校务会议上，他的发言也体现了新的潮流，因而常能引起到会者的注意。因此，他以满怀同情的笔调叙述教会、教会大学和其他组织的社会服务：“与福音使者（messengers of gospel）的工作有明显区别，他们深受传教士应是中国社会重建（social regeneration）的因素这种看法的影响。许多划时代的革新，如反对鸦片与禁止缠足，都没有受到他们的鼓励。此外，传教士开办医院、麻风收容所、盲聋学校、孤儿院、戒烟所，为妓女、黄包车夫提供服务等。他们甚至试图组建男女童子军，尽管成就有限。无论如何，这些陈旧的弊端常常为革新所克服，因而赢得称赞。但各种问题根深蒂固，在许多领域阻力依然强大，传教士既缺财力也缺人力，因此只能做若干力所能及的事情。”[2]

---

[1] Yuming Shaw, *The Problems of the Chinese Christianity in the 20th Century*, Zheng Zhong Shu Ju, 1980, pp.6-7.

[2] Cynthia McLea ed., *Gleanings: From the Manuscripts of M. Searle Bates*, The China Program, National Council of Churches of Christ in the U. S. A., 1984, p.44.

贝德士对社会服务的态度，反映了中国教会大学的宗旨在20世纪20年代末至30年代的转变。1921年，北美国外教会董事会主席、芝加哥大学著名教育家伯尔登博士（Dr. E. D. Burton）率团考察中国教育。他们充分感觉到民族主义的强劲挑战和中国新式学校的迅速增长，并为中国的教会学校的革新提出三个口号。这就是：更讲实效，更加基督化和更加本土化（indigenous）。贝德士在手稿中摘录了伯尔登的报告书《中国基督教教育的现状与问题》（*Report on Christian Education in China, Its Present Status and Problems*），其中有一段话："我们应当准备作必要调整，以求实现我们在中国开办教会学校的根本宗旨……我愿留在中国，我愿留下来谋求为中国人提供最有效的服务，借以体现基督精神。即令他们不让我形诸语言，可是他们无法杜绝我用生命来表达这一意愿的机会。我将通过基督徒的生命来经受考验，即令是不能以基督徒的语言来经受考验。"[1]我们可以看到，十几年以后，贝德士在面对恐怖的日军南京大屠杀时，明确地表述了与伯尔登相同的想法。他在一封信中写道："我与其他人同样明白无误地知道，整个局势残酷黑暗到极点，在这里很难寻求正义。个人的问题早已得到解答。基督徒履行自己的职责，无须担心自己的生命，只是担心自己无力满足巨大的需求。"[2]

什么是中国的巨大需求？中国是一个半殖民地（semi-colonial，贝德士的工作笔记原义如此）国家，它为独立、国家统一和社会福祉奋斗了一百多年。因此，基督教的教会和学校必须深切关心中国的命运，努力服务，这样才可以得到中国人民的认同。1927年2月，基督教中文杂志《真光》（*True Light*）发表一篇文章，题目是《基督教道如何适应今日中国之需求》。作者徐松石的答案是："基督教能够适应今日中国的三类大需求，就是民主精神的发长，正当国家和国际主义的提

[1] Bates' Papers, B20, F309.

[2] Maude Taylor Sarvis, *Bates of Nanking*, The International Committee of YMCA, 1942, p.5.

倡，和完美物质进步的取获。”[1]八年以后，另外一位著名基督教作家谢扶雅，发表《当代中国基督徒的使命》一文，甚至宣称：“今日中国基督徒之使命是加速伟大的革命——民族革命、社会革命和精神革命。”[2]

当然并非大多数传教士和中国基督徒都同意去推动革命，但他们很多人懂得为什么要及怎样去适应中国社会的潮流。在20世纪30年代和40年代，几乎所有教会大学都把自己的办学宗旨确定为“为上帝服务和为社会服务”（serve God as well as serve the society）。毫无疑问，基本的原始动力当然是属于宗教方面，即通过学校为教会发展的需要提供人才和领导人。但是在教会大学相继向教育部注册以后，办学宗旨都有所修订。福建协和大学的新简章写着：“福建大学以爱心、服务与奉献的精神，为中国青年提供大学水准的教育。”之江大学与齐鲁大学借用了这种文字陈述，并增加了道德养成与知识训练的规定，“以适应社会需要”（meeting the needs of society）。其他教会大学也做了类似的修订，但仍坚持基督教目标的有关规定。例如，金陵女子文理学院规定，必须符合高度的教育水准，增进社会公益，加强公民意识和提升高尚的品格等。这是遵循创办该校的五个教会董事会的意愿而拟定的。华中大学把自己的宗旨表述为：“在基督教爱和奉献的力量基础上，通过高等教育发展才能，希望登临上帝的天国并给人间带来持久和平。”沪江大学的简章在谈及教育效益与公民意识后，甚至宣称：“教育有意识地导向提升宗教目标，遵照学校创建者原意，在中国和美国推展基督福音。”[3]

对于教会来说，双重目标（dual-ends）真正是一种两难抉择（dilem-

---

[1] 徐松石：《基督教道如何适应今日中国之需求》，《真光》第26卷第2期，1927年2月，第22~23页。

[2] Yuming Shaw, *The Problems of the Chinese Christianity in the 20th Century*, Zheng Zhong Shu Ju, 1980, pp.480, 636.

[3] William Purviance Fenn, *Christian Higher Education in Changing China, 1880-1950*, Eerdmans, 1976, pp.117-118.

ma)。不仅在中国，在世界范围内，教会大学的世俗化（secularization）都是一种不可避免的趋向。基督教的影响削弱了，根据注册规定，宗教课程不再是必修，礼拜志愿参加，宗教活动不再具有此前曾经有过的效果。此外，由于民族主义的迅速发展和社会危机的加深，教会的活动似乎逐渐减少了活力。正如贝德士所叙述的那样："（1）礼拜日未能制度化，甚至对许多基督徒也成为一般的休息日。（2）合作的宗教活动似乎还没有在中国人中间出现。（3）义工参与很少，捐献几乎绝迹，甚至在有能力提供的教区亦然。（4）品学兼优者充任教职者愈来愈少，世俗领袖（lay leadership）的训练削弱。（5）神学家和神职人员缺乏。（6）学生与青年把教会看作与他们的需要无关。（7）对教会宗派（denomination）信条戒律的极端厌弃。（8）中国人似乎有意把宗教的教育与滋养留给外国传教士去做。而且，许多中国基督徒公开反对外国传教士信奉的近乎神圣的政教分离原则。这些情况在20世纪30年代没有很大的变化，而1937—1945年间，已有的进展也几乎被破坏无遗。"[1]

在教会大学中也形成强烈的对照。一方面，专业教育、学术水准与社会工作迅速提升；而另一方面，校园内的宗教教育与宗教生活则逐渐下降。选读宗教课程与参加课外宗教活动的学生愈来愈少，而到20世纪40年代，政治气氛更弥漫于学校各个角落。团契如雨后春笋般出现，但大多已失去原有的宗教性质，甚至连宗教色彩也消失殆尽；愈来愈多的团契介入政治斗争，多数倾向共产党，少数则坚持国民党立场。在一般学生心目中，像贝德士这样的传教士教育家，与一般非教徒教授之间没有什么差别。学生都尊重他，那是由于尊重他的学识渊博、诲人不倦，并不是因为他对基督教的无私奉献。在金陵大学的最后几年，贝德士没有对学生谈过宗教问题，除非与他教授的历史学课程有关。

---

[1] Cynthia McLean ed., *Gleanings: From the Manuscripts of M. Searle Bates*, The China Program, National Council of Churches of Christ in the U. S. A., 1984, p.44.

当然，贝德士本人始终是虔诚的基督徒。1947 年 6 月，他在给儿子的家信中说："我是一个传教士，受到教会人们的支持，相信基督教事工在中国和其他地区的价值。所以我通常为教会和其他宗教活动投入不少时间和精力，而在某些方面曾收到效果，虽然'精神事物'难以用数量计算，实际成就或多或少已超过教会人士的想象。"但是，到 1947 年春天，中国局势已经极端恶化，内战烽火蔓延各地，通货膨胀与物价飞涨已非政府所能控制。贝德士在信中不禁慨叹："许多中国人和西方人，曾经长期在极其艰苦的环境中保持足够的勇气与希望，现在已陷于无助与失望之中。"[1]

及至 1949 年 6 月，南京已被解放军占领，贝德士写信给他在美国的老同事芳威廉（William P.Fenn）报告学校的近况，他说："我们在 4 月底有几天严酷的日子（指南京攻防战）。5 月学校当局乃至领导学校的教授会，在政策和人身两方面都受到群众的猛烈抨击……现在我们正试图实现今春所筹划的各项革新，通过重新改组与调整以适应新政府的观点。"为此，贝德士心甘情愿地每天参加 5 小时、8 小时乃至 10 小时的会议，期望有朝一日重新出现 1927 年以后教会大学与政府取得协调的良好局面。但是，他终于发觉，学校当局的一切努力，很难影响也很难适应新的潮流。特别是学生热爱新政权，纷纷离开学校参加军队与政府工作，学校在短期内已无法恢复正常教学工作。他对芳威廉失望地说："这种状况没有可能在若干时候得到改进，即令金大获得最低限度的自由而往前发展，即令我这个'美帝'（imperialistic American）获准去教那些影响青年人对政府、苏联、美国和西欧列强态度的主课，新学年将是我为 UCMS（United Christian Missionary Society）工作的第 30 年，而我将是 53 岁。到这种年龄，我不能蹉跎岁月，应该求得一份真正的工作……我原本是一个历史教师，教学得心应手（指其学术实力、训练、经验——引者）。在日趋专门化（specialization）的今天，我由于主要是教西方历史而失去优势，因为我在这个领域没有显赫的

[1] Bates' Papers, B2, F24.

研究与著作。我的中国和东方的知识，或许可以为学生及其他西方人提供极好的助益，但我也没有已完成的著作足以证明自己现在是第一流学者水准。因此，我只想在美国大学许可下，作出基督徒更大的贡献，而不是历史学的精尖化。”[1]于是，他在1950年回国。

贝德士和其他许多在教会大学工作的美国教授一样，他们接受现代派的主张，把serve God与serve the society结合起来，为中国高等教育的发展奉献出一生中最好的时光。贝德士一手创办了金大历史系，为帮助中国青年教师学有专长，他却丢下了自己的专长（中国古代史），教遍了那些没有人教的部颁必修课程。他为金大的发展、为保护校产、为救援难民、为教育学生（其中有王绳祖、陈恭禄等著名学者），付出了全部精力，甚至经常无从照顾自己的家庭。到了53岁才发现自己竟是一个学术上的落伍者，很难在自己祖国的大学里与他人竞争。他们几乎是自觉地顺应潮流，推动了中国教会大学的世俗化。世俗化带来了教学水准、学术品质的提高，密切了大学与社会的关系，为学校发展赢得了社会与政府更多的支持。但是世俗化并未带来更多的基督化（Christianization），serve the society终于逐渐超越serve God，甚至由手段提升为目的，教会大学显然是自己削弱了自己的特点。这不仅是贝德士个人的悲剧，而且也是所有中国教会大学的悲剧。不过，人们常常只注意到悲剧形成的外部条件，却忽略了教会大学也存在着难以克服的内部矛盾。

三

作为贝德士挚友的芳威廉博士，曾在中国教会大学任教多年，后来还担任过中国教会大学联合托事部（后改译为董事会）主席。他回到美国以后，也曾对中国教会大学的历史做全面反思。

他回忆说：“早期由于缺少现代化的高等教育体系，任何新事物都难免是舶来品。新式大学显然是外国输入，严格区别于中国的传统教

[1] Bates’ Papers，B4，F56.

育。”这些学校的基督教特质更增添强烈的外洋色彩，而基督教在早期历史上就与殖民主义、帝国主义不同程度地连接在一起，因此某些仇恨便移转到教会大学身上。1922 年，贝德士来华不过两年，世界基督教学生同盟（World Student Christian Federation，简称 WSCF）预定 4 月在北京开会，全国基督教会议（National Christian Conference）也预定 5 月在上海开会，连同那个倒霉的口号“基督征服中国”或“中华归主”（The Christian Occupation of China），成为反基督教运动的愤怒集中点。反教会势力随后即将矛头指向教会学校，特别是教会大学。1924 年 7 月，中华教育协进会在南京举行会议，有些中国教育家即已严厉批判教会学校制度。同年 10 月，各省教育会全国联合会在开封开会，通过决议抨击外国人办学的恶劣影响，要求所有教会学校立即注册，不准在校园内传教、开宗教课和做礼拜。[1]

少年中国社（国家主义派）非常关心中国的教育与文化，也表现出对教会学校的强烈不满，并且较早提出“收回教育主权”的口号。共产党和国民党左派，在 1926—1927 年期间，也对教会学校抱有敌意。反基督教运动的高峰是 1927 年的南京事件，部分国民革命军与许多暴众直接攻击教堂和教会大学。在 3 月 23 日与 24 日两天，除金陵女子文理学院外，所有外国人的住宅都遭到洗劫和焚烧，少数教堂受到损坏，《圣经》教师培训学校（Bible Teachers' Training School）部分被焚毁。在 8 个多小时的混乱中，有 6 个外国人被杀死，其中包括金陵大学副校长文怀恩（Williams，J. E.）博士。贝德士也被一群乱兵拘捕，双手被捆于背后，几乎被胡乱开枪的士兵击毙，幸亏得到红十字会的及时解救才幸免于难[2]。不过贝德士的反应非常冷静，他 1927 年 5 月在《世界召唤》（*World Call*）发表了一篇报道，指出：“正努力了解中国人普天同愤的背景，和 3 月 23 日、3 月 24 日两天混

[1] William Purviance Fenn, *Christian Higher Education in Changing China, 1880-1950*, Eerdmans, 1976, p.111.

[2] Maude Taylor Sarvis, *Bates of Nanking*, The International Committee of YMCA, 1942, p.4.

乱的实况。可能是对于某些外国人偏激言论的不完全自觉的对抗的突然爆发，很少能证明这是进城国民革命军将领的狡诈阴谋。”[1] 贝德士一家与其他外侨被迫撤离中国，但他是最先获准返校工作的外籍教授。

事隔多年以后，贝德士回顾这段历史，特别强调了基督教本土化问题。他写道：“在基督徒圈子里，‘本土教会’（indigenous church，亦有译为‘本色教会’）的内容与形式问题，引起热烈讨论。以后的西方学生很难理解 20 世纪 20 年代探讨这一主题的专注感情。中国基督徒对被嘲讽为洋化或国际化（denationalized）非常敏感。沪江大学刘校长愤慨地说，在这种攻击面前，他的一些教职员都感到羞耻。他本人也感到蒙受羞辱，因为（在校园内）美国国旗长期受到尊崇，而中国国旗则不然；在感恩节中国孩子还得聆听美国总统演说，号召他们为无从共享的另一国繁荣而感恩。”[2] 因此，越来越多的基督徒呼吁，建立在中国的教会，必须有中国的内容、形式、领导和风貌。1926 年 1 月，在上海举行“今日中国教会”会议期间，华中大学校长韦卓民博士说：“我们主张本土教会自然应以中国成员为主体，以中国人为领导，经费亦须主要来自中国资源。此外，可以有中国风格的建筑，调整赞美诗、仪式、出版和义工组织，但重要甚至核心的是中国传教士团体。”除了这些中国的传教士教育家外，一群受过良好训练且具前瞻性的中国基督徒，大多数是年轻人，早在 1920 年即已出版中文期刊《生命》。这个群体强调：“基督教是世界中心信仰，但它必须适合中国现时的环境，用现代语言来解释它的真理。中国的风俗习惯既不同于两千年以前的犹太，也不同于今天的美国和欧洲……总之，中国人民必须有自己的对基督教的解释。”[3]

贝德士虽然不尽同意这些年轻中国基督徒的某些观点，但是却能深切地理解他们的要求。在他未完成的书稿中有一段摘录：“司徒雷登在名著《在华五十年》中，曾经谈到他对中国教会的希望：‘我曾长

[1] A Letter to Carl E. Dorris（1968-02-16），Bates' Papers，B6，F101.

[2][3] Cynthia McLean ed.，*Gleanings*：*From the Manuscripts of M. Searle Bates*，The China Program，National Council of Churches of Christ in the U. S. A，1984，p.66.

期希望中国神学将对本国人民和世界，给基督教真理做一些新的有创造性的解释。中国教会正在通过严酷的考验，必将丰富和深化他们的基督教思想家的宗教经验，我们希望这些可及早得到理解，正如在被巴比伦人奴役（exile）以后用文字写出的《旧约》深邃的洞察力一样。中国的历史、哲学和他所有好的典籍，关注着人与人之间的关系。出乎如此伟大的传统，在那些年代的严重倾覆中受到挑战与震撼，由于基督教义植根于中国人的思想而使之恢复活力，将为人类重新显耀耶稣基督的意义。’”[1]

我们在贝德士书稿中还可以找到其他类似的摘录，有些则是他自己写的简评，比如摘录威廉斯（B. W. Williams）的话说：“中国人有充分权利，按照他们自己的观点管理他们的民间和宗教机构，正如我们随我们的意向一样。他们并不很想儒教化（Confucianization）我们的国家，至少并不多于我们想基督化他们国家的努力。为什么西方国家不去管好自己的事情，而让中国去做那些他们乐意的工作。为什么外国教会不约束他们霸气十足而不变的、要他人‘改宗’（proselyte）的愿望？不要干涉（hands off）。停止打扰。尊重常识（horse sense）。让中国为中国人而存在。”

对于怀特（P. J. White）《使教会大学更加中国化》（*Making the Christian Colleges More Chinese*）一文，贝德士评论说：“追随着教会大学部分代表（包括传教士和中国人）的讨论，怀特博士对要使学校中国化的意愿及实际困难，作了坦率的和建设性的陈述。他的论文似乎受到全体到会代表的赞同。讨论本身即具有价值，特别是湘雅医学院的颜福庆的贡献，在十多年时间里雅礼协会（Yale-China Association）一直注意让中国人自己管理。”[2]

对于韦卓民博士的《植根基督教会于中国土壤》（*Rooting the Christian Church in Chinese Soil*）一文，贝德士的摘录是：“用另外一种

[1] Bates' Papers, B40, F523.

[2] Bates' Papers, B42, F548.

文化来解释基督教的教义和组织，重要的事情就是首先必须进入这种文化……我们尽可能进入中国文化、社会、各种宗教和知识传统的精神，它们长期融入这个文化，看看与基督教对生命的看法有没有气味相投之处，或者那里可以找到一种不致触犯中国人的中介，用以向中国人介绍基督教的教义和机构。”[1]

据我看来，基督教本土化是不可避免的历史趋向，一部基督教的历史，也就是它在各地不断本土化的历史。海斯格芮夫（David J. Hesselgrave）在其所编的《活跃的宗教运动——世界各地宗教运动急剧增长的个案研究》一书的结论部分也指出："宗教运动必须具有本土化的世界观和价值观意义，也要采用传统的方式。如果这个运动产生于本土文化内部，它自然企望传播、示范这些观念、价值和方式。如果它是从外介绍进来，它必须使之便于本土理解，否则便要费力重新解释才能使之成长。”[2]

从 20 世纪 20 年代开始，已有许多基督徒与一些教会致力于推进中国基督教和教会大学的本土化。1922 年 5 月，中华全国基督教第一次会议宣告：将脱离从西方引进的教派主义（denominationalism），中国基督徒应该有自己的基督教。本土化的基督教意味着形成中国的本色神学（indigenious theology），自治、自传、自养（self-government，self-propaganda，self-support）。1924 年 8 月，中华教育协进会第四次年会召开，会议建议当时中国的教育应着眼于培养爱国公民。会议认为宗教即令不是有害的，也是浪费学生时间。某些激进代表甚至主张驱逐协会中的教会学校，尽管这一建议没有得到采纳[3]。这种情况又从外部推动了教会和教会大学的本土化。

---

[1] 这是韦卓民作为亨利·鲁斯世界基督教客座教授，于 1945 年在纽约协和神学院所做的著名讲演，韦是当时的华中大学校长。Bates' Papers，B34，F474.

[2] David J. Hesselgrave ed.，*Dynamic Religious Movement Case Studies of Rapidly Growing Religious Movement around the World*，Michigan，1978，p.304.

[3] Cynthia McLean ed.，*Gleanings：From the Manuscripts of M. Searle Bates*，The China Program，National Council of Churches of Christ in the U. S. A.，1984，p.65.

更为强力的挑战来自政府的注册规则。1925 年教育部规定“外国人开办的学校”，必须按四个条件向政府注册：（1）由中国人任校长，（2）中国人在董事会占半数以上，（3）“学校不得以宗教宣传为目的”，（4）按部颁课程标准开课，“宗教课不得列为必修”[1]。此后，燕京大学首先循章登记，接着是齐鲁大学、沪江大学、岭南大学。1927 年南京国民政府教育部督促更紧，对本土化的要求也更高。多数教会大学持合作态度，接受了改组的要求，选举中国人为校长，并迅速建立中国人占多数的董事会。由于大势所趋，本国（指英、美等）董事会对这一急剧变革制造的阻力很小；顶多是稍微推迟同意的回复，或附加一句话：“为学校基督教性质提供保障。”[2]注册以后，教会大学与政府之间建立了比较良性的互动关系，教会大学在此后十年间获得长足进步，并且为社会作出重要贡献。但不可讳言，此后教会大学的民族特性明显增长，宗教质素日益削弱。

政治因素是很重要的原因。在近代中国，独立、统一、富强是压倒一切的历史任务。中国人民，包括一些中国基督徒，大多宁愿利用政治、经济手段而不是宗教，去实现上述神圣而又现实的目标。此外，南京国民政府实行极权主义（totalitarianism），国民党在意识形态方面推行一元化，他们不能容忍任何真正独立的教会学校，虽然他们的最高领袖蒋介石及其妻子都是基督徒。芳威廉回忆说：“国民党密切注意学生和教师，鼓励学生参加党的青年团体，并施压促使教师入党，但只有极少数人如此做。”[3]

一系列政治活动涌进教会大学美丽的校园。例如星期一必须举行总理纪念周仪式，包括背诵总理遗嘱、在遗像和党旗及国旗前三鞠躬、唱国歌、短时静默等。三民主义代替宗教成为必修课。训导长管理学生，他的职责就是指导而又防止越轨（deviation）。军训在 1928 年成为必修课，教官由学校任命而且必须经过政府批准。军训教官还管理

---

[1][2][3] William Purviance Fenn, *Christian Higher Educationin Changing China, 1880-1950*, Eerdmans, 1976, p.115, p.116, p.119~120.

学生的宿舍生活。更为严重和根本性的伤害是企图控制思想，其结果是在各校教职员中安插党的代表，甚至在课堂中派遣特务。这反而使教员和学生疏离国民党，不愿就政治问题或其他有争议的问题作公开讨论。

不过教会大学的态度，一般来说尚称忍耐与合作。芳威廉回忆说："学校当局遵从部颁课程设置，按公立与私立学校同等待遇，既受官僚机构控制之苦，也偶尔得到政府某些资助。"贝德士同意这一看法，并从罗林森（Dr. Rowlinson）《基督教在中国落户》（*Christianity Settles Down in China*）这篇论文中摘录一段："基督教尽量在新的合法基础上落户于中国，不再被视为外洋事物，并将进入与华人之间的新而自由的关系。这是教会与政府现今关系的极为重要的层面。这一变革完成以后，将使基督教合法本土化（legally indigenous）。问题是这种落户既不容易又花时间。但基督教在中国毕竟从依附不平等条约转向中国给的合法权利……过去不平等条约以治外法权强迫中国政府给予教会权利，因此这些权利不是出于中国的自由意志（free will），并且从未引起中国的善意（good will）反应。既得权利试图把西方主角所理解的宗教自由，凭借不平等条约的特权移植于中国。虽然中国人不知道宗教宽容（religious toleration），也未处理好与基督教的关系，但基督教的宣传者的洋人形象也是一个原因。正是洋人攫取不平等条约的特权，才形成现今的困扰。"罗林森还认为，早期重视不平等条约特权的主要是外国差会而不是来华传教士。他说："传教士通常没有依靠帝国主义的影响去谋求自己的权利，是他们的非营利的机构与贡献所自然获取。不过传教士也有他们那一代人的某些错误观念，一种新的对待权利的基督徒态度显然已经产生。出现了要求把基督教的权利，从不平等条约对中国的强制转移到合法基础之上的运动。现今基督徒生活于斯的中国环境，已经明显不同于当年缔结造成种种不快的不平等条约时的中国。外国差会依然与我们在一起，但他们不再是基督教服务的主要驱动力。中国人现在是处于领导的地位的推动者。教会学校、医药工作、全国性组织，在某种程度上乃至教会本身，现今都转移到中国基督徒的推动力量（Chinese-Christian motive power）之下。基督教教育工作者、基督教医务工作者、教会与中国公私机构之间常常是全国范围的友好合作，已是显而易见。基督教不再为自己在华工作权利而奋斗，中国人民自己寻求它的帮助。中国宪法已经规定了宗教自由的权利。基督徒现今的问题是如何适当地利用自己的权利与机会。”[1]

大多数教会大学都懂得如何适当地利用自己的权利与机会。比较成功的范例有金陵大学、岭南大学和燕京大学，它们在政府的资助与支持下发展农科教育并推动农业革新。由于蒋介石夫妇是基督徒，他们便寻求与教会及教会大学合作以推进全社会的新生活运动。全面抗战爆发以后，教会大学进入所谓流亡时期（the refugee period）。多数学校迁往西南，在这些岁月中与整个中华民族一起承受了战时的困苦与艰险。芳威廉曾简略记录这段往事：“两千里难以置信的艰苦跋涉，经过湍急河流，越过高山峻岭，坐船、乘车乃至步行，需要非比寻常的决心与勇气。急速移动，缺少给养，更谈不上营养，持续不断的危险考验着信仰与耐力。他们幸存的事实便是对他们学校精神的诠释。”[2]

教会和教会大学分担了祖国的苦难，参与了维护民族生存的斗争，也投入了推动社会进步的工作。贝德士也回忆说：“基督教的作用在战时变得重要起来，作为外国帝国主义被反对的情绪平息了。1943 年不平等条约的废除和基督徒担任援救任务受到注意，特别是帮助伤兵和数量极大的难民。因此，中国的基督徒和传教士，有理由期望战后新的基督教工作热潮，而现在的内部条件如此有利。唯一的危险则是过分认同蒋介石领导下的这个国家与政府，但这种认同与合作此后仍旧

[1] *The Chinese Recorder*, Vol. 38, 1937, pp.542-547.

[2] Cynthia McLean ed., *Gleanings: From the Manuscripts of M. Searle Bates*, The China Program, National Council of Churches of Christ in the U. S. A., 1984, pp.119-120.

可以看到。”[1]

经过抗日战争，很少有人再把教会大学看作外国人的学校。绝大多数教会大学已实现本土化，而且已在实际上被认同为中国高等教育的一部分。但为此而付出的代价也是很大的。校园内充满政治气氛，中国往何处去？这是左翼与右翼学生争论的热点，而多数中立的学生也逐渐向左翼靠拢。反美情绪激增，因为美国支持蒋介石腐败的国民政府。贝德士在书稿中写道：“战后政府提出的一系列革新措施很少付诸实现。政府本身受到很大削弱，只能勉强维持而很难有所作为。公众对政府失去信心，这种心态也蔓延到各级官员。反美情绪加深，由于人们认为美国阻碍着共产党推翻国民党腐败政府。至于对共产党作战，由于他们终究也是中国人，无法激起如同抗日那样的爱国热忱。学生深受物价高涨之苦，以致他们认为即令是共产党统治也不会比现在更糟。有些美国人仍然坚信蒋介石统治的民主性质，因为他受到各阶层人民的共同支持；对于他们来说，他是他们不惜任何代价抵抗侵略者的精神象征。这些，忽视了政治组织与军队力量等重要问题。费正清（John King Fairbank）在 1947 年已经注意到，蒋介石的《中国之命运》附有经济部分，包括十年工业计划，强调各项工程、技术的发展，而忽视农业发展，也不够关心占 3/4 人口的落后农民。最后，蒋介石防止共产党渗透的措施，也被认为是高压与侵犯人权。”[2]

贝德士毫不讳言自己也逐渐丧失信心。他写信对远在美国的儿子说：“我自己的信念，或许说是气质，也受 1927 年（指‘南京事件’）加上 1937 年（指日军在南京大屠杀）及其以后丰富经验的支撑，倾向顽强地顶住眼前的困难与干扰。但未来几年可能很难继续做什么事情，显然在他处比在这里更可有所作为。假若我继续留在这里，立刻就会产生为什么目的的问题，还有努力可以实现多大贡献的问题。天知道

---

[1][2] Cynthia McLean ed., *Gleanings: From the Manuscripts of M. Searle Bates*, The China Program, National Council of Churches of Christ in the U. S. A., 1984, p.93, p.94.

金陵大学和中国教育通常需要尽多大的力量去提升道德、水准和计划，而这些年问题似乎特别严重。我不认为自己可以长期做好行政工作，甚至是在有美国背景的中国学校被称为边缘性的那一类（marginal kind）。此刻我刚被选为本校‘西方顾问’，负责协调西方关系，在美方则被视为‘副校长’，这是应董事会与陈裕光校长的要求，而事先又未与我商量。我不认为我能胜任此项工作，虽然有些事还得美国人来做，而在经验与对外联络两方面眼前也没有其他美国人比我更强。我只想固定在教学岗位，不需要如此繁重的新工作。”[1]为此，他终于离开金大，离开中国，前往纽约协和神学院担任专任教授，潜心于教学与研究。

从20世纪20年代中期以来，教会和教会大学的本土化是有成绩的，其中也包括许多外国传教士的努力，但这种本土化的最终结局却绝非如他们所愿。孟心恬（Cynthia McLean），《贝德士手稿摘要》的编者之一，曾经如此写道：“中国‘三自’教会的发展，曾是19世纪中期以来许多传教士的理念与目标，当时这个药方是由文亨利（Henry Venn）在英国和鲁弗斯·安德逊（Rufus Anderson）在美国同时设计的。推动自养、自治、自传教会，让基督精神渗透于周围社区，成为海外布道运动的奋斗目标，使其人格区别于商人来华谋利、军人来华征服、外交家来华一切行动基于本国利益。贝德士以思想家身份出现于他的文献，但事实上他同情大多数的中国人带着追求好政府的孤注一掷的希望转向共产主义。但他毕竟是一个坚定的教会人士和基督教事业的维护者，虽然这些事业有许多明显的错误与弱点，他觉得已经给中国带来某种具有伟大价值的事物。这种价值超越（但包含）于基督徒创办的学校、医院、社会服务等所提供的物质福祉……但贝德士博士给我们一个印象，即许多传教士保留他们关于教会性质的西方观念，尽管它与中国的现实差别甚大。虽然中国人非常反对教派主义（denominationalism）、信条、神学、什一税和薪给神职人员，以及绝对

[1] Bates' Papers, B2, F24.

的政教分离，但许多外国传教士对此视若无睹。他们深信，当中国教会‘成熟’时，他们将会认识这些教会‘精华’饰物的价值。这些传教士在他们的‘领地’中，与少数中国教徒在一起，可以看到对他们的观念不满的批评的增强，而这种批评甚至来自中国基督徒的领导人。作为一个群体，这些传教士从未认识到他们是在中国，由于这里不同的历史和文化，教会应该采用与他们在国内所已知者不同的形式。”[1]

贝德士和许多其他现代派传教士教育家一样，认识到并顺应了本土化这一潮流，并且为现代中国社会做了大量有益的工作。但是他未曾预料，在缺少基督教历史文化传统的中国，本土化不可避免地将带来世俗化乃至政治化。而中国的政治化又常常导向意识形态的一元化，其本质就是排斥跨文化的高等教育，特别是它的多元化（pluralism）。所以，基督教与教会大学在中国常常面临官方意识形态的挑战，1949年以前主要来自国民党政府的三民主义，而1949年以后则完全来自共产党政府的马列主义。正是这种意识形态的挑战，导致教会大学始料未及的结局。

不过由于长期生活、工作于中国，有一大批外国传教士本身倒确实不同程度本土化了。他们正如司徒雷登所说的那样：“在我大半生中中国就是我的家。我因为难以解脱的情结与这个伟大的国家及人民联结在一起，不仅因为我在这里出生，而且因为我长期生活在这里，并且有数不清的朋友。”[2]贝德士与他的教会同事们回到美国以后，很长一段期间仍然以“我们中国人”（we Chinese）或“我们南京人”（we Nankinese）自称。好像他们早已认同于中国社会，而他们与美国社会的相互认同还需要相当多的岁月（其中甚至包含许多外人难以理解的辛酸）。1960年，在离开中国十年以后，贝德士发表《不能无视中国》一文。他说：“应该做什么？应该把我们的心灵适度地从想象

[1] Cynthia McLean ed., *Gleanings: From the Manuscripts of M. Searle Bates*, The China Program, National Council of Churches of Christ in the U. S. A., 1984, pp.43–46.

[2] John Leighton Stuart, *Fifty Years in China*, Random House, 1954, p.9.

转到现实。与朋友和中立者不断协商，寻找方法逐渐打开门户与中国建立‘正常’关系，经常与中国人沟通、调适，以缓和东方和南亚的持续紧张。道德的僵化与排外性只能延续与增强现在的灾难……中国仍然存在。美国和中国台湾地区长达十年的粗鲁语言（reckless）未曾使之动摇。”[1]又过了十年，即1971年，他在另一篇文章中写道：“我们不要自己吓自己。问题是别的国家应当与中国交往，不管他是‘坏’还是‘好’。从长远眼光来看，接触总是胜于敌对的疏远。美国与其他极权国家之间已经找到共同的基础。”[2]

贝德士总算幸运地看到了中美邦交的正常化，看到十年“文化大革命”的终结，但他未能重新回到他魂萦梦绕近三十年的第二故乡。1988年，在他逝世十年以后，我在贝德士文献中发现几张照片，那是1947年秋天他与我们几个历史系的学生在玄武湖畔的合影。我想，他始终没有忘记他曾为之整整工作三十年的金陵大学。他的未完成的书稿的清理者，曾经提出一个疑问：从20世纪20年代到40年代，贝德士是许多重大事件的参与者或目击者，为什么书稿对这些事件的叙述却不见贝德士的名字？其实，这也很好理解，因为在贝德士自己看来，他已将整个生命融入这些事件，而其中最重要的便是金陵大学的历史。

四

关于中国教会大学故事的结局，贝德士在书稿中只有寥寥数语的概括，似乎打算永远保持沉默。

但他的老朋友兼老同事芳威廉，却以坦率而充满感情的语言加以描述。他说：“在20世纪上半叶画下句号时，中国教会大学可以充满骄傲地回顾既往，也可以怀着足够的自信看待现实，但是未必有对于未来的希望。”“建筑和设备仍然留存，教师可能在新的学校任职，但教会大学从此消逝。”“结局是悲剧性的，但故事本身并非悲剧。……

[1] *Christianity and Crisis*, Vol. XX, No. 18, 10/31/1960.

[2] *Christianity and Crisis*, Vol. XXXI, No. 14., 8/8/1971.

中国教会大学这个名字，将被视为大西洋两岸基督徒对太平洋东岸伟大人民的辉煌贡献而永远铭记。”[1]

结局确实带悲剧性。

中国教会大学在20世纪前50年曾经努力耕耘，硕果累累。与非洲的教会学校相比较，它处于更高的教育层次。与印度的教会大学比较，它量虽少而质更优。与日本的教会大学相比较，它对公立大学具有更多的竞争力，因为它在好些学科领域早已占有优势。但是，中国教会大学的命运是全世界最糟的。因为，在别的有些地区，尽管境遇也逐渐恶化，但教会学校毕竟依然存在，依然缓慢地发展，它们还有未来。可是，在中国大陆，教会大学则永远绝迹。

从20世纪20年代末开始，中国教会大学不再保持多少排外性，甚至在一定程度上趋向多元化，而且经常倾向与政府适度合作。1949年共产党掌握政权以后，教会大学的外籍教师继续留在学校。中国教职员和学生大多数欢迎共产党，希望新政府会给学校带来新的活力。教会大学希望与人民政府合作，正如他们在此以前曾与国民党政府合作一样。他们愿意继续为中国社会服务，企望与共产党的“为人民服务（serve the people）”沟通。尽管他们努力顺应新的环境与新的政策，他们的善良愿望终于化为泡影。也许朝鲜战争加速了教会大学的终结，但即令没有朝鲜战争，教会大学与新政府文教政策之间的冲突也不可避免，而冲突的结局绝不会有什么两样。

但是故事的本身并非悲剧。

基要派也许会认为教会大学是咎由自取，但教会大学的贡献不可磨灭。胡适在为《司徒雷登回忆录》所写的序言中早已对教育家传教士作出极高的评价，称他们“给中国带来逐渐的觉醒”[2]。而更早些时候，国立东南大学校长郭秉文曾写信给中华全国教育协进社，认为“从全国范围来评论，有些教会大学已处于中国最好与最有效率的大学

[1] William Purviance Fenn, *Christian Higher Educationin Changing China*, *1880-1950*, Eerdmans, 1976, p.232.

[2] John Leighton Stuart, *Fifty Years in China*, Random House, 1954, pp.12-13.

之列。而且，由于他们兴办得较早，所以它们就有更大的影响与更多的优势”[1]。

在贝德士文献中，我还发现他保存的一份佚名学者对中国教会大学的评估（标题即为“评估”，Assessment）。作者指出：“（教会大学）校友大多似乎在政府系统而非党务系统任职。那些小有名气和运气好的人，则在教会大学较有优势的行业工作，如医务、农业、新闻等。据报告，1947 年北京大学农学院的教师有一半以上毕业于金大农学院，而金大校友还主控着许多其他农业机构与学校，如农林部和各省农林厅等。其次，教会大学毕业生在医学教育中也非常显耀，包括中华医学会与卫生部。燕京大学新闻系的毕业生，在需要英语和新闻专业两方面才能的岗位上占尽优势，所以他们常能担任中国国际新闻处和西方报纸的要职。据说燕京的新闻专业训练，介绍并推广了西方报纸的一些方法：连载小说、新闻图片、新闻提要，等等。由于教会大学率先从事女子高等教育，政府和其他机构因此注意延揽教会女子大学的校长和校友，作为他们所需要的女性的代表……教会大学毕业生也常担任需要熟谙外语的外交职务。例如，‘二战’以后他们在联合国的中国工作人员中即占有很大比重。甚至在中华人民共和国的头十年，也得仰仗教会大学校友担任某些重要职务，如英文杂志《中国建设》的编辑部和常任撰稿人等。吴贻芳和其他教会大学、YWCA（女青年会）的有关头面人物，成为全国人大、政协及其他许多团体、委员会的著名妇女代表。”但作者坦率承认，用跟踪校友调查的办法，很难反映教会大学的全部贡献，因为多数名气较小或默默无闻但也勤奋工作的校友，甚至根本没有文字记载[2]。所以，我们仍然不得不借重极为熟悉情况的芳威廉的评估：“教会大学对中国的贡献，是培养了一大批有良好训练且在社会各层面有很大影响的男性和女性，而这正是国家最需要他们的时候。”“中国教会大学的重要贡献还在于增进国家之间的相互了解与友谊。通过学校提供的语言、知识、价值和外国

[1][2] Bates’ Papers，B20，F312.

教职员，引进了西方好的东西。同时也通过他们，中国的知识被翻译和示范进而被介绍到西方。他们担任精神的和文化的使节，协助向东方解释西方，向西方解释东方，虽然受到帝国主义牵连与外洋性格的妨碍。作为西方文化的介绍者，他们参与了中国文化、社会和政府的伟大革命。"[1]

贝德士在其逝世前约三个月的 1978 年 6 月 30 日，曾写下最后一篇评论文稿《作长远考量》（*It' s the Long Pull That Count*），仿佛是他最后的遗言。其中有一段话："在金大教过三十年历史，经历过国民革命、抗日战争和中共统治，我很自然地密切追踪中国此后的变化，而这又得益于 NCC（贝德士所属的教会）中国委员会[2]与哥伦比亚大学一系列学者研讨会（faculty seminars）的帮助。我们现今的首要关心（prime concerns）与长远考量应当是：第一，占世界人口四分之一的中国人民的幸福；第二，近十亿人民与其他国家人民之间的关系，特别是我们厕身其间并承担直接责任的北美人民……由博爱主义的'第一关心'出发，我们基督徒应该抱着坚定不移的信念深切投入。超越所有意识形态与制度的差别，中国的男人、女人、儿童和我们都属于一个上帝的家庭……我们必须决心真诚地理解中国，与中国人民建立稳固的关系。不管会发生任何震撼，以及任何北京或华盛顿甚或我们自身资讯方面的谬误，这件事对于美国和中国的掌权者都是太重要了，虽然他们有些人或许想把高尚的两国关系'正常化'变成反俄武器。"[3]这是一篇未完成的文稿，正如那部《基督徒在华奋进六十年》

[1] William Purviance Fenn, *Christian Higher Educationin Changing China, 1880–1950*, Eerdmans, 1976, p.236.

[2] 全称是 The China Committee of the National Council of Churches，贝德士是这个委员会的重要成员，经常参加该会举办的各种学术活动。贝德士也经常参加哥伦比亚大学东亚研究中心举办的各种有关中国的研讨会，他与该校著名中国史学者韦慕庭教授是终身挚友。

[3] Bates' Papers, B87, F681. 这是有两页打字纸的简短文稿，显然是没有写完的草稿，可能打算寄给他平常较喜爱的 *Christianity and Crisis* 等杂志，但由于健康原因未能如愿。

未完成的文稿一样。可以看出，贝德士依然抱持着他的梦。如果此梦成真，教会和教会大学在中国的数十年努力，便不再会是西西弗的故事（Sisyphus story，意指徒劳无功）[1]，但贝德士已经无法讲述这个虚构故事的结尾，因为他和他所献身的教会大学一同永远离开了中国。

[1] Sisyphus story 是希腊神话中的一个故事：科林斯王在阴间受罚服苦役，把巨石推上山，巨石会自动滚下，他需要继续把巨石推上山，周而复始，永不停歇。

先驱者的足迹

——耶鲁馆藏容闳文献述评

容闳是近代中国最早走出国门看世界的先驱者之一，而由于他在美国受过比较完备的高等教育，对西方的了解比同辈人更加深切，他的思想与言行都具有更多的前瞻性。但是，对容闳的研究至今仍然是我国史学领域的薄弱环节，其主要原因乃是现存直接相关的原始资料太少，除《西学东渐记》外，几乎没有什么成批量的结集文献可供利用。这当然使许多有志于此的研究者感到棘手。

自己留学美国并率领中国幼童到美国留学，是容闳人生旅程中的重要篇章，因为他的现代化思想与现代化实践乃奠基于此。但是现有文献恰好缺乏有关容闳这段历史更为直接的记载（《西学东渐记》除外）。1988 年我有幸在美国耶鲁大学图书馆档案部（Yale University Library, Manuscripts and Archives），看到该馆所藏的容闳私人文献。其中包括容闳藏件（Yung Wing Collection），编号为 Manuscript Group No. 602，威廉家文献（Williams Samuel Wells Family Papers），编号为 Manuscript Group No. 547，以及耶鲁大学 1854 级档案（Yale University Archives，Class of 1854）。这批文献共 35 件，177 页。

具体列表如下：

文献	时间（年）	件数	页数
容闳藏件	1848—1910	14	26
威廉家文献	1849—1878	8	25
耶鲁大学 1854 级档案		9	121
馆长录存	1878，1879	3	4
贝因内克善本图书馆	1854	1	1

从时间而言，这批文献虽然数量不算很多，而且内容也并非完整，但多少可以填补1848—1879年间容闳先后两次到美国学习与工作相关文献记载的不足。为便于国内学者了解与运用这批资料，我试作简要介绍与评述，但由于文献年深日久，字迹漫漶，加以多为容闳青少年时期手笔，潦草误漏之处亦多，辨认较为困难，所以，更为详尽与确切的原文及译文发布只有留待来日。

一、早年信函

容闳早年信函分别保存于容闳藏件与威廉家文献。其中最早一封是1848年6月7日给加劳德尔博士（Dr. J. H. Gallandel）的信。当时容闳到美国只有一年多，还在孟松学校（Monson Academy）读书。此信主要是说明暑假去纽约、费城旅行途中，由于勃朗夫人的朋友热情强留，打乱原定计划，未能前往加氏家中小住数日，因此深感歉疚。此信情词婉约，颇有人情味，如说："请告知我，有没有中国鸡蛋和鸡送给你，如果没有，我可以设法为你谋求若干。"这些细微之处，说明容闳已经成为一个稍通人情世故与彬彬有礼的青年。

多数信函是写给S. W. 威廉先生的。其中一封写于1849年4月12日，此时威廉及其家人已经安抵中国广东，虽然途中曾碰上灾难性的台风。信中除慰问外，还提出两个要求：一是希望威廉雇用自己的哥哥（Yung Aeum），可能是企盼借此稍为减除家中经济困难；一是请威廉向母亲和姐姐说明容闳继续留美深造的理由，因为原来是说定两三年内学成归国的。唯恐母亲和姐姐难以理解，又请威廉向叔叔作较详细的解释，说明整个学习需要六年，希望叔叔能协助说服母亲。容闳坦率地告诉威廉，家人担心他信奉基督福音并滞留不归，渴望他尽快回来挣钱养家。信中还谈到孟松的学习情况，容闳说："自从来到这个国家，我把所有时间都用于学习英语，到去年冬天又学习拉丁文和希腊文，以求符合读大学的需要。"信的末尾请威廉原谅他的许多（文字）错误与蹩脚书法，情况确实如此，由于英语水平的限制，容闳难以更为翔实准确地表达自己的思想。

不过，1850 年 12 月 20 日写给威廉的信已有明显进步，其时容闳已经是耶鲁大学的新生了。信一开头就为未能及时回复威廉的两封信致歉，因为过去一年正忙于做上大学的准备。容闳不无得意地报告："今年秋天我顺利进入大学，并完成一个学期的课业，现正享受两周休假。这是我唯一希望给朋友写信的时间。大学生活对我多少有些新鲜，虽然我在（孟松）学校已经受过某些必要的训练。"大学新生除了学习外似乎没有时间想其他事情，但容闳已经敏锐地感觉到："在大学生中间另有一种激奋（excitement），我认为耶鲁被一种雄心勃勃的氛围所环绕。"容闳已经表现出是一个有头脑的青年，他承认自己接受这种氛围的影响甚多，但主张唯有慷慨大度的雄心（generous ambition）才是富于建设性的，否则就难免会误入歧途。容闳说大学生活给他带来更多的欢乐，但又发现学习的竞争是在不平等的基础上进行的。因为自己在入学前只花了一年半时间学习语言，而其他同学则花费了三年乃至六年。容闳认为，只有具备健康的身体与饱满的精力才能保证完成学业。信的这些内容与《西学东渐记》的相关记述完全吻合，而且可以相互补益。

此信也谈到一些家庭状况："我很高兴我的母亲曾与你见面，而且她仍然身体康泰。不过上一封信也给我带来不幸的消息，她告诉我哥哥的死亡，还有她自己的境况。这封信使我悲痛达两周之久。""我的心灵之眼（mind eye）可以看到他们的处境。没有其他事情比想起他们更使我烦恼……我早就该返回家园，但现在事已如此，我只有为他们祈祷。"此时，与容闳一同随勃朗来美国的黄胜早已于 1848 年秋因病归国，接着是黄宽远赴英国爱丁堡大学习医，所以信中说："我感到非常孤独，现时再没有人与我用华语交谈，我的中文写作迅速退化……当我离开中国时，我没有携带任何中国书籍，你能按照信上所列书目为我购买吗？我渴望得到若干中国同班同学的消息，我曾给他们每个人都写过信，但未得到回音。Achung（似为黄胜）离开此地后未曾给我片纸只字。来自地球另一四分之一地区的消息极少而且贫乏，这只能增添而不是减少一个人的渴求。"这些朴素的话语表达出容闳对故土亲人和同学的深挚情意，同时也说明他不愿舍弃中华文化之根。

容闳 1853 年 6 月 27 日给威廉的信字迹清楚多了，谈的主要是财务问题。1852 年冬天他曾托人带给威廉 30 美元，其中 25 美元交给母亲，如母亲已故则由姐姐和弟弟均分；剩下的 5 美元用以偿付威廉代为购买中国书籍的费用（书已收到）。当时远洋通信多半是托人带交，周期极长，所以容闳在信中焦急地说："我已经有好久未得到家中消息了，所以我甚至猜想我的友人之所以没有来信，是由于他们不愿让我知道有关母亲的任何情况，或许不敢告诉我母亲已不在人间，请写信告诉我一切重要的事情。"信中还重申："我一毕业就回中国，因为我急于归来。我（在外）已经太久了。请把我的情况告诉所有我的熟人。"毕业愈近，思乡之情愈深，所以他在 1854 年 11 月乘轮船回国是有思想基础的。

耶鲁所藏文献中没有 1854 年至 1876 年容闳给威廉的信，其后我能看到最早的一封写于 1877 年 2 月 19 日，此时容闳率领幼童来美留学已有多年，仍然担任留学生副监督（兼任驻美副公使），经常在距耶鲁不远的哈特福德中国留学事务所办公。这封信是对威廉 2 月 17 日来信的回复，其时威廉一家已回到耶鲁大学所在的纽黑文，所以此后两人通信增多且甚便捷。这封信主要是告知威廉，哈特福德地方报纸已经报道美国国会有关古巴华工问题的讨论情况，希望威廉给以关切。信中说："我深知太平洋沿岸华工所受苛刻乃至野蛮的待遇。"容闳是坚决反对美国排华浪潮的，但国内守旧势力却以此为契机要求撤退留美中国学生，所以便增添了问题的复杂性。容闳在信中力言："我们中国学生有值得称赞的进步，除一人死亡外全都非常健康。我们的新楼即将完工，事务所可望于三月十五日搬进去。我们将有幸邀请您在四月一日以后任何时间前来（参观）。"这表明他对派遣留学生的计划仍然具有信心。

两天以后（1877 年 2 月 21 日），容闳再次写信给威廉，主要内容仍然是华工问题，显然威廉在反对排华问题上已成为容闳的盟友。信中说："我不记得看没看过你给（加利福尼亚）州调查委员会的答复，但一定会很高兴地在今后几天加以阅读。我已经积累了许多事实与报告，涉及所谓加州华工问题，甚望调查委员会报告发表时能酌予采用。”威廉显然已经为容闳无事不谈的密友，信中说：“除移民问题可能与陈兰彬争执外，我认为西班牙公使已经准备一个宣言，借口一艘西班牙船只在台湾海峡沉没来攻击中国。因为在八年以前，当该国水手被土人杀害时，西班牙即曾发出通牒。中国应该为这三千或四千被（住在）古巴的西班牙人杀害的中国人，为所有那些死于（以下字迹不清）……要求全面赔偿。”

1877 年 6 月 7 日致威廉函谈的仍然是有关华工问题，因为容闳已经从华盛顿友人处取得一份国会相关专门委员会提交的关于加州华工问题的报告，同时也读过威廉对委员会所提问题的回答，所以发表的意见也就更具有深度。他斥责那些倡言排华的美国议员为“政客”，同时也寄希望于美国的有识之士。信中说：“他们既为善人即应有善行，我认为他们会公正地对待中国和中国人。”他特别痛恨那些横行作恶于南美秘鲁各地的西班牙人，信中说：“我的心为那些落在西班牙人手中的穷苦中国人流血。”

1878 年，亦即留学事务被迫结束这一年，还有一封容闳给威廉的信。这封写于 5 月 4 日的信除继续谈调查华工问题外，还谈到容闳向美国赠送中文书籍一事。由于最初的赠书目录已经遗失，赠书总数及种类已不可知。但信中还附有一张残缺不全的书目，照录如下：

容闳一八七八年赠送

《纲鉴易知录》、《三字经》、《千字文》、《四书》、《五经》、《山海经》、《康熙字典》、一才子《三国志》（似应是《三国演义》）、《李太白诗集》。

（此书目前面是汉语拼音，后面是英语释义，节略后者——笔者）

信中还提到，将继续赠送全套《皇朝历史》（*Dynastic Histories*，疑指十七史或二十二史之类），以及一套《大清中外一统舆图》。从这封信和另一封给莱门教授（Addison Van Name）的信可以知道，这些书都是送给耶鲁大学的。我认为，由于美国名牌大学图书馆管理制度完善，很有可能找到容闳这批赠书的踪迹，将为中美文化交流史增加一段佳话。

二、54 级赠言簿

容闳于 1854 年毕业于耶鲁大学，毕业之际，级友惜别，相互赠言。容闳保存的 54 级赠言簿幸运地流传至今，为我们的研究增添一本弥足珍贵的原始史料。我们应该感谢那位名为紫罗兰的陈太太（Mrs. Violet Chan），是她在容闳离开耶鲁百年之后将赠言簿捐赠给该校。至于这本珍贵的赠言簿如何流落到美丽的紫罗兰手中，尚有待进一步追寻踪迹。

54 级毕业者共 98 人，其中只有一个中国人，即容闳，所以《西学东渐记》说："以中国人而毕业于美国第一等之大学校，实自予始。以故美国人对予感情至佳；时校中中国学生，绝无仅有，易于引人注目。又因予尝任兄弟会藏书楼中司书之职两年，故相识之人尤多。同校前后三级中之学生，稔予者几过半。故予熟悉美国情形，而于学界中交游尤广。予在校时，名誉颇佳。"也正因为如此，为容闳题写赠言者极多，而且大多情真意挚；据我初步清点，给容闳赠言者共 92 人；另有容闳给级友的赠言七则（其中有一则格言重复四次，即"大人者，不失其赤子之心"），可能是容闳自己留存备考。这些题词的格式大多是先引用自己信奉的昔人箴言，然后再写自己的临别赠言。这些引用的箴言和自己的赠言（包括书法），可以反映这些青年学子不同的个性、修养与学识水平，以及与容闳的关系的亲疏；同时也可以从赠言中看到容闳给他们留下的印象，等于是从不同侧面与视角为容闳画像。这 120 多页的相互赠言，为容闳在耶鲁四年的大学生活留下较为密集的印痕，追踪这些足迹可以增进我们对青年容闳的深层理解，同时也可以让我们对容闳此后 58 年的思想与行为获取若干新的认识。但是由于不少心浮气躁的大学生书写过于潦草，加以文献保存年代甚久，难免有所模糊，所以大多也难以卒读。本文只能就稍有把握的部分，作初步而又粗略的评述。

绝大部分赠言都充分肯定了容闳的品德、才能和精力过人的勤奋，以及四年同窗凝结的深挚友谊。有一个名为 T. W. Cattin（字迹不清）的级友赠言说："亲爱的闳：我深信，当你回到世界彼端你的故乡时，我们在这所大学的结交将融入你的记忆。我向你保证，我绝不会忘记我的中国级友，你那深藏内心的热情、对我们的文学的癖爱，以及对你自己祖国的奉献与深深关切，都早已为我所习知和感受。对于我来说，列举我们快乐的大学生活中许多合作与同情已非必要，因为我知道，当你思念你的同窗好友'汤姆'（Tom）的时候，一定会很容易想起所有这一切。而你知道，我将经常回忆作为划船俱乐部第一分队成员容君的冲锋，你也是我在这个可爱城市的街道和硕大古树下散步的伴侣。我将喜欢想念你这个相知已深的好朋友，你曾向我谈过许多有关你的祖国的情况，以及你对她的希望与怀念。把这些事情记在心里，并且了解你的精力和运作，我将企盼获知你在未来中国的伟大事业。我希望你的伟大计划将会实现，在你的同胞中间，你将度过伟大、善良和有意义的一生。我亲爱的伙伴，愿上帝保佑和赐福于你。"

另外一位姓 Ritch 的级友的赠言是："自从我们同班以来，便与你关系非常亲密。当我想到你将回到遥远的家乡时，感到十分忧伤。不过你想到这些会感到喜悦。因为你在这里结识了许多朋友，而摆在你面前的是充分施展才华的生活的希望。你可以相信，我将怀着深切的渴望注视着你未来的进步。上帝将保佑你并指引你为同胞的福祉努力工作，同时赐给你绵长而愉快的生活，这就是我临别的祝愿。你在班上有许多热心的朋友，你将永远保持这种友谊，我希望这将驱使你会偶尔拜访我们，并且受到我们为你的到来而时刻准备的热烈欢迎。我还有很多话，因为把我们联结在一起的有许多愉快的纽带，但回忆将把它们妥善珍藏，我无须提到它们。别了，亲爱的闳，我愿成为你最乐于回忆的人之一。"

还有两则赠言，虽然简短却颇有风趣。一个可能名叫亚历山大

(Alex)的级友说:“当我初次来到大学时,就被安排与你同座,我比其他级友更早认识你。啊!我们将不再可能相互启发,‘嘶嘶’(可能是一种逗乐的嘘声)、‘没有通过’(考试或测验),特别是竞赛中的‘冲锋’。我知道将会得到你在世界上的消息,并且以有你这样的朋友而感到骄傲。相信你业已了解我对你的才能和价值的真诚羡慕。我深信你不会忘记我(此处略有节略——笔者注)。”另外一个名叫 Erskine N. White 的级友的赠言是:“虽然一个中国人从校内‘美国土著’那里拿走不止一个奖项,但我认为你找不到不乐意看见你这样聪明的家伙取得成功的任何一个人。如果你将来一如既往那样雄心勃勃,便不会有失败的危险。”像许多过去与现在的美国大学生一样,这个美国青年在给容闳赠言的开端引用了别人的一句话(或诗):“Ambition is gems, from which all growth of nobleness proceeds.”大意是:“雄心是美玉,一切杰出的成长由此行进。”英文中的 ambition 一词具有雄心(或抱负)与野心两层含义,西方人把 ambition 视为个人很重要的品质,如果没有 ambition 就等于没出息(或自甘落伍),对年轻的“耶鲁人”(Yale-men)来说尤其如此。这与中国陈旧传统教育对青年所要求的伦理规范与行为规范正好形成鲜明的对照。美国学生给容闳赠言开端所引用的前人名言佳句,大多取自《圣经》和英美文学作品。如:“上帝!只要一息尚存,我们将记住你。”“荣誉是一颗伟大心灵的结果而不是目的。”“知识的心灵锻造一支天使的长矛,用这种气概迫使世界屈服,为帝国而战斗。”“也许在地球上,用直观之眼我将永远看不到你外在的形貌;但对我来说,你将永远不会变老,在我的记忆中长驻青春。”(似为诗人郎法罗的名句——笔者)“力求使他的品质为人知晓,活着去抓住金钥匙,改变强大政府的法令,策划宫廷密谋。”如此等等,不一而足,反映了众多美国大学生不同的个性、理念与追求,当然也不乏年轻人的诙谐与夸张。

与此相对应的则是容闳给美国同学赠言的浓郁东方色彩,可惜他的录存有限,很难窥见其全貌,摘引数则于下:

“礼之国,和为贵(容闳译为‘The most valuable thing in politeness

is concord’)。哈立司好友：你的灵敏机智和其他社交品质，将到处为你赢得朋友。我毫不怀疑你将以极大的努力去赢得胜利。你的愿望与目标将会圆满实现。”“大人者，不失其赤子之心（容闳译为‘A great man never losed the heart he had when a child’）。司来德好友：请允许我对你的高雅品格给以高度评价。愿你的一生充满善行，美梦成真。”“有志者事竟成（容闳译为‘When there is the will the work is effected whatever it may be’）。亲爱的司塔尔：你具有精力、毅力和与生俱来的善心。大自然寄予你厚望，愿你能实现你的崇高目标，为他人幸福而活着。”“手拈一管笔，到处不求人（容闳译为‘He who know how to use the pen is an independent man wherever he goes’）。亲爱的朗巴尔德：你那和蔼可亲的品格，将常常是我最愉快的回忆的主题。在你将厕身的任何生活领域，无论是教师、编辑、牧师或邮政人员，你都将完满实现你的目标。”“大人者，不失其赤子之心。亲爱的旺：我将常常愉快地回忆起你的亲昵声调。愿你迅速进入广阔世界，为社会注入亲善与和谐。向你高雅的举止致敬。”

在赠言簿上还可以发现容闳的两首小诗。一首是：

弥年不得意，新岁又如何？
念昔同游者，而今有几多？
以闲为自在，将寿补蹉跎。
春色无新故，幽居亦见过。
（作者自己所译英文已模糊不堪）

另有一首是：

善似青松恶似花，如今眼前不及他。
有朝一日霜雪下，自（只）见青松不见花。

（容闳英译为：“The good resembles the evergreen. The wicked resembles the flower. At present the one is inferior to the others. There is a mourning and[1] a day when frost and snow fall, we only see the evergreen but not the flower.”）此诗上端尚有英文题词隐约可见：“Chinese poetry written by ping ming, a native of China and a junior on Yale College.” 意为：“中文诗歌乃平民所作，这是一个中国土著与耶鲁大学的高班生。”

以上题词凡中文大多用毛笔正楷书写，笔画称工整，可见容闳即使长期旅居海外亦未中辍习字。诗作和译文虽然颇多可推敲之处，但对于一个长期生活在英语社会并完全以英语为交流工具的中国青年来说，堪称难能可贵。这两首诗是否也是给美国同学的题词，目前还无法判定，更大的可能还是容闳自抒情怀，表达自己的心境与信念。

三、读后有感

尽管上述容闳文献数量不算很多，而且目前能够辨认清楚的只是其中一部分，但读后仍然感受颇深。与同时代其他走出国门看世界者相比较，容闳有两个特点：一是出国时年龄较轻，可塑性很大，更容易接受西方文化教育的影响。何况他在出国前曾接受过十年以上西式中小学教育，已经或多或少经受了基督教文化的濡染。早在 1845 年肄业于马礼逊学校时，容闳有篇作文即以《意想之纽约游》为题，已萌现出对西方世界的向往。二是在美国所受高等教育比较完整，经过两年预备教育再完成三年本科学业，而且又是独自一人与美国同学朝夕相处。因此，他比较全面地接受了西方近代化文明，从语言文字、生活方式、言谈举止、科学知识、文化素养，直至世界观和人生观，都深深烙下了西方文化的印痕。所以容闳在《西学东渐记》中谈到刚回祖国的情景时不禁感慨：“一向被当作西方文明表征的西方教育，如果不能使一个东方人变化其内在的气质，使他在面对感情和举止不同的人时，觉得自己倒像来自另一个世界似的，那不就可怪了吗？”但是，容闳在出国前毕竟已经在中国的土地上（包括澳门、香港）生活了 18

[1] 此处疑有文误，但仍按原文照录。

年以上，与家庭及故土的感情纽带业已形成，从前述容闳书信中可以看出他对故乡亲人的怀恋之深。同时，他在赴美前长期接受的虽然是西式学校教育，但毕竟仍然处于东方文化氛围之中，而且也并非完全不读中文书籍。《西学东渐记》曾提到在古夫人西塾因故停办后，“予既还家，从事汉文”，大约有一年光景。进入耶鲁大学攻读后，容闳也曾寄钱给住在广东的威廉先生，托他代为购买中文书籍。从上述容闳的题词可以看出，他虽然已经忘记如何说中国话，但中文的阅读、书写与写作能力还是有所保持的。因此，我们不宜把年轻的容闳看成一张可供任意涂抹西方油画的白纸，实际上他仿佛是一个在西方文化氛围中习画的东方艺徒，虽以西方油画为主，但悄悄融入了中国画的技法与意境。他把西方基督教的使命感和奉献精神，与中国传统文化的以天下为己任和回报祖国融合起来；又把西方近代化以个性解放为基础的 ambition（雄心），与中国古代经典所提倡的大丈夫气概贯通起来。因此，他留学美国的起因与归宿都是以近代西学改造中国，而不是纯粹归化于西方。

正是那个引用“荣誉是一颗伟大心灵的结果而不是目的”赠别容闳的美国同学，他自己的题词是：“你的处境很特别而且还有些困难，但是你自己在这里顽强地支撑过来了。我深信你回归故土以后，将有力量为真理和上帝去做大量高尚的工作。”另外一个姓 Smith 的级友的题词更为明确：“愿你回归天朝（Celestial Empire）时，将发现它已成为神圣的共和国（Celestial Republic），而你将参与获致推翻压迫的胜利，正如上面那首诗所说的那样。”所谓“上面那首诗”，是他引用的英国诗人丁尼生（Tennyson）的作品，首句为：“我们的敌人已经崩溃，而胜利将发出光辉。”（“Our enemies have fallen, but victory shall glow.”）赠言接着说：“我深深相信亲爱的闳，你将对促进那里的伟大的自由之树的生长起重要的作用。在它的下面这个民族将发现来自西方的荫凉，而上面则是秋天的果实将被重新分配（此处字迹不清——笔者）。”还有一个名为 Robert E. Taylor 的级友，其赠言似乎更为激进：“我将回忆那时你在兄弟会大厅（Brother's Hall）向我拉选票，也成功地成为一个统一体中的兄弟（brother in unity）。我有理由常常想起你，因为你有善良的心灵与善良的感情。我希望你为自己展布的生命之线不要过于炽热。当我祈求我的级友好运时，我将常常深深思念你，你为人民谋求福祉的光荣使命。获悉（因为我希望获悉）你的故土从专制统治下和愚昧锁链中解放出来的欢乐，将因为知道你，我的亲爱的闳，曾经分担这份光荣的工作，而更为增强。愿上帝保佑你，愿成功与你相随。”

当时美国建国还不到80年，人们对民主、自由等政治理念深信不疑；排华浪潮也还没有出现，容闳虽然是独自一人，尚能与众多美国同学和睦相处。大学生相互之间的赠言一般都是热情洋溢，坦诚相见，即令是放言无忌也大多是从善良愿望出发。容闳就是在这样的环境与氛围中度过了四年大学生活，他的言谈举止或多或少通过美国同窗潦草零乱的临别赠言折射出来。读了这些稚嫩然而真诚的赠言后，我们对容闳回国之后的种种努力，如经商、兴学、变法、革命、流亡，将可增添若干新的诠释。

《西学东渐记》这一中文译名沿用已久，其实容闳用英文写作的原稿本是“My Life in China and America”，如果直译则更为平实贴切。但因西学东渐已成近百年来的历史潮流，这一词语遂能历久不衰。容闳诚然是这一潮流的产物，而且在这一潮流中扮演重要角色并起促进作用。不过与其说容闳是思想家，倒不如说他是实践家。他并非著作等身，也无任何鸿篇巨制，只留下一本薄薄的纪实性回忆录。他的特色是经过十年在华西式教育和六年美国高等教育（包括预科），把自己培养成比较规范的西学载体，然后通过自己回国后的一系列革新实践，使西学东渐于中国。

但是，《西学东渐记》书名的长期流传因袭，使我们或多或少忽视了事情的另外一面，即东学西渐。文化交流的双方难免有主动与被动之分，但就总体而言总是呈现出彼此互动，从来没有什么绝对的主动与绝对的被动。近百年来，由于西方的强盛与东方的衰弱，西学诚然长期以强劲主动的态势东渐，但是历史悠久的东学也并没有完全中断自己的西渐。当然，这是一个很大的题目，不是这篇短文所能讲得清楚的，需要作更为系统的深入研究。但我们不难从容闳的身上捕捉到东学西渐的信息。就向西方展示东方文化风貌而言，容闳当然不具备王韬、郭嵩焘、薛福成那样的学术素养，因而也就不具备与西学平等对话的实力。然而他出国时已十八九岁，或多或少具有中华文化基因。他在耶鲁学习时依然自觉地读中国书、写中国字，乃至写中文诗。当时一般美国人对中国所知甚少，对许多耶鲁的美国学生来说，容闳就是中国，可以通过他了解中国和中国人，捕捉有关中国社会和历史文化的种种信息。尽管这是一种层次较低的东学西渐，然而却是容闳自觉的主动行为，他的临别赠言展示了中华文化的风采。至于 20 年后向耶鲁大学成批赠送中国书籍，那更是一种自觉的、较高层次的东学西渐大举措。

我现在还无从断言容闳这种东学西渐的努力究竟产生了何等效果，但至少东学通过容闳给耶鲁内外一部分美国人留下比较美好的印象，并且使他们增加了解中国、中国人和中国文化的兴趣。正如容闳自己所说，他在耶鲁与美国同学的竞争是在不平等的基础上进行的，这也就是一位美国级友赠言中所说的“处境特殊且有若干困难”。但容闳以中国农家子弟的吃苦耐劳精神努力学习，并以中国传统伦理规范律己待人；当然也不排除他从西方文化吸收的民主、自由、进取等精神营养发挥了作用，他终于经过奋斗闯过重重难关，不仅从总体上大大缩短了与美国同学在学业上的差距，而且他的英文作文还连续夺魁。一个来自偏远中国农村的学生，居然战胜七八十个以英文为母语的美国名牌大学学生，当然会赢得众多耶鲁师生的喜爱与尊敬。况且，这个中国学生所引用的那些东方经典乃至民间谚语，虽属片言只字却也言简意赅，在耶鲁 54 级赠言簿上赫然与《圣经》及莎士比亚、丁尼生、朗法罗的名句并列。中国的哲人文士丝毫不逊于西方的哲人文士，东方的智慧完全能够与西方智慧抗衡，这就必然要吸引一部分美国大学生把求知的眼光转向神秘的东方。

一个姓包得文的年轻级友（比容闳小六岁）赠言：“我知道你无

论干哪一行都会走向辉煌。如果我访问中国，一定会对你进行‘孜孜不倦的搜寻’。”一个名为 William K. Eastman 的级友赠言：“你从远方来，又将回到你来自的地方。但我不会忘记你曾在我们中间，而这条线索将伴随你（终身）。我们对中国的兴趣全都比过去增加了。”一个名为 W. C. Flagg 的级友赠言：“我们将经常把我们的中国级友引为骄傲和至爱，并且希望永远不要被远在天朝国土的级友所遗忘（此处字迹不清——笔者）。你已经掌握了知识的力量，用它来帮助你的同胞和全人类。”还有一个名叫亚历山大的级友赠言：“我希望你未来的计划全都成功，你绝不会懊悔曾经离开祖国来到异邦留学，因为你在耶鲁结识了许多极为热情的朋友。回到天朝以后，别把我们都忘了，请时而回顾与我们这些美国夷人（the savages of America）在一起的生活。”还有一则更为动情的赠言：“当大海阻隔在你与你在耶鲁求学生活情景之间，当英语对你重新成为夷言，当你带着惊讶回顾你摆脱天朝羁绊而度过的这些岁月，当你重新习惯于看裹小脚的女人与垂长辫的男人时，请不要忘记来自我们这里的情意，你曾留下众多友人，他们对你的记忆将永远不会磨灭（个别字不清——笔者）。请相信我的话，我将时时怀着感激与骄傲来回忆我们四年大学生活所建立的友谊。”

大学时代的友谊往往是一生中最为纯真与诚挚的情感。1864 年，容闳乘奉令赴美购买军工机械之便，曾至纽黑文参加耶鲁 54 级毕业十周年纪念会。《西学东渐记》对此已有记述：“旧雨重逢，一堂聚话，人人兴高采烈，欢乐异常。虽自毕业分袂后，十载于兹，而诸同学之感情，仍不减当年亲密。予乃有缘得躬逢其盛，何幸如之。”54 级没有忘记容闳，耶鲁也没有忘记容闳。容闳遗存的文献已被斯特林纪念图书馆（Sterling Memorial Library）列为珍贵的典藏，耶鲁永远把这位第一个中国毕业生作为自己的骄傲。就在今年暑假，亦即容闳毕业 144 年之后，耶鲁大学历史系与容闳曾多年学习与工作过并永远安眠的地方——哈特福特的相关社团，还邀请容闳及其率领的留美幼童的后裔四十余人，举行纪念聚会。

容闳的一生，是追求社会进步与祖国昌盛的一生，他始终走在时代潮流的前面。他的事业虽然并非都能成功，但他在当时的条件下毕竟贡献了全部精力。他虽然羁旅海外，最终客死异域，但这并非他自己的过错。是当时那个守旧的中国未能容纳这个海外赤子，把他长期排拒在国门之外。在改革开放并以空前规模进行全面现代化建设的今天，我们理应记起这个伟大的名字，特别是他那美丽如画的故乡，应该向这个伟大的先驱者表示崇高的敬意。

“南京帮”的故事
——传教士在中西文化交流中的角色

“南京帮”（Nanking Gang）是20世纪20年代至40年代南京一个美国传教士群体的自称。他们大多在金陵大学、金陵女子文理学院及其他相关机构服务多年，把一生最宝贵的年华奉献给中国现代高等教育事业，直至1950年前后才最终离开中国。

“南京帮”的重要成员之一华群临终前曾经说过：“如果能再生一次，还是要为中国人服务，中国是我的家。”无论在中国还是在美国，“南京帮”的故事都将永远流传。

一、“南京帮”的由来

“南京帮”一词最早见于1942年11月24日金陵大学农艺教授林查理（C. H. Riggs）的夫人给已经返回美国的米尔士（W. P. Mills）牧师夫人的一封信。当时金大已西迁成都，太平洋战争爆发以后，美国教职员入川者渐多。这些随校西迁的美国教职员或感慨于“我们丢失了南京”，或伤情于“离开古老的金陵如此遥远”。所以林夫人的信上说：“几天以前，章文新（F. P. Jones）夫人和我邀请‘南京帮’茶叙……这是一次愉快的联欢会，没有人谈论高昂的生活费用，我们主要是生活于过去的相互伴依之中。”[1]章文新是金大哲学教育系教授，夫人亦在金大工作。参加这些经常聚会的，还有在金大校长室工作的史迈士（L. S. C. Smythe，金大社会学系主任）夫人等金大和金女大知名教授的夫人。前些年曾任美国驻华大使的芮效俭的母亲（Mrs. Rowe）也是茶会的常客，她的几个子女都是在流动的金大校园

[1] 耶鲁藏档：RG20，B6，F121。

中长大。她在一封信中把此类聚会称为“南京茶会”（Nanking Tea Party），并且认为这个小圈子是“未经组织的合作社会的乐队”[1]。她们彼此以“南京朋友”（Nanking Friends）相称，经常思念南京，都感到南京的凝聚力非同寻常。

“南京帮”有自己的历史渊源。

据米尔士牧师的记述，最早进入南京的新教传教士是内地会的约翰·邓坎（George Duncan），他于太平天国运动失败后的第三年（1867 年）来到尚未从战火损坏中完全恢复过来的南京，前后从事艰苦的宣教工作达五年之久[2]。

早期美国侨民在南京的情况缺乏比较全面翔实的记述。不过在史德蔚藏档中可以看到一份抄录于全面抗战爆发前的关于南京外侨公墓碑石的文字，碑石编号已达 108，但可辨认并记录的仅 81 人。其中有职业说明者大多为传教士，亦有商人，以及两者的子女。这些死者高龄甚少，大多病故于英年乃至童稚，而且死因又多为肺结核、伤寒之类的传染病，说明当年医疗卫生条件很差。

作为本文所研究的“南京帮”的先驱，是金大和金女大（包括其前身）最早的一批外籍教职员。如汇文书院首任院长福开森（J. C. Feguson），宏育书院院长美在中（F. E. Meigs），金大首任校长包文（A. J. Bowen）、副校长文怀恩（J. E. Williams）、农学专业的创始者裴义理（Joseph Bailie），金女大首任校长德本康（Mrs. Lawrence Thurston）、化学教授蔡路德（Ruth M. Cheser）、生物学教授黎富恩（Cora Reeves）、宗教学教授芮柏格（Miss Rivenberg）、心理学教授布特勒（Alice Butler）等。文怀恩和他的幼女丽莲（Lilian）都安葬在南京外侨公墓，安葬于此处的还有金大校牧戴籁三夫妇（Mr. & Mrs. Talinem）、汇文书院第二任院长师图尔的幼子亚瑟（Arthur）、福开森的幼女爱丽丝（Alice）以及包文的三岁小女儿。

[1] 耶鲁藏档：RG20，B6，F121。

[2] W. P. Mills，Early Daysin Nanking，此文收于 *The Story of* 80 *Years of Protestant Missions in Nanking*，*China*，*1867-1947*（未刊稿）。

本文所探讨的“南京帮”，大多是在20世纪20年代来华，作为其背景的便是“一战”以后北美学生海外布道运动的蓬勃兴起。人们习惯于把新一代的来华布道者称为传教士教育家（missionary educator）。与早期的许多西方传教士稍有不同，他们虽然也具有出身基督教家庭、学校的背景，也有不逊色于先驱者的献身精神，但大多在来华以前已经受过高等以上的良好教育，具有某种专业特长，基本上属于学者型传教士群体。

仅以曾在南京沦陷期间留守校园的数人为例：

华群（Minnie Vautrin），1886年生于伊里诺州司考尔。1912年毕业于伊里诺大学教育系，并被基督会派往中国。起先在安徽庐州三育女中任校长，1916年应聘任金女大教育系主任兼教务主任。1940年因病返美，次年逝世。

贝德士（Miner Searle Bates），1897年生于俄亥俄州纽瓦克。父亲是一位牧师，曾任哈莱姆学院院长，贝德士1916年毕业于该院，并获罗兹奖学金前往牛津大学深造，1920年获硕士学位。同年经基督会派往中国，在金大历史系任教，直至1950年返美。1978年病逝于纽约。

史德蔚（Albert N. Steward），1897年生于加州。1921年毕业于俄勒冈农学院，并被美以美会派往中国，在金大植物系任教，直至1950年返美。1959年病故于俄勒冈。

麦卡伦（James Henry McCallum），1893年生于华盛顿州奥林匹亚。1917年毕业于俄勒冈大学，1921年在耶鲁神学院获学士学位，并被基督会派往中国，在安徽、江西各地从事布道与社区工作。全面抗战爆发后，他曾作为金大医院和难民救济工作的管理人员留在南京。1946—1951年作为差会秘书在南京从事教会重建工作。

威尔逊（Robert O. Wilson），1906年生于南京，父亲是美以美会传教士。他毕业于普林斯顿大学，1926年在哈佛医学院获博士学位。1936年应聘到金大医院工作，全面抗战爆发后留在南京从事难以置信的繁重的救死扶伤工作。

史迈士（Lewis S. C. Smythe），1934年在芝加哥大学获社会学博士学位，并被基督会派往中国，一直在金大社会学系任教。南京沦陷期间，他作为安全区国际委员会的秘书，以过人的干练与饱满的精力出色地完成了各项难民救援工作。

费吴生（George A. Fitch）1883，年生于中国苏州一个长老会传教士家庭。1906 年在渥斯特学院获学士学位，随后进入纽约协和神学院。1906 年受任牧师并返回中国，在上海青年会工作。南京大屠杀期间，他作为南京青年会总干事，出任安全区主任，为救援难民作出卓越贡献。

米尔士（Wilson Plumer Mills），1883 年生于南卡罗来纳州。1910 年在牛津大学获学士学位，两年后在哥伦比亚神学院获神学学士学位。1912—1931 年在中国青年会工作，1933—1949 年服务于南京长老会海外布道托事部。南京沦陷期间曾任安全区国际委员会主席。

马吉（John C. Magee），1884 年 10 月生于宾州。1906 年毕业于耶鲁大学，1911 年在麻省康桥圣公会神学院获硕士学位并被派往中国。南京沦陷期间，他担任国际红十字会南京分会主席和安全区国际委员会委员，努力从事难民救援工作，并曾拍摄有关日军暴行的影片 12 卷，成为南京大屠杀一案的铁证。

对于这一代美国传教士来说，是南京为他们最先提供稳定而又优裕的职业，甚至为他们提供成家立业、生儿育女的环境；而这个城市绵长的历史和旖旎的景色，又深深地吸引了他们。秦淮夜月、玄武春晓，乃至雨花台的采石、栖霞山的红叶，都已经融入他们永恒的记忆，与他们的整个人生相伴相随。

二、峥嵘岁月稠

20 世纪 20 年代初的南京，并非十分繁华。史德蔚夫妇曾经追述他们在 1921 年刚到南京的印象：“南京实际上是由美丽的郊区环绕的群集镇。大量农田与若干山林也包容在长达 20 里的城墙之内。市区大约有 35 万居民，其中外国人不到 1 500 人。”“我们在 9 月 16 日下午到达，我们从城外下关火车站到金大所在的鼓楼区，大约有 5 里路。

农艺学家祁家治（C. E. Ritchey）到火车站接我们，并且安排车辆（马车——引者）把我们和行李送到金大校长包文家中，我们将在这里借住最初两周。”[1]当时金大教工宿舍似乎不大宽裕，所以史德蔚全家只有住在校长家里。比史德蔚早一年到校的贝德士，则借住在社会学家谢伟师（Maude Taylor Sarvis，文理科教务长）家中达三年之久，直到贝德士结婚迁至新居。谢伟师回忆当时的窘迫情况："我们必须为他腾出两间房，一间住人，一间装书。及至他所有的书在我们南京寓所三楼的小房间拆包后，就连他日常需要的起码设备也无处安放。可以肯定，他是那时在南京的外国人中私人藏书最多的一位。”[2]不过当时南京物价不高，用一位名为布兰克（Blank）的传教士的话来说："每月只要花 55 美元，就可以像王公贵族那样生活。”[3]所以史德蔚、贝德士等搬到自己的新家以后，日子过得都很舒坦。

语言是中西文化交流的钥匙。“南京帮”在南京的最初岁月是从华言学校开始的。华言学校亦称传教士培训中心，是金陵大学专为外籍教职员学习汉语与文化创办的，其宗旨是："为西教士学习华语及培植对于中国文化及国人正当之了解与态度。”[4]贝德士 1920 年来金大任教便立即进入该学校，他与在金女大任教的加拿大姑娘丽莉亚·罗宾斯就是在这所学校相识相爱的。贝德士花了整整三年业余时间读完中文课程，1923 年华言学校毕业之日，就是他与丽莉亚结婚之时。

贝德士在华言学校的同班同学、金大教员查麦斐德的夫人（Anna Moffet Jarvis），在 1920 年 10 月 15 日的家信中曾经写道："每天早晨八点半到教堂。今天金大校长和我们谈话。你看，华言学校原来是大学的一个系。然后（华言学校）主任基恩（Keen）把我叫起来，介绍给其他学生（来自何处，正在做什么，将任何职）。学员中只有四个男

[1] 耶鲁藏档：RG20，B8，F173。

[2] Maude Taylor Sarvis, *Bates of Nanking*, The International Committee of YMCA, 1942.

[3] 耶鲁藏档：RG8，F103。

[4] 包文：《金陵大学之近况》，《教育季刊》1925 年第 1 卷第 4 期。

单身，但女单身有四十九个，来自美以美会、长老会、耶稣复临派、圣公会和其他宗派，职业有传道人、护士、教员、农学家、办公室秘书、会计和行政管理人员，甚至偶尔也有个别商人。传教士知道如何学习。课堂教学全用中文，直接教学法（如你、我、他）。”[1]据说当时学员有一百余人。中文老师为这些西方学生取了一些典雅的名字，除贝德士、史德蔚、麦斐德外，还有史迈士、唐美森、芮陶庵、董远观、贺肇基、安德胜、丁爱义、司乐堪、卜士瑞、吴惠津、梅赞文、章文新、谈和敦、顾德斯等。这些命名标志着他们开始融入中国文化。

作为中西兼通的历史学家，贝德士学习中文的勤奋自不待言。在金大历史系学生中流传着一个故事：有位学长交英文写的作业，由于粗疏被退回来并要求用中文重写一篇，结果送上去后又挨贝德士的批评：“我真没料到你的中文比英文更差！”学习中文更为勤奋且富创造性的是史德蔚。我们在史德蔚文献中可以看到他精心制作的汉语发音对照表[2]，虽不一定都准确，但花了大量心血。

例如：

汉字	Giles 罗马拼音	南京口音	国语拼音
银	yin	ying	in
杏	hsing	shing	sin
白	pai	pe	pë
瑞	jui	shuì	suëì
蛇	shê	shay	se
仰	yang	liang	lian
悬	hsüan	shüenn	syen

［1］耶鲁藏档：RG8，F103。
［2］耶鲁藏档：RG20，B10，F240。

他们在南京居住愈久，对南京的了解与感情也就愈深。由外侨南京妇女俱乐部文学部编辑出版的《南京简介》(*Sketch of Nanking*，1923 年初版，1933 年增订版)，热心地向海外介绍南京的历史、名胜和有关游览资讯。撰稿人大多是金大、金女大教授及其夫人或其他亲属，如南京历史由唐美森夫人（我的英语老师）撰写，历史名胜由谢伟师夫人撰写，南京寺庙由芮陶庵夫人撰写，南京掌故由白来敦女士撰写；而出版赞助人则有梅赞奇夫人（即文学部主席）、伊里克夫人、刘恩兰小姐、德本康夫人、江夫人（南京汇文女中）等。此书封面印有中文题词“开门见山”，而扉页便是背依巍峨钟山的古老城墙逶迤绵延的照片。前言深情地说：“此书尽管有许多不足之处，但出版者希望读者能对这座城市增进理解与加深兴趣，并促使某些人追寻更多南京古老往昔辉煌的遗迹，我们深信她将再现这种辉煌。”[1] 这些美国侨民虽然始终未能融入南京主流社会，但他们却从内心力求认同于南京市民。他们把南京称为“世界上最美的城市之一”，把金大和金女大称为“建立在京城的大学”，贝德士很早就自称“南京的老市民”。他们努力模仿南京市民的方式生活。例如有年暑假史德蔚夫人在本宅举行南京牧师师母茶话会，通知说：“祈师母拨冗驾临，并带剪刀、针线、顶针等件。”很像一般街道中国妇女聚会。

当然，作为传教士教育家，他们的主要工作还是教学与研究。无可否认，南京这两所教会大学的发展与完善，都渗透着他们的勤劳与智慧。

金大的王牌专业是农学，而农学院就是美籍数学教授裴义理(Joseph Bailie)一手创办的。裴义理 1860 年出生于爱尔兰贫苦农民家庭，长大后在美国专攻神学并入美籍。1890 年来华，供职于苏州长老会。1910 年应聘到金大任数学教授。他目睹 1913 年张勋辫子军在南京的屠杀劫掠，也看到长江大水的哀鸿遍野，因此发起义农会以工代

[1] 耶鲁藏档：RG20，B10，F221。

赈，并且在1914年创办农林科，希望能从根本上促进中国农业发展[1]。1916年春，紫金山麓野火蔓延，林木焚毁甚多，加以邻近居民又滥施采伐，他感到非常痛心。正好清明节那天他出差到上海，看见沿途扫墓人多有植树于坟地，便建议当时的农商总长张謇定清明日为全国植树节。[2]

农林科发展很快，1930年扩大成为农学院。在裴义理、芮思娄（J. H. Reisnier）、史德蔚、卜凯（J. L. Buck）、安德胜（W. A. Anderson）、林查理（C. H. Riggs）、韩森（E. L. Hansen）、司乐堪（B. A. Slocum）等两代美国学者和中国师生的通力合作下，农学院共有农经、农艺、园艺、森林、植物、植物病虫害、农业教育、蚕桑等八个学系，并附设南京农事试验场、西北农事试验场、农业推广部和农业专修科[3]。"从办学起到抗战开始，大学本部和农业专修科，及各科训练班毕业生，计1 200余人，占全国高等农业学校毕业生的三分之一，而从事农业教育及农业改良工作的，占总数的95%。没有一个学生毕业后失业，且供不应求。我国在欧美留学农业的学生，到1948年为止，全国约计256人，而金大农学院毕业生，却占120余人，约占半数。全国农业机关，都有农学院的学生工作。"[4]

在这里应该着重介绍一下卜凯的贡献。卜凯原为安徽宿县地区的传教士，熟悉中国农村情况。1921年应聘到金大创建农业经济学系，该系最初仅有1人，1924年扩充成为农业经济、农场管理及农村社会三个组，1939年重新划分为农政组、农场管理与农产贸易组、农业历史组、农村金融与农村合作组、农村社会组、社会物价与农业统计组，复设统计室，成为全国最具规模的农经系。卜凯非常重视农家经济的

---

[1]《本校农学院创办人——裴义理》，《金陵大学校刊》，1943年2月；又见陈裕光《回忆金陵大学》，金陵大学南京校友会编：《金陵大学建校一百周年纪念册》，南京：南京大学出版社，1988年，第16页。

[2][4] 墨妮：《农学院创办人裴义理先生》，金陵大学南京校友会编：《金陵大学建校一百周年纪念册》，第58页。

[3] 耶鲁藏档：RG20，B10，F221。

调查分析，1921 年由太平洋国际学会资助出版的《中国农家经济》（*Chinese Farm Economy*）一书，使他在学术界崭露头角。1931 年江淮流域发生严重水灾，金大农经系受政府委托调查受灾情况作为救济之依据。计调查湖北、湖南、江西、河南、安徽、江苏等省共 90 县，实地调查人员达 293 人，得县调查表 169 份、村调查表 2 366 份、农家调查表 11 791 份，又在上海、南京、武昌三处难民搭棚区域，调查农家表 3 796 份，然后由卜凯主持编辑出版题为《中国 1931 年水灾》的长篇调查报告。由卜凯主持并有多位中外著名学者参加的土地利用调查，自 1929 年起至 1937 年止，历时九年始告完成。总共调查全国 22 省、163 地区、16 786 田场及 382 560 家，其成果是堪称经典之作的《中国的土地利用》（*Land Utilization in China*）。全书共分三册，一为论文集，二为地图集，三为统计资料。这些工作奠定了卜凯在中国农业经济研究领域的重要地位，金大农经系声誉之隆与育才之众亦备受中外瞩目。卜凯还曾先后担任过美国国务院的中国农业顾问和联合国救济总署署长。

卜凯的妻子赛珍珠（Pearl S. Buck），自幼生长在中国，曾在金大外语系任教，先后写过五十几部作品，大多取材于中国农村，其中《大地》尤为驰名，为作者赢得诺贝尔文学奖[1]。

金大原来只有政治系，贝德士最初是政治系的主任教员，以后才一手创办了历史系。他在 1947 年五十岁生日时曾在家信中追述："如果从我来华获得第一个稳定职业算起，到可能退休之时，五分之三的岁月已经消逝了。""我试图扶植中国年轻教师，让他们顺应自己的兴趣与优长，而我自己则只得担任其余的历史课程。重要的影响已经显示出来，但这却意味着我要像新教员一样，不断从一门课程转移到另一门课程，同时还要根据部颁教学计划的不断变化担任新设课程的教学任务。结果已表明这一政策完全正确，例如我现在的主要同事王绳

---

[1] 参见陈裕光：《回忆金陵大学》，金陵大学南京校友会编：《金陵大学建校一百周年纪念册》，1988 年，第 17 页；《25 年来金大农业经济系之概述》，《金陵大学农业经济系成立 25 周年纪念册》。

祖与陈恭禄，还有此前的三四位同事。王、陈不仅教学出色，他们的著作已经享有并将继续增长广泛的影响，因为他们编写的大学教材已经成为范本。”“我深知，其结果是使我成为一个出版专著甚少的可怜专家，同时又是一个颇具潜力的好老师，因为我总是勤奋而广泛地阅读。”[1]

但贝德士绝非“可怜专家”，他知识之渊博，堪称通识型的专才，这在上述家信中稍有透露：“无论如何，我曾延展于广阔的知识领域：历史学，我的主要训练是近世欧洲史与英国史，通过自学与研究生攻读，扩大到古代和中世纪的中国、日本、印度、俄国，还有若干美国史——几乎是除拉丁美洲以外的所有地区的历史；与史学研究相关联，还有政治学、社会学方面的兴趣，包括在牛津的攻读与早先在金大讲授政治学，接着是经济史、国际关系和当代事务，特别是远东地区；拉丁文和希腊文（前者每周用一两次），谙习法文、中文、德文，俄文、日文可以对付姓名、工具书，并可勉强阅读……”[2]有位听过他演讲的外国学者索尔博（L. N. Thurber）先生回忆说：“1943 年在耶鲁，贝德士在我选修的一门中国区域研究课堂上演讲，我特别倾服于他的百科全书式的知识与记忆。我仍然清晰地记得，座位离他很近，两小时提供大量细节，诸如互相比较的数字，1900 年、1910 年、1920 年、1930 年、1940 年中国铁路有多少英里，硬型路面公路的大致里程等。讲演之后与贝德士交谈，我发现他的演讲稿只有三个词用以概括主要范围。”[3]

贝德士除承担金大历史系繁重教学工作外，还在金女大、中央大学、中央政治学校兼课，并且参与金大中国文化研究所的创建。他还亲自编撰《西文东方学报论著举要》（*An Introduction to Oriental Journals in Western Languages, With an Annotated Bibliography of Representative Articles*）。此书是在广阔阅读的基础上选择 19 种有代表性的西方刊物

---

[1][2] 耶鲁藏档：RG10，B2，F24。

[3] Cynthia McLean ed., *Gleanings: From the Manuscripts of M. Searle Bates*, The China Program, National Council of Churches of Christ in the U. S. A., 1984.

编成的，除分类索引、著者索引外，还有导言与论文举要，反映出编者促进中外学术交流的热心。

史迈士是“南京帮”的后起之秀，1934年来华后为金大社会学系增添了活力，特别是随金大西迁后积极参与推进了中国的“工合运动”。早在1939年他就为政府策划，由各地工业合作社承造军用毛毯，并以成都与西安为工人培训中心。1940年金大社会、经济两系与中国工业合作协会合作，举办高级人员训练班，史迈士为该班班主任。同时，他还利用暑假前往重庆、兰州、西安等地，为“工合”人员讲课，并结合教学经验编印《工业合作》一书，作为学员教材。

其他美籍教授，如华群对于金女大教育系，史德蔚对于金大植物系，章文新对于金大哲学教育系，唐美森对于金大化学系，赛珍珠对于金大外语系，司乐堪对于金大植物病虫害系，林查理对于金大农艺学系，都有很多贡献。本文限于篇幅，不再一一缕述。

三、患难见真情

南京城内的岁月也并非总是风平浪静。随着民族主义浪潮的高涨，20世纪20年代初兴起的非基督教运动发展为收回教育主权的斗争，矛头遂直接指向教会学校。

在1927年春天的“南京事件”中，除金女大外，所有外国人的住宅都遭到焚烧乃至洗劫。混乱延续八个小时以上，有六个外国人被杀死，其中包括金大副校长文怀恩，贝德士也被一群乱兵拘捕，双手被捆于背后，几乎被胡乱开枪的士兵击毙，幸亏得到红十字会的及时解救才幸免于难[1]。不过贝德士的反应相当冷静，他在1927年5月发表于《世界召唤》（*World Call*）的报道中说：“正努力了解中国人普天同愤的背景，和3月23日、3月24日两天混乱的实况。可能是对于某些外国人某些偏激言论的不完全自觉的对抗的突然爆发，很少能

[1] *Bates of Nanking*, p.4.

证明这是进城国民革命军将领的狡诈阴谋。”[1]但南京的外籍人员毕竟被迫全部撤离，先到上海，继而分为三路：一部分回国，一部分去日本，一部分去朝鲜。

不过这种情况为时不久。1928 年秋季以后，离校的外籍人员陆续归来，贝德士是最先获准返校工作的美国教授。及至南京国民政府初步稳定政局，金大、金女大与外地其他教会大学一样，重新恢复了发展的势头。当然，发展的前提是大多数外国教会与外籍教职员采取比较理智的态度，在不同程度上顺应中国民族主义的潮流。首先是遵守中国政府的规定，履行注册手续，接受政府的教育方针、政策的指导，对教会大学内部进行大幅度的调适变革。在此后的岁月里，他们与政府保持比较密切的合作，在教学、研究与社会服务等方面，都取得了明显的成绩。

空前严重的患难来自 1937 年日本发动的全国侵华战争，人们都认识到这将是一场关系中国生死存亡的长期战争。随着战火的逼近，金大、金女大和其他大多数教会大学一样，决定随国民政府西迁。情况正如金大教授芳威廉（William P. Fenn）回忆所说的那样：“两千里难以置信的艰苦跋涉，经过湍急河流，越过高山峻岭，坐船、乘车乃至步行，需要非比寻常的决心与勇气。急速移动，缺少给养，更谈不上营养，持续不断的危险考验着信仰与耐力，他们幸存的事实便是对他们学校精神的诠释。”[2]教会大学分担了祖国的苦难，参与了维护民族生存的斗争，也投入了推动社会进步的各项有益工作。

当然，面临更为艰危考验的还是自愿留守金陵的那些“南京帮”成员。

贝德士全家当时正在日本度假，并为维护中日和平相处做最后的努力。接到金大陈裕光校长的命令后，历尽艰难只身返回南京，以副

---

[1] 耶鲁藏档：RG10，B6，F101。

[2] William Purviance Fenn，*Christian Higher Education in Changing China，1880-1950*，Eerdmans，1976，p.119-120.

校长名义全面负责保护校产，并勉为其难地开办了一所农业专科学校。他与史迈士、林查理等参与组建南京安全区国际委员会，该会成员还有上文已经提到的麦卡伦、威尔逊、费吴生、米尔士、马吉、华群等。他们生死与共，临难不苟，为救援南京二十多万难民日夜奔忙。

组成安全区国际委员会的二十多位外侨，从法律和行政的角度而言，本来没有责任保护和养活二十多万南京难民，相关外国政府也不断动员他们立即撤离，可是他们出于道义和感情，不顾个人安危与家庭离散而自愿留在这人间地狱。面对失去人性的日军的暴虐统治，生命财产毫无保障的中国民众在绝望中只有向中立国外侨团体求助，这是一种极大的无奈。在中国市政当局已经不复存在，而日本当局放纵暴行的恐怖时期，以二十几位外侨组成的毫无政府背景的小小外侨团体，竟然要承担起二十多万难民食宿、卫生乃至治安等繁重任务，这也许是一种更大的无奈。国际委员会尽管有大量中国职工的忠诚奉献，有南京以外的各国友好人士道义上和财物上的某些支援，特别是广大受难民众的信赖给以强大的精神力量，但他们毕竟手无寸铁、无兵无勇，除了中立国侨民身份以外，别无任何其他可以与日本军队对抗的手段。他们诚然是西方国家的公民，但他们国家的政府并不支援他们，却一味纵容日本侵华，向日本提供军火与其他军用物资，继续鼓励日本反对苏联。正如贝德士 1938 年 11 月 29 日给友人的信中所言："南京城内的美国和平主义者，其生活也是严峻的。他们连续数日目睹成百架（日本）轰炸机群飞过，有些带有美国装备，而且几乎全部灌满美国汽油，在江上连绵的（日本）军舰是用美国汽油驱动的，公路上数以百计的（日本）军用卡车也是通用公司和其他美国厂家制造的。他们在美国的和平主义者友人正在遭受谴责，因害怕法西斯国家不悦，（美国）断然反对通过国际合作走向世界政府（指国联）蹒跚的第一步，反对取消与侵略者的经济伙伴关系，从而使世界上的弱国横遭蹂躏。……富国应该为大家的公益作经济调节，而不应以武装的贪婪掠夺他们弱势的邻居。”[1]因此，他们只有以弱势地位与数万强横霸道的日本军队打交道。对这些外侨来说，“螳臂当车”是一个很恰当的比喻；“知其不可为而为之”，则是一句更为深刻的习语。他们和一批中国同事，把全部爱心与精力奉献给数十万南京难民，常常以恳求、争辩乃至自己的躯体，在刺刀与受害者之间从事救援，尽管这种努力大多以失败与屈辱而告终。他们力所能及的反抗，便是逐日逐事诚实地记录日军的每件暴行，不断地向日本当局提出抗议，并且通过各种渠道向全世界揭露日本帝国主义的残虐，伸张正义，谴责邪恶。

包括“南京帮”在内的国际委员会成员，在南京二十多万难民中有口皆碑。米尔士与贝德士是继拉贝以后的第二任、第三任主席，实际上是始终维持国际委员会的栋梁之材与精神支柱。年轻力壮的社会学家史迈士，在日军大屠杀最为残酷而又频繁的日日夜夜，以过人的干练与充沛的精力，主持国际委员会的日常事务。教育学家华群舍生忘死地努力保护金女大难民营近万名妇女，被当地民众深情地誉为“活菩萨”。农艺学家林查理以高度的勇敢与高超的技术，成为南京数十万民众粮食和燃料的运输队长。威尔逊医生独自承担鼓楼医院的外科手术，日日夜夜的操劳累肿了胳膊。马吉牧师除主持红十字会的繁忙救援工作外，还不忘携带小型摄影机，为一桩又一桩日军屠杀平民的罪行留下活生生的现场记录；而作为安全区主任的费吴生，则冒着极大的风险把这些胶卷秘密带到上海，公之于外在世界……

可以说，留在市内的“南京帮”成员，个个都是好样的，每个人都有一连串可歌可泣的动人故事，其英勇不下于奋战疆场的将士。中国人民和中国政府非常尊重他们救死扶伤的崇高精神与多方面的劳绩。据当时曾目睹大屠杀惨况的中国医务人员追述：“综计敌军入城后烧杀奸掠，书不尽记。而吾难民，在水深火热之中可以求保护稍得慰藉者，惟国际委员会是赖。在事之德、美友邦人士，咸抱大无畏精神，不避艰危，尽瘁从事。在金大、金女大收容所服务之外侨，无分昼夜，轮

[1] 耶鲁藏档：RG10，B4，F52。

流守护。金女大内，美人魏小姐（华群）每对于敌人之来劫奸难女者，常跪哭求赦；负责纠察组之德人史排林先生，周巡察护，遇敌暴行力竭声嘶，暂与周旋。此外，在京外侨无一不努力救护吾民，与敌人争执，因之受辱被创者，时有所闻。而吾廿万难民得以获救，否则恐无孑遗矣。”[1]重庆国民政府也曾对华群、贝德士、史迈士、林查理等授勋褒奖。《私立金陵大学六十周年纪念册》记载：“当（民国）二十六年本大学西迁后，贝德士、史迈士、林查理教授等特发起组织国际委员会，联合留京中西籍教职员及友邦热心人士，从事救济难民工作，将本大学校舍、宿舍、住宅、农场悉供难民栖止，并设立粥厂，及补习学校，以资教养。当时首都难民获免敌军污辱屠戮，得以全活者至众，国民政府嘉其茂绩，特予明令各授襟绶景星勋章，以示褒奖。本大学校舍，亦赖贝德士教授等努力维护，得免破坏。”

现今，侵华日军南京大屠杀遇难同胞纪念馆已经把上述国际委员会主要成员的照片和事迹作为陈列内容，以示对这些国际友人的永远怀念。

四、永远的情结

1950年以后，由于中美关系的急剧恶化，“南京帮”与其他美国教职员一样，相继离开南京返回自己的祖国，但他们大多仍然思念南京、思念中国。

他们之中最先返美者是华群。1940年她由于心力交瘁，回美国休假一年并接受治疗，不幸于次年逝世。她在病中最关心的仍然是金女大，曾给该校美国委员会的负责人写信说：“当全世界都在如此苦难艰困之中，我很遗憾自己却袖手旁观，不能帮上一点忙，变成一个包袱。”也曾写信给她所属教会的秘书说：“你认为我应该为回中国去作准备吗？中国是我的家，不回去似乎不对。”直至死前还对友人说，假

[1] 蒋公毅：《陷京三月记》，南京：南京出版社，2006年，第35页。此外，还可参见侯楷的《难民区历劫记》等书。

若能再生一次，她还是要为中国人服务，中国是她的家[1]。

贝德士于1950年返美后，一直在纽约协和神学院教授教会史和世界宗教。他把自己教学与研究的领域侧重于东亚，并且热心参加哥伦比亚大学东亚研究中心有关中国问题的各项学术活动。他以渊博的中国历史、社会、文化方面的知识，认真答复向他求教的信件，包括审阅各类有关中国的学位论文，赢得了20世纪五六十年代成长的那批青年学者的尊敬。虽然远隔重洋，但他仍然关心中国，关心在中国发生的各种变化。有一段时间，他极为关心非洲教会学校的发展，有可能是想在非洲实现过去在中国的未竟之愿。他主张美中复交，在报刊上发表许多时事评论文章。1960年曾发表《不能无视中国》一文，指出："应该把我们的心灵适度地从想象转到现实。与朋友和中立者不断协商，寻找方法逐渐打开门户与中国建立'正常'关系，经常与中国人沟通、调适，以缓和东方和南亚的持续紧张。道德的僵化与排他性只能延续与加重现在的灾难。"[2]1965年退休以后，他以全部精力投入《基督徒在华奋进六十年》的繁重撰写工作。他徜徉于史料的海洋，仿佛又回到了中国，回到了熟悉的校园、友人、往事中间。这不仅是学术的追求，也是他最后的精神寄托。

史德蔚也是在1950年返回美国，临行前还为救济青龙山灾民捐献546 700元人民币（旧币，约合新币5 400元）[3]。他把在金大任教期间历年参与制作的，包括闽、浙、粤、苏、皖、赣、鄂、鲁、冀、黔、川、康及海南岛的一大批植物标本带回美国（共制作两套，一套留存金大植物系标本室）。返美以后，他一直在俄勒冈州立大学任教，并且利用带回的中国植物标本，编撰《长江下游脉管植物手册》（*Manual of Vascular Plants of the Lower Yangtze Valley*）等专著，在学术界享有很高声誉。史德蔚夫人也由于在中美两国的优异服务与崇高品德，于1967

---

[1] 以上转引自〔美〕胡华玲《金陵永生——威特琳女士传》，台北：九歌出版社，1997年，第193、194、199页。

[2] *Christianity and Crisis*, Vol. XX, No. 18, 10/31/1960.

[3] 耶鲁藏档：RG20，B9，F201。

年当选为“俄勒冈今年母亲”（Oregon Mother of the Year）。史德蔚夫妇非常注意儿女对中国社会、文化的了解，分别给他们起名为庆云、庆洁、庆德，并且要他们学习中文和阅读中文书籍。我们至今仍可在“史德蔚文献”中发现珍藏的长女庆云的大字本，毛笔字写得中规中矩；还有孩子们的课外读物，如《小朋友文库》、《民星》杂志等。这些子女长大成人后，都怀念在南京和牯岭的童年生活，并且写了一些充满感情的回忆文章[1]。

类似的故事还可以讲许多许多，但一篇文章难以尽述。也许可以用曾在金大工作多年的芳威廉的话作为结束：“结局是悲剧性的，但故事本身并非悲剧。……中国教会大学这个名字，将被视为大西洋两岸基督徒对太平洋东岸伟大人民的辉煌贡献而永远铭记。”[2]而镌刻在雪柏得镇华群墓碑上的四个中国字——“金陵永生”，则可以看作是这些死者永远的南京情结的象征。

[1] 耶鲁藏档：RG20，B12，F252。

[2] William Purviance Fenn, *Christian Higher Educationin Changing China, 1880–1950*, Eerdmans, 1976, p.232.

陶行知与基督教*

中央电视台每年评选感动中国的十个人物，已经引起众多国人的关注。以后如果要评选曾在20世纪感动中国乃至感动世界的十个或二十个伟大人物，我将毫不犹豫地推举陶行知。

早在1991年我就曾说过：“无论古今中外，我们很难找到另外一个人，能够像他这样千方百计调动社会上一切积极因素来兴办教育，同时又这样千方百计把教育的功能渗透到社会机体的许多层面与许多角落。其思虑之精与用力之勤，真是如同水银泻地，无孔不入。我常想，近代中国如果有两百个真正像陶行知、晏阳初一样的大教育家，则中国的教育甚至整个历史都会是另外一番景象。”[1]也正是由于这个原因，我与亡友唐文权决定合作撰写一本比较全面系统的陶行知传。

陶行知是一个教育家，但我们没有就教育言教育，也没有限于就中国教育言中国教育，而是试图从较广阔的视野，即从文化互动与跨文化的视角，来写这位教育家思想与实践的发展过程。我认为，陶行知固然属于中国，但亦同样属于世界。他是中西文化既相冲突又相融合的产物，他把杜威的教育哲学引进中国，根据中国的国情与社会需要加以改造与发展，并且广泛吸收了中国文化固有的与现今的各种优秀资源，形成自己独立的教育哲学和理论与实践密切结合的教育体系。他不仅是中国自孔子以后的又一位万世师表，而且也是现代世界屈指可数的伟大教育家之一，因为他始终走在世界教育改革潮流的前头，而在教育思想与试验方面的贡献早已超越了国界。亡友唐文权在这本

---

* 2004年3月为何荣汉著《陶行知：一位基督徒教育家的再发现》一书所作的序言。

[1] 引自章开沅的《序言》，章开沅、唐文权：《平凡的神圣——陶行知》，武汉：湖北教育出版社，1992年，第3页。

传记的结尾深情地说："我们相信，在卷帙浩繁的20世纪世界教育史稿中，生活教育作为中国教育章中卓然独立的一节，深刻映现着当代的世情和国情，足可永垂久远，引人注目流连。总有一天，当地球村的居民共建文化纪念馆时，中国这一文化大户的推选名单中，陶行知及其生活教育将因其对来者的悠长启示而膺登榜上，进入世界文化名人之列。"[1]

事情就有这样的巧合，正是在1991年，即这本传记定稿并付印之年，联合国教科文组织将陶行知列为世界四大名人之一，并在全世界举行各种缅怀活动，以纪念他的100周年诞辰。《平凡的神圣——陶行知》一书正好可以作为我们奉献的祷祝馨香。

陶行知生于1891年，死于1946年。这50多年的西学东渐，欧风美雨飘拂中国大地，陶行知所受西方文化的影响当然不会仅限于杜威的教育学说。所以，我与文权在拙著第二章"三重文化圈中的跳跃"中，对陶行知早年所受中西文化的熏陶进行比较客观的陈述。1908年以前在家乡就读，开始接受教会办的崇一学堂的西式教育，但主要还是植根于徽州深厚的传统文化土壤。直到1911年进入金陵大学以后，才养成民主共和信念，皈信自由、平等、博爱，但同时仍然以王阳明"知行合一"学说陶铸自己的道德风范与人生信仰。如果说，南京求学使他从早年的徽州文化圈跃进金陵文化圈，从而结束了中西文化兼涉的初级阶段，那么，1914年赴美留学，进一步直接、全面、系统地接受西方高等教育，他终于完成了从相继信仰朱熹、王阳明到皈从杜威的超越，也完成了从传统的徽州文化圈到中西合璧的金陵大学文化圈再到纯粹西方的哥伦比亚大学文化圈的超越。正是这三次超越，奠定了陶行知一生思想、理论与实践的文化根基。

既然讨论西方文化对陶行知的影响，就不能回避基督教与基督教文化对陶行知的影响。其实，早在1916年，陶行知在给哥伦比亚大学师范学院罗素院长的信中已经说得很清楚："因受包文博士和亨克博士

---

[1] 章开沅、唐文权：《平凡的神圣——陶行知》，第560页。

的教诲，且深受詹克教授‘教会教育的社会意义’观点的影响，我于1913年成为一个基督徒。”所以我们既肯定“金陵求学时期基督教的道德教化对他影响不浅”，又明确指出：“基督教要人去伪心存真心，自我牺牲，爱人如己等有关道德教化，在他身上确实都留有深浅不等的痕迹。”[1]

但无可讳言，在基督教影响这方面拙著未能作进一步深入论证，其原因除缺乏足够研究以外，还有外在环境的某些影响。多数读者可能都没有注意到此书扉页上的《出版说明》，其中有一句颇为耐人寻味的话：“当然，对作者的某些观点我们也不尽赞同，学术界可能也会有不同的看法，这些都可以在学术交流中自由讨论。”[2]我与出版社打过将近半个世纪的交道，但在著作扉页上冠以这样的《出版说明》却是头一次，而且也是唯一的一次。这句话实际上是出版社自我保护性的预先设防，隐约显示出对于某种非学术因素干扰的担忧，联系到当时的国内政治形势与我个人的羁旅北美，这种潜在的心态是可以理解的。但是，把以基督教徒的视角研究陶行知视为畏途，毕竟不是一种正常的学术环境。

现今的情况当然是大有改进，基督教与基督教史研究在内地正在迅速进展。但是，以基督教视角研究陶行知者尚未多见，而何荣汉博士的新著《陶行知：一位基督徒教育家的再发现》正好弥补了这一缺憾。

全书共七章，除去第一章导言与第七章结论，作为主体的正文有五章。第二、三、四章讲的是陶行知如何从少年时期的“信仰耶稣但没有信仰基督教”，到金大时期的“信仰另一种基督教”，到留学美国期间的信仰与学养的与时俱进。如果说这三章是依循时间序列论析传主成为基督徒的演变过程，那么第五章则是从四个侧面探讨陶行知何以是一位基督徒知识分子。这四个侧面是：对基督教象征的运用以及与中华基督文社、与中华基督教青年会、与美以美会的关系，通过上述纵向与横向结合的研究，当然可以增添作者基本论点的可信度。第

[1][2] 章开沅、唐文权：《平凡的神圣——陶行知》，第81~82页、扉页。

六章也许可以看作是作者对陶行知的总体定位——“一位基督徒教育家”，而对自己这一研究成果的估价则是“陶行知的再发现”。

作者为此项研究付出艰辛的劳动，不仅遍读中外相关论著和数量浩繁的陶行知自己的著作，还要梳理辨析各种不同学术观点并且逐一给以评点，然后再以大量的实证工作为基础，郑重而又鲜明地阐述自己的学术观点。正如作者所自我表白：“笔者的研究，不单是要在陶行知的研究上突破这样的一种‘讳莫如深，避而不论’的态度，更是提出一个重要的研究路向，对于陶行知这位‘典型人物’所代表的一类较受基督教影响的中国知识分子及其与基督教的关系及如何受其影响，作重新的发现和评估的研究。”我赞赏作者这种不囿陈说、追寻真知的执着，同时也希望有更多类似这一路向的学术佳作问世，因为这不仅可以增进与深化我们对陶行知的理解，而且也可以丰富近代中国基督教史的研究内容。

但是，我也需要说明一点，即作者反复评析的这种“讳莫如深，避而不论”的学术禁忌，目前在中国学术界已经不再像过去那样普遍存在。对于陶行知与基督教的关系之所以论析较少，主要是缺乏系统而深入的研究，或者是根本上就持不同的观点。因此，我认为此书的出版，将可激发更多学者研究与讨论这个课题的兴趣，从而更加深化并提升对这个课题的理解。

同时，我一向认为“治史犹如看山”。苏东坡诗云：“横看成岭侧成峰，远近高低各不同。不识庐山真面目，只缘身在此山中。”认识庐山必须走出庐山，必须远眺、近观、俯瞰、仰视、横看、竖望，然后才能经过比较、分析，综合提炼成为比较切近真实的总体形象。因此，我认为，从基督教的角度研究陶行知虽然是一个新的路向，但毕竟不是唯一的路向；研究者可以从这一角度切入，然而却不可忽视其他角度。像陶行知这样的大教育家、大学问家，对中西各种文化、精神资源，多半是兼容并包，博采众长，然后经过研究与实践形成真正属于自己的思想体系与学术体系。正如他服膺王学而不可能称他为儒家，师从杜威而又超越杜威一样，基督教的影响也很难把他局限于基督徒教育家这样狭窄的框架之中，这是他与赵紫宸、韦卓民、陈裕光等教育家不同之处。陶行知就是陶行知，卓尔不群，自有特色，称之为人民教育家或平民教育家即可，不必给他戴上这种尺寸或那种尺寸、这种颜色或那种颜色的特定帽子。我认为作者把陶行知称为“较受基督教影响的中国知识分子”或“富有传教精神的教育家”，都是比较符合实际的。但是没有必要在“基督徒”字眼上钻牛角尖，因为真正重要的是思想内容而不是表现形式。基督徒中不是也有“Rice Christian”吗？过分拘泥于基督徒这一身份，非以见其深，反而显其浅。不知作者与读者以为此意如何？幸不吝给以赐教。

或许可以把陶行知是否是基督徒教育家作为讨论此书的一个参考题目，如果能够因此引发一场热烈的争辩，则序作者将感到极大的快慰。

基督教与五四运动*

会议组织者给我出了个难题——“基督教与五四运动”，其实不如改为“非基督教运动与五四运动”，那样将更便于我演讲，因为20世纪20年代初蓬勃发展的非基督教运动，正是以“五四”为标志的新文化运动向纵深发展的结果。

“五四”揭橥的两面大旗是科学与民主，“五四”时期最响亮的口号是“打倒孔家店”。科学提倡理性，民主反对专制，因此作为旧的传统精神权威，便必定要成为集中批判的对象。基督教与儒学虽然颇多捍格，但都属于中世纪沿袭下来的传统精神权威，自然无从逃避新文化运动攻击的锋芒。同时，19世纪中叶以来，基督教在中国的传播又与西方殖民主义难分难解，历来被看作帝国主义侵略中国的文化工具。作为反帝爱国运动的五四运动，自然也不会放过基督教。“反孔”与“非基”其实有着内在的联系，非基督教运动事出有因且有实据，绝不是所谓“城门失火，殃及池鱼”。《新青年》第4卷第3号曾发表刘半农《复王敬轩》一文，内称：“本志记者，并非西教徒，其所以‘对于西教不加排斥’者，因西教之在中国，不若孔教之流毒无穷，在比较上可暂从缓议。”“缓议”而不是“免议”，这已输送出“反孔”必将走向“非基”的信息。

早在1921年春，《少年中国》出了3期“宗教问题号”，共刊出27篇讨论宗教问题的文章和演说词，其中大多数都对宗教持批评态度，这表明非基督教运动已有相当的社会思想和理论基础。所以，1922年春爆发的非基督教运动，很快就蔓延到京、津、沪以及广东、

---

* 1995年元月中旬，应香港中文大学崇基学院邀请，作为“黄林秀莲访问学人”在该校历史、宗教两系的演讲。

福建、湖南、湖北、直隶、山西、江西、浙江、江苏、四川等地。1924 年以后，非基督教运动发展为收回教育权运动，而在 1925 年五卅运动以后，随着民族主义的全面高涨，非基督教运动更加贴近反帝斗争，并且汇入国民革命的洪流。基督教在中国面临着空前严重的挑战，基督教在中国南部的各项事业全面受到冲击。

然而，由“五四”引发的非基督教运动，却没有发展成为义和团运动那样的悲剧。在经历这场严重考验以后，基督教在一定程度上顺应历史潮流，作了多方面的自我调适，并且逐步与国民政府建立起比较友好的关系，从而在中国继续有所发展。本文不拟胪陈这方面的史事，只想分析其所以如此的原因。

就非基督教运动而言，其领导人多半是五四运动的主将，其群众基础也主要是参与新文化运动或受过新文化运动洗礼的知识分子。虽然，他们有时不免将基督教混同于帝国主义，批判中夹杂着情绪化的民族主义，以致多少有流于片面、偏颇乃至武断之处，但主要还是用理性批判向传统的宗教权威挑战，目的在于促进科学、民主，并非倡导以暴力盲目排外。同时，在 1927 年以前，中国仍然处于各派军事集团割据的分裂局面，根本谈不上什么意识形态的一元化，所以在知识界还有自由争论的较大空间。所以，即令在非基督教运动极为高涨的时候，也有一部分基督徒与非基督徒知识分子以比较冷静客观的态度对待宗教，强调宗教自由及正确处理民族主义与基督教之间的关系。基督徒如简又文等曾发表《对于非宗教运动宣言》（1922年 4 月 10 日），从 10 个方面进行反批评，为基督教存在的合理性辩护。非基督徒如周作人、沈兼士等，公开发表声明：“我们不是任何宗教的信徒，我们不拥护任何宗教，也不赞成挑战的反对任何宗教。我们认为人们的信仰，应当有绝对的自由，不受任何人的干涉……我们因此对于现在非基督教同盟的运动表示反对。”（1922年 3 月 31 日）这些知识分子虽属少数，无力阻挡潮流，但至少从舆论方面在某种程度上化解了反基督教的狂热情绪，促进了人们的理性思考。

就基督教本身而言，也发生了若干顺应潮流的变化，其因应之道也没有把非基督教运动推向更加过激。近世基督教本来已不同于中世纪的陈旧基督教，到20世纪20年代，基督教革新神学在中国已经产生明显的影响，日益增多的教会开明人士，把自己工作的重点从单纯劝说非教徒皈依，转向通过服务以促进社会的改革与进步。一批批受过高等教育的有专业知识的年轻传教士来到中国，更使在华外籍传教士的总体素质与神学思想发生明显变化。同时，在教会内部，中国基督徒进入领导层的精英分子也愈来愈多。这些都使许多教会开明人士也能比较冷静和理性地对待非基督教运动，甚至透过非基督教运动的挑战认真反省教会本身的缺点并谋求革新。尽管教会内部派别众多、反应不一，但谋求与帝国主义及不平等条约割断关系、促进教会的本土化（Indigenization）并参与社会革新，已逐渐成为比较开明的中外教会人士的共识。例如，一直反对非基督教运动的简又文，在1925年发表《同江张二君讨论孙科君的文章》一文，也认为："基督爱人救世天国在地之福音，既与帝国主义、资本主义及一切残贼人生压迫人生之罪恶，绝不能相容，亦不能两立。"武汉基督徒联合会于1927年元旦发表的《基督徒革新运动宣言》，甚至公开认同国民革命。他们声明："耶稣基督以自由、平等、博爱、牺牲、服务立教，与罪恶的势力绝对不能妥协，本是一种革命的大势力……我们深愿本着耶稣基督当年打倒法利赛主义及传统的旧礼教，与当时之压平民的富族贵族阶级，甚至舍身十字架之革命精神，以从事于我们的革命工作。"而所谓"革命工作"，他们也说得很清楚，就是"对外则打倒帝国主义""对内则打倒恶军阀恶制度"。他们对于非基督教运动，自然持反对态度，但能承认其为"诤友"，承认基督教本身确实需要革新。至于收回教育主权，他们则一致赞成，"要使教会学校都归中国教会自办，受中国政府之监督，及其一切设施都依着中国的教育训令及学制而办去"。在空前高涨的民族主义运动推动下，著名的基督教社会学家赵紫宸也主张："西教会与西教士在这时候，应当冒险将他们在中国为中国信徒所设立的教会与一切教会权交代给中国基督徒；中国基督徒应当担任巨艰，接收西教会西教士在中国为中国信徒所设立的教会。这是一件冒险的事。交替之中总要有几处要经过失败的。可是这年头我们不能怕，只要信。”[1]

由上可知，五四运动启动了绵延数年而颇具声势的非基督教运动，非基督教运动又促进了在华基督教内部的革新，特别是加快了本土化与参与社会革新的步伐。反映在教会大学方面，也是趋向于本土化（通过注册及内部调适）、学术化与世俗化。尽管教会内部存在着基要派（Fundamentalism）与现代派（Modernism）的神学对立，存在着各种不同宗派之间和宗派内部的意见分歧，但我认为上述趋向毕竟是历史的主流。同时，1927年南京国民政府成立以后国民党已调整了对基督教的政策，除收回教育主权、禁止在课堂上宣传宗教、中小学不得设宗教课程以外，别无其他严厉举措。因此，非基督教运动逐渐沉寂，在中国走向现代化的过程中，基督徒与非基督徒之间的关系渐趋正常，教会与政府之间大多也逐渐形成比较协调的关系。应该说，基督教或多或少也曾为中国现代化作出过贡献，尽管其宗教目标与世俗不同。五四运动倡导的理性主义，后期走向主义的专断的消极方面，诚然是与基督教神学难以和平共存的；但在谋求民族独立与社会进步方面，五四运动的参与者及其继承者，却又可以从基督教革新势力那里寻求某些积极的呼应。

我们现在编辑出版《中国教会大学档案文献目录专刊》，目的是为海内外学者利用这些档案文献提供方便。据我所知，如要研究基督教与五四运动，便必须利用这些资料，因为基督教会所办的大学乃至中学，许多师生都在不同程度上参与了五四新文化运动，也或多或少参与了非基督教运动，或者是对非基督运动作出对立的反应。以华中师范大学编制的《华中大学档案文献目录》为例，其中就包括了有关该校校长韦卓民博士（Dr. Francis C. M. Wei）的丰富材料。华中大学的设立者包括美国的圣公会（鄂湘教区）、复初会、雅礼协会和英国

[1] 赵紫宸：《我对于创造中国基督教会的几个意见》，《真光》，1927年第26卷第6号。

的伦敦会、循道会，该校档案馆保存着大量与这些教会团体以及联合托事部（即现今 UB 的前身）的来往函件。1988 年，我在耶鲁大学图书馆总馆和神学院图书馆专藏室又搜集复印了一大批档案，其中包括：(1) 韦卓民与雅礼协会的来往信件；(2) 华大西迁后韦卓民与国外有关教会团体、人士的来往信件；(3) 韦卓民在纽约与有关教会团体、人士的来往信件；(4) 韦卓民在美国讲学及回国后与各方面人士的来往信件；(5) 韦卓民的有关论著及国外对他的报道等。韦卓民是中国著名基督教学者，过去常可听到“北赵（紫宸）南韦（卓民）”的说法，他同时也是著名的教育家与哲学家。由此可见，上述档案文献，对于研究韦卓民、华中大学及相关教会，具有何等重要的参考价值。

现今的中国教会大学史研究，已经不同于过去一般的校史研究（校史编纂）和教育史研究，而是以更为开阔的视野从事跨文化的（Cross-Cultural）研究乃至社会史、学术史的研究。早在六年以前，我已经说过：“过去人们曾经将中国教会大学单纯看作是帝国主义文化侵略的工具，殊不知它也是近代中西文化交流的产物，它的发展变化是近代中西文化交流史的重要组成部分。大学是培养社会精英的高等教育机构，青年学生的世界观、人生观、价值观、行为规范、学业基础乃至初步的工作能力，大多在这里滋育形成。因此，教会大学校园内连绵不绝的中西文化的碰撞与融会，便属于中西文化交流较高与较深的层次。我们深信，教会大学史研究的进展，必将对近代中西文化交流史的探讨产生促进的作用。”（《中西文化与教会大学》序言）

过去，在近代中西文化交流史研究中，无论是中国学者还是外国学者，大多将其看作单向的“西学东渐”，即西方为传播的一方，东方为接受的一方。其实，既然称为交流，便必然有不同程度的双向对流。中国教会大学诚然曾经是基督教文化与近代西方文明的载体，但它毕竟又处在东方传统文化环境与氛围之中，因而不可避免地要走向本土化、世俗化。中国教会大学的存在和发展，归根到底，还得取决于它对中国国情与社会需要的适应能力。许多长期在中国教会大学工作的西方教职员（包括一些传教士），也不可避免要受到中国文化的熏陶，在不同层次与不同程度上吸收中国文化，并且将它带回西方故土。我正计划写一本书——《“南京人”在纽约》，着重叙述以贝德士（Dr. Miner S. Bates）为代表的一批美国传教士和学者，他们曾在南京一带生活了二三十年，1950 年前后回归故土以后，与本国社会反而要重新相互认同的故事。他们的心灵深处，已经蕴藏着难以磨灭的中国情怀，以致回美国多年还自称为“我们中国人”或“我们南京人”，他们密切注视着、关心着中国的发展变化，直至生命的最后一刻。

中国教会史和教会大学史档案文献极为丰富，却没有得到足够的重视与利用。有学术价值而且饶有兴味的题目比比皆是。我常常感叹说，只要充分利用耶鲁神学院图书馆的专藏室，至少可以产生二十篇博士学位论文，更不用说还有中国第二历史档案馆和各有关大学分别保存的教会大学档案。我们期待着有更多的青年学者投入这一领域的探究。我们也期望，在现今中国正在改革开放并逐步实现现代化的情况下，人们将以较为正常的心态来看待教会史与教会大学史研究，大概不会重新引发一场类似于“五四”后的非基督教运动的运动。

世纪之思*

刚才马敏院长代表学院、学校对硕士课程班开学表示祝贺，这些我就不讲了。我只想讲一讲我们为什么要办这个班，以及我对此项工作的认识。有一位德国的朋友，他是帮助中国基督教机构的热心人士，叫 Burklin，这位教授很有意思，他和我出生在同一个地方。不是我出生在德国，而是他出生在中国，他在芜湖出生，我也在芜湖出生，所以彼此很亲热。因为在同一个地方出生，毕竟是很值得珍惜的一件往事。他听说我们在办这个班，就问为什么要办这个班？因为我们是一所普通大学。这两天我也一直在想，为什么要办这个班？我这个人做事往往不是先考虑得很周密，然后再去做，往往是先去做了，再去考虑这么做有什么价值。大家说我是一个历史学家，我本来不想学历史，也不想研究历史、教历史，可偏偏教了一辈子历史。所以香港《星岛日报》一位小姐采访我，给我发表一个访谈录，用了很醒目的标题：革命令章开沅研究历史。如果问我为什么研究历史，是革命让我来研究的。因为我参加了革命，当时加入革命队伍的大学生较少，我多少还读过两年历史，这样我就教历史，研究历史，对历史有了感情，大小也算个历史学家，虽然一辈子快过去了。

为什么办这个班呢？我一下子也讲不清楚。我这个人很相信缘分。我跟基督教有点缘。我家里有信佛教的，也有信道教的，就是没有信基督教的。但我与基督教还有些缘分。我上过基督教的中学——芜湖萃文中学——现在还在；我上过基督教的大学——南京金陵大学；后来我在这个由基督教大学华中大学发展而来的华中师范大学工作，而

---

* 1997 年 10 月 6 日在华中师范大学为中南神学院举办的宗教文化研究生课程班开学典礼上的演讲。

且当过校长，一待就是几十年。1990 年我辞去校长职务，去美国工作了三年，有两年是在神学院度过的：一年在普林斯顿大学，一年在耶鲁神学院。我不是神学院的老师，但他们欢迎我去做研究，而且让我住在他们的宿舍里。1995 年我应邀去香港中文大学的崇基学院，又待了半年，前后住过三个神学院，现在又与建道神学院建立了学术交流关系。所以，我这个人很有趣，总是和基督教碰在一起。我与在座的两位大姐（刘年芬主席、周珊主席）[1]有将近半个世纪的友情了。所以用佛家的讲法就是缘分，用你们的讲法就是上帝的旨意。这些使我对基督教多少有一些了解，见得多，沟通得多，交流得多，我多少知道一点什么是基督教、什么是基督教文化、什么是基督教信仰。但我缺少的是宗教经验，我从未静思（Meditation），也没有跟上帝对过话，我不可能做到这一点，因为我不是基督徒。但世界是复杂的，世界本来是多元的，本来是丰富多彩的，从来没有单一的信仰可以普及全世界。尽管这个教、那个教都有普世性，但很难有一个教能覆盖全世界的人民。我认为基督教是一个很好的教，正如佛、道、伊斯兰教一样都有丰富的精神蕴藏。我不认为基督教到现在还是一个洋教，因为即便不从景教开始，从明清开始，基督教在中国传播也有两三百年了。据统计，全国现在有基督徒 1 000 万以上。这不是一个很小的数字，在欧洲是一个国家甚至几个小国家的人口总和。

我记得周恩来在世时曾经讲过这样一句话："宗教工作也是为人民服务。"这是你们（指刘年芬大姐）告诉我的。因为许多人有这样的精神需求，你们是直接为这部分人服务的。所以我对向我提问题的德国朋友讲，我们之所以开办这个班，是因为我们愿意为提高人民的精神生活品质多少作一点贡献。我们不是直接而是间接，通过你们为满足这部分人以及准备加入的这部分人，为他们的精神、灵魂的提升做一点工作。大家知道，现在神职人员很缺乏。我们去过一些很有名的地方，那里也没有很好的神职工作者。我们前几天去庐山

[1] 武汉基督教两会负责人。

基督教堂，里面有一个长老，他并不是神学院毕业的，无非是有基督教的家庭背景。跟他一起交流，说起一些宗教史、基督教思想、基督教文化时，他就讲不出多少了。我并不想贬低任何一位神职人员的水平，而客观上就是这样。我想如果是由这样的神职人员来负责基督徒的属灵工作，我不敢说不好，是不太理想。所以对中南神学院也好，对其他神学院也好，你们身上担负着重大责任，大家对你们的期望是很大的。我们应该有高水平的神职人员。我们可以看到国外的、港台地区的许多神职人员，都有很好的学识修养，我也听过他们一些讲道，讲得很好、很深，其中包括高度的人文精神及对神学的深刻研究，甚至包括当代科学知识，都融合在一起了。我在耶鲁时，有一位香港去的牧师，他在读博士——美学博士，但他是学神学的。他讲道时把美学的东西融合在神学中，听起来真是一种精神享受。我们办这个班，是想通过你们为更多的人服务，共同提高人们的文化精神品质，这也是我们的光荣。

刚刚马敏博士讲过了，我们做了一些教会史的研究，但这个研究起步很晚，我们对教会史还没有完全入门，更重要的是我们没系统学过神学，这绝不是客气话。我大学时的老师贝德士教授（Dr. Bates），应该说是行家了，在金陵大学教过我两年多历史，他同时是牧师，经常去教堂讲道。他是一个很好的历史学家，牛津大学的硕士，耶鲁大学的博士，地地道道的中国史专家。1950 年他回到美国后，在纽约协和神学院任教，却不敢接受神学课程，甚至连教会史都不大敢开。他说虽然这么多年他是在教会里工作，但是他没有受过严格的神学训练。我听了这话以后，真是提心吊胆地在做目前的研究。所以，我特别强调，你研究神学，最好有一点宗教经验，哪怕是间接的也好。当然，要求一个历史学家什么都有亲身体验，那是很难的。

我们很感谢宗教事务管理局的同志对我们的理解和支持，共同来做好这项工作。开这个班的意义是很大的，我也知道作为基督信仰的人是不能过分讲求功利的，对不对？太讲功利，上帝会不高兴的。但请允许我用历史学家的眼光来看这个问题，我认为还是很有社会效益的。刚才刘大姐谈到她下午要参加“十五大”座谈，把这个工作和“十五大”结合起来，还有一个，就是建设有中国特色的社会主义精神文明。我们学校有一个县市长的培训班，他们邀请我今天下午去演讲。我就要讲，你们责任重大，担负着建设有中国特色的社会主义精神文明的重担。社会主义精神文明不是单一的。马克思主义是一个重要方面，当然是主导，但此外还有很多内容。我有一种很深的感受：一个真正的宗教徒，绝不同于一个以宗教谋私利的假教徒。Rice Christian（吃教者）其实说起来也不奇怪的，也有“吃”党的（Rice Communist），甚至不仅是吃 Rice（饭），还“吃”洋酒、“吃”别墅、“吃”小汽车的。当然绝大多数都是好的。好的共产党人和好的宗教徒，真正的共产党人和真正的宗教徒，他们在终极关怀方面应该是一致的。我记得燕京大学的校长司徒雷登和他的学生有一段对话很有意思。大家知道，我们地下党在燕京大学的工作是很好的，而且和校长有良好的师生关系。有些进步学生到了解放区，后又回到燕京大学。司徒雷登问他们解放区是个什么情况，这个学生就讲：共产党好像跟我们的基督教差不多。司徒雷登大吃一惊，一个无神论，一个有神论，怎么会差不多呢？学生说：我们是 Serve God（服务上帝），他们是 Serve the People（服务人民）。但两者做的事情还是差不多的。这话不大准确，但我是说在终极关怀方面，在为世界上大多数人谋幸福方面，有很多一致性。我讲的是“真正的”，因为这个时代假冒伪劣太多了。但确实有许多许多人，希望人类走向美好未来，致力于提高人民的精神文化品质。

我不是当面恭维大家，我对神职人员是很尊敬的。你们应该进入一个更高的精神生活层次，要有高尚的精神世界，心灵要进入纯净的境界。只要是真正对真善美的追求，我们都支持，应该相互沟通，相互交流。我认为我们共同面临的任务是挽救人类精神文明。马上就要进入 21 世纪了，马敏博士是跨世纪的学科带头人，你们也是跨世纪的宗教带头人啊！我从来不敢称自己是跨世纪的人才，因为太老，我是“混”世纪的人才，说不定会“混”进 21 世纪。但是作为 20 世纪人类的一员，我与基督徒有心灵相通之处，我也有某种意义的负罪感。

20世纪的人类对后世不大好交代。前五十年有两次世界大战，死了许多人。后五十年，世界大战没有了，但局部战争不断，而且仍然用高科技杀人。科技的发展不一定是人类的福音。当前人类最大的危机是精神文明的缺失，是物欲横流，单纯追求物质享受。有人说我这种危机感是就中国而言，不是的，这是全球性的问题，遍及全世界。

无论你走到哪里，都可以见到，单纯的物欲追求导致了许多社会问题：资源浪费、自杀、吸毒、犯罪，还有环境污染等，人类正在毁灭自己。这不是危言耸听，我不是悲观主义者，我只是个审慎的乐观主义者。悲观主义者唉声叹气，无所作为。我是有所作为的，我要大声疾呼挽救人类自己，挽救精神文明。这不是东方或西方哪个国家或地区的事，而是要由东方的有识之士、西方的有识之士、宗教内和宗教外的人、共产党人和非共产党人，携起手来，共同挽救人类精神文明。这也是我们党中央非常关心的问题。你们回去再仔细读读江泽民的报告，我读了建设有中国特色的社会主义精神文明的一部分，深有感触。下午我就要对这些县领导讲，要把这个问题放在更大的文化背景里、一个全球的文化背景里，理解就深刻了。

所以，从小的方面来讲，我们愿意为中南神学院培养师资；通过培养师资，为中南地区基督徒的宗教生活提供一点帮助；大而言之，我是呼吁全球有识之士，不分信仰，不分主义，不分党派，不分国界，携起手来，吸取一切健康、有益的精神资源，来建设新的人类文明，来挽救全人类。

文化危机与人性复苏*

一

20 世纪科学技术的发展，诚然创造了灿烂辉煌的现代物质文明，并且或多或少提高了亿万人的物质生活水平；但就精神文明与伦理道德而言，人类付出的代价也是极为惨重的。我们曾经历了史无前例的两次世界大战，局部战争至今连绵不绝；由于高科技用于现代战争，造成的人类生命财产损失更远远超过历史上任何恐怖时代。在这一百年中，环境破坏、资源浪费、吸毒与犯罪率剧增，在规模与危害程度两方面也是史无前例的。

1968 年，英国史学大师汤因比在 85 岁高龄之际与日本学者池田大作进行了长时间的谈话，谈话中即已对现代文明的严重缺失表示深沉的忧虑。他说："近代初期的乌托邦理论，几乎都是乐观的。这是因为，没有明确地把科学进步和精神上的进步，看成是截然不同的两回事。他们错误地认为，累积科学和技术上的进步，会自然地累积精神上的进步。近代西欧的这种幻想，被第一次世界大战所动摇。接着，又为第二次世界大战末期制造和投下的两颗原子弹所粉碎。长寿的 H.G.韦尔斯，他有幸看到了这种幻灭，尝到了这个苦果。因而韦尔斯以后的乌托邦理论，就变成了带有讽刺味道的反乌托邦思想，这些乌托邦理论发展到极端，就变成悲观的了。这是因为，从近代初期到一九一四年，四个世纪期间发表的乌托邦理论，都过于乐观，反而成了

---

* 2001 年 11 月在台北海峡两岸暨香港教会史研究现状研讨会上的主题演讲。

对这种过于乐观情况的一种反动。”[1]

汤因比进一步论述了科技与伦理的关系：“科学的进步，通过技术的应用，给人带来统治别人，统治人以外的自然的力量。所谓力量，在伦理上是中性的，可以用于善的方面，也可以用于恶的方面。力量只是增加善恶行为所带来的实质性影响的程度。”“原子弹如果用于恶的方面，一瞬间就可以杀死几百万人。然而，人的力量在一对一的战斗中，即或使用金属武器，一次最多也只能杀死一个人。相反，医学的进步给医生带来的力量，现在可以拯救几百万人免遭细菌和病毒的戕害。这同一科学力量，如果被用于细菌战，就会像原子弹一样，使几百万人丧生。如此看来，科学技术力量对人生命的影响，取决于使用这种力量的人的伦理水平。”[2]

汤因比自我剖析，他作为西欧人，在某种程度上接受了德国哲学家、历史学家施本格勒的影响，相信20世纪注定人类要目睹“西欧的没落”。施本格勒的《西方的没落》（Der Untergang des Abendlandes），其第一卷《形式和现实》和第二卷《世界历史的透视》，先后出版于1918年和1922年，正好是在第一次世界大战之后。作者认为西方已处于机器控制之下，金钱主义与追求享乐成为时代的特征，因而无可避免地要走向衰落。其实早在这部名著正式出版之前12年，章太炎在《民报》第7号（1906年9月5日出版）发表《俱分进化论》一文，即已发表过类似的见解。此文是对在中国风靡一时的进化论的深刻反思。章太炎并非全盘否定进化，而是告诫人们不可盲目迷信进化，把进化变成一种绝对的信仰。他认为：（1）进化终极未必能达于“尽美醇善之区”。（2）其所以如此，是由于进化“非由一方直进，而必由双方并进”。以道德而言，“善亦进化，恶亦进化”；从生计而言，“乐亦进化，苦亦进化”。（3）随着经济、文化的发展，随着智识与科技

[1][2]〔英〕汤因比、〔日〕池田大作著，荀春生等译：《展望21世纪——汤因比与池田大作对话录》，北京：国际文化出版公司，1985年，第408~409、410页。

水平的提高，善恶、苦乐亦将不断同步增长。“曩时之善恶为小，而今之善恶为大；曩时之苦乐为小，而今之苦乐为大。”这与 60 多年以后汤因比所说的“（科技）力量只是增加善恶行为所带来的实质性影响的程度”，可谓英雄所见略同。

在对现代文明弊端的批判方面，章太炎或多或少受到日本维新思想家中江兆民的影响，他在《俱分进化论》中甚至誉中江兆民为“东方师表”。正是在 20 世纪初，中江怀着对文明发展前途的深沉忧虑离开人世。他在临终前发表的名著《一年有半 · 续一年有半》，颇为生动地描述了日本近世文明发展中相互伴随的两种趋向：明治维新以后，一方面是社会进步、经济发展与生活水平的提高，一方面则是物欲泛滥、习俗败坏与社会道德的沦丧。他说：“人人都希望追求超过自己的经济力量以上的娱乐，千方百计想得到它。于是乎做官吏的人，就接受礼品及贿赂以养肥自己。经营工商业的人，就钻营奔走，投靠背景，互相勾结，寻找牟取暴利的机会。再加上日本西部的武士，数百年来，受尽了苛刻死板的法律及制度的束缚，到了日本明治维新的时候，忽然做了大官，参加国家的政治活动，好像放射出去的箭一样，急速地趋向骄奢淫逸，大大地造成和煽起了城市的荒淫和糜烂的风气，成为日本全国的吃喝玩乐的样板；从官僚资本家、富商大亨，到其余的中产阶级以下的人们，也都相继沉沦，以为这是自己的阔气。这就是现代我们日本帝国的官民上下，贵贱贫富，一般人等所以造成了奢侈、淫逸的习惯的历史。”[1]

这些先贤当时都是站在时代潮流的前面，为社会进步和国家富强发挥了思想先导作用。他们并非盲目地排拒现代文明，而是清醒地看到现代文明日益暴露的弊病，并且为人类文明发展的前途感到忧虑。如果说是悲观，那就是一种深沉的悲观；而深沉的悲观比肤浅的乐观，在思想境界上至少要高一个层次。

---

[1]〔日〕中江兆民著，吴藻溪译：《一年有半 · 续一年有半》，北京：商务印书馆，1979 年，第 62~63 页。

二

汤因比曾经寄希望于东亚精神文明的复兴，借以弥补人类现代文明的严重缺失。但是他却未曾料到，第二次世界大战以后，特别是20世纪六七十年代以后，亚洲一些国家和地区或先或后也走上了这条重物质而轻精神的西方现代化道路，且其负面影响所造成的危害有愈演愈烈之势。正如池田大作所说的那样："从根本上用长远的目光来看，不能不令人痛切感到现代人在经济方面，犯了多么愚蠢的错误。日本人对GNP（国民生产总值）的信仰，可称之为最。众所周知，第二次世界大战后的日本，把GNP的成长视为绝对的东西，以实现赶上欧美发达国家的水平为目标……然而，结果如何呢？人民始终在完全无视人性的条件下劳动，情况一直没有好转的征兆。在狭长的国土上，公害到处像火山的岩浆一样喷发出来。还有，日本产品打入世界市场，最初使人惊叹，可是最近倒不如说在加剧人们的反感。"[1]汤因比对GNP的抨击更为激烈，他进一步发挥说："GNP连作为衡量一个国家中人们的经济繁荣程度的指标，都不能算。统计工作者用一个国家人口去除GNP所得的商数作为'国民每人平均收入'，这种想法是没有意义的。把这件事数字化本身就是难以想象的错误。毋宁说，把这作为'每人平均物质上受损'的指标，可能还有些意义吧。因为在经济上自由竞争的社会，随着GNP的增长而受害的分布，虽然在住宅方面是不平等的，而在空气、土地、水及其他自然环境的物质污染方面，一个国家的人民都是同等受害的。污染，无论是对贫穷母亲的孩子，还是富裕母亲的孩子，都是同样有害的。"[2]汤因比的批判相当深刻，但他忽略了一个事实，即这些国家的人民并非同等受害。受害最大的还是贫苦民众，至于那些显贵豪富，无论自己国家的环境污染程度如何严重，他们仍可以住在阳光充分、空气新鲜、山清水秀的佳胜地区，

---

[1][2]〔英〕汤因比、〔日〕池田大作著，荀春生等译：《展望21世纪——汤因比与池田大作对话录》，第117、117~118页。

并且享受充分供应的有益于人体健康的各种真正绿色食品。

汤因比与池田大作并非绝对反对 GNP，他们承认 GNP 有其存在的意义，但其弊端是以平均数字掩盖了贫富悬隔，并且是只看重物质利益而忽略了精神利益。所以池田试图提出一种新的国民经济的基本指标 GNW，W 即 Welfare（福利）。这种指标应反映一个国家的经济力量为国民福祉作出了多大贡献，而且还要“把比重放到提高精神福利水平上”。汤因比则对衡量福利的尺度提出四点考虑：“第一，社会成员的协调程度和相互间的亲切程度。第二，平均每人的精神福利。这决定协调程度和相互间的亲密程度。第三，自我克制的平均水平。这是精神福利的关键。第四，社会为防止物质和精神污染而对追求利润的控制程度。这最后的尺度是检验一个社会在使精神福利优先于物质福利方面，在多大程度上取得成功的试金石。”[1]

但是，GNP 迄今仍是许多人的至爱，特别是被某些高官看作是自己政绩的集中表现，现代文明的弊病于是泛滥全球，愈演愈烈。

古人说：“仓廪实而知礼节。”就存在决定意识而言，“知礼节”固然需要“仓廪实”作为基础，但“仓廪实”并非必然导致“知礼节”。因为人的物质需求总是很难完全满足的。如果缺少良好的制度与机制，特别是缺少足够的思想教育与健康的文化氛围，就有可能出现饱暖思淫欲乃至如上所述物欲横流的严重社会病态。市场经济诚然优越于自然经济，也优越于旧时的计划经济，而改革的潮流也不可逆转，但市场经济毕竟是以个人利益为主要驱动力，这就不可避免地带来拜金主义和损人利己行为的泛滥。“资产阶级在它已经取得了统治的地方把一切封建的、宗法的和田园诗般的关系都破坏了。它无情地斩断了把人们束缚于天然首长的形形色色的封建羁绊，它使人和人之间除了赤裸裸的利害关系，除了冷酷无情的‘现金交易’，就再也没有任何别的联系了。它把宗教的虔诚、骑士的热忱、小市民的伤感这些情感

[1]〔英〕汤因比、〔日〕池田大作著，荀春生等译：《展望 21 世纪——汤因比与池田大作对话录》，第 118 页。

的神圣激发，淹没在利己主义打算的冰水之中。”“资产阶级抹去了一切向来受人尊崇和令人敬畏的职业的灵光。它把医生、律师、教士、诗人和学者变成了它出钱招雇的雇佣劳动者。”[1]马克思、恩格斯在150多年以前所作的描述并未过时，他们对资产阶级的刻画仍然可以用于对市场经济的刻画，而150多年以前在西方呈现的图景，如今又在新的条件下和不同基础上重现于亚洲若干新兴国家和地区。

个人利益的追求是没有止境的，如果没有合理的制度给以规范、没有健全的机制给以调节、没有正确的道德风尚给以导向，则建立在贫富悬殊基础上的社会不平等现象势必愈演愈烈，而所谓社会稳定也就缺乏起码的保障。市场经济的发展有两个杠杆：一是社会需求的增加，一是为满足日益增长的社会需求而不断提高的生产力水平。一般说来，社会需求总是不断增长的，因为人们对物质生活的追求永无止境，加上各种各样商业广告的诱惑与刺激，形形色色所谓高消费的奢靡导向，很容易造成物欲横流的现象，以及与之相伴随的贪污腐化等等社会病态。但对许多见利忘义的投机者来说，这却是发财的大好时机，他们并不在乎自己发财的后果究竟是为社会造福还是造祸。正如恩格斯曾说过的那样：“在资产阶级看来，世界上没有一样东西不是为了金钱而存在的，连他们本身也不例外，因为他们活着就是为了赚钱，除了快快发财，他们不知道还有别的幸福，除了金钱的损失，也不知道还有别的痛苦。”[2]于是这些人变成金钱的奴隶，而更多的人不仅饱受金钱匮乏之苦，还要经受这些金钱奴隶的巧取豪夺之苦。为满足社会需求增长而提高的生产力水平，其福祉并未真正为社会所共享。我这样说绝非提倡平均主义，而只是对贫富悬隔造成的社会严重不公平提出警告。揭露社会病态并非都是理想主义者的道德说教。

为满足日益增长的社会需求，在当今社会更为依仗生产力中最活

---

[1]《共产党宣言》，《马克思恩格斯选集》第1卷，北京：人民出版社，1972年，第253页。

[2]《英国工人阶级状况》，《马克思恩格斯全集》第2卷，人民出版社，1957年，第564页。

跃的因素——科技，而所谓知识经济的科技含量之大更属有目共睹。科技是人类智慧高层次的结晶，但必须经过开发投入市场才能形成社会效益。科技本身是中性的，但它被纳入市场运行之后，则既可以为善也可以为恶，因为它只能从属于掌握者（集团）的意志，是掌握科技的人决定其价值取向。高科技由于能为掌握者（集团）赢得滚滚而来的财源，因而便顺理成章地成为社会的骄子，受到极大的尊重并获得优厚的回报。这种社会效应反过来更为加速高科技的发展，各大资本集团之间的激烈竞争，各个国家之间的激烈竞争，使高科技发展的速度令人目瞪口呆、应接不暇,其负面影响便必然是重科技轻人文与重物质轻精神的短视功利主义的恶性泛滥，更为严重的后果则是社会伦理的急剧低落乃至人性渐趋泯灭。

人文学者并非反对科技的迅速发展，我们所担心的乃是社会病态的日益严重和人类自身的堕落。汤因比说：“迄今为止，人的伦理行为的水准一直很低，丝毫没有提高。但是，技术成就的水准却急剧上升，其发展速度比有记录可查的任何时代都快。结果是技术和伦理之间的鸿沟空前增大。这不仅是可耻的，甚至也是致命的。面对这种现状，我们应感到耻辱。同时，我们不要失掉这种耻辱感。为确立尊严（没有它，生命就没有价值，人生也不会是幸福的）必须做进一步的努力。人所熟悉的东西，的确是在技术领域，但那里是不会确立尊严的。评价是否达到这种伦理上的目标，要看我们的行动在多大程度上不受贪欲和侵略心所支配，在多大程度上把慈悲和爱作为基调。”[1] 汤因比把生命的尊严看作是一种绝对的最高的价值，或是“普遍的价值基准”。不仅人有尊严，宇宙整体及其中万物，包括大地、空气、水、岩石、泉、河流、海等，都有自己的尊严，不容许任意侵犯。而人只有在没有私心的、利他的、富有怜悯的、有感情的、肯为其他生物和宇宙献身的情况下，才会有自己真正的尊严。

---

[1]〔英〕汤因比、〔日〕池田大作著，荀春生等译：《展望 21 世纪——汤因比与池田大作对话录》，第 431~432 页。

其实，具有这种认识的不仅是人文社会科学学者。爱因斯坦早就说过：“青年人在离开学校的时候，应是作为一个和谐发展的人，而不作为一位专家。否则，他连同他的专业知识就像一只受过训练的狗，而不像一个和谐发展的人。而要成为一个和谐发展的人，则需要培养全面的自我辨别力，这取决于自由而全面的教育。”按照我的理解，所谓“和谐发展的人”，就是我们一贯主张的德、智、体、美、劳全面发展的人，而这就意味着绝不能片面侧重科技教育，必须加强人文社会科学教育。如果不尊重自然的尊严从而也失去自己的人的尊严，那些只具有狭隘专业知识的“专家”，便可能如同“一只受过训练的狗”。他们只能为雇用自己的老板服务，而不能从社会伦理的层面辨明自己工作的方向。

现今的科技专家对这个问题可能体会更深，他们更多的是从自身与科技的关系发表独特感受。2001 年 8 月 21 日《今日美国》曾发表一篇著名文章《技术专制激起人们的反抗》，反映了硅谷一部分科技工作者对科技泛滥的强烈不满。他们虽是因特网的高级专家，但对那些“不断发生嘈杂的噪音、闪着亮光的仪器”渐感厌倦，而宁愿远离无处不在的因特网的影响以及越来越数字化的生活方式。他们承认“高科技的进步推动了经济发展，提高了劳动生产率，并且使很多人过上了富裕的生活。然而它的阴暗面也正在渐渐失去控制，对我们产生强大的影响。它成日成夜地侵犯我们的生活，把我们束缚在计算机跟前，并且不断消磨我们的人性”。有位在大公司担任顾问的心理学家说得更为坦率：“技术本来是解放我们、使人们生活得更轻松的工具。然而现在它却起了相反的作用。它给我们的生活带来了灾难。每个人都被它征服了，不堪重负。幸运的是，人们最终觉醒了，他们正在高喊：‘停止吧，我们受够了！’”

当然，我们不是复古主义者或文化保守主义者。科技的高度发展是当代不可阻挡的潮流，人们生活水平的进一步提高和落后地区的脱离贫困，都需要科技日新月异的发展。犬儒主义式的返璞归真，不仅是荒诞的，而且对大多数人来说也是做不到的。但更为严重而又更为迫切的问题是，环境不能再继续污染，资源不能再继续浪费，贫富不能再继续悬殊，社会不能再继续缺乏公正，人类不能再继续互相残杀，道德不能再继续沦落下去……一句话，我们不能再盲目干那些既对不住祖宗也对不住子孙后代的蠢事。我们这样慷慨陈词，绝不是悲观失望，而是急切吁求更多的人赶快醒悟过来。

三

历史与现实都清楚地表明，物质文明与精神文明、科学技术与人文科学，仿佛车之双轮、鸟之双翼，缺一不可，单纯依靠科技绝不能建立合理而完善的社会。现今的人类社会，自然还不能说是缺一轮或缺一翼的社会，但至少可以看作是跛足的或倾斜的社会。如果任其恶性发展，也许有一天人类将会走上自己毁灭自己的道路。

时代呼唤人文精神，精神文明亟须健康发展，而关键仍在于人类的自我完善，首先则在于人性的复苏。正如汤因比所说的那样：“我们人类自命为灵长类（Homo Sapiens），可并没有自命为技长类（Homo Faber），如果我们能通过目前科技革命的考验，我们才配得上灵长类的称呼。”这当然是针对20世纪40年代兴起的科学技术决定论（Scientific and Technological Determinism）而言，因为科技决定论者把生产力仅仅归结为科学技术，认为历史发展的动力只有单一的科学技术要素，而只有科技专家才能掌握人类的历史命运。汤因比反对这种观点，他所说的灵长类并非等同于哺乳动物的分类，而是突出人类所独有的智慧。他把人类的才能分为两大部类：所谓“技长”指的是科技才能与管理才能，而“灵长”则是艺术才能与宗教才能。汤因比对才能层次的区分是否精当，自然大可商榷，但他希望人们不要把科技绝对化，应该加强人性的复苏并培养德、智、体、美全面发展的新人，则是显而易见的。

我们没有必要害怕科技的发展，更不应在新世纪的严峻挑战面前束手无策。科技绝不是从潘多拉盒子中释放出来的妖魔，人类既然能够创造科技，便必定可以掌握科技。关键仍在于人，在于由健全的人组成的健全的社会，只有这样的社会才能保证科技为人类造福而非造祸。

所谓健全的人，首先就要认识人的价值与人的尊严，而这种价值与尊严又是在人与人相处的过程中体现的。维新志士谭嗣同在《仁学》一书中早已指出："'仁'从二从人，相偶之义也。'元'从二从儿，'儿'古人字，是亦'仁'也。'无'，许说通'元'为'无'，是'无'亦从二从人，亦'仁'也。故言仁者不可不知元，而其功用可极于无。能为仁之元而神于无者有三：曰佛，曰孔，曰耶。"又认为仁充满宇宙之间："孔谓之'仁'，谓之'元'，谓之'性'；墨谓之'兼爱'；佛谓之'性海'，谓之'慈悲'；耶谓之'灵魂'，谓之'爱人如己''视敌为友'……"谭嗣同对基督教的理解虽然不尽确切，但他把基督教与孔、墨、佛相提并论，力图发掘其相通相近的精义以谋救人救世，在当时的历史条件下却是极为难能可贵。我认为，现今为了复苏人性和纠正人类文明偏失，就应该具有这种兼容并包的博大胸怀，努力发掘包括基督教与其他优秀宗教在内的历史文化遗产中有益的精神资源，营造人与人、人与自然和谐共处的新文化，共同挽救整个人类的沉沦！

因此，大陆、台湾、香港乃至海外各地对中国基督教的研究蓬勃发展，现今更加显示出其学术意义与社会意义。由于好几位学者即将就各地研究现状做详尽的专题报告，我只从背景方面做上述阐发，希望得到各位同行的指正。

《传播与植根——基督教与中西文化交流论集》自序*

人们常说岁月如歌，我却往往感到岁月如梭。即以自己决定转向基督教史研究而言，不知不觉已经度过了二十个春秋。1985 年普林斯顿大学刘子健与威尔逊两位教授联袂来访，建议我从事并推动中国教会大学史研究，其情其景仿佛就在昨天，而挚友子健离开人世已逾十年。但值得欣慰的是，这二十多年并没有蹉跎岁月，在许多中外学者共同努力下，不仅教会大学史研究成果累累，而且整个基督宗教史研究也蔚然成风，涌现出许多年富力强的优秀学者，出版了许多具有较高水平的学术专著。这一可喜趋势看来还将继续发展下去。

其实，我在 20 世纪 80 年代中期的想法原本较为简单，无非是想从文化史、教育史与现代化的角度研究中国教会大学，借以弥补中国近现代史学术领域这块空缺。及至 1990 年再次赴美，先后在普林斯顿、耶鲁、加州（UCSD）等校任教并合作研究，这才深切感到，如果研究教会大学而不研究基督教，就无异于研究某个历史人物而不研究其思想根源，特别是其深层核心部分。加以 1991 年海湾战争的爆发及其后世局变幻的纷纭，更使我认识到民族与宗教乃是当今乃至下个世纪困扰世界的两大复杂问题。我们可以而且应该阐析大国霸权主义如何利用这两大问题以遂其私，然而却万万不能忽视这两大问题内在的复杂性与相对独立性。包括基督教在内的宗教研究，其意义已经远远超越文化、艺术、教育、历史、神学等专门领域，实乃涵盖整个人类相互理解、沟通乃至和谐相处的终极关怀，因而这就更加增添了我

---

* 章开沅：《传播与植根——基督教与中西文化交流论集》，广州：广东人民出版社，2005 年。

们从事这方面研究的决心与勇气。

基督教对于中国来说诚然是一个外来宗教，然而它在西方国家的流传究其初始而言，又何尝不是一个外来宗教。基督教原本肇始于古代的巴勒斯坦，其后逐步传入罗马帝国并被定为国教，才较为迅速地成为世界性宗教。正如别尔嘉耶夫曾指出："基督教乃是东西方精神和历史的力量之汇合和交融。没有这种交融基督教便不可思议。这是唯一的世界性宗教，它有其东方的直接发源地，但它首先是以自身反映西方全部特点的西方宗教。基督教产生于人类通过罗马帝国和希腊文化形成统一、东方和西方彻底联合的时期。"[1]基督教的传播从一开始便受到其传播地社会、政治、文化的制约与影响，而其表现形式无非是通过挑战—适应而进入融合。早在公元1世纪和2世纪，罗马统治者也曾认为基督教是犹太人的教派，并对基督教与犹太教一并加以歧视乃至迫害。但自君士坦丁大帝确定基督教为国教后，特别是从6世纪起，已经正式落户西方的基督教遂转而镇压曾与自己同患难的犹太教。不过，历代基督教神学家仍然难免向犹太教圣经学家寻求教益，即使是从希腊文化吸取营养，也不免时而显露犹太教的底色，如有些学者认为希腊哲学中的逻各斯就是弥赛亚，而道成肉身便是耶稣基督等。当然，基督教进入西方以后更多的还是吸收了西方文化首先是希腊文化的影响，如柏拉图对现实世界的唯心主义诠释，亚里士多德有关存在与知识的论述等，都逐渐渗入基督教的教义之中。甚至连基督教的若干崇拜仪式与赞美诗，也可以从希腊密教与神秘哲学中寻根溯源。

基督教在西方国家确立其主流地位以后，在向东亚的传播过程中，同样也经历了挑战—适应—融合的漫长而又曲折的过程。我们都熟知利玛窦面临中国传统文化强大的挑战时，明智地采取合儒、补儒的传教策略，甚至为进入上层社会而改穿儒服。其实在利玛窦到达澳门33

[1]〔俄〕别尔嘉耶夫著，张雅平译：《历史的意义》，北京：学林出版社，2002年，第97页。

年之前，另一位耶稣会士沙勿略（P. Francisco Xavier）即已抵达日本鹿儿岛，他在日本社会传统势力挑战的面前，早已采取了类似的策略。正如戚印平所曾指出："当传教士无法用武力或其他手段彻底铲除这些对立面时，他们的唯一选择只能是做出自身的调整，寻找并改善某种能够被传教者理解并且接受的方式来达到自己的目的。换句话说，传教士只能委曲求全，采取某种因地制宜的权宜之计，以达到其传播福音，并使所有日本人和所有东方人改宗基督教的根本目标。"[1]

但是，及至新教先驱马礼逊 1807 年到达广州，世界和东亚的整体格局已经并且正在发生极大变化。西方强盛与东方衰落形成鲜明的对照，包括基督教在内的"西学东渐"伴随着殖民主义的狂潮迅速席卷亚洲。在新的历史时期，基督教在亚洲与中国的传播不再像早先那么温文尔雅。正如蒋梦麟在自传体的《西潮》一文中所曾指出的那样："中国人与基督教或任何其他宗教一向没有什么纠纷，不过到了 19 世纪中叶，基督教与以兵舰做靠山的商业行为结了伙，因而在中国人的心目中，这个宣扬爱人如己的宗教也就成为侵略者的工具了。人们发现一种宗教与武力形影不离时，对这种宗教的印象自然就不同了。而且中国人也实在无法不把基督教和武力胁迫相提并论。慢慢地人们产生了一种印象，认为如来佛是骑着白象到中国的，耶稣基督却是骑在炮弹上飞过来的。"这段话虽然不无偏颇之处，但却朴实无华地揭示出当年西方传教士必须面对的严酷现实。

也正因为如此，从 19 世纪中期开始，民教冲突日益激化，各地教案连绵不绝，终至酿成两个世纪之交庚子、辛丑的悲剧结局。而随着帝国主义瓜分与再瓜分世界浪潮的高涨，基督教的传播仍然与殖民主义结伴东行。西方传教士，包括那些虔诚的真正的基督徒，似乎并没有从历次教案与义和团等惨烈事件中吸取应有的教训，他们在 20 世纪 20 年代初再次与重新高涨的民族主义浪潮发生正面碰撞，而且碰得头破血流。

---

[1] 戚印平：《日本早期耶稣会史研究》，北京：商务印书馆，2003 年，第 309 页。

基督教正如佛教的普度众生一样，其宗旨也是把福音传遍世界。按照中美关系史专家瓦格（Paul A. Varg）的看法，可以把 19 世纪初至 20 世纪中叶的基督教在华的传播史划分为三个主要时期：“（一）从十九世纪初到该世纪末，强调尽快将福音传到全世界，正如‘在我们这一代中使世界福音化’的口号所表示的；（二）从十九世纪的最后几年到二十世纪的前二十五年，目标扩大为把所有的社会福音化，并使个人归主；（三）二十世纪的第二个二十五年，回应中国的民族主义，同时并把基督教解释为一种社会福音。”[1]正是在瓦格所说的第二时期与第三时期之交，1922 年 4 月在北京召开的世界基督教大会，与中国人先后成立的非基督教学生同盟及非宗教大同盟形成旗帜鲜明的两军对垒，并且迅速引发蔓延全国的与反帝斗争相结合的反基督教运动，而“中华归主”这一口号遂成为众矢之的。

“中华归主”的原文是“The Christian Occupation of China”，亦可译为“基督教征服中国”。其含义早已被杨格非（Griffith John）明白表述：“作为传教士，我们相信自己是顺服主的命令来到中国。而我们事工的目的，是在这伟大的国家中兴起门徒或信徒。不管其他人怎么做，这是我们的事工。我们来这里，不是为发展这个国家的资源，不是为促进商业，不仅是为提升文明，而是为与黑暗的势力争战，为拯救罪人，以及为基督征服中国……只有福音是神救恩的大能。而从罪的掌权中得救，从道德与灵魂的痛苦中得救，则是中国人最大的需要。我们深信此点，所以委身于这最崇高的事工，尽力把耶稣的真理向中国人显明，并植入他们的心中。”[2]对于西方基督徒来说，这些话似乎是不言而喻的老生常谈。而在杨格非发出如此宣示 23 年以前，当容闳毕业于耶鲁大学并将返回祖国时，他的一位（18）54 级级友的临别赠言也有类似的话语：“上帝将保佑你并指引你为同胞的福祉努力工作，

[1]〔美〕鲁珍晞著，王成勉译：《所传为何？基督教在华宣教的检讨》（*Christian missions in China：Evangelists of What?*），台北“国史馆”，2000 年，第 16 页。

[2] 杨格非 1877 年在上海宣教大会上所作的题为《与我们事工相关的圣灵》的演说，转引自〔美〕鲁珍晞《所传为何？基督教在华宣教的检讨》，第 46 页。

同时赐给你绵长而愉快的生活。"[1]耶鲁的年轻大学生不仅嘱托中国级友把基督福音带回这古老的异教帝国，而且自己也关切乃至投入这一灵性事工，其结果便是在19世纪末自行组织耶鲁布道会，前往华中地区传播福音并创办学校、医院。

但是这些普世性宗教话语，大多出自西方人士之口，当初却很难为大多数中国人所理解与接受。上帝对中国人而言仍然还是一个外来的"主"，"归主"与"征服"则严重地损害了他们的民族感情乃至民族尊严，而且很容易被理解为西方人的僭妄乃至殖民主义的张扬。所以著名的基督教学者徐宝谦在1939年极为坦率地指出："基督徒常喜欢采用军事的术语。1922年，一本调查报告被取名为'基督教占领中国'。其他人士或许会用'基督教征服'的字眼。现在我们以历史的角度来看，必须说，虽然中国在某种程度上是被基督教占领了，但她从未被征服过。对此失败，必有其原因。"他认为这个原因，"即是整个方法的错误，其根源在于对基督教思考不够周全。基督教是一个爱的宗教，在精神、目的，以及在方法上都绝对如此。爱的宗教不能用武力传布，方法与目的必须是一致的，否则会引来悲剧性的失败"。当然，基督教在华传布并非完全失败，所以他又指出："为什么基督教没有遭到更大的失败？原因即是凭借武力的方法并未被普遍认同，亦未被全面实施。传教士、医生和教育工作者，大多有着爱心、奉献与牺牲精神，因此能够超越或克服一般宣教事工机构的困难，为中国的宣教建立一个良好的基础……所以尽管基督教有初期的错误与后来的兴衰，现在正稳定地成长。最新新教的调查显示，新教人口已超过五十万，而天主教则宣称有三百万。现在看起来相当确定的是，基督信仰在中国的生活中已扮演一个相当重要的角色，而且会继续如此。"[2]

在20世纪20年代反基督教运动冲击下转而自我反省的不止徐宝

---

[1] 耶鲁大学1854级档案。

[2]〔美〕鲁珍晞著，王成勉译：《所传为何？基督教在华宣教的检讨》，第134~135页。

谦一人，许多中外基督教领袖人物都认识到不应以外国武力与不平等条约为靠山来传播基督福音，传教士必须摒弃盎格鲁-撒克逊与西方文明的傲慢，力求平等地对待中国人（as man with man）。一种新的观念迅速渗入基督教在华传布事工，即除直接宣教福音与引人归主以外，教育、医疗、农业与社会改革等也同样具有扩大基督教影响的明显效应。或许可以说，他们是试图把“事奉上帝”（serve god）寓于“服务社会”（serve the society）之中，而所谓“服务社会”即满足中国社会的需要。在这些传教士看来，人道主义本来就是基督教福音的核心，教堂不仅是传播基督福音的处所，而且也应是社会服务的中心。他们虽然确认信仰宗教只能属于个人经验，但经常强调基督教义的社会层面，甚至主张通过新的社会与经济重建运动，形成更好的社会格局以实现基督教的价值。

这些顺应历史潮流与满足社会需要的做法，虽然在改变基督教形象并扩大其影响、增多其信徒诸多方面，取得了比较明显的成效，但是仍然没有妥善解决基督教在华传播的两个深层问题：一是所传为何？二是由谁来传？如果不解决这两个问题，不仅基督教的皈依者很难有较大幅度的增加，而且也很难完全实现基督教在中国“生根”（rooting）和“落户”（settlement）。

鲁珍晞认为传教士大多是实践者而并非善于作理性解释的学者。“他们通常抱怨中国人欠缺罪的观念，但他们却一点都不思考基督教强调人的罪性和人依靠神的恩典，与儒家相信人性本善及人为自己命运负责两者之间的矛盾……有趣的是，就如同很多中国人是从传教士的活动而非从基督教的神学来评估基督教一样，传教士也趋向用他们在 19 世纪对中国乡村的观察，来判断中国伦理价值，而不是从儒家和儒教的教导来看。再者，通常是传教士拿基督教的伦理观念与中国的习俗来比较，而中国人系以孔子的伦理观与基督教的国家和个人行为来对照。一直到 20 世纪，才有很少的对等实体的比较，社会对社会，理念对理念。”[1]

---

[1]〔美〕鲁珍晞著，王成勉译：《所传为何？基督教在华宣教的检讨》，第 18 页。

长期从事中国基督教史研究的鲁珍晞的分析显然是客观而又平实的。徐宝谦也有类似的看法，而作为对本土传统文化了解较深的中国基督徒，其表述则更为简洁："从文化分析的观点来看，基督教与中国文化之间的差异甚大。基督教是采有神论的，而中国文化是人道主义的。基督教对罪与苦难采现实主义的观点，而中国人则采现象学与非玄学式的看法。基督教认为人不能拯救自己，他需要来自人类以外超自然的拯救，而中国人相信人可以靠自己的努力得救。"徐氏并没有停留于这种比较评析，而是在此基础上进一步探讨："基督教福音的本质与功能为何？其与中国文化不同之处为何？此福音是否为中国所需？我们如何使中国接受它？"[1]这是"所传为何"这个根本问题的四项重要内容。百余年来几代中外基督教有识之士曾经为此不断思考，并且进行多方面的努力，但似乎很难取得比较一致的共识，因而也就很难获致比较显著的成效。严重的分歧始终存在：许多传教士及其从属的差会认为"中国归主必须有中国文明的基督化，也就是西方化"；而也有一部分传教士，特别是中国传教士，始终反对这种简单的甚至带有文化殖民主义的基督化与西方化。1945 年韦卓民作为亨利·鲁斯世界基督教客座教授，在耶鲁神学院发表题为《植根基督教会于中国土壤》（Rooting the Christian Church in Chinese Soil）的著名演讲，明确指出："用另外一种文化来解释基督教的教义和组织，重要的事情就是首先必须进入这种文化……我们尽可能进入中国文化、社会、各种宗教和知识传统的精神，看看与基督教对生命的看法有没有气味相投之处，或者那里可以找到一种不致触犯中国人的中介，用以向中国人介绍基督教的教义和机构。"[2]而罗林森（Dr. Rowlinson）则在题为《基督教在中国落户》（Christianity Settles Down in China）的文章中表达了类似的主张："基督教尽量在新的合法基础上落户于中国，不再被视为外洋事物，并将进入与华人之间的新而自由的关系。这是教会与政府现今

[1]〔美〕鲁珍晞著，王成勉译：《所传为何？基督教在华宣教的检讨》，第 135 页。
[2] 收于耶鲁神学院藏档：RG 10，B 34，F 474。

关系的极为重要的局面。这一变革完成以后，将使基督教合法本土化。”[1]

为了中华归主，首先要主归中华。换句话说也是一样：为了中国基督化，首先要基督中国化。这是许多中外基督教人士经过长期反复内省所获致的醒悟。其实早在1922年中华全国基督教第一次会议即已明确宣告：中国基督徒应该有自己的基督教。而本土化的基督教意味着中国的本色神学（indigenized theology）的形成，以及中国基督教自治、自传、自养的实现。

回顾基督教在中国走过的漫长历程，如何正确处理普世化与本土化之间的关系，始终是一个极为重要而又难以解决的问题。所以有些传教士难免对佛教充满羡慕之情，因为佛教早先也曾是外来宗教，但经过四五百年的碰撞、交流、沟通、融合以后，其影响力已经渗透于中国宗教、哲学、文学、艺术乃至社会生活的许多层面，中国遂成为扩展发扬佛教思想、学术乃至创立源远流长的重要宗派的发祥地之一。当然，基督教也不必自叹生不逢辰，因为外来宗教在中国社会土壤上真正落户必然需要几个世纪以上的艰苦的努力，而既往众多中外基督徒的坚毅奋进也并非没有在历史上留下痕迹。我始终相信海格斯芮夫说过的那段话：“宗教运动必须具有本土化的世界观和价值观意义，也要采用传统的方式。如果这个运动产生于本土文化内部，它自然企望传播、示范这些观念、价值和方式。如果它是从外面介绍进来，它必须使之便于本土理解，否则便要费力重新解释才能使之成长。”[2]其实,两位已故美国基督教史学者早已有此看法。一位是赖德烈（Kenneth S. Latourette），他把自己有关基督教在华传播史专著称为*A History of Christianity Mission in China*（《基督教差会在华史》），而不是*A History of Christianity in China*（《中国基督教史》）。另一位是贝德

---

[1] *The Chinese Recorder*, Vol, LXⅧ, 1937 Sept., p.542.

[2] David J. Hesselgrave ed., *Dynamic Religious Movement-Case Studies of Rapidly Growing Religous Around the World*, Michigan, 1978, p.304.

士（Miner S. Bates），他把自己未完成的遗著称为 *The Protestants' Endeavors in Chinese Society*, *1890—1950*（《基督徒在华奋进六十年》），也不敢自认为是《中国基督教史》。他们这种谦逊而又务实的态度，至少说明了两个问题：（1）基督教在中国植根与落户仍然是一个有待继续艰苦努力的漫长过程；（2）撰写完全意义的中国基督教史，应该由中国人自己来完成。

我们相信，中国的基督教史研究者一定不会辜负这两位美国老师的殷切期望，而这本习作的出版无非略表自己的心意而已。

教会大学史研究三十周年会议致辞*

请容许我坐在这里讲话，站在台子上身体不允许。我已经很多年没有参加这样的会议了，今天破例了。刚才校长、所长，包括院长的话讲了的，我就不重复了。我只讲讲我的心情。

我今天很高兴。为什么高兴呢？来了很多多年未见的老朋友。特别是我的老师的孙女，她是我老师的代表。我的老师 Bates（贝德士），影响了我一生，但是我使 Bates 失望了。Bates 在给亲人的信里面批评我们，说自己的年轻学生不用功，成天往街上跑，游行示威，今天反对日本，明天反对美国。他说，你们的前辈、你们的老师陈恭禄先生在读大学四年级的时候就写了两本通史，一本《日本通史》，一本《印度通史》，你们这一群人简直是太不争气了。

我看到这些信的时候，感到惭愧，但是也很高兴。我为什么能够看到贝德士教授的这些家信呢？因为研究教会大学史，我对 Bates Papers（贝德士文献）的一千一百多卷，每一章都查阅、都看了，所以很对不起，我知道了他们家的隐私，他在跟他的孩子和父亲写家信的时候骂了我们。

但是同时他又非常珍惜我们，很关心我们，对我们寄予希望。我们在校的时候，他经常邀我们到他家去参加 party，让我们练习用英语来表达自己的思想。另外，也很关心我们的学习，让我们自己在校外借书读。我在金陵大学的时候，曾在英国的文化委员会和美国的新闻处借书，借阅证都是他替我办的，所以我很感谢他，特别感谢他。贝德士对我的影响，主要是在他生前。可惜我在金陵大学的时间太短了，

---

* 教会大学史研究三十周年国际学术会议于 2019 年 10 月 12 日在华中师范大学召开。章先生讲话由姚兰转录音为文字，何卓恩改定，刘莉核校。为照顾读者的阅读习惯，部分文句有所调整，内容略有删节。

只有两年多。但是通过接触他，我们后来接受了他的遗产。贝德士在金陵大学的时候，绝大部分时间都是讲他的中国基督教研究，也包括基督教大学研究。我们后来接过这个遗产，所以我们学校开展了教会大学史研究。不仅是一个人做这个研究，而且是几代人在做，所以我今天感到非常高兴。

中国有句话，叫“人逢喜事精神爽”。医生不让我参加大会，因为怕我激动，但我还是要参加这个会。讲一句年轻人爱讲的时髦话：“我想你了，我想你想死了。”

我很高兴我们不少老朋友现在都处于鼎盛春秋，从做学问来讲，是我们一生最好的时期；更高兴的是，有很多中年人，乃至年轻人，加入了我们研究的队伍，这说明后继有人。过去只有少数人做这方面的研究。我本来不是研究教会大学的，我是读过中国教会中学、读过教会大学，但是我没有做过基督教的研究，教会大学的研究也没有做过，后来因缘际会才进入这个领域。现在就不一样了，现在研究的人多了，有内地的，也有海外的，这么多人来共同做这个研究，我认为大有希望。我还能做些工作，我现在还不是完全不能做事。因为现在我们不仅要老有所养，而且还要老有所乐、老有所用，老年人也可以做些力所能及的事。

我现在还在做研究，用另外一种形式。比如在珠海，我从容闳研究开始开国际研讨会，然后进入到第一批留美幼童研究，又开了个研讨会。后来把我们老校长韦卓民先生也引进到珠海，他就是珠海人，我们不仅举办了研讨会，而且还准备把韦卓民故居给改建好。所以我就美其名曰：我要把我的学问写在大地上。我眼睛不好，写字也不行了，但是头脑还灵活，可以把我自己读到的东西，通过学术与社会的联系，让它实物化。珠海马上要建立一个很大的博物馆，收藏展出的内容从容闳到留美幼童，到韦卓民，再一直往后。就在港珠澳大桥的桥头上建立一个大的中国留学史博物馆。我是他们的高级顾问，要把我的学问贡献给珠海人民。

总的来讲，这是一个很好的时代。尽管世界不太平，尽管有各种各样的挑战和危机，特别是人类文明的危机已经到了非常危险的地步，但是我们不灰心。我还能做很多很多的事情，所以我愿意这样讲：希望在座的老朋友继续加油，希望年轻的朋友趁着自己的青春年华来好好接班，让中国教会大学史研究、中国基督教研究变得越来越好。谢谢！

学术与教育

有感于文化创新

——从与池田大作对话说起*

看到这么多文化精英，中央的、地方的、政府的、民间的，云集桂子山，举行高层次的聚会，要我第一个演讲，感到很为难；至少应该有一些必要的准备，但我还是答应了。为什么呢？因为我刚刚在日本，与创价学会第三任会长、现在是荣誉会长的池田大作先生开始了我们的连续对话。对话，无非是两个主题。第一个主题是怎么营造一个和平的世界，包括怎么让中日关系所出现的困境有所化解，把中日友好关系推进到一个新的阶段。第二个主题就是人类文化。

和平与文化紧密相联，文化对于和平的关系太重要了。现在中央提倡和谐社会，包括和谐的国际社会，就需要有一个健康的人类文明。但现在人类文明出现了很严重的问题。战争的爆发有很多原因。一种是文化的冲突，但更重要的是资源的争夺。这涉及很多文化的问题，我之所以愿意和池田大作对话，就是出于这个原因。因为从 20 世纪 90 年代以来，我不断思考一个问题，这个问题不是我发现的，而是客观存在的。是很多人，特别是我们的前辈，在 19 世纪末 20 世纪初已经看出来了。首先看出的是西方文明的毛病。所以斯宾格勒写了一本书，叫《西方的没落》。几乎是同一个时期，中国的伟大思想家章太炎也看出这个问题，写了《俱分进化论》，就是说文明的发展不一定全部带给人民幸福，其中也有痛苦。

到了 1972 年，英国历史学家汤因比博士应池田大作的请求，两人进行了一次对话。对话的结果形成一本书叫《展望 21 世纪——汤因比与池田大作对话录》。这本书在 1985 年以中文出版，很多人读过这本

---

* 2005 年 10 月在华中师范大学第一次文化高级论坛上的讲话。

书。今年在北京大学举办池田大作研讨会，就是纪念这本书的出版。当年池田先生只有 42 岁，而汤因比已经 80 多岁了。那时池田先生血气方刚，而汤因比已经进入了自己的晚年，不久就去世了。但是他给我们、给人类留下了很好的一本书。大家应该阅读这本书。特别是希望我们文化界的人士，从事文化管理的、文化产业的，都看一看这本书。在《展望 21 世纪——汤因比与池田大作对话录》中，可以找到很多前瞻性的东西。当前我们国家、政府，以及民间，还有各种媒体，每天讨论的重大问题，里面几乎都提到了。战争与和平问题，人生意义的问题，人和环境的问题，环境污染的问题，资源浪费的问题，国民生产总值掩盖一些贫富悬隔的问题，绿色国民生产总值的问题，等等，汤因比和池田在这本书中早就提出来了。就是说我们考虑的问题，人家在 20 世纪六七十年代都提出来了，而且已有很多理论上的创新。这些创新在现在来看，当然可以提出一些不足之处，这并不是我们高明，而是时代在往前推进。

他们把中国文明抽象化了、理想化了、凝固化了，仿佛中国文明可以解决一切社会问题、一切全球的问题，那就过于神化了。我们珍惜自己的文明，中国文明有很多伟大的、健康的、很有价值的东西。但是当前我们中国文明又是怎样的情况？中国的文明是不断发展、不断变化的，不是凝固的。从汤因比来讲，这是很好理解的。他是一个英国人，是以西方人的角度来看的，受了斯宾格勒等人的影响。汤因比是研究文化史、文明史的，他把全世界的文明归纳为二十几个，然后对历史作宏观研究。但他的长处是古代史，不是近现代史。他心目中的中国文明，就是汉朝、唐朝的，是全世界最伟大的文明。汤因比在书里写的一句话使我们挺高兴，但不能盲目高兴，要冷静地分析。他说："如果有来生，我愿意出生在一个地方。"池田问："你愿意出生在什么地方？"他说："我愿意出生在中国。""中国的哪里呢？""就是中国的新疆。"刚才，湖北省文化厅的负责同志与我谈这个问题，他曾在新疆考古，有很多新的发现。当年的新疆不是现在的新疆，那是汉唐时期的新疆。汉唐时期的中国文明，是一个什么样的文明？尽管时光已经不能倒流，看到当年那种盛况，但是我们从一些考古的发掘中，从一些展品来看，在世界各地都可以看到中国古代文明的灿烂和辉煌。你看唐三彩的骆驼和骏马，仰首长嘶，非常有气势，让你的心灵为之震撼。但是中国文明毕竟是发展变化的，到了宋代，到了明清，后来统治者所提倡的国学，对中国文明，对中国文化的进展、中国社会的进步，起了不少阻碍作用。一个文化在一个时期，总有它特定的表现形式，与社会、经济、人文乃至与国际关系，都有不同的互动关系，我们应该做客观的分析。

话又讲回来了，这次我和池田先生的会谈，将近有三个小时，原来预定是一个半小时，谈高兴了，我们都不觉疲倦，如果不是他的工作人员提醒，可能还会谈下去。不过以后还会继续谈，谈很多方面的问题。他为什么能够跟我一见如故，一见面就敞开心扉，谈一些各自最感兴趣的问题，而且许多想法如此相近、如此相通，因为他也感到，他和汤因比在 1972 年所谈到的问题不但没有解决，而且现今问题的严重性更加彰显、更加恶化。因此，作为汤因比的后继，他愿意同中国历史学家进行对话。

我和池田年龄都很大了，想在告别这个世界之前，给人类讲一些内心的话，留下一点愿望、一点祝福、一点建议，希望多少有点用。

我们有很多类似经历，因为年龄相近，都经历过战争，首先是抗日战争，就是第二次世界大战，都是在战争中长大的。因为经历过战争的痛苦，我们对战争有很大的反感。创价学会的第一任会长、第二任会长都因反战而坐牢，第一任会长牧口还病死在狱中。池田先生也一直反战，主张中日友好。他见过周恩来，最佩服的三个中国人，一个是鲁迅，一个是孙中山，一个就是周恩来。他认为自己很多方面，包括为人处世，都是以周恩来为师的。在创价学会的纪念馆里，有他和周恩来对话的大幅油画。所以我很奇怪。我从小就崇拜鲁迅，他也崇拜。我在中学时爱写一些小文章，有人称我为“小鲁迅”，我不敢当。我和鲁迅差十万八千里，鲁迅是一座高峰，我是一堆土壤。但是作为我年轻时代对鲁迅的崇敬，那种模仿、那种学习、那种追求，是真诚的。他崇拜孙中山，孙中山也是我研究的一个主要对象。他崇拜周恩来，我对周总理更充满了感念和永远的缅怀。因为我有幸多次亲聆了总理的教诲，受益终身。

我们还有很多共同点。他没有受过完整的系统教育，读书是靠第二任会长户田先生手把手教的。户田先生经营出版业，池田先生在里面当工人。因为年龄小，户田很怜惜他，亲自培养他。他的中学课程，很多都是户田先生教的。池田先生现在已经跟二十几位各个方面的知名人士、世界性的文化人和政治家进行过对话，其中包括著名小说家金庸。他知识面很宽，但是没有很高的学历。池田先生说，我是“户田大学”毕业的。我跟他开玩笑，说我是“长江大学”（指船上打工）毕业的，也没有受过很好的、完整的正规高等教育，为什么呢？我自己也不清楚。可能天生有点叛逆，我被开除了两次，中学和大专都是这样。后来总算进了金陵大学，但也只读了两年。我爱读书，书给我精神食粮，我在书中得到了很多快乐。但是书也给我带来了灾难，精神世界和现实世界经常发生冲突，我成为这种冲突的牺牲品。“成也萧何，败也萧何”，但是我不后悔，这样的灾难对于人的成长并非没有好处。我打过工、当过兵，所以我跟池田先生讲，你作为“户田大学”的高才生，完全值得骄傲。你是“户田大学”毕业的，我是“长江大学”毕业的。我在川江当过船工，我的导师就是船上一位四十多岁的老船工，他教给我很多东西。所以我与池田之间有很多相似之处，我们一见面就谈了很多这样的话题。当然，出于礼貌，我不可能一见面就谈中日关系、就谈小泉参拜靖国神社。可是当我们随后谈到这个问题时，他拍着桌子斥责小泉在历史上误导国民。

所以，我们的谈话内容主要是关于人类文明的，正好跟今天这次会议所关注的问题相吻合。以下我想讲四个字：

第一个字是“大”。什么叫创新？创新要大，所谓“大”，就是要把中国文化的创新摆在整个人类文明走向的大背景上来考虑。这就是“大”。离开了这个大背景，那是不可能的；没有一个个具体的创新，怎么会有伟大的创新？也许将来会出现一个中国的文艺复兴。

但有人说，现在中国已经是文艺复兴了，太夸张了，没有人会承认的，中国人自己也不会承认的，我想在座的各位也没有一个会承认的。

现在人类的文明问题更大，今天没有时间多谈。所以必须把中国文化的走向与世界文化的走向结合起来。因为世界文化的弊端，在中国的文化、在中国的现代化进程中都在深层蕴藏着，有的已经显现出来。因为西方经过多次调整，有些情况比我们还好一点。所以，我说，我们的文化创新要放在世界文化这个大背景下。中国文化不能自外于世界文化。中国文明是人类文明非常重要、非常宝贵的一部分。我们一定要把握人类文化的导向。

我要说的第二个字是“多”。为什么说多呢？我们老说创新，究竟是为谁创新，谁最需要创新？我们不能只考虑到少数的城里人，只考虑到少数文化精英。这个“多”字，是我们创新中很重要的一个条件。离开了“多”，只为少数人自我欣赏，再高雅、再阳春白雪，对我们中国整个文化健康的发展能够作多大贡献呢？我们应该放下架子，眼睛向下，为了广大的中国人。成天讲以人为本，中国人最多的是什么人，是贫苦的劳动人民。所以我们要眼睛向下，脚更要勤快，我们很多的文艺工作者，有的就是基层工作者，已经做出很大成绩。像云南，像山西，有了很多很好的创作，我感到很欣慰。扎扎实实地在基层、在民间做大量的文化工作，这样才能够取得更大成绩。不下功夫怎能取得成绩？光追求喧哗，那不是真正的艺术。

第三个字是“下”。我们的文化创新当然要多考虑广大的下层老百姓。这里讲的“下”还有另外一层含义，就是不要把下层的百姓、农民或工人看成是简单的受众，认为他们在等着我们去扶贫、去施舍、去救济，不要这样。我们应该改变一下自己的地位，把他们当作最好的老师。因为在下里巴人中间，在民间有很多很多文化蕴藏、很多很多“金矿”等待我们去开采。

华中师范大学文学院的刘守华教授，我对他非常佩服，从 1958 年以来，他长期研究民间文学，研究故事，研究神话，研究传说，而且走遍了湖北的山山水水，发现了很多无形文化遗产，有的像荷马史诗一样颇具价值。他为民间文学的发展作出了很大的贡献，这就是一个范例。所以，到民间，我们不是去施舍，只要态度端正就可以得到很多东西。

我早年当过船工，船工中就有好多文化，如船工号子，它是原生态的，跟船工的生活、生命是融为一体的。它不是简单的呼号，也不仅具有劳动的组织功能，有欢愉，也有悲伤。我们的船有一次逆流而上，遇到大风，帆桅折断，眼看船就要翻沉了，当时那个号子唱的就不是简单的歌曲了，是一般歌唱家很难唱出来的，我现在忘记歌词与曲调了。但当时，我只能用一个词来形容，就是“呼天抢地”。那就是面临死亡，就是生与死之间的挣扎，就是集体对命运的抗争，就靠号子把全船人的力量凝聚起来，终于避免了沉船，战胜了狂风巨浪，也就是战胜了死亡。但它也有欢快的时候，比如风和日丽，顺风顺水，连桨都不用划。船工们悠闲地坐在船上，看到江边几个妇女在洗衣服或洗菜，他们就唱一些调侃的歌曲，歌声十分欢快，歌词很风趣，但又不是色情的，使我非常佩服。那时我是一个高三还没读完就被开除的学生，我并不觉得自己进入了一个低下的群体，而是进入一个非常丰富的民俗文化世界。几乎每一个船工都是一个故事，但现在我没有时间多讲。川江号子的领唱者，他的工资是普通船工的两到三倍，可见非常重要。有些好的领唱，已经变成世代相传的神话传说的传承人。船上的船工教我一首民歌，到现在我还记得很清楚：“高高山上一树槐哟喂，手扶栏杆望郎来，娘问女儿望啥子，我望槐花几时开哟喂。”很含蓄，很优美，比现在好多爱情歌曲，要高雅得多。还有很多好听的歌谣，讲不完的。只要自己谦逊一点、脑筋开放一点，一定会吸收到很丰富的营养。延安文艺座谈会上，毛主席早就讲过，文艺创作的源泉是生活。这条路要走下去，还要走向世界，对全世界丰富的文化遗产和文明，对各种优秀的资源进行挖掘。

现在整个人类的文明，包括文学艺术，走向平庸，这不是哪一个国家的问题，中国也是这样。因为我们的富，主要是富在城市，我们的电视剧里面呈现的好多住宅都是豪宅，在现实生活中很难见到。难道中国人就真的那么富？这是一种误导。所以我对广西、山西、云南那些原生态的文化创作，对那些山野、粗犷的气概中所包含健康的生活气息，感到巨大的震撼，也对他们的工作感到很大的欣慰。

最后一个字，就是“高”。我们讨论创新的目的是什么？不是简单地创造经济收入，我们最后的落脚点还是人民整个文化素质的提高。所以前面所讲的三个字都是为最后这一个字服务的，那就是一定要有高品位的文化产品、文化产业，文化产业本身就应该是高品位的。

高品位并不等于就要赔本，但该赔本时就要赔本。这个赔，应该首先是政府给一部分钱，像日本的歌舞伎，它就是国家出了很多钱支持的；因为三万多块日元一张票，日本人又有多少能看得起？但是依然有很多观众去看。一看就是一整天，中午还管正规的大餐。有次我应邀去看歌舞伎，陪同的日本主人看大家都疲倦了，就建议早点走，但是我仍坚持看。因为尽管没有中文讲解，但有英语同声传译。我不仅自己认真看，还给太太讲解，越看越有味，接触了很多的历史故事。但是歌舞伎，如果和我们的京剧比，那就差得太远了。还有我们的昆曲，我们在座的有江苏人，那《牡丹亭》，多精美啊。不管从哪一方面来讲，从音乐，从唱腔，从舞蹈，从舞台艺术，我们的京剧、昆曲都要好得多。我们文化部的领导其实都清楚，我们的年轻京剧演员现在是人才辈出，我最惋惜的是京剧演员，那么多如花似玉的青年才俊，那么扎实的基本功，那么高的演出水平，还是受到了冷落，不及几个“超女”啊。“超女”弄得全国如此疯狂。但我也很佩服有几个“超女”，小小年纪，颇具大将风度，也体现出某些本真，她们有她们的长处。但这毕竟是不公平的啊。京剧是绝对的精品，我们的国家、我们的社会、我们的贤达人士，为什么不来维护这些精品呢？

当然我们不能眼睛只看着过去，不能只靠老祖宗留下的东西吃饭，这是我一贯的主张。我是学历史的，但从不盲目推崇历史，把历史看成是最好的，躺在历史的身上过日子。我们更重要的是创造当代的、最新的、最健康的、最精美的、能够贡献于全人类文化发展的高尚文化，使全人类的发展接受我们的导向，或至少受到我们导向的积极影响，大家共同走向一个和平的、幸福的、安详的、快乐的21世纪，这将是我们留给后世很好的遗产。谢谢大家！

春风化雨　桃李芳菲

——向第一个教师节献词*

人们常以红烛比喻教师，虽然含义颇深，却不免带有少许凄苦、几分自怜。倒是章太炎夫人汤国梨早年的诗句“春蚕不肯无情死，吐尽丝还化蝶来”（《春蚕》），更能抒发献身教育事业的人们的壮美情怀。

教师是人世间最伟大的职业。他们以自己的终身辛劳，奉献给人类历史文化长河的绵延。古今中外，人不可无学，学不可无师。人才的成长、学科的繁荣、技艺的发展，无不凝聚着教师的心血与智慧。教师的劳动业绩似乎是无形的，然而他们确实是创造了世界上最为宝贵的财富，他们的劳动属于尖端的学科——灵魂工程。教师贡献极大而又自奉甚薄，他们的生活常与清苦为邻。君不见艺术形象中的教师，或穿褪色布衫，或着破旧制服，或戴深度眼镜，或执竹杖以支持病躯……这往往是现实生活的反映，并非文艺家们的主观臆测。今后即令是政府努力改善教师待遇，他们也难臻于富有，无非生活稍得宽裕而已。然而教师在精神上从来都是丰富的，这种丰富既表现为学而不厌，更蕴含于诲人不倦。他们勤于求知，乐于传知，食叶吐丝，采花酿蜜，自身虽苦，泽惠人间。教师是社会的功臣，社会理应报以极大的尊敬。

教师是人世间最艰难的职业。他们不仅需要具有广博的专业知识，而且需要通晓教育规律，掌握教育技能。教师的劳动产品是人而不是物，因此他们的任务不仅是传授知识，更重要的是塑造灵魂。教师的劳动貌似平凡，实极高超，既是一种综合性的科学，又是一种综合性的艺术。语言文字以至各种新式传导、显示的设备与技术，固然是教

---

* 1985 年在华中师范大学第一个教师节庆祝大会上的讲话。

育不可缺少的工具与手段，然而教师的风范可以产生更为深远的影响，“桃李不言，下自成蹊。”教师的良好风范不是与生俱来的自然功能，而是长期刻苦磨砺形成的优秀素质，包括思想作风、道德操守、文化素养、生活情趣等各个方面。晚清诗人龚自珍曾有佳句：“一事平生无齮龁，但开风气不为师。”（《己亥杂诗》十二）实际上，这种无声的师、无形的师、不自以为师而人尊之为师的师，乃是最高层次的教师，潜移默化的教育，其精英堪称万世师表。当然，社会上至今还存在着轻视教育、轻视教师的形形色色的偏见，但那是愚昧和无知的表现，丝毫也无损于教师的地位与尊严。

教师是人世间最可爱的职业。在古今中外人们献给教师的各种美称之中，我较为喜爱“园丁”一词。春风化雨，桃李满园，精心培育，乐在其中。教师与学生的关系，应是世界上最纯洁、最真挚、最高尚的关系。学生虚心向教师求教，教师殷切期望学生成才，除此而外相互都别无他求。每一个人回顾往事，都不会忘记老师如何启发自己智慧的窗扉、如何以新知的清泉滋润自己的心田、如何一点一滴培养自己最初的实践能力。学生的成长，就是教师的劳绩，就是教师最大的欣慰。教师头上的白发、额头的皱纹，记录了讲坛生涯多少辛酸与甘甜！但是，教师对学生并非单方面的给予，他们可以而且也应该从自己的教学对象那里汲取精神营养与青春活力，这就是人们通常所说的“教学相长”。学生如饥似渴的求知欲望，永远是促使教师在专业上精益求精的推动力量。学生如行云流水般的活泼思维，常常能触发教师创造新的灵感火花。教学作为一种互动过程，最可贵的是师生之间的思想交流。通过相互问难、热烈讨论以至课余无拘无束的对话，从治学经验到人生真谛，处处都体现了传道、授业、解惑的复合功能，一代又一代新人就是在这样水乳交融的流程中成长。真正的教育家之所以经常感到幸福与快乐，而且能够永葆其事业上的青春，其原因正在于此。

今年九月十日是中华人民共和国第一个教师节，这是全国人民一个盛大的节日，并将产生转移社会风气的深远影响。我认为，社会需要给教师以应有的尊重，教师更应该自己尊重自己。这种自我尊重，绝不是因为有某种专长而自高自大，其确切的含义是对教师地位和作用的自我认识，是一种高度的教师自觉性和责任感。教师应该是一个大写的词，他们肩负着历史的责任和人民的嘱托。父母把自己的子女交付给教师，国家把下一代公民交付给教师，这是对教师最大的信任，也是对教师最殷切的期望，而教师最好的回报是通过教育，促使青少年尽早成为有益于社会的人才。教师的责任感主要表现为对学生的关怀，时时刻刻都要想到如何帮助学生健康成长，时时刻刻都要把学生放在自己的心上。否则他就不是一个称职的教师，因为他已经在某种程度上失去了教师的自我意识。学生应当尊敬教师，但教师只有爱护学生才能赢得学生发自内心的尊敬，这是一切有经验的教师的共同体会。

但是，从当前的情况来说，更应该强调的还是全社会对教师的尊重。因为相对而言，教师的地位和待遇仍然偏低，许多教师（特别是中小学教师）缺乏必要的工作以及生活条件，歧视、欺压甚至虐待教师的现象时有发生，某些违法事件情节之恶劣令人发指。当务之急是努力提高全国人民对发展教育事业战略意义的认识，包括帮助某些领导干部改变自己轻视教育、轻视教师的短见浅识。重视教育和教师乃是关系国家、民族命运的百年大计、千年大计，社会主义与共产主义绝不可能产生于愚昧与无知。庆祝第一个教师节必须提高对教育与教师的认识，而认识又必须见诸行动，必须为教育事业的发展，为教师工作、生活条件的改善切切实实多办几件好事。在历史上，凡是为发展教育事业做过一些好事的人，后世的人们总是不会忘记他们的。譬如清末湖广总督张之洞，至今在湖北还有一定的影响，其重要原因之一就是他对湖北乃至全国近代教育的发展起到了开创风气的作用。我相信，我们共产党的干部对教育的认识、对教师的态度，应该比作为封建官员的张之洞高明得多。我们应该而且必将能够为发展人民教育、提高教师的地位和待遇作出前人无可比拟的重大贡献。如果我们这一代人依然不能解决这个战略性问题，那就是未能履行历史的职责，是对民族的极大犯罪。

节日需要欢乐，但作为教师的节日更需要思索。欢乐可以形成节日的气氛，思索则可以深化节日的意义。我终身以教师为业，近年又做一点学校的管理工作，在举国欢庆第一个教师节之际，我不愿说一些浮泛的应景之词，唯以多办实事自勉，并愿将自己思索的内容和盘托出，以求教于一切热心于教育事业的朋友们。

在索菲亚大学百年校庆大会上的讲话*

此次会议的主题是“二十世纪的大学——发展、问题、前景及预测”，但我只想就一个问题发表意见，即当前大学教育的着眼点是培养21世纪的新人。

现在已经是1988年，还有12年，20世纪就要结束，21世纪就要开始。今后培养的大学生，如果按照每个人一生有40年的工作时间来考虑，他们一生的大部分以至全部时间都将工作、生活于21世纪。超前性是学校教育（尤其是高等教育）应有的属性。因此，今天的大学就应注意如何培养学生，使之能够适应21世纪的工作与生活。

21世纪的世界将会出现什么样的状况？未来学的学者们已经做过形形色色的预言，包括各种截然不同的乐观的与悲观的判断。但至少有一点可以肯定，即20世纪末21世纪初，已经突破与行将突破的各种新技术，特别是新能源与新材料的开发，必将迅速应用于生产并带来社会生产力的飞跃发展。而这种生产力的新发展，又必将引起社会生活、社会思想、社会结构乃至整个世界格局的深刻变化。所谓教育的超前性，就是要预见并力求适应这种深刻的变化。

当今的大学，为了迎接新的科学技术革新浪潮的挑战，大多调整了自己原有的专业结构，即增添新专业并改造老专业，与此相适应的则是课程设置、教学内容、教学方法乃至教师知识结构的更新。这些当然都是必要的，但人们在应付眼前事变的过程中，往往容易忽视更为长远的战略目标：21世纪所需要的大学毕业生，究竟是适应性较强、基础知识比较广博的“通才”，还是专业性特强而知识面较为狭窄的“专才”？

---

* 1988年9月于保加利亚索菲亚大学。

我的主张倾向于前者，理由如下：

第一，所谓新技术或高科技，多半是许多学科交叉的产物，知识面过于狭窄的“单一”专家很难在技术革新的潮流中作出较大的贡献。当代科学的发展，具有从分离走向综合的趋势，不仅是自然科学内部与外部的相互渗透，还有人文科学内部与外部的相互渗透以及与自然科学之间的相互渗透。因此，在课程设置方面，包括基础课、专业课、选修课，就必须适应这种由专到博、由分到合的新趋势。

第二，为适应现代化建设的需要，强调理论与实际结合，特别是加强各种应用科学的发展，这些都是必要的和正确的。但是，在任何时候都不能忽视基础理论，因为基础理论毕竟是科学发展的源头与根本。一些基础理论的重大突破，特别是带体系性的突破，往往是科技革新浪潮的先导；而任何科技的重大进展，又必须经过理论的总结与升华，才能对科学本身的发展产生较大的推进作用。只重技术而忽视基础理论的国家，可能获益于一时，但迟早会受到历史的惩罚。

第三，当今和未来的技术革新日新月异，新学科的纷然杂陈与老学科的分化改组，不断给大学的专业结构与课程设置带来冲击。面对这些接踵而至的冲击与挑战，大学既要有应变性，又要保持相对的稳定性，而预见性则是相对稳定性的前提。因为，科学技术与国民经济的格局总是在不断变化，今天供不应求的热门新学科，若干年后也有可能成为“产品”大量积压的“老”学科。有经验的大学校长都懂得，除了国家某些特别急需的短缺专门人才外，一般专业设置都不宜太专太窄，必须考虑其得以比较长远存在的基础，以求避免刚刚培养出来的新式专门人才就面临业困难的畸形状况。

我们强调比较广博的基础与通识性的人才，但绝不意味着可以忽视实际与放松培养学生的实践能力。理科学生需要加强实验课、野外作业以及适当参加工农业生产实践；文科学生则需要加强社会调查，适当参加生产劳动与社会服务，多方面接触社会实际。学校当局要注意发挥学生会、研究生会、各种学生自己组成的学术团体与社会团体的作用，引导他们实现自我教育、自我管理、自我服务。鼓励学生利用假期回故乡或到边远地区以智力为当地建设服务，这样不仅可以培养学生热爱祖国、关心社会、献身“四化”的优良品格，而且可以检验与发展其在校学习的收获。公费上大学，曾经长期被认为是社会主义的优越性，但实践已证明其弊端甚多，它与国家包分配一样，是“铁饭碗”“大锅饭”，在高等学校中的表现就是容易滋长学生的依赖性，不利于刺激他们学习的积极性。所以，我国一般大学已将公费改为奖学金与助学金制度，并与学籍管理中的评估优秀学生、留级、淘汰等奖惩制度相结合，把竞争机制引进大学教育，促使学生勤奋学习，早日成才。同时，鼓励并引导学生开展多种形式的勤工俭学，培养学生的自立精神、劳动技能与劳动习惯。

为了加强学校与社会之间的联系，我们正在试验“一校一县”模式，即一所大学与一个县（或县级市）订立“科技与教育发展协作合同”，从帮助该县编制“经济、科技、教育与社会协调发展战略规划”入手，鼓励并组织各系、所与该县有关企业、事业单位分别签订专项协作合同。对学校来说，是借此把教学、科研、生产联为一体；对县（县级市）来说，则是以高校为依托，通过加强科技、教育的发展，以求当地经济、文化的振兴。经验证明，一个人口在一百万左右（包括城乡人口）的县（县级市），可以比较全面地为一所大学提供科研与社会实践基地，而且大体上适应于一所大学自身的需要与承受能力。中国现在有一千多所大学，如果每一所大学都能够与一个县或两三个县全面协作，则必将大大有助于全国经济、文化面貌的改变，同时又必将有力地促进大学自身的教育改革，促进教学、科研工作的发展，为培养21世纪所需要的新人提供良好的环境。

大学不仅需要向社会开放，而且需要向世界开放。大学走向国际化，这是时代的潮流，也是教育改革的重要组成部分。所谓国际化有两重含义：一是广泛引进国外最新信息，引进国外先进的教学、科研成果，引进水平较高的外籍专家与教师；同时又要努力接收外国留学生与进修学生，并且在正常的条件下接受外国民间团体与个人的资助或捐献，借以改善教学与科研条件。二是勇于推动学校走向世界，有步骤地引导重点学科投入世界范围的交流与竞争，鼓励有成就的教师带着新的科研成果出国参加国际会议，而更为重要的则是支持某些重点学科在校园内举办国际学术会议，向世界展示自己学科与学校的水平；同时还要逐年增加派出留学生与访问学者的人数，增加与外国大学或研究机构的合作科研项目，特别是世界共同关心的重要议题，广收并蓄，择善而从。

我所在的华中师范大学，是中国屈指可数的古老大学之一。它的前身文华书院（The Boone Memorial School）建立于 1871 年 10 月 2 日（正式开学），创办人是美国圣公会（The American Church Mission）的主教小文惠廉（Willam）和牧师颜永京（Yen Young-Kiung）。1924 年文华书院与武汉地区其他几所教会高校合并，改名华中大学（Huazhong University or Central China University）。1927 年在雅礼协会（Yale-China Association）的帮助下，原来设于长沙的雅礼大学理学院（The School of Science of Yale in China College）也并入华中大学。长期以来，华中大学与美国耶鲁大学等校保持着密切的联系。1949 年以后，由于人们都知道的原因，这种联系中断了三十多年。直到 1982 年以后，经过我校与雅礼协会的共同努力，才在新的条件下及新的基础上恢复与发展了这种双边的协作关系。此外，我们还与美国、英国、意大利、联邦德国、日本等国的大学建立了全面的或专项的协作关系。1987 年 5 月在我校成功地举办了“对外经济关系与中国近代化”国际学术研讨会，明年我校还将举办“中国教会大学史”“多粒子动力学”“世界格局中的当代中国文学”“天体物理学”等五个国际学术会议。一大批不同学科的中外学者的到来，将更加活跃校园的学术氛围，并把我校与世界进一步连接起来。

索菲亚大学是保加利亚最古老、最有声望的大学，也是我访问的第一所保加利亚大学，我愿以此为发端，不断发展我们两校之间的友好交流关系。同时，也借此机会表示我们愿意与东欧、苏联的其他大学建立友好交流关系。在 21 世纪，世界将更加连为一体，中国将更加开放地走向世界。大学是培养社会精英的园地，让我们经营好各自的园地，并通过我们之间的友好合作，促进与加强各国人民之间的友好合作。愿 21 世纪将出现一个前所未有的和平、友好、繁荣、幸福的世界。

教育就是完善自己*

今天来了很多基层的老师，还有很多年轻人，首先我要向勤劳奋斗在第一线的老师们表示敬意。在这样一个场合，我的心情与大家有一样的地方，也有不一样的地方。纵观人类文明史，人类持续永恒的任务就两个：一个是改造自然，另一个是在改造自然的过程中改造自己、完善自己。教育就是一个人类改造自己、完善自己的方式和过程。现在人类发展到了一个很关键的时期，我们一定要有清醒的认识。

今年我已经 82 岁了，我对自己要求很低，对别人而言是人尽其才，我对自己的要求是物尽其用。你想一个 82 岁的人了，精力体力都很有限，就像一台老机器一样，不能使用得太厉害，否则就可能不能工作了。我担任了很多学会的职务，国内的、国外的有很多，一般而言，凡是邀请的，我来者不拒都接受，就是作用有限，不能指望我起多么大的作用。可是这个研究会不同，陶宏开老弟给我打了一个又一个电话，我感到压力很大。

教育是关系人类命运的一个根本问题，关系到人类未来的命运。一直以来，我们人类都是非常自负地说“人是万物之灵”。可是当今人类的教育遇到了很大的问题，重知识轻道德，重科技轻人文，这不仅是中国的问题，也是世界很多国家的问题。教育最重要的是做人教育，是道德教育。现在我们人类不是“万物之灵”，而是“万恶之源”。现在我们毁灭的是自然，其实也是在毁灭自己。

教育就是救赎自己。但是我们也不要悲观，是有希望的。在火炬传递中，我对金晶的表现特别钦佩，还有我们自己的国民的表现，这

---

* 2008 年 4 月在湖北省素质教育研究会筹备成立大会上的即兴发言，党波涛整理。

说明国民素质提高了。金晶是我们自己培养出来的一代人才的代表。更为高兴的是，在抵制外国反华势力的时候，很多国民和大学生表示不抵制家乐福，这是很了不起的。这是我们教育的结果，也是国民素质提高的结果。

在这代人身上，我看到了希望。工作是要人做的，教育也是这样，要一步一步来。湖北有一个大人物李先念，他病重时，另一个大人物李尔重去看望，说“江山留与后人做”。要做的工作有很多，一个人做不完的。现在的教育问题很严重，其中很重要的一个是自我改造、自我完善。

今天，素质教育研究会成立了，这标志着一个新的开端。大家要团结在一起，真正把素质教育向前推进一步。向前推进是很难的，因为素质教育的最大阻力不是政府，不是学校，不是老师，而是家长，是每一个家长的自我革命。历史证明，自我革命是最难的。

我们不要假素质教育，我们要真素质教育。真素质教育就是每个人的自我教育。在这样一个艰巨的任务中，我起到的作用是很有限的，我只能起一个啦啦队的作用，为大家喊“加油!”“加油!”。我们不要把素质教育单纯看成是对青少年的一个教育，而是对每一个人的自身教育，包括我们自己，包括家长。

素质教育要从一点一滴做起，从小事做起，从每一个人做起。我建议，今天会后没有喝完的矿泉水自己带走，这也是素质教育。

教育要用真正的爱来办*

首先，感谢今天的接待，再就是祝贺爱的教育咨询中心成立。同时，从私人的角度，上苍又还给我们一个健康的李绍崑教授，这是非常高兴的事情，三喜临门嘛。要谈教育呢，我这不是谦虚，在我心目中，刘道玉校长的分量最重。因为我当校长比他的资历浅。按照过去科举的说法，我算年弟，他是年兄，因为他的班次比我早。再一个，他当校长的投入是全身心的，包括办公室和家门，都是向全校师生开放的。其他种种的美德和学术的经历，也都是做得不错，大家都知道的，今天不准备多讲。不过刚才主席的安排有一点欠缺，还不像完全懂得教育。就是说，让大家都饿着肚子听我讲话，这是很不近人情的事情。就从我来讲呢，也不能枵腹从公呀。枵腹从公固然是美德，（李绍崑教授插话：所以我们的校长，现在就亲自给你讲“爱的教育”了，谢谢校长！）但是需要灵活一点，以人为本嘛。仪式和礼节要根据不同的情况，做一些小的变化。我是一个粗人，不太懂礼节，所以才直来直去。

我对“爱的教育”这个提法很高兴，因为我从小就是看《爱的教育》，看开明书店的《小学生》《中学生》之类读物长大的。那一代作者都有一片爱心，《爱的教育》可以读一辈子，当然作者本身有些问题，那是另外一回事，书却写得非常好。如果把对教育的理解和爱结合起来，我有一个说法：爱，既是教育的起点，又是教育的归宿。

最近华师正好要开校友会，《校友通讯》改版，说是要纪念一下，邀我写几句。本来要求写文章，我写不出来，只写了几句话。我说，你们知道老校友是怎么样看华师的吗？老校友把华师称为母校，就是

---

* 2011 年 3 月 12 日在爱的教育咨询中心成立仪式上的讲话。

把学校当作自己的亲生母亲，而且我还有现成的个案，那就是香港校友会的老主席邓瓒绪先生。他已先我而去，他比我年轻，英年早逝，实在可惜。他出生于香港，华师毕业后很早就回到香港，住在半山亭高级豪宅，可以说是土生土长的香港人，他在香港也有自己的企业。他自己的卧室，床头挂两张照片，一张是他母亲的肖像，一张是华中师范学院毕业证书。我想用这个例子来解释什么是母校，因为这最为动人，因为他永不忘本。他回香港初期是很困难的，因为父亲是退休海员，家境比较贫困，只能以摆地摊或者修理半导体收音机为生。因为在同行中起步较早，很快就成为里手，后来就越做越好。他是物理系毕业的，他说他之所以能够在香港站得住脚，后来还成为行业里面的领袖，就是靠母校，他总是觉得自己是华中师范学院的学生，是我们学校给他传授了这些知识，还包括如何为人处世等，在那里发挥了作用。所以，我经常劝我们校友会办公室的同事，不仅要用头脑去做这份工作，用手去做这份工作，用腿去做这份工作，更要用心来做这份工作。这个“心”还是绍崑提醒我的，他说你写“真爱坊”这几个字的时候，一定要写有“心”的“愛”字。我们简化字的最大问题，就是把这个“心”丢掉了，所以要把这个“心”找回来，用真正的“愛”来办教育。这就是我奉献给大家的简单赠言。

好制度比好校长更为重要*

校园譬如军营，师生如同士兵，老师（包括校长）、职工和学生一批一批来了，又一批一批走了，如同连绵不绝的流水，但名校如同铁打的营盘，历经世变沧桑而长盛不衰，靠的就是一套人人必须遵循的合理制度。光靠校长自身的聪明才智是治理不好一个学校的。所以说，好制度比好校长更为重要。在本报记者与著名历史学家、华中师范大学原校长章开沅教授的谈话中，章教授谈了这么三点：一、只有讲奉献才能做教育；二、从事教育是很幸福的；三、为学不求名与利。

记者：章先生，您不仅因史学大家著称，还曾做过师范大学的校长，您怎么看待大学校长的工作？

章开沅：国庆前夕，我在华中科技大学教育管理博士班演讲，题目是“我看大学校长”，我讲得很坦率，三个题目：1. 大学校长也是人；2. 大学校长很累，要具备一流社交家的聪明才智；3. 大学校长要有忍辱负重的精神，为了理想而工作。蔡元培先生曾慨叹：“我本是可以做点学问的人，但在校长任上我只有顾全大我、牺牲小我。”

记者：您对教育工作者的人格修养有哪些建议？

章开沅：作为一名教育工作者，不论职位高低，一些东西还是要牢记在心的。一是要有个清醒的头脑，不要认为存在即是合理的，人不能只是顺应社会，还应改造社会。牺牲生命可以，但牺牲原则是绝对不可以的。社会良心主要在大学形成，人类文明危机问题，一些社会沉沦问题，都需要教育工作者匡谬扶正，形成强大的、正义的社会声音。二是要明辨是非，坚持正确的，反对错误的，以自身的良好行为体现道德规范。三是要以正确的舆论影响社会。教师不是孤立的人，

---

* 本文原载《现代教育报》2006 年 8 月 27 日，记者为彤新春、刘秀枝。

他影响的是一批人，应自觉注意自己的一言一行。好教师应有一种本能，“爱满天下为己任”。为人其实是不难的，有人认为干教育工作是苦行僧，这要看如何理解，爱心不是简单的范畴。快乐体现在各个方面，有追求，人生就是快乐的。孔子所谓的“己所不欲，勿施于人”，西方强调的“睿智博爱”均是一回事。应该学会享受教育带给人的美好生活，会享受生活的人生活才更有意义。

记者：您从事教师这一工作已经几十年，您怎样理解教师这个职业，对于很多将要从事教育工作的教师们，您有什么建议？

章开沅：教师要定位好自己的角色，最重要的是寻找到自己的感觉。教师所起的作用应该是承上启下的，是一个桥梁，他是传授文化的一类人，文化的“薪火相传”，人类文化的发展，都离不了老师。韩愈在这个方面讲得很清楚，“传道、授业、解惑”，一定要明白。

教师要有幸福感，幸福并不意味着占有得更多，现在虽是市场经济时代，但市场经济不能只靠利益驱动，在任何时候，“利”“义”问题要认真看待。要爱自己的学生。教师不仅是个教书匠，还要跟学生有默契、有交流，不论是眼光还是语言，这是其乐无穷的。交流是无限的，互动是快乐的。应尊重学生，平等对待，做老师的乐趣是学生给的。与学生建立朋友关系，不要讲死板的东西，多讲信息与方法，给学生更多帮助，不是很快乐吗？

记者：对于怎样处理和学生之间的关系，您能提点建议吗？

章开沅：不论是作为大学校长，还是作为学者，抑或作为一名普通的教师，学生都始终是我最为关心的对象，教育是我生命的寄托，能得天下英才而育之是我重要的人生追求。我喜欢教师这个职业，我喜欢学生，学生也喜欢我，这就是最大的幸福。我觉得，遍及海内外的学生就是我数十年史学研究与教学生涯的最大成果。有那么多理解、信任、喜欢我的学生，遍及国内和海外，对于我这样的凡夫俗子来说，已经足以自慰了。

我与学生保持着很好的联系，或许可以称之为追踪关怀。尽管他们毕业了，但是我还是很关心他们的，他们也很关心我。这些学生不仅学术上找我，就连他们家庭上生活上的一些事情、问题也会找我。这也是我们很好的感情纽带。

记者：您桃李满天下，很多弟子在不同领域做出了成绩。您是如何指导学生的？

章开沅：谈到学生们的成绩，主要是靠他们自己争气吧！如果说我起到了什么作用的话，那就是给他们营造了一个相对宽松的、享有更多自由思考空间的环境。同时，我也让他们有更多的机会到外边更大的讲坛上，包括国外的学术讲坛上展示自己的聪明才智。我愿利用我自己的经验和积累的知识帮助年轻学生更好地成长。我把他们视为希望之所在，至于我个人的志愿，无非是甘当铺路石，让青年学者成长的道路稍为平坦一点，可以比我们前进得更快更远。

记者：对于年轻的学者，您有什么话对他们说？

章开沅：我常说自己是学术界的“流浪汉”，流浪是跟追求新知联系在一起的。做学术研究要不断开辟新领域，判断很重要，要有前瞻性、有社会责任感。不要过分相信自己，要有协作意识、团队精神，现在不是常说资源共享嘛。

现在很多做学问的人起点很高，条件很好，客观条件也很优越，不好的是有些人急功近利。我想说的是，真正的学问是没有名利、功利的。

记者：您眼中的真正的学者应是怎样的一类人？

章开沅：真正的学者要具有超越世俗的纯真与虔诚。工作对于他们来说，奉献更重于谋生，其终极目的则在于追求更高层次的真、善、美。唯有如此真诚，才能不趋附、不媚俗、不出违心之言。我经常引用的一句诗是“治学不为媚时语，独寻真知启后人”。要保持独立的学者人格，必须明确治史为求真，是为保存民族文化，学术是公器，不是求名求利的私器。

《教育哲学论稿》序言*

这些年，国内教育界侈言“创新”者日多，但一般都属人云亦云，并非真正理解创新真谛并且实实在在创新。坦白地说，有些人无非是赶时髦，满足于空泛的话语创新。因此，我经常用“温故知新”一语与年轻同事共勉。此语出于《论语·为政》，原文是：“温故而知新，可以为师矣。”“故”与“古”通，所以王充《论衡·谢短篇》对此曾有所发挥：“夫知古不知今，谓之陆沉……夫知今不知古，谓之盲瞽……温故知新，可以为师。”《汉书·成帝纪》也有类似解析：“儒林之官，四海渊源，宜皆明于古今，温故知新，通达国体，故谓之博士。”可惜现今许多从事乃至主管教育者却忘记了这句亘古而常新的古训，因而往往流于数典忘祖，在创新热潮中迷失了方向。

“温故知新”古训对于为人师者特别重要，是教育的根本属性所决定的。我曾多次强调：“对于教育的发展通常不宜用‘日新月异’一语来表述，因为教育毕竟是一种塑造人的慢工细活。教育在任何时代都不能忽略前后传承与相对的稳定，因为教育本身具有人所共知的长期性与持续性的特点。教育必须适应社会的变迁，但是教育的发展又具有自己相对的独立性，有其绵延千年、衔接古今的内在规律。当然，教育绝不是孤立的存在，教育的发展与校园以外的各种社会因素紧密相牵连，教育的任何重大变革都是一桩繁密细致的系统工程，都需要经过多次的实验与不断修正完善。因此，教育的革新在更多时间经常表现为渐进式的积累以及作为其结果的‘水到渠成’。动辄以政治威权和‘群众运动’推行的粗暴‘教育革命’或所谓‘改革大举措’，不仅难以实现短期速成的预期目标，反而严重伤害了教育本身，

---

* 余家菊著，余子侠编校：《教育哲学论稿》，武汉：华中师范大学出版社，2008 年。

特别是挫伤了众多教育工作者的积极性。”

即令是在武汉一地，与我持相同看法者亦大有人在。记得 2004 年 9 月 20 日，华中科技大学前校长朱九思教授，向该校现任领导及相关资深学者郑重推荐一篇评论文章，即刊载于《比较教育研究》杂志 2003 年第 3 期的《论大学的保守性——美国耶鲁大学的文化品格》（作者：王英杰）。这篇文章不仅介绍了耶鲁大学保守文化品格如何形成，还深入剖析了该校保守的管理、保守的教育理念，以及由此而引申的“大学保守文化品格的合理性”。文章的结语尤其令人感动，作者坦陈心曲：“当我们沉下白日躁动之心，秉烛夜读耶鲁大学的发展史时，我们就会被耶鲁清新的文化品位、深厚的文化积淀所打动：它几百年来不为躁动的社会变迁所动，始终如一地坚持自己的社会职责，如同人类社会漫漫路上的一盏明灯，星光闪烁，为世人所瞩目。它在静谧中发展，在稳定中前进，以其保守的文化品格营造出一所循序渐进的世界一流大学，创新型人才和重大科研新发现如清泉从中汩汩流出，永不干涸，永不浑浊。”

九思先生是我最为敬仰的教育界前辈之一，我们在教学理念方面相知甚深。所以，他在向华中科技大学领导推荐的同时，也将此文以及附函一并影印示我，其用意无非是促我思考，共矫时弊。正好去年夏季，牛津大学友人安排我与妻子前往享受学术休假，遂有闲暇对这所比耶鲁还要古老的大学从容进行一番考察。回国后在《同舟共进》杂志发表《泰晤士河源头的思考——从“牛津现象”谈起》一文，大概可以作为交给九思老师的作业。我认为：“牛津的特点是政治上偏于保守，文化上善于守旧。”“牛津就是这样悠然自得地经历了几百年的沧桑巨变，旧貌并未完全换新颜，却又不紧不慢地跟上时代的步伐。无论是人文还是科技，许多学科仍然处在世界前沿，人才与成果之盛有目共睹，遑论诺贝尔奖获得者的连绵。”我对牛津的评价也许有所溢美，但用意确实是强调教育创新必须有深层思考。现代与传统并非截然两分，创新与守旧本应相生共存，否则创新便必然会流于浅薄的时髦，甚至流于单纯的形式创新乃至话语创新。多年以来，如此这般的现象难道还少见吗？

我丝毫无意贬低这些年中国教育的迅猛发展，但是无可讳言，中国的教育改革正处于十字路口。在这样关键的时刻，传韬兄专程从台北来汉，将其尊翁遗留的讲义手稿《教育哲学》交我阅读，并商请华中师范大学出版社近期付梓问世。因此，更为促进了我对于教育改革必须温故知新的思考。

家菊先生是我校早期著名校友，因为他不仅是我校前身中华大学的优秀毕业生，而且还曾断断续续在中华大学任教多年。这部讲义就是他于 1942 年秋季在重庆中华大学讲授“教育哲学”课程期间撰写，供教学所用。全稿共五章，分别为“教育之向上性”“思索”“知止”“人格之发育”“人性论”，乃是教育哲学必须探讨的重大问题。由于是课堂讲义，必须突出重点，所以好像是若干专题的整合。但由于作者长期从事教育科学的教学与研究工作，既有丰富的实践经验，又有深厚的学理探究积累，而且此前已经出版过《教育原理》《孔子教育学说》《孟子教育学说》《荀子教育学说》《陆象山教育学说》等教育专著，早已形成自己完整的思想体系与理论框架。因此这部讲义乃是家菊先生教育学说的精华，取精用宏，画龙点睛，往往于细微处显精神、于平淡中发光华。1942 年正是抗战进入最为艰苦的时期，重庆虽属后方，但已是物资匮乏、物价高涨，人民生活极为困苦。中华大学与其他西迁高校一样，房舍简陋，图书设备欠缺，虽教授亦未能免于贫寒。但是，即令在这样艰难的岁月，家菊先生依然殚精竭虑，刻苦经营，字斟句酌，一笔不苟地撰写出这部言简意赅的高水平讲义。虽然已是 56 年以后，作者辞世亦已 32 年，作为后辈的我们，目睹这部毛笔正楷写成的严整手稿，仍然可以想见当年前辈学者安贫乐教的高风亮节。

由于梁尚勇、魏萼两位先生在他们的“序”中都对这部讲义作了全面精辟的评析，所以我只就读后所感补充两点浅见。

一是作者的学术境界。

讲义第一章“教育之向上性”，一开始便引用了《孟子 · 尽心上》的那段名言：“君子有三乐，而王天下不与〈存〉焉。父母俱存，兄弟无故，一乐也；仰不愧于天，俯不怍于人，二乐也；得天下英才而教育之，三乐也。君子有三乐，而王天下不与〈存〉焉。”然后便提出极具启发性的问题："统治世界，小之则个己之经纶得展，大之则一世之太平可期，此其可乐宜莫与竞矣。然而古人谓其可乐之量小于得天下英才而教育之。果教育之价值高于政治乎？抑二者之本质原不可同日而语乎？请试思之。"

问题一经提出，学生想必立即启动积极思维。

老师把学生的思维引向"二者之本质"，开门见山就明确指出："政治之特质为强力，其方法为支配；教育之特质为爱护，其方法为感化。"所以孟子说："善政民畏之，善教民爱之；善政得民财，善教得民心。"(《孟子·尽心上》) 然后又进一步从正面申论："教育事业发源于爱他之心"；"教育之特质为向上，以臻真善美圣之境"；"国家教育必具立国理想以伸人类向上之性"；"教育之可能，实由于人类之可塑性与向上性"；"向上之性必求发展"；"向上心之强弱，决定人生成功之大小"；"向上心之展示在立志、勤奋、有恒"。

家菊先生无意比较政治与教育两者价值之大小，以及两者地位之高下，其着眼点在于从特质、方法、功能诸方面把教育与政治区分开来。教育有自己的独立品格，教育不应成为政治的附庸，更不应与政治相混同。面对当时国民党政府极力推行的党化教育，他在课堂上慷慨陈词："自'目的圣化手段'之说兴，企求崇高之目的者，每采取毒辣之手段以赴之。间谍学校，诲盗诲淫；党团训练，造谣嫁祸。教育之事，不尽以正义博爱为帜，益彰明矣。斯诚人生之大忧，而教育思想之难题。"他把这种党化教育称为"恶性教育"，并且严正斥之曰："吾人不以教育视之矣。"余生也晚，无缘亲聆先贤教诲，但我也曾是这种"恶性教育"的受害者。就在家菊先生发表这番宏论的次年(1943 年) 夏季，我被学校开除学籍，其原因正是反对党团的"造谣嫁祸"，把我视为"思想不纯"的叛逆分子。因此，我对家菊先生上述"正义博爱"的呼声，特别感受亲切。

坚信人类本有向上之性，"故教育为爱人之业，而其爱之之法，则为使人向上"。此之谓大爱，这不仅是家菊先生的理论，而且是他终身服膺的信仰，于此可见其学术境界之不凡。

二是作者的学术品格。

讲义第二章集中讲解“思索”，首先从本质上认定“思索为人生之向上表现”，尤其强调“向上性强者勤于思索”。而在有关心物（即精神与物质）之思索方面，作者着重论其“渊源于人生之实际”，“亦有关于人生价值之观念”。作者的理念是：“人生诚欲向上，其精神对于物质必须具有控制之力，或弃或取，或损或益，全由己意。即令于某种程度下，全由己意为不可能，最少限度，亦当勿使‘心为形役’。淡泊始能明志，乃必然之理也。”参悟人生，说理通达，对大学师生应当可以产生很大感染力。列举颜渊一箪食、一瓢饮，在陋巷不改其乐，“所贵不在饮食居处也”。俨然为那一代人师在抗战艰苦岁月安贫乐教之真切写照，我本人在少年时代就从他们的身教汲取了终身受用不尽的精神营养。

作者从教育哲学层面论述思索，给我印象较深的是治学风格的通达。通即会通，达为豁达，如此才能形成恢宏的气象。譬如多少世代哲人穷究苦思的“一多问题”，即一元论与多元论的分歧，作者并未偏执一端，而是从“推究其所以然”的源头，分析歧义产生的原因。作者从“人群组织”（政治体制之一多）谈到真理之一多。讲义提示：“又如所谓真理者，果独一无二乎？抑为数非一可并存而不悖乎？使真理而果独一无二者，则有权要求独尊，而排除其他自号真理者。思想专制，缘是而获得其理由。使真理而非独一者，此亦一是非，彼亦一是非，人我之间，将无共同规范之可循。思想界陷于无政府状态，而多元论有其不可成立之当然。此又实际问题使人不得不考量真理之为一为多也。”老师只提出问题，只提出分歧之所以产生，以及思考问题的理路，并非简单提出或暗示自己的结论。这才是真正的启发式教学，而与旁征博引以自炫的满堂灌大异其趣。我想余教授的课堂内外，必定会引发生动活泼的讨论，还有那无穷尽的个人思索。

回想起来，1941 年以后，国民党政府加强党化教育，重庆地区的学校受控更为严格。家菊先生在课堂上公开反对“思想专制”的“恶性教育”，这需要很大的学术勇气。他虽然参与青年党的活动，但是在思想上仍然与曾琦、李璜之流政客有所区别，最重要的一点就是他始终追求学术思想自由。他认为哲学思索有一特点，“即其思索活动之无边性是也”。讲义中有许多精彩议论如：“哲学的思索无远弗届，无微弗入，彼实无有界域。此其原因，乃由于哲学思索之横扩性。”“科学之终点，正是哲学之起点；哲学所终，在无可涉思处。故曰哲学的思想是究竟的思想。以究竟一义，区别科学与哲学，本无不可。惟察究竟所由起，实仍起于思索之横扩活动。科学思索自限于一定的封域，故可恪守其最高之假设。哲学思索横扩无止，每一假设，必思其反；反无可反，斯乃扩无可扩也。有新境可扩，则旧假设必有可反：假设本只适用于原有封域之内；境界既扩，旧假设即不可贸然适用于新境地，更不可贸然用为新旧境地之统一说明。境地开扩一次，旧假设即须修正一次。如何修正？曰：思其反而已。不思其反，一认为是，将何有修正之可能？反而又反，达于究竟；是即扩而又扩，以达于无垠。无上即无边，横扩即思反，状其进展，则曰横扩；状其动态，则曰思反。果思其反，夫何无上无边之不可及哉？”“无上”乃自主，“无边”乃无禁区，唯思索空间的无限，才有真正哲学中的自由与创新。这不仅是一种学理，也是一种信仰与追求，其中还包括作者自己在“横扩”思索中的体验与感悟。能够聆听这样的课堂教学，想必能获得如同醍醐灌顶一般的享受。

讲义体大思精，精彩之处难以逐一缕述，因为作者探讨的范围已经超越课程本身。通常认为，教育哲学乃是从哲学角度探究人类学习活动的规律，并以此指导教育实践的一门课程。一般教育哲学家也多半着眼于“符号探索”“学习动机”“学习能量”“学习复活”“才智、情感、体力、意志一体”等比较具体的层面与视角立论。但家菊先生的讲义内容则颇多涉及哲学主体的终极与人生价值的深层感悟，真所谓“无远弗届，无微弗入”，对读者有更多也更为真切的启发。因此，我为此书能在母校出版庆幸，希望有更多的教育工作者认真阅读家菊先生的佳著并汲取教益。

遵传韬兄面嘱，谨书以上浅见，聊以充序。

公元二〇〇八年六月二十日

治学不为媚时语

顾炎武与友人书曾云："尝谓今人纂辑之书，正如今人之铸钱。古人采铜于山，今人则买旧钱，名之曰废铜，以充铸而已。所铸之钱既已粗恶，而又将古人传世之宝舂锉碎散，不存于后，岂不两失之乎？承问《日知录》又成几卷，盖期之以废铜。而某自别来一载，早夜诵读，反复寻究，仅得十余条。"（《亭林诗文集》卷四《与人书十》）以"采铜于山"与买旧钱以铸劣币相对照，与焦裕禄"吃别人嚼过的馍没味道"寓意相通；就史学而言，则如同章学诚所云"笔削谨严""别识心裁"，然后庶几能得佳作。以亭林之博学多才，早夜诵读，反复寻究，一年"仅得十余条"，此《日知录》所以历经三百余年而魅力仍不稍减。

真正的学者与真正的科学家、艺术家一样，都具有超越世俗的纯真与虔诚。工作对于他们来说，奉献更重于谋生，其终极目的则在于追求更高层次的真善美。唯有如此真诚，才能不趋附、不媚俗、不作违心之言。也只有这样的心术，才能获致"秽史自秽，谤书自谤"这样的觉悟。而现今专事剪刀糨糊、电脑拼接，剽窃之法日巧，附会之智愈工，以出书多而且快自炫之徒，对此能无愧怍？

对真善美的追求，不仅需要毅力、需要胆识，更需要大无畏的气概。孟子曰："居天下之广居，立天下之正位，行天下之大道。得志，与民由之；不得志，独行其道。富贵不能淫，贫贱不能移，威武不能屈，此之谓大丈夫。"这是我国数千年来士大夫的优良传统，也是真正的学者区别于政客、市侩的根本特征。真实是史学的生命，求实存真是历史学家无可推卸的天职，因此也就更加需要孟子所提倡的大丈夫刚直的浩然之气。

楚图南前辈为戴震纪念馆题诗云："治学不为媚时语，独寻真知启后人。”20 世纪 80 年代以来，我常以此语自勉并勉励青年学者。我认为史学应该保持自己独立的科学品格，史学家应该保持独立的学者人格。史学不是政治的婢女，更不是金钱的奴仆。优秀的史学是民族的文化瑰宝，而且可以为全人类所共享，流传于千秋万载，这就是真诚的历史学者终生追求的学术永恒。尽管史学在社会上暂时受到冷落，但历史学者千万不可妄自菲薄，必须保持学者的尊严与良知，以高品位的学术成果争取社会的理解与支持。我深信，除非是史学自己毁灭自己，只要还有一个真正的历史学家存在，史学就绝对不会灭亡。何况当今真正的史学家何止一个，有的是一批乃至一大批。勇敢地迎接权势与金钱的挑战吧，史学与史学家们！

要爱国，更要理性爱国

2005年秋天，有幸参加中华爱国工程联合会与中国民（私）营经济研究会联合主办的“中华爱国工程二〇〇五高级论坛——张謇的爱国实践与当代民营企业发展取向”，感到非常兴奋。因为这次会议为历史、经济学者与众多民营企业家提供一个直接对话的平台，共同探讨企业家如何以实业回报社会，以及如何在爱国实践中明确发展方向等重大问题。

我在会上作了题为《学习张謇的理性爱国主义》的演讲，并且强调现今更应在爱国主义的宣传教育中弘扬理性精神。我的结语是：“当然，时间已经过去一百多年，现今的世界与中国已经有了翻天覆地的变化，因而对于当代的政治家与广大民众应该提出更高的要求。特别是面对着全球化的汹涌潮流，面对着霸权主义的严重挑战与地缘政治的复杂化，更需要冷静审慎地处理好各种各样的国际关系，使世界与中国朝向和谐互利的良好局面持续发展。也正因为如此，今天的爱国主义更需要大智大勇的理性，更需要有全球全人类的博大胸怀，更需要以大格局的思路及战略来化解各种各样国家之间的历史恩怨与现实利益冲突。而作为正在和平崛起的负责任大国的国民，应当如何正确地、有效地维护与发展国家利益，如何体现现代国家成员的文明风范，应该是我们进行爱国主义教育着重探讨的重要课题。”这些话当然不仅仅是对企业家讲的，也不仅仅是对中国人讲的，我认为世界各国的有识之士都应该朝这个方向努力。

我之所以提倡理性爱国主义，是因为爱国主义的泛化容易形成若干误区，甚至会被扭曲而走向歧途。譬如，盲目排外的过激言行往往会给政府的正常外交决策及运作带来不同程度的负面影响，甚至使本来已经相当复杂的国际关系更加“剪不断，理还乱”。

在20世纪40年代以前，一部近代中国百年史，从中外关系来看其主体就是侵略与反侵略斗争的历史。当然其间也不乏积极的乃至具有进步意义的交流，但即令是文化交流也往往带有侵略与反侵略的印记。因此，民族情绪常易使国人对外来冲击的反应带有强烈的感情宣泄。对于被侵略民族的义愤，应该给以历史的理解与尊重；但也应该看到，义愤如果不与理智结合，则又很难把极其珍贵的民心、民气、民力引向正确的道路，甚至会给本民族带来更大的损害与灾难。

理性（reason，vernunft）源于拉丁语 ratio，从哲学意义来说，指的是进行逻辑推理的能力与过程。康德认为人的认识能力有三个环节：感性、知性、理性。理性是认识过程的最高阶段。黑格尔在《小逻辑》中更加推崇理性："理性是世界的灵魂，理性居住在世界中，理性构成世界的内在的、固有的、深邃的本性，或者说，理性是世界的共性。"他所说的世界，想必是哲学家的世界，理应如此，但现实往往与此相悖。我们历史学者宁可说得平实一些，理性通常是指人们通过社会实践，从感性认识上升到理性认识的阶段。

理性的品格是冷静与深思。在古代希腊文化中有日神阿波罗（Apollo）和酒神（Dionysus）两种神灵崇拜，学者常认为这两种崇拜对西方文化的影响颇为深远，而阿波罗似乎更代表理性精神。英国历史学家汤因比（A. J. Toynbee）的皇皇大著《历史研究》，在考察被侵略民族对外来冲击的反应时，则利用《圣经·新约》故事的两个名称——希洛德主义与狂热主义，以此说明类似上述两种神灵崇拜之间的区别。前者代表顺应历史潮流前进的理智，后者代表恪守祖训乃至盲目排外的固执。狂热主义者认为"从自己精神生活上排他性的泉源中取得一种神力"就可以把侵略者击退，而希洛德主义者"则不排除向外来先进文明学习以维护自己的民族利益"。汤因比说得很俏皮："狂热主义者是往后面看的；希洛德主义者自以为眼光向前，而实际上是向旁边看，努力仿效邻人之所为。"（"邻人之所为"实指先进文明）但汤因比并没有将两者视为截然分开的两橛，他认为"这两种对立的冲动始终是互为交替或彼此冲突的"，有时甚至可以互相依存与互相补充。日本是亚洲的一个例证，明治维新时期的政治家一方面模仿西方列强的技术革命；另一方面，神化天皇并且建立神道国教。汤因比深刻地指出：“他们想用希洛德式的手段来达到狂热者的目的。”当然，这种目的并非日本提倡“和魂洋才”后的实质性结果。

也许汤因比提出的模式不能完全适用于亚洲所有的国家，但爱国主义可以区分为感性与理性两个层次是客观的存在。在中国走向现代的过程中，作为“个人心灵上的反应”的狂热主义与希洛德主义，未尝没有类似的踪迹。从绵延不绝的反洋教斗争到义和团运动，都比较明显地在不同程度上显示出狂热主义。我们应该充分肯定广大民众的爱国热情与反对外来侵略的正义性，但现今更应该严肃地总结历史经验，深入分析非理性的盲目排外能否赢得真正的民族利益，特别是要看清顽固保守势力的介入与某些守旧而又愚昧的统治者的误导，又曾给中国带来多么大的深创巨痛！其实，早在20世纪初年，辛亥一代的有识之士早已把政府与民间这种非理性的排外及其恶性互动，称为“两盲同意，二聋联盟”，绝非现代“民族主义之国民”所应有的负责任行动。他们提倡的是“文明排外”。更早一些，是鸦片战争时期以魏源为代表的那一代清醒的爱国者，他们面对西方列强的侵略，没有停留于血气之勇的义愤，而是始终以理性的忧患意识，认真研究侵略者，并且倡导“师夷长技以制夷”，亦即以学习敌人的长处来战胜敌人。魏源更为重视的是民族的觉醒与风气的转变，认为“愤与忧，天道所以倾否而之泰也，人心所以违寐而之觉也，人才所以革虚而之实也”。他的名著《海国图志》虽然未能为当时大多数人所理解，然而却揭开了理性爱国主义的序幕，启动了此后几代仁人志士以理性精神探索自强救亡之道的思维阀门。其后，从冯桂芬到郑观应，从康有为到孙中山，都是满怀爱国热情而又充满理性精神，或从事学理思想研讨，或从事社会革新实践，在不同历史阶段为中国走向独立富强作出不同程度的贡献。

在百余年来的中国企业家中，我们也不难发现许多具有理性爱国主义精神的杰出人士，如张謇、周学熙、范旭东、卢作孚等都堪称其中的典范。张謇决心投身实业就是由于“愤中国之不振”，甲午战败以后，“益愤而叹国人之无常识也，由教育之不革新，政府谋新矣而不当，欲自为之而无力。反复推究，当自兴实业始”。这就在普天同愤的民族情绪中，呈现出极其可贵的理性精神。当年他经常强调的那几句话：“不民胡国？不智胡民？不学胡智？不师胡学？”至今仍然堪称理性爱国主义的经典语言。卢作孚也是一个实业救国的伟大先驱者，他在极其艰难的环境中建立民生公司，发展了川江现代航运。1938 年 10 月，武汉被日本侵略军攻陷，长江上游 90% 以上的军民运输全靠民生公司独家支撑。当时十余万吨重要器械物资积压在宜昌港口，还有大批亟待撤离的各类人员，日机又连续狂轰滥炸。正是在这样危急的关头，卢作孚挺身而出，亲自在第一线指挥，总揽全局，镇定自若，经过四十多天紧张而有序的艰苦奋战，终于在宜昌失陷前完成全部人员、物资抢运迁川的繁重任务。中外舆论惊叹这是“中国实业上的敦刻尔克”。这是何等辉煌的业绩。而民生公司则为这次大撤退付出沉重的代价。据不完全统计，仅抗战起初三年它就损失船舶 16 艘、牺牲员工 100 余人。卢作孚把民生公司为抗战而作的牺牲看作是“求仁得仁”。他对人生价值的看法是：“一个人的成功不是要当经理或总经理，也不是变成拥有百万、千万的富翁，成功了自己，而要看他的事业能否切实帮助了社会，成功了社会。”这又是何等博大的胸襟，何等高尚的境界！

我又想起张謇与此相类似的朴实语言：“天之生人也，与草木无异。若遗留一二有用事业，与草木同生，即不与草木同腐。”张謇是南通的儿子，南通哺育了张謇，张謇事业有成以后，又真诚地回报了中国，也回报了南通。我曾多次发出感叹：“在中国近代史上，我们很难发现另外一个人在另外一个县办成这么多事业，产生这么深远的影响。张謇热爱南通，南通怀念张謇，张謇与南通这两个名字已经紧紧联在一起。”当然，平心而论，在清末民初那一代早期企业家中，类似张謇这样的还大有人在，他们与张謇一同扎根于祖国的土地，兴办一座又一座厂矿，经营一个又一个企业，不仅促进了许多地区经济、文化的发展，而且从根本上逐步改变着古老中国社会的根基。在漫长的中国走向现代化的艰苦历程中，他们以实业救国的方式也作出了重要的贡献。

在此次北京举办的论坛上，我很高兴地看到一批又一批张謇那一代企业家的后继者。在民营经济欣欣向荣而日益显示其重要地位与作用之际，他们不仅畅述各自艰苦创业的历程、成绩与经验教训，还着重探讨如何弘扬前辈的崇高爱国主义精神，如何加强人文关怀、提高自身素质并努力回报社会。会后，我在广东度假期间，又目睹许多"富豪返乡"现象。这些富豪很多是农民或手工业者出身，改革开放的大潮使他们涌进城市，他们不仅依靠自己勤劳的双手，而且开动自己聪明的脑筋，一步一步成就了自己的创业理想。而在事业较有所成之后，他们不忘回报哺育自己的故土，为建设社会主义新农村作出卓越的贡献，这与张謇在通海地区的作为可谓薪火相传。我在这些风华正茂的新一代企业家身上看到了民族的希望，看到了我们伟大祖国明天更大的辉煌。

知识分子的历史使命感*

“知识就是力量”，这是人们都很熟悉的一句西哲名言。但是，作为知识有生命的载体的知识分子，却不一定都有足够的力量。而且知识分子生活得还太累，因为他们不自量力，像耶稣背负十字架一样，心甘情愿地也背起一个沉重的包袱——历史使命感。

这种“力不胜任”之苦，中国知识分子吃得最多。其所以如此，就是因为他们不仅以文化的传承者自居，而且以道统的传承者自居。两千多年以前，孔子最看好的传人之一曾子就说过：“士不可以不弘毅，任重而道远；仁以为己任，不亦重乎？死而后已，不亦远乎？”（《论语·泰伯》）负重而道远，当然太累，这是由于他们一定要以仁为己任，一定要在荆棘丛生、坎坷不平的“道”路上走到生命的尽头。

在古代的经典作家中，孟子堪称士大夫——知识分子的典型。因此，他对知识分子的历史使命感，以及由于这种使命感而遭遇的困苦，讲得最为透彻。

《孟子·万章上》中有一段话：“天之生此民也，使先知觉后知，使先觉觉后觉也。予，天民之先觉者也；予将以斯道觉斯民也。非予觉之，而谁也？”这种“舍我其谁”的气概当然令人钦佩，但既然要把自己放在非同凡人的“天民之先觉者”的特殊地位上，就不可避免地要像耶稣那样受苦受难。所以《孟子·告子下》中又有一段话：“故天将降大任于是人也，必先苦其心志，劳其筋骨，饿其体肤，空乏其身，行拂乱其所为，所以动心忍性，曾益其所不能。”

中国传统知识分子常受磨难，是由于他们被夹在道统与君统之间，常常面临着严峻的两难抉择。长期受儒家文化熏陶的知识分子，当然

---

* 1995 年 1 月在香港中文大学“知识分子与中国社会”研讨会上的演讲。

希望生逢有明君与太平盛世，君统与道统相符合，给他们提供施展“内圣外王”之学的足够空间。但现实往往不尽如此，君统与道统相悖时有发生。“君有道则仕，君无道则隐”，未尝不是聪明的办法。但或由于君统的网罗严密而无从逃遁，或由于知识分子以天下为己任，偏偏要抱持道统与君统对抗，其结局之惨烈可想而知。不过，“天下兴亡，匹夫有责”应该看作是中华文化的优良传统，具有这样高度责任感的知识分子乃是民族的脊梁。正是由于这样的知识分子一代一代薪火相传，我们的民族与国家才得以繁衍与兴盛，并且在 19 世纪中叶以后虽历经劫难但并未丧失自己的生命活力。

19 世纪末 20 世纪初，由于民族危机和社会危机更加深重，历史使命感给知识分子带来的心理压力也更为深重。孙中山说过：“中国土地、人口为各国所不及，吾侪生在中国，实为幸福。各国贤豪，欲得如中国之舞台者利用之而不可得。吾侪既据此大舞台，而反谓无所籍手，蹉跎岁月，寸功不展……岂非可羞之极者乎？”（《在东京中国留学生欢迎大会的演说》）这段话集中地表现了当时先进知识分子强烈的历史使命感与时间紧迫感。但是，这些新式知识分子的历史使命感已经不同于传统知识分子的历史使命感，他们不再为天道与君命承担责任，转而为国家与民族承担责任，因而便无需在道统与君统的夹缝中挣扎。他们既反对道统，又反对君统，并且以未来的主人翁自居，为建立一个独立、民主、富强的新中国而奋斗。清朝君主专制主义统治的终结和中华民国的建立，可以说就是这一代知识分子把历史使命感化为实际行动的结果。

民国建立以后，特别是“五四”以后，知识分子摒弃了陈旧的道统与君统，却又作茧自缚，背上了新的包袱——主义与法统，其沉重并不下于道统与君统。主义与信仰结合而成为意识形态，法统则是国家权力的语言符号，因而都成为各派政治势力争夺的目标。由于过去道统与君统长期绵延的影响，或许由于其本身就具有道统与君统的残余，主义与法统在 20 世纪的中国曾具有特别强烈的垄断性格，即坚持要求定于一尊。主义之争与法统之争都需要流血，需要最后决胜负于疆场。于是无兵无勇的知识分子更加处于弱势地位，他们的历史使命感往往被权势者利用以遂其私，近代极权主义给知识分子留下的自由空间，甚至比君主专制主义时代更小。非友即敌乃至化友为敌的政治运作，使知识分子很难扮演独立的角色，在两军对垒之间更不容许有任何中间道路。但是，中国知识分子并没有完全因此妄自菲薄，他们仍然抱持强烈的历史使命感，或奔走呼号，或流血牺牲，或献身于实业、教育，或全力投入科技文明，在各个领域为中国现代化作出极为重要的贡献。

我非常珍重与珍惜知识分子的历史使命感。知识分子是社会培养出来的，知识分子应该反馈社会，对社会承担责任。或许可以说，没有历史使命感的知识分子，不是真正的知识分子。但是，我又不能不指出，中国知识分子的历史使命感是有局限的。他们的历史使命感大多表现为追求国家独立富强的自觉，却难以表现为对个性解放与维护人的价值及尊严的强烈诉求。因此，这样的历史使命感，还不能称为真正具有现代意义的历史使命感。

在这里，我们必然要联想到中外人士对知识分子不同的界说。在西方，知识分子不是一般的读书人或有专业知识、技能的人，而是关心人类命运、社会进步的社会精英。我手头有一部 1986 年 7 月中国大百科全书出版社出的中文版《简明不列颠百科全书》（*Concise Encyclopaedia Britannic*，1984 年第 15 次修订版），它对知识分子的定义是："知识分子（Intelligentsia）：19 世纪末期俄国的知识分子，是中产阶级的一部分，他们受现代教育及西方思潮的影响，经常对国家落后状况产生不满。知识分子由于对社会、政治思想有强烈兴趣，而沙皇政权的专制独裁和残酷镇压机构使他们感到沮丧，于是在法律界、医务界、教育界、工程技术界建立了自己的核心，但包括了官僚、地主和军官，正如陀思妥耶夫斯基、屠格涅夫及其他作家，在他们的作品中生动描述的那样，这个阶层为 20 世纪早期的俄国革命运动奠定了领导基础。"（第 9 册，第 423 页）"Intelligentsia" 一词本身即源于 19 世纪后期的俄国，因此这个定义在西方具有相当普遍的代表性。当代学者麦克·康芬诺在其《18 和 19 世纪俄罗斯的知识分子和知识分子的传统》一文中，把近代俄国知识分子的特征归纳为：（1）深切关怀一切有关公共利益之事；（2）对于国家及一切公益之事，知识分子都视为他们个人的责任；（3）倾向于把政治、社会问题视为道德问题；（4）有一种义务感，要不顾一切代价追求终极的逻辑结论（Ultimate Logical Conclusions）；（5）深信事物不合理，须努力加以改正。正如余英时所曾指出，这一概括，除第四项外，与中国传统的“士”颇为相近，至少是在某种程度上相通。

中国人对知识分子有自己的界定。出版于20世纪90年代且具有较高权威性的《汉语大词典》中，“知识分子”词条的释文是：“有一定科学文化知识的脑力劳动者。如教授、工程师、会计师、编辑、记者、文艺工作者等。”（第7卷，第1536页）这种解释与1979年出版的《辞源》与《辞海》（修订本）的同一条目释文大体相同。显然，中国辞书对知识分子界定的范围比较宽泛，尽管列举的例子倒类似西方习惯称呼的“自由职业者”。因此，辞书编纂者认为，除了“有一定科学文化知识”及“脑力劳动”外，无需给予其他有别于一般劳动者的特殊陈述。在20世纪70年代末80年代初，中国知识分子对这样的释文一般都能接受，因为劳动者在现代汉语中具有极为光荣的含义，在特定时空环境下甚至代表一种社会、政治地位。所以知识分子从准资产阶级被划进劳动者的行列，至少是可以使他们在心理上得到某种程度的满足。

但是随着改革开放步伐的加快，以及现代化建设对科学技术知识的迫切需求，中国知识分子的地位与作用日益显得重要。一部分知识分子逐渐获得新的时代觉醒，他们一方面继承传统士大夫的优良传统，一方面从西方有良心的知识分子那里汲取营养，并且希望在社会生活中发挥更大的作用。他们正在作跨世纪的深沉思考，其勇往直前与锲而不舍的精神，使我不禁回想起“辛亥”与“五四”之间那一代先进知识分子。在19世纪和20世纪交接的时代里，他们编辑过《二十世纪之支那》杂志，撰写过许许多多诀别旧世纪、迎接新世纪的诗文。我们至今仿佛能听到他们深情的呼声：“二十世纪之支那，于世界上处如何之位置？吾人爱之，不能不思索也。”“其兴也，则且将挟其一切哲理、一切艺术，乘此滚滚汩汩飞沙走石、二十世纪之潮流，以与世界之文明相激、相射、相交换、相融合，放一重五光十色之异彩。”我们正在做前人没有做完的事业，21 世纪给我们提出更为严峻的挑战，同时也给我们提供更多的机会。负有历史使命感的知识分子在 21 世纪必将有更大的作为，成就更大的业绩。

不过，我绝不希望知识分子自诩太高、自律太严、自责太深，因而活得太苦、太累。知识分子也是人，有自己的价值与尊严，也有自己生活与工作所必需的条件。在随着经济发展而增多的社会福祉中，他们理应享有与自己贡献相应的份额。社会应该给知识分子以宽松的环境，如果以苛虐的手段压抑知识分子，国家所受的损失必定比知识分子更大。这是历史所遗留的教训，我们再不能重蹈覆辙。只有在政府与知识分子之间建立良性的互动关系，中国才能更好更快地实现现代化的宏伟目标。

“20后”寄语“90后”

我生于1926年，用现在的时尚语言，属于“20后”。我特别关注现今刚入学或入学未久的新同学（Freshman），他们多半属于“90后”，所以题名“‘20后’寄语‘90后’”。

千言万语，不知从何说起。想来想去，还是首先谈谈自己的大学时代。

今年9月27日，南京大学隆重纪念金陵大学建校120周年，我应邀在大会上发言。我说：“其实，我在金陵大学校园生活不长，1946年9月入学，1948年离校去中原解放区，前后不到两年半。但是金陵大学对我影响很大，是我参加革命与研究史学两大人生的起点。饮水思源，我不能忘记母校哺育之恩。”

这并非应景话语，确实是肺腑之言。

因为从1943年7月到1946年9月，我两次被学校开除，到处漂泊，直到进入金陵大学才算有了一个比较稳定的学习环境，我非常珍惜这个难得的机遇。

金陵大学的氛围空气非常浓厚，教学管理也井井有条。我虽然想从事新闻工作，但在课堂上仍然是勤奋好学，除认真学习历史系基本课程外，对经济学、社会学、逻辑学课程也学得有滋有味。1948年北京大学名教授向达来校举办讲座，我除听讲外，还曾随他观赏刚刚运到南京的部分故宫藏画。金陵大学的大型学术演讲很多，印象较深的有马寅初、梁漱溟、罗隆基等人的。特别是马寅初，公开批评蒋介石不懂经济以致物价飞涨、货币贬值，国民经济濒临崩溃。听说他演讲后不久即遭迫害，这种直言无隐的勇气，对我影响极深。

非常感谢中学的几位好老师，是他们引导我养成课余广泛阅读的习惯，即令是浪迹在社会穷苦底层，也仍然以读书为最大快乐。我在金陵大学不限于学习历史，还在金陵女子大学选读了地质学，此外又迷恋上印第安文学。美籍业师贝德士先后曾在牛津大学、哈佛大学受过良好史学训练，既具有欧洲古老严谨的学风，又有新大陆的自由精神，他和师母对我的“三心二意”颇为理解，还协助我办理美国新闻处与英国文化委员会的借阅证，使我得以扩大求知空间。尽管翻天覆地的社会大变革即将到来，宁沪地区依然是灯红酒绿、纸醉金迷，但我不受外界的不良诱惑，在知识海洋的遨游中充分享受精神上的愉悦。

我还有自己的第二课堂，即人民解放战争的第二战场——蒋管区如火如荼的民主运动。入学不久我就参加了进步学生组织的爝火团契，并且成为较有影响的墙报《天南星》的主要撰稿人。我们有跨校的读书会，共同学习马列著作与毛泽东的《新民主主义论》《目前形势和我们的任务》等政治文献，有一段时间装书的皮箱就藏在我的床下，可能是以我的退役军人身份作为掩护。读书会有共同的读书笔记本，在上面交流心得，有时也要在一起热烈讨论，而我则俨然成为主题发言者，因为我在进金陵大学以前曾读过普列汉诺夫、考茨基的若干著作，只不过当时还不了解他们已经成为布尔什维克们的“敌人”。

我不大在乎考试成绩，家庭与社会似乎也未给我任何压力。各门功课大多得分不高，但在不知不觉中受到了良好的史学训练，特别是在课余自学中吸收了丰富的精神营养。我勤于阅读，也勤于写作，但并不急于发表。例如，我曾认真写过一篇有关陀思妥耶夫斯基《被侮辱与被损害的》一书的书评，自觉还有一定功力，但一直没有对外投稿。那些年也曾偶尔发表几篇习作，如在《和平日报》和《新民晚报》的副刊上发表过两篇散文《邂逅》《等待》，一篇影评《评万家灯火》，这些都促使自己增多若干文笔锻炼。但我自己更为看重的倒是在《天南星》墙报上以“文封湘”笔名撰写的时评《漫话金圆券》和一篇采用印第安民谣韵律写成的政治诗歌《火车抛锚》。我不仅精心构思撰写，而且在深夜与三五契友悄悄用厚厚的糨糊将文章贴在壁报栏的显著位置上。第二天看到许多同学拥挤着认真阅读《天南星》，而且事后还听到若干对于我的诗文的热情鼓励，内心那份高兴真是无法言说。

进金陵大学以前，我虽然有两次因为反抗国民党思想压制而横遭学校开除的往事，但都属于少年叛逆性格使然，并没有多少政治思想内涵。直至到金陵大学以后，经过参加群体性争取民主自由的大规模抗争以后，才真正明确了人生的意义与奋斗的目标。在两个政党、两条路线、两个中国之命运最后决战的关键时刻，经过比较冷静与理性的思考，如同千千万万其他进步大学生一样，我自觉地选择了马克思主义，选择了共产党，选择了新民主主义革命道路。1948 年 11 月，我终于坚定地走向中原解放区，没有任何保留地把自己的全部生命奉献给人民解放事业。离开金陵大学之前，我在校园参加了一场大型辩论会，主题是“中国向何处去”，并且作为读书会的主要发言人，公开批判某些别有用心的亲国民党教授的所谓“第三条路线”，旗帜鲜明地表达了众多进步学生的心声。这可以说是我们留给母校校园的“最后一幕”场景。

60 年漫长岁月如歌亦如梭，以金陵大学为起点的我终生为之奉献的两大事业——历史科学与人民民主，至今仍在持续。尽管道路如此漫长、如此曲折、如此坎坷，我始终无怨无悔，自觉无愧此生。因为尽管能力有限，成就不多，但我坚守信念，锲而不舍，为史学发展和社会进步奉献出自己的全部心血。

亲爱的“90 后”小友，尽管年龄差距甚大，我们却携手跨越了 20 世纪，共同经历了两个世纪之交的一系列国内外重大事变。但是，21 世纪终究是属于你们的，你们之中也许有一部分人还会跨越 21 世纪，进入 22 世纪，真是前途无量啊！我羡慕你们，寄希望于你们，所以才不免动情地陈述自己 60 年前的校园往事。这不是老年的怀旧与习惯的唠叨，而是敞开心扉向你们略进诤言。

所谓诤言，其实只一句话：一定要珍惜自己的大学时代。首先，大学时代与中学时代最大的不同，就是你必须努力减少对家庭与老师的依赖，学会独立自主地学习与生活。如果说，中学时代是成长期，大学时代则是成型期，一个人的世界观、人生观、品德修养、行为举止，主要是在大学时代逐步成型。可以说，大学时代多半能决定你此后的人生道路。生命只有一次，大学时代不会重来，能不重视吗？

其次，不要在学校与专业上总是“这山望着那山高”，少埋怨些环境，多要求些自己。北京大学、清华大学等名校，固然产生很多英才，但英才也不仅限于北京大学、清华大学。响当当的铁娘子吴仪，外事圈中的奇才龙永图，分别来自兰州、贵阳，而且都没有任何名校背景。就拿我就读的金陵大学来说，最好的专业是农学院，特别是农经系；历史系是只有三十几个学生的小系，而且教师阵容也赶不上中央大学。但是在 20 世纪 40 年代就读的学生中，也涌现了牟复礼（美国人）、吴天威、陈大端等优秀历史学家，分别在各自领域中独领风骚，金大历史系育才之盛并不逊于同在南京的中央大学历史系。关键在于自己的主观努力，在于不要浪费宝贵的时间。同样的学校、同样的专业、同样的起点，然而四年一过，特别是毕业以后，差距往往甚大，原因正在于此。

最后，要学会理性地独立判断，千万不要人云亦云、随波逐流。时尚的、占主流地位的东西，不一定都是好的，至少不一定都是最好的。人间自有真、善、美，伪善与邪恶可能得逞于一时，毕竟不会得意于永久。诚然没有完美无缺的社会，更没有止于至善的社会，旧的黑暗消灭了，又会产生新的黑暗，但社会不断进步仍然是总趋势。我们“20 后”这一代经过的社会变迁与各种事变太多了，历经千辛万苦终于有了最后的人生感悟：做人要固守自己的道德底线，清清白白度过每一天，反对黑暗，追求光明。过去，国家乱成那样，都能够拨乱反正，励精图治，走向富强。现在，尽管国际上金融危机风潮肆虐，国内也有许多问题、困难重重，但是你们的大学时代，与我们的大学时代真有天壤之别，有利条件多着呢！

沧海横流方显英雄本色，逆境更能淬厉英才，像海燕一样勇敢地向暴风雨搏击吧！我亲爱的“90 后”小友们。

（原载华师博雅 BBS 网站）

读书与做人*

各位家长、各位同学：

今天这个报告也不是报告，主要是因为今天是校园开放日，是为今年应届报考高校的学生及家长做的。后来说是和博雅论坛结合在一起，对我来讲比较方便。我现在的年龄也不宜做过多的演讲，根据医生的建议，不让演讲，但我也不能躺在床上等死啊，我总应该做一点有益的事。

刚才刘处长讲，在一个不寻常的日子里，请一个不寻常的人来演讲，我如坐针毡。今天是一个不寻常的日子，是第一个开放日。但是怎么理解一个不寻常的人呢？有两点，第一点，太老，老得我都不好意思说了；第二点，没有什么背景。

我大学没有毕业，所以我没有什么学历，我唯一的一张文凭——最高的文凭是初中毕业文凭。高中读到高三上，只差一学期就毕业了，给开除了；后来进一个大班，学会计，读了不到一年，又被开除了；然后读了金陵大学，规规矩矩读了两年多。但是由于当时参加革命运动，还没有等被开除，我就到了解放区，所以也没有文凭。后来南京大学要给我补发文凭，根据政策规定，我们算是参加革命的南下老干部，每个人都可以拿一张文凭，补的。我没要，我说我是金陵大学的学生，你发的是南京大学的文凭，我不能要。我大概是唯一一个可以拿但没拿南京大学文凭的。我当时还是校园的主要负责人之一，和南大关系很好，但学历史的人头脑简单，太认真，没有这段历史，怎么能拿这个文凭呢？

所谓不寻常，可以保证一点，那就是没有假冒伪劣。我是美国某大学的一名名誉博士，那是真的。大家如果参观校史馆，可以看到，

---

* 2005 年 11 月在华中师范大学第一期博雅大讲堂上的演讲。

那也不是假冒伪劣，跟《围城》讲的假冒学历不是一回事。刚才给我戴三个“官帽”：著名的辛亥革命史研究专家、著名的教育家，第三个有一点匪夷所思——著名的人道主义者。我一生碰到过许多怪事，但有一条，我本人比较实在。我们的学校也比较实在。我们学校 2003 年举行了百年校庆。现在举办百年校庆的学校太多，但我们的百年校庆不是假冒伪劣，是货真价实的。实际上还丢掉了 32 年。师范院校太谦逊、太老实，实际上这个学校 1871 年就成立了。明天我还要到原来的校园去。现在武汉市把原来的校址昙华林、花园山作为武汉重要的历史文化区域来保护、来维修、来开放。那里有一个教堂，叫圣诞堂，是当年这个学校的前身。文华书院 1871 年 7 月建立时，就有这个教堂，这个教堂幸好还保存了下来。我们学校有 132 年的历史，是货真价实的。

今天讲的题目也是讲过多次，也不算是什么报告。可能在座的有一些家长，也可能有少数报考高校或者愿意报考华师的学生，当然可能更多的是本校学生。这个题目是很老的。我跟大家说，我今天的心情也不平静，有公事也有私事。公事，就是华师的第一个开放日，我们希望有更多的家长、更多的学生来了解华师，理解华师的价值，来选择华师。另外我自己的外孙女，今天下午在广州还有最后一次考试，高考的最后一门：人机对话。我这个外孙女，也面临着报考这个问题：选这个学校，选那个学校，什么样的学校什么专业可以录取。但她好像比我过得潇洒一些。今天下午考完后，就邀了几个同学明天到云南旅游。结果弄得我这个老爷爷还在为她担心。所以我们的心情有很多共同点。

从中学到大学一个很大的转变就是在读书和做人上都有了更高的要求。在中学，家长与学校，对学生关照很多。我跟大家的成长不一样。我是在战争年代长大的，12 岁就离开了家，成为一个难民学生。我有五年都在同一所学校，就是一所专门收留难民学生的学校，和家里没有联系。用现在的话来讲，应该是很好听的名字：住宿学校。但那是一个什么学校？住的是食堂的破屋子，不避风雨；教室就是用竹子、用篾、用稻草、用泥巴盖的；晚上农村没有电灯，点的是桐油灯，晚上自习时无论到哪个教室看，都是黑乎乎的一片。不敢多用灯草，因为灯油是定量的，所以都很节约，一根当两根用。就在这么暗淡的灯光下，吸的都是黑烟，两个小时自习下来，鼻孔都是黑的。吃的是“八宝饭”，八宝饭好吃吗？当然好吃。但我们这个“八宝饭”是说那个米很霉烂，杂物很多，还有稗子、老鼠屎、米虫、沙子、泥巴，杂七杂八加在一起，就成了“八宝饭”，就是“八宝饭”也吃不饱。就是在这种情况下，这个学校最后还开除了我。

我还是很感谢这个学校的。老师关照很多，没有家长，都是靠老师。老师本身也很穷困，自己的孩子也吃不饱，穿破烂的衣服。就是在那样的环境下，老师关心我们，让我们不仅学习了知识，也学习了做人。我后来被学校开除，是因为整个国民党统治区政治状况恶化。皖南事变以后，国民党加强了对学校的统治，把我们很好的校长给撤换了。我就是在这种情况下受到了连累，被开除了。这所学校——国立九中，是很好的学校。我只讲一个著名的校友，也是我的学长，比我高一年级，就是邓稼先。这个中学一共只办了八年，有几千个毕业生，但根据现在已经知道的，出了六个院士，包括邓稼先。这个学校的校长影响了我一辈子。他不是一般的校长，是跟陈延年、陈乔年、邓小平一起去法国勤工俭学的，是哲学教授。这样好的校长来主持学校的工作，大家都受益，有很好的教师队伍、很好的图书、很好的研究设备。尽管这个学校物质条件很差，连电灯和自来水都没有，但我们的中学教育是很好的。应该说我很多的学术基础都是在这所学校打下的，包括中文、外文以及其他一些数理、史地知识。所以我很感谢这所学校，很感谢中学那些把我们当子女一样看待的很好的老师。但到大学以后，就有很大变化。

大学不可能像中学一样教育学生。大学生应该是独立的、自治的。过去不叫学生会，叫自治会，现在又提出来以学生为主体、以教师为主导。在大学，学生要有主体意识，不能等老师来布置任务，等老师来调教；学生要自己独立，要在老师的辅导和引导下，学会自己做事。

这是很重要的。现在尽管强调素质教育，但素质教育是在应试教育的框架下进行的，因此，中学教学没有根本变化，问题没有最后解决，学生的时间仍然排得满满的，连双休日都给你排满。到了大学校园里，学生有很多自由，以后可能忙一点。文科伸缩性很大，老师给你布置很多参考书，图书馆里也有很多参考书，但是你读多少、怎么读、时间怎么安排，这都是需要考虑的。这里涉及一个问题，就是到了大学，你给自己怎样定位。自我定位很重要，不能还像以前一样，我是一个中学生，我是一个未成年人，我在家里是小公主、小太阳、小月亮等。在中学家长管，老师也管，管得动也不能动，现在我进入了一个自由天地，这么大一个桂子山，我愿意怎么样就怎么样。如果这样想，那就麻烦了。

我们不能说读书是一个老话，读书这个文章是做不完的，虽然一代代人都在做。读书首先有一个自我定位的问题，你将来成为一个什么样的人的问题。首先你是一个读书人。你有机会读书，成为一个读书人，是一种幸运，有些人想都想不到。我也算是幸运的，不管怎么样，总算读了一辈子书。读书人必须要读书，不然就不叫读书人。读书人一个最大的特征就是将读书变成一种本能。读书是一个精神世界，你要能够进入这个精神世界，拥有这个精神世界，这是你一生的幸福，或者说是你幸福的源泉。

物质生活是人的生活的一个方面，富裕了还想富裕，优越了还想优越，舒服了还想舒服，奢华了还想奢华，那是没有止境的，但那究竟能给你的人生带来多大变化，给你在事业上的成长带来多大帮助，很难说。有些人赚了一辈子钱，到最后，也觉得很空虚。为什么很多大企业家，把亿万家产捐献给社会？目的就是在精神上寻找安慰，寻求某种位置，这是一种本能。物欲上的满足不是真正的财富，精神上的财富才是真正的财富。读书给你们提供一个广阔的精神世界。我刚才说过，我的中学时代是在一种很穷困、很低下的生活水平中度过的——没有电灯，没有电影，没有广播，但是我们过得很愉快。我们有两个富裕，一个就是我们的学校。我最感谢我们的学校，当然也要感谢我们的老师，最重要的是老师的引导。第二个是我们的图书馆。图书馆里我用得最多的是商务印书馆出版的《万有文库》，《万有文库》方方面面都有。那时我们虽然身处四川一个很偏僻的、跟外界几乎隔绝的山区农村，但是我们懂得很多东西。我们除了知道苏格拉底、柏拉图，还知道爱因斯坦，因为《万有文库》就介绍过爱因斯坦。那时还看一点相对论，知道一些基本理论，尽管是一些皮毛。文学就更多，中国文学，西方文学，还有天文学等。白天在家看书，晚上就在外面看星座。附近没有什么美丽风景，全是坟山，到处都是坟——那不是人机对话，那是人鬼对话。我们小时候不怕鬼，我们唯恐有鬼不和我们对话，寂寞。天天看各种各样的星座，所以我们从小认识很多星座。我们也模仿古代角斗士，相互摔跤、格斗。我很可怜，师兄弟中我排老九，打不过人家。我很矮、很瘦、很小，人家一下就把我摔倒了。幸亏有一个残疾人，我毫不客气地把他摔倒，所以听人家说我是人道主义者时，我就很惭愧，我欺负过残疾人。我的音乐老师很好，是二胡专家，在他的影响下，我们人人都有二胡。山上有的是竹子，琴杆没问题。没有蛇皮，我们就打蛇，山上的蛇多得不得了，打到大蛇，蛇肉可以加餐，蛇皮做二胡的鼓膜。做弦用的马尾毛呢？有帮学校厨房运煤的马帮，马帮休息时，我们就到马房抓马尾巴，所以我们都有二胡。老师不仅自己练，还教四部合唱，很多合唱到现在还记得。所以我们尽管物质贫困，但精神上很富裕。

老师还把我们引导到知识的海洋中去。我们知道世界是很大的，我们这个学校所在的地方只是中国很小很小的一部分。中国很大，四川也很大，重庆也很大，但我们这个县很小，我们这个村唯一的一个场（赶集的地方）只有百余户人家，但通过读书、通过老师、通过学习、通过交流，我们就有了一个很广阔的精神世界。我们知道世界上有很多国家，也知道有几大洲、几大洋；我们知道各种各样的历史，有中国的历史、埃及的历史，也有巴比伦的历史等。所以我感到很自豪，我没有很高的文凭，但我在中学学到的知识很有用。1979 年，我和其他几个同行受邀去美国讲学，在旧金山公园里，一些美国学生在表演节目。陪同的美国教授也不是有意考我们："你们喜欢这个戏吗?"我说："我很喜欢，我在中学就读过这个剧本，是莎士比亚的《仲夏夜之梦》。"这个教授大吃一惊。尽管我没有倒背如流，但我一看就知道。纽约自然博物馆中有一块化石，一个年轻的教授出洋相了，说它像蝙蝠。我眼睛不好，说是始祖鸟。后来跑过去一看，果然是始祖鸟，这是中学生物老师教的，生物课本里有，有些生物的名字我到现在还记得。所以读书人就要读书，这是最起码的。

读书不是一件苦事，读书是你人生幸福的根源，读书使你拥有一个最可靠、最安全、受益无穷、非常美妙的精神世界。读书人最苦的是无书可读。我第二次被开除后，没有饭吃，就帮别人运粮食。我很小，还不满 18 岁，习惯看书。上船时没带书，结果船上包东西留下来的两张旧报纸成了我的宝贝。很多船工没有文化，一有空，他们就打牌、抽烟甚至赌博。我无书可看，就读这两张报纸。一个多月，翻过来翻过去地看，广告都可以背了。所以研究辛亥革命时，我用了很多心思在广告的史料上。别人问我怎么会注意广告，我说："我流浪的时候只有广告可看。"广告的内容很丰富，是社会生活的缩影。

但无书可读的时候，是不是真的就无书可读呢?不是这样。除了有形的书，还有无形的书。这个无形的书就是生活、就是社会，我们要读生活、读社会这本大书。如果只能读有字的书，那就不是一个好的读书人。只有把书本与社会结合起来读的人才会是一个好的读书人。我尽管丧失了一些读书的机会，但我并不觉得自己浪费了自己的青春，因为我不断地读书，走到哪读到哪。我在军队里还进行英语学习。我爱学英语，爱看文学著作，但更重要的是，我阅读社会。

我在船上收获很大。我的家庭还是比较富裕的家庭，是第一代民族工业家的后裔，有面粉厂，有铁矿。抗战时期，我度过了一段艰苦的学校生活，但上了船以后，才知道还有另外一个世界，这个世界就是一个船工的世界。大家知道船工的日子怎么过吗?他们没有像样的衣服，只有一件长袍。这件长袍穿到后来，就百孔千疮，补了又补。没有其他衣服，经常是赤身裸体，很多船工都是光着身子拉纤，只有这唯一一件可以上岸、可以遮羞。这是千真万确的。

长江是非常危险的，跟我们武汉的长江不是一回事。真正危险的长江，河底有水草，中间和两岸有礁石等，充满危险，船工随时都有可能会死。早晨起床，晚上能不能吃晚饭、睡觉，都很难说。所以船工不考虑很长远，工资都赌博输掉了、抽鸦片抽掉了、嫖女人嫖掉了，很可惜。但他们坏不坏呢？他们生活在社会的最底层，承担大量的劳动，甚至付出自己的生命，生活很是凄惨，最后可能连坟墓或落脚的地方都没有，孤魂野鬼，随处漂流。但是你说他们可不可爱呢？非常可爱。我跟一般大学教授不一样，我同情生活在最基层的人，这个情结是永远难以磨灭的，因为我在他们中间生活过。如果从人性的层面来看，他们非常尊敬人。他们也知道我是走投无路的人，同是天涯沦落人，因此对我非常好。我在他们中间也发现过很多理论，学到很多东西，对我有很多帮助，由于时间关系，不能讲得太多。再回到说读书，人要读书，有文字的书、无文字的书，有形的、无形的，都要读。

把自己定位为一个读书人，是否就够了呢？不够。不够，就是说作为一个读书人，应进一步把自己定位为知识分子。我讲的知识分子，不是一般的知识分子，是目前在世界上，至少从社会学的范畴来讲大家有一定共识的知识分子，这个知识分子比一般的读书人要高。一般的读书人，我读书，我寻求知识；我读书，我寻求智慧；我读书，好像就是为了自己，寻求一个工作。知识分子不一样，知识分子是关心社会、关心人类的。讲穿了，就是知识分子要关心自己的社会、自己的国家、自己的民族，甚至是整个人类。知识分子不仅关注现实和过去，还关注未来，关注生命的终结、生命的起源，关注太空等。知识分子从本能来讲，是批判的，是对现实不满的，不是随波逐流的。现在有一个口号，就是适应市场需要、适应社会需要，这个话我认为是不对的，至少从大学从业人员来讲，不能简单地认为存在的就是合理的，市场需要就是我们的命根，我们只能适应。我不是说不要考虑市场的需要，我们应该看到大学改造社会的功能。不是笼统地批判社会，而是批判社会上一些不合理的和需要改造的因素。

知识分子应该是有社会良心的，但是现在有社会良心的知识分子太少了。大学本来是也应该是一个比较纯洁的地方，是社会良心最后的记载。事实并非如此，但我并未失去希望，我仍然希望并相信大学能够成为有社会良心的地方，能够跟政府、跟社会、跟各界有识之士一起来推动社会向更好的方向走去。

现在整个人类的文明正处在一个十字路口，非常危险，几乎每年都出事，国外、国内的事情都不少。先是来一个法轮功，马上又来一个“非典”，明年不知道又会发生什么事。为什么？是自作孽，是人类自己的文明出了毛病。重物质轻精神，重科技轻人文，已经有将近二百年的历史了。人类非常自负，认为人是万物之灵，人定胜天，要高山让路，要大河改流，要怎么样就怎么样，人太自负了，所以现在批判人类中心主义。宇宙的历史，至少地球的历史比人类长得多。在十亿年前的历史中有人吗？没有，恐龙应该才是中心。将来还有没有新的冰川时期也很难说。将来还会有人吗？所以从更长的宇宙历史来讲，人类的存在是短暂的。作为万物之灵的人类，要与自然界和谐相处，不破坏自然、破坏环境。给我们最大恩惠的“母亲”——地球，就是被人类自己“糟蹋”的。

我们人类不仅伤害养育自己的自然，而且还自相残杀。富了还要富，强了还要强。财富的争夺引发了国家之间的争夺，战争不断。科技发明很大程度上用于战争了。过去说罗马的斗兽场很野蛮，这个打死那个，那个打死这个，是个人与个人之间的斗争。现在呢？一种新武器的发明，可以使整个城市消失，对人类的危害可能不止一代，可能是好多代，甚至是永远的。再看能源的浪费，我们已经把几代人的能源都浪费掉了。我们是前面对不起祖宗，后面对不起子孙。我们现在都过得很愉快，每天都过得很愉快。把握现在，享受今天，你们有没有负罪感？我是有。这些坏事不是我做的，但是我没有能力去改变它，我只有凭我的嘴、凭我的笔，但我的能力太有限了。我们自己过着很幸福的生活的时候，是不是也要替世界上那些很困苦的、遭受战争的和灾害的弱势群体想一想呢？问题很多！所以这里提出一个重要的做人问题。光读书不考虑做人是不行的。实际上前面我讲了半天，都是为强调读书里有做人，做人里也有读书，它们是互补的。

当自己处于一个家长地位或一个领导地位，就是并没有真正懂得民主与自由的真谛，所以做人首先要处理人与人之间的关系。做人就是要懂得怎么样与人相处，你自尊，也要尊重别人。人类要爱护自己，人类也要尊重自然。去年迎新的时候贴的大标语是“欢迎桂子山的新主人”，我一看就给新闻处提了意见。至少我心里有一种情结，都愿意当主人，谁愿意当仆人呢？我就愿意当仆人，我就是华师的一个老仆人，我会服务一辈子，我们不要再提这种口号了。过去小公主、小太阳已经不得了了，在家里不得了，到这里还是新主人。新主人有两个含义，一个就是把所有的服务包括老师的服务都当成“仆从”的服务；二是老主人都靠边站了，我新主人来。这说笑话了，不会这样吧！我当时最主张的一个标语是“保护环境，尊重自然”，我认为自然是有人格的，自然是有生命的，桂子山是有生命的，桂子山是有人格的。我们生的事，长的事，工作的事，学习的事，成家的事，传宗接代的事，最后是老死的事，都是桂子山的恩惠、桂子山的恩情。你怎么看待这个事情呢？你自己当了主人还不说，来的同学都是桂子山的主人，把桂子山踏在地下。不，应该把自然、把环境看成一种有生命的、有人格的、有尊严的，不说是长辈吧，至少是朋友、共处者。现在我们人类很大的一个问题是只考虑自己，不管别人怎样，只要自己过得快乐。他是一个什么样的人生境界，我是什么样的境界，经常鞭策自己。我是不择对象的，只要有好的地方，都是我学习的榜样，都变成我自己。过去的下层生活里，当长工，当兵，有很多坏的东西。我周围很多人都是参加帮会的，所以我要坏我早就坏了，说不定又多了一个黑道老大了。但最后没有啊。当时没有人告诉我说不能干这、不能干那，我就是靠读书，书引导我成长。

我当时最崇拜的是高尔基，高尔基的三部曲《我的童年》《在人间》《我的大学》我都读了。我没有苦到那种地步，但很多场景，我到现在在梦境里还重现。人间凄苦的一些事情，类似的事情，我也尝过。我就是这么一种人，我始终保持自己的本色，我不断充实自己、提高自己，我不断地写作，我要分析问题、解决问题。我要观察社会、分析社会，这些对我学历史是有好处的。我没有系统地很早地对历史进行研究，但是这些积累对研究晚清历史、民国历史、当代历史、世界历史都是很重要的，特别是我为什么比我的同龄人、同代的人更多地反省人类的历史，讲得不好听，就是多管闲事。我是一个多管闲事的人，管很多事，今天给你们讲这个事，明天又去管古罗马建筑，后天又要出去干什么，为什么会这样？这也是《万有文库》的影响。过去的社会分工不像新中国成立后分得这么细，柏拉图、亚里士多德等都是百科全书式的人物，我们现在不可能有百科全书式的人。但对整个人类、对整个社会、对方方面面，你既然是一个知识分子，你必然要给予应有的关怀。这个关怀不是口头上的，你应该有所行动。

在座的同学对校园的环境，可以管，也可以不管；我不是后勤处的人，但我还是管。我看见学生捡垃圾，我就写一个“为你丢我捡叫好”；在校园里，不管你有没有文化，你是学生或者是装束很入时的像个绅士的家长，开着轿车，下来之后“叭”地吐一口痰在路上，我都要给你恭恭敬敬地鞠一个躬，说：“你这是不对的。”有的小学生在校园里他的废稿纸他不丢，一出了小学校门，走在外面就丢。他的纪律、他对环境的态度，是在校园内，离开校园都丢了，我的心都痛了。我在国外生活多年，我看见人家的小孩，走路都歪歪倒倒，都拿着瓶子——小的塑料瓶，跑到垃圾箱前丢进去，我心里很感动。我说我们也都应该像这样。但我们有些穿着很体面、很时尚、很阳光的人，偏偏在行为举止上这样，我觉得不应该。这些事好像不是一个很大的问题，我们大家都看到了，但不能光看这些事情，光看眼前的一些事情。学校要培养真、善、美的大活人，要求很高，现在要做到真、善、美很难。《实话实说》的主持人崔永元节目做得很好，大家都实话实说，真的是实话实说吗？为一部电影《手机》吵得一塌糊涂，有多少是真话，有多少是假话啊，实际是通过这次争吵，他也得利了，冯小刚也得利了，两边都得利了，都是一种手段，都是一种炒作。不容易，要做一个真正的真、善、美的大活人。但是我希望大家朝这个方向努力。过去有句话说得好，“播下的种子会发芽”，我不知道我讲这些话有多少人听进去了，也不知道有多少人将来会采纳一点，付诸行动，但是我相信埋下的种子总有一天会发芽的。

我们华师有很多很多的校友，毕业了三十年、二十年、十多年，有时在外地一些场合，校友聚会，有的就很主动地来找我：你什么时候讲过什么话，我到现在还记得。哎呀！我心里很感激的啊，比自己得了什么大奖还高兴呢。我想，这是不是一种礼貌性的话呢？看着也不是。人家做得不错，人家并没有做什么对不起学校的事，都是有贡献的人，都是成才的人，所以我相信埋下的种子总有一天会发芽。尽管我有些时候都不好意思活了，人是老掉牙的人了，话也是老掉牙的话了，可是我还是愿意把这些老生常谈贡献给大家，如果大家有什么问题，欢迎你们提出，一起交流。

问：章教授您好，我是华师大一的学生，我今天来这里并不是想向您提问题，我只想说一句话，当初收到华师录取通知书的时候，我有一点后悔。但是通过这一年在华师的学习，我觉得，如果在华师四年很认真地走我坚持走的路的话，我会收获很大，感谢华师。谢谢，也谢谢您，今天给我们带来如此精彩的演讲。

答：说得很好，我也不是天生爱华师，我是在南京读书的，我最不喜欢武汉。我 1933 年就到武汉了，在胭脂路读小学，我为什么不喜欢武汉呢？不是别的，小孩子、小学生不懂得很多，武汉的老师很凶，他拿着教鞭，前面包一个铁砣，他打手，我就经常被他打手。语言方面，他讲的我有些听不懂，还有我写大字，大字写得太粗，有些墨汁蘸得到处都是，而冬天鞭子打手很痛。再就是，我班上只有我一个外地学生，他们欺负我，我个子很小，不说了，说了好像是在控诉。所以我从来没有想到，我后来会在武汉生活一辈子，因为本来我就是到处流浪，本来我有很多机会到其他地方；也没有想到在华师，因为我本来也不是师范院校的，结果在华师待了一辈子。所以很高兴碰上了这样一个小知音，我希望你不要兴奋一阵子，而要老守一辈子，把你的信念老守一辈子。我也羡慕那些名校，比如说南京大学，它是我的母校，但我从来不说我是南大的。我是金陵大学毕业的，当然金陵大学也不错，在国外也很有名。北大、清华、武大都是很好的学校，我们都很尊重，但不要妄自菲薄。随便举，我们的副总理，吴仪，我就恭维女同学了，我就非常崇拜。吴仪上的就是武汉的一所高中——“省一”，就是武昌的“省一”，她有多高学历？吴仪现在的工作全世界都知道。了不起，比男子汉都厉害。不等于说非上清华、北大才能出人才，全世界这么多有名的人，都是哈佛、耶鲁毕业的吗？我是华师的教师、教授，我到哈佛，我到英国，我到世界任何一所一流的大学、到任何一个国家都受到尊敬，你北大的任何一个到国外都受到尊敬吗？有的名校的校长到耶鲁还打地铺。

喜洲华中大学西迁纪念馆开馆感言*

很高兴和大家见面。大理我来过很多次，但是就没有到过喜洲。喜洲跟华中大学、跟华中师范大学有很长的历史渊源，也是我们校史里面非常重要的一段，所以多年以来，我就有这个梦想：到喜洲来看一看。这次纪念馆揭幕，对我来讲，是一个很大的福音，跟学校现在的领导、同事，我们一起来了。这个馆建得很好，有多方面的理由说明它很好、很重要。

首先，抗日战争是我们中华民族近现代很悲壮的一个时期。全国上下各个党派，大家团结一致抵抗日本侵略，一直到最后把日本人赶出去，这是一首伟大的史诗，是全国人民胜利、成立中华人民共和国一个重要的铺垫，也是历史上一个很重要的时期。在抗战期间，有这么一个重要的组成部分，那就是学校西迁。沦陷区的学校，主要是大学跟中学，不远千里，长途跋涉，利用各种旅行工具，包括最原始的工具，更多的是步行，像华中大学还绕到越南最后来到喜洲。不能小看这件事情，为什么呢？这是抗战的一个组成部分。那么多学生，那么多老师，长途跋涉是为什么？是教育不能停止，教育是最伟大的事业。我经常讲，教育是千年万载的事业，除非人灭绝了，教育才会没有。这些师生有一种责任感跟使命感，尽管家乡沦陷了，但是教育不能停止。虽然经历了十四年抗战，但教育仍然获得了一种应有的甚至是艰苦卓绝的成就。不止一所学校，过去早就讲西南联大，那个太片面了，西南联大是一个伟大的榜样，是一个灯塔式的制高点，或者是亮点，但不仅仅有西南联大，还有个西北联大，现在也被“刨”出来了，西北联大没有（取得）西南联大那么大的成就，那有种种原因，

---

* 时间为 2017 年 11 月 7 日，胡新整理，何卓恩改定。

这里就不讲了。像华中大学这样单个的学校，到一个很偏僻的乡镇，能够坚持近八年，1939 年来的，1946 年才回去，也是很不容易的。所以这个纪念馆恰好是把这一段，应该说是史诗性的一个篇章，保存下来了，原汁原味，内容非常丰富。

喜洲是一个古老的乡镇，我一来（就感受很深），当然，现在的喜洲已不是原来的喜洲了。我为什么感受特别深呢？因为我有类似的经历，但我当时不是大学生，是中学生。我 1938 年从江南一直跑到四川，跑到江津国立第九中学，实际上就是安徽的中学整个搬迁过去的。学校恢复招生，我就进去了。从 1938 年一直到 1943 年，有五年多我都在九中，那个九中就位于德感坝子。坝是山区里的一块平原的意思，所以一听说喜洲又叫喜洲坝子，我就感到很亲近，我们那也是一个坝子。现在的情况也一样，这个坝子已经现代化了，看不到原来的喜洲坝子了，我们那个德感坝子也已经现代化了。但是呢，喜洲坝子比德感坝子保留了更多的历史文化遗址、遗产和遗物，特别是它有一个活体延续了下来，就是华中师范大学。所以，这是特有的，全国都不多的。西南联大当然很重要，但是西南联大它是几个学校，北大、清华、南开（各自复员，不再叫联大了），我们却保留了“华中”的名字，我们还是把华中大学看成最古老的前身。所以（我们跟喜洲）这段历史是一段很绵长的历史。（我们）在喜洲尽管只有八年，但是后来恢复联络后，又开始了新的合作。这个新的合作在新的基础上、新的条件下，在更大的规模上、更高的层次上，已经取得了非常大的成绩，是有目共睹的。（在座的）这是原来的校长、书记，这是现任的校长、书记，我很高兴陪着他们一起来，不仅是我自己（作为华中师范大学的一分子）圆了一个喜洲梦，也是作为当年西征的师生之一，尽管没到喜洲来，却有相同经历的一个人（圆了这个梦）。

我看到这儿的一草一木、一砖一瓦、一人一事，都感到特别的亲切。所以叫我写字，我字写得不好，但是我一挥而就。这个一挥而就，就是一下子就触发出来了八个大字：“饮水思源，感恩喜洲。”你想想看，当时都是难民，颠沛流离啊，连吃饭、住宿都是问题。如果不是大理，不是喜洲，不是这么好的父老兄弟，那么宽容、那么有远见，高度热情地主动邀请华大搬过来，那怎么会来（这里）呢？所以这是华大的福气！华大能够坚持下来，坚持抗战，教育不断，弦歌不绝，同时还取得了很多很多的成就，培养了很多很多的人才。你想当时国民政府的这些要员，都来庆祝二周年，题了很多的贺词，评价是很高的。但同时反过来讲，这也是喜洲的福气。一个偏僻的小坝，有多少人知道喜洲？一下子就飞来个“金凤凰”，到山里面来了，这喜洲就成为世界闻名的地方了。因为这个学校不是一般的学校，这个学校是在美国都注了册的学校，是美国都承认学历的大学，它有国际影响力。所以，喜洲也登上了国际舞台。

现在，又经过这十几二十年的发展，我们两边合作的情况就更不一样了。现在合作的规模更大了，资源更丰富了，力度更大了，也更引起政府跟国家的关心了。现在外国人都自己跑过来了，那个原来在我们那儿打工、教书的，也跑到这里来了，还带来一帮朋友。我相信将来喜洲还会吸引更多的人。我这住了一晚上就喜欢上喜洲了。这个宾馆也很有特点，苍山洱海坐镇，章开沅到此夜宿一晚，就产生了丰富的感情。所以，我们不仅是前面这一段悲壮史诗、历史篇章的守护者、保存者、弘扬者，而且也是新的历史时期创造新的历史的合作者。所以不管是喜洲也好、大理也好、云南也好，或者华中师大也好，在这个问题上，大家是共通的。我们有责任把这个馆办得越来越好。

我今天也带来了一个顺水人情，是请我提过意见的，我也参与的，昙华林的录像——一个电视纪录片吧，作为一个小小的献礼、一个关系的见证（注：昙华林是华中师范大学前身华中大学所在地）。来日方长，党的十九大刚召开，习主席已经发出号召了，不管是不是共产党员，不管是哪一个单位、哪一条战线，都应该在这个大好形势下面，在这千载未有之良机前面，在社会主义新的历史时期作出新的贡献，我们来共同创造新的历史、创造新的辉煌，将来历史也会给你们做一个新的纪念馆、做一个续篇（记录你们新的贡献）。谓予不信，拭目以待。谢谢！

获第七届“吴玉章人文社会科学终身成就奖”感言和谈话

一、领奖感言

各位女士，各位先生：

承蒙颁发第七届“吴玉章人文社会科学终身成就奖”，出乎意料。既感到荣幸，又觉得惭愧，主要是因为自己觉得学无大成、贡献很少。

吴玉章校长是我非常尊重的校长，也是我最尊敬的革命前辈之一。我们编写的《辛亥革命史》大型学术专著，三卷本 120 万字，就是为了响应吴老的号召。因为他 1961 年在武昌开会的时候，鼓励我们“要写大著作”，所以我们就完成了。

另外我跟中国人民大学清史研究所，关系就更加密切。我在“文革”前后曾经多次被北京邀请，长期借调工作。“铁一号”，就是清史研究所所在的“铁一号”，变成了我的家。每到礼拜天，我都要到他们所长戴逸家里去蹭饭，有啥吃啥，毫无客套。最主要的是我们共同从事一个工作，就是中国近现代史这个年轻的、新兴的、不成型的学科，我们把它建设成为一个成熟的学科。我们共同推动中国近代史分期讨论，共同推动太平天国运动、辛亥革命研究，等等，一直到最后戴逸主持国家清史编纂工程，我们又是在一起共同战斗。前后将近七十年了，这七十年间，我们共同经历了许多风风雨雨、曲折坎坷，同荣辱，共命运，在晚年还继续合作。所以我是多么想重新回到“铁一号”，回到我们那个最熟悉的环境，来跟老朋友聚会。但是因为手术刚刚做完，还没有完全康复，不能够寒冬远行，只能用视频来参与会议了，感到遗憾、抱歉。

我觉得这个荣誉不是给我一个人的，应该说这个荣誉是授予我们这一代学者的，因为很多很多大的工作都是集体做的。

我们这些“20后”“30后”，生于战乱，长于战乱，没有机会像老一辈学者、师长那样关门读书，潜心治学。特别像我这样的，连大学本科都没读完，是革命浪潮把我们卷进了解放区。新中国成立以后又被过早地推上了大学讲台。我们这一点学问，都是边教边学、自我积累，自觉底子很薄，因此从来不敢用“人梯”来要求自己，因为人梯是需要高度的；只愿给年轻人当铺路石，让他们在学术道路上走得顺当一点，走得比我们更远一些。

今年是改革开放四十周年，我们能够真正做学问，完全是受益于改革开放。改革开放对我们这一代人来讲，等于是第二次解放，是学术青春的空前焕发，我们同其他各界人士一样，共同参与了，并且见证了改革开放伟大的历史。

从我自己来讲，1979年以后有幸较早地走出国门，放眼世界，广泛交流。我有两句小诗可以概括我的平生：“寰宇岂无真知己，海外遍留文字缘。”我的中外师友，遍布世界各地；我所参与并且推动的辛亥革命研究、张謇研究、南京大屠杀研究、教会大学史研究、商会与中国现代化研究，都陆陆续续地成为国际史学界研究的热点。我们桂子山这个小小的“东西方文化交流研究中心”，俨然成为一个国际文化交流的热络平台。最可喜的，是学脉连绵，后继有人。一批又一批英才脱颖而出，他们在自己专攻的领域实际上已经越来越超越我们这一代人，因为他们的起点比我们更高，研究的条件比我们更为优越，应该而且必然会在他们中间出现若干世界级的学术大师。

不要盲目地膜拜古人，更不要盲目地迷信和追随洋人，走自己的路，这是我们当代中国学者应有的文化自觉跟文化自信。“治学不为媚时语，独寻真知启后人。”“历史是已经画上句号的过去，史学是永无止境的远航。”这是我终生抱持的信念，现在我仍然把它作为最后的对后世的赠言。

谢谢大家！

二、校内谈话

要讲的话，这个视频已经都讲过了。今天这个活动等于是在自己家里面，谈一点感受。因为医生一再嘱咐，我这个手术的伤口在内部，不是在外部，不能激动，不能讲话太多。如果人太多，容易激动，伤口就很难愈合。我想这也是一个好的风气的开始，对高龄的或者是病重的同事，是一种照顾，我觉得这很好，心里面充满了感激。借这个机会我要向校领导、院领导、所有的部门领导，还有很多校友来表达感谢。真的感恩啊！大家听说我做了手术，又听说（我得了）这个终身成就奖，反应比较强烈，这么关心我，浪费了大家很多精力，我要表达一下我个人跟家属黄老师共同的一个愿望，要借这个机会向大家鞠躬。

这次获奖，吴玉章基金会做得不错，学习西方先进的一些做法，基本上都不是自己申请，也不是本单位去申请，像院士这些荣誉，他们一般都不是自己申请。法国的情形我了解得多一些，因为巴斯蒂夫人是我很熟的朋友，知道院士不是自己申请的，都是由评审机构运作，经过大量的调查来评定的。吴玉章基金会也是前期工作都做好了，才给马敏打了个电话。所以看起来好像很轻省，但是不简单。

我接受了很多类似的奖励，要评这个奖那个奖，但是真正下功夫的，对我理解最深的，是李捷代表中国史学会的发言，相当了解我，综合得很好，有针对性。这个不简单。不简单在哪里呢？他们的思想比较解放，符合我实际。当然我觉得他把我抬得太高了，但是从性情、气质、品格一些基本的东西上说那是不错的。他肯定了参与史学，参与史学是我一辈子提倡的。参与史学不是一般地记录历史，是把史学放在一个很高的地位。我们不是一般历史的记录员，也不是一般历史的一个守护者，我们还要参与，利用历史的智慧来参与新的历史的创造。为什么不可以这样子？历史就是大家创造的，为什么历史学家光去当记录员？历史有个很大的特点，它蕴藏了大量的智慧，所以我提倡参与史学。我提倡的不是为政策做注释，上面有指示马上就紧跟，不是那种；是真正作为一个独立历史学家，根据历史——古今中外的历史——的智慧，提出自己的意见，这个对社会进步才真正有好处。

这次获奖，我一是出乎意外，因为我根本没想到这个事情。二是感觉他们很用心，不是一般的用心。第三就是惭愧。为什么惭愧？回顾一生，求学，做学问，我们做了多少？20岁以前基本上是在战争中度过的，几次战争青春一下子就过了，没被打死也就算好的。新中国成立后本来应该是很好的。这个共和国是我们亲身参与，共同建立起来的，应该是非常好的。但是由于政治运动耽搁了，这个大家清楚就不说了。我们对改革开放——过往我总说“开放改革”，把“开放”放在前面，正式的说法“改革”在前面，因为不“改革”哪有“开放”呢？严格讲起来，我们真正能够做一点学问，是在改革开放以后，就是40年时间，1978年以后。我稍微早一点，等于是“地下工作人员”，不像是做学问的，被种种政治运动折腾得受不了。当时要“三结合”，工农兵结合，很多时间都浪费掉了，严格说那也不能算研究学问。真正好好地从事学术研究是在十一届三中全会以后，我们等于是第二次解放，等于是获得一次新的生命，等于是得到学术的青春。所以我们这一代人对当前的改革开放非常珍惜，理解是非常深刻的，充满热情，充满激情，一直到现在，只要活一天就在为这件事情奋斗一天。我们这一代人不仅仅是一般的学者，不仅仅是一般的文化人，我们还是革命者，是一个战士。我宁可站着倒下去，我也不躺着混下去。当然这个不是那么容易，所以在这里，我再说说，表达一下我的心情。

过去我在外面也接受过一些类似“终身成就奖”的奖励，那多半是限于某一个领域，比如对基督教的研究，对辛亥革命的研究。这个吴玉章终身成就奖是一个完整的，把你作为一个完整的人来奖励，我们将来可以学习这种做法。我们也办基金会，我们现在也给优秀学者颁奖，可以从中学习很多的东西。他们做得好，做得不错，我是很佩服的。这一点我觉得确实有些新的气象、新的变化。但我由衷地说，像我这样的人，拿这么个大奖，或许不太合适。“终身成就奖”，终身，我们终身一大半时间浪费了啊！有多少时间来做一个学者、做一个文化人？不是自己不想做，是不让你做。不仅不让你做，还要罗织这样的罪名、那样的罪名。所以我们这一代人没有自满的本钱，也没有这种本能。我们这一代人总觉得自己是不行的，我们自己给自己扣除的生命，至少有 20 年，是被浪费掉的时光。如果把这浪费的最好的 20 年黄金时间拿来做学问的话，会怎么样？创巨痛深啊！我们这个党做了很伟大的事业，建立这么好的一个共和国，我们的共和国现在能够以这样强大的姿态独立于世界，不值得骄傲吗？我们是以这为光荣的。改革开放把我们的“帽子”都摘掉了，我们终于可以踏踏实实做一点事。这种体会大家可能想不到。所以也借这个机会讲一讲，希望能够促进一下大家对当前改革开放的坚守，改革开放是很好的开局。

为什么我要踊跃地来接受这个荣誉呢？我是替我们这代人接受的。对我的肯定，不是对个人，是对这一代人的肯定。我们这一代人事实上不是很差的，国外的学者对我们留在大陆经历极“左”时代还能做学问的人，佩服到极点。武大有一位石泉先生，他本来姓刘，是张治中的外甥，参加了地下工作，帮助很多的进步学生到解放区。但他跟司徒雷登的关系也很密切，新中国成立后就罗织种种罪名，给他扣了很严重的政治“帽子”，接连不断地批斗打击。我算好的，我不是右派，也不是反革命，我算是运气很好很好的，但是他就……当然最后平反了，完全平反了，但他“解放”得很迟。他早年在燕京大学做的硕士论文，是陈寅恪指导的，到现在很多博士论文还赶不上。在海外，他燕京大学的同学，对他佩服得不得了。他中西历史兼通，但是后来每况愈下，直到很老了“帽了”才摘掉，已经是今非昔比了。他海外的同学亲口对我说，他们跟石泉先生接触的时候，感到很失望，讲话中间保持很大的距离。我在国外要维护国家的尊严，要体现中国公民的尊严，特别是学者的尊严，所以讲话是很放得开的。石泉为什么不敢讲？因为一辈子当历史反革命，当右派，当这个当那个，一直让人家低头认罪，出去之后还是心有余悸啊！所以这一代老先生有些是苦不堪言。他还算不错，最后是受到了重视，也做了大量的工作，也带着很多的好学生。

所以我觉得我自己得此荣誉，是因为我们这一代人很多都不在了，他们的成就不比我少。我最好的朋友王庆成——中国社会科学院近代史研究所原所长，研究太平天国一辈子，成就很高，实际上已经是荣誉学部委员，相当于院士，在国外是这样的。我们非常要好，不是一般的要好，跟戴逸一样，都很要好。你说要给他一个终身成就奖，应该是完全可以的。但是他不在了。现在我和戴逸，两个属虎的，活得久。活得久也有一个优点，事情就能多干一点，当然也可能有一点长进。但是没有活得久不等于成就不大，所以我是一再讲，这个奖是给我们这一代人，我们这一代人是能够做好事情的，而且这种无私奉献，这个理想主义，甚至可称为一种浪漫主义，对党对祖国的这种热爱，越来越稀罕了。因为现在这个社会转型之后带来很多新的问题，我们还没有调整好，新的价值观还没有完成转型。

我不同意社会上的一种说法，说章开沅还有一点民国学者的“范儿”，我说这是对我的侮辱。我们这一代人是痛恨民国的，民国给我们带来极大的灾难啊！我们天生就是反对国民党，现在把民国又讲得这么好。当然过去只骂也是不对的。一定时期一定历史条件下，民国也做了很多事情，特别是民国知识分子，很多是我们的老师一辈，他们辛辛苦苦地培育我们、教育我们，有的达到了很高的成就，你不应该尊重吗？但现在糟糕了，把民国说得那么好。这当然是因为我们的失误太多。捧民国就是贬低现在，讲穿了就是对现实有意见。我这不是给人家有意见的扣“帽子”，我也批评过，我骂得更厉害，根本不在乎，是不是？我批评教育部，实际上是讲教育部后面、教育部上面的人。不是不能批评。但因为不满就美化民国，也是不对的。

所以我觉得我是代表这一代人在受奖。这一代人很多跟我也很好，很多事情我们是在一起干、一起做的。

再一点，我接受这个奖更重要的一点，就是我们要为人文社会科学争气。现在流行科技主义、科技中心主义，这是整个人类文明的危机。轻人文，重科技，投入严重失衡。现在科技发展越快，问题越多，控制不住了，就像潘多拉盒子，妖怪放出来之后已经收不住。将来消灭人类的可能是机器人，机器人一旦有人的智能跟自觉，有它的群体意识，它跟人类对立，那我们还干不过它。这个不是我讲的，是研究人工智能的人他们自己提出的隐忧。为什么在中国人文社会科学领域不能评一级教授？顶多只能给二级教授。我就是二级教授，所以在这个问题上，我觉得吴玉章基金会做了一件好事。

其他我就不多讲了，因为现在开短会，已经一小时过五分了。但是有这么个机会，很难得，该讲的还得讲一下。我做所有这些事情都是有助于当前改革开放的，改革开放问题还很多，需要大家继续关心。所以我躺在病床上，没有停止思维。一些情况我都知道。我没有把自己置于历史之外，也没把自己放在体制之外。我不是一个持异见的人，我是体制内的，是共产党员，也自认为还是个马克思主义者。现在很多人都不敢讲自己是马克思主义者，我还是到处讲。我不仅是马克思主义者，我还是共产主义者。理想嘛，我不能做这个梦吗？我当然可以做这个梦，但是我不能不讲，这条路还难，这么大的一个国家，多少年积累的问题，改变不容易。

接下来讲一讲好的。赵校长来了我很高兴，这个高兴有一点“私心杂念”。我们华师与中国人民大学实际上同根同源，所以中国人民大学发这个奖我也很高兴。我们华师前身之一中原大学，是中国人民大学的前身华北大学、华北联大，再往前是陕北公学、抗大，我们中原大学的主体人员都是从那里过来的。所以赵校长，我们两校不觉得很生疏，它们渊源上都是一个。当然这个话题我不好多讲，讲多了，人家还以为我是中国人民大学的人，很容易拿到这个奖（笑）。他们在颁奖辞中把话讲到这个地步，不容易，特别是在北京，压力很大的。这也是一个进步，不是一个消极的东西，是一件好事。这是个多元社会。美帝国主义想搞个一极，实际还是多极多元，你（美国）不想承认也得承认这样子，你（美国）想一统天下不可能，这是历史发展的趋势。

现在是华中师范大学有史以来最好的时机。这个怎么说呢？这是一个好机会。不管其他的方面有这样那样的缺陷，至少目前的资源条件是从来都没有过的，政府也鼓励你做事，我们可以利用这个大好时机来做正确的事情、真正有意义的事情。

这方面，我想，有三个字可以送给大家，特别是两位党政领导。

华师的发展从另一个源头华中大学，从文华书院开始算，有三个字：一个“林”字，昙华林；一个“山”字，桂子山；一个“湖”字，就是一直缺少的湖水，现在有了梁子湖。你看，这个很形象。我现在真糟糕，脑子停不下来，成天想些古里古怪的东西。我想到这三个字每一个字都代表一个时期，昙华林时期，桂子山时期，你们再来一个梁子湖校区的话，哪个学校有这么好的条件？

这是一个新纪元、新时代，就说是黄金时代也不是不可以。当然学校有成就也未必一定要条件那么好，北洋军阀混战，北大照样发展得很好。抗战的时候那么惨，西南联大还是办得不错，有声有色。我们现在既是一个太平时期、一个和平时期，而且有这么强的国力、这么好的条件，我们有什么理由不办得更好一些？当然客观地看，办好学校也不容易啊！这么多事情这么多问题，校领导太忙了。但还是要想尽办法办好，为办好学校创造更好的条件。

所以形象地说，过去是一个“林”，后来是一个“山”。昙华林最美，未了桂子情。现在我就寄希望于未来的一个“湖”——梁子湖校区。梁子湖如果用新的教育理念，按照新的体制，用现在最先进的一些科学技术手段，是不是可以在办学上做一些创新？

讲太多了，老年人要跟自己的发言超时做坚决的斗争。到此为止，好，谢谢！再一次感谢大家。如果讲错几句话，希望大家谅解。

寄语毕业生*

你们毕业不穿道袍是很聪明的一个办法，我最怕热，一穿这个我就全身不自在，所以我很早就不参加这类活动了。但是能够跟同学们在一起，我是很高兴的。刚才马老师说我九十多岁来参加，能参加今天的活动我也是没想到的。今年我们夫妇两个人都开刀住院，病了大半年了，没有看到同学们，或者同学们看到也不敢喊我。今天能够聚会一下，我很珍惜这个时间。

其实我也没什么讲的。反正学校、研究所都是一片兴旺景象。

华中师大发展到现在是很不容易的。蔡红生副校长在仙桃讲话，讲得很长，讲得很好。他引用了我的话——“现在华中师范大学又进入了一个新的阶段”。我（做校长）那时候也是一个新的阶段，从“华中师范学院”到“华中师范大学”，那是开放改革的一个新纪元，一下子从各种各样的束缚中解脱出来。那时候大学还是办得比较得心应手的，所以很多人怀念20世纪80年代。

我跟新来的赵校长讲，你们来的又正是时候。马校长是百年校庆上任的，开启了新纪元。过了几十年，现在又来了新的机会了。我们有昙花林、有桂子山，但是那个南湖不算是我们的，而且南湖也不是很漂亮，远远赶不上武大那里的东湖。现在我们“厉害”了，我们有梁子湖，那梁子湖碧波浩荡。有林，有山，有湖，所以发现我们又到了一个新纪元，我们有更大的空间办更好的学校。年纪大的一个好处，就是常常想一些宏观的事情，因为活得久见得多。讲得不好听，就是“老奸巨猾”，讲得好听叫“老谋深算”，老谋深算的“深算”只有到

* 这是章开沅先生2019年6月在华中师范大学中国近代史研究所毕业研究生座谈会上的讲话，由柏冠冰根据录音整理，何卓恩改定。为照顾读者阅读习惯，在不影响文意的情况下，部分文句有所调整，内容略有删节。

一定年龄才会有办法。“爱在华师”这个口号，是我给它翻身的。原来我也不服气，有人说“学在华工”“玩在武大”“爱在华师”。你说“爱在华师”，我们就是“爱”在华师，要理直气壮的。但我们是什么“爱”？我们是大爱，不光是谈恋爱的小爱。我们能够出这么多好教员，体现的就是大爱。中南五省中学教育不靠华师靠谁？湖北很多的中学教师来自华师，华师毕业的高校教师分布在全国，也不少，我们的优秀校友遍天下。

所以你看，百年老校有百年老校的根底，根深叶茂。树大招风，我们不怕树大，一点风吹不倒我们。不要小看桂子山，我们有这个能耐，桂子山是个出人才的地方，不是不出人才的地方。我们当年办学不完全是以武大、华工为榜样的，也不仅仅以北大、清华为榜样。我们从过去教会大学那个时候起，从那么小的学校就以牛津大学、剑桥大学为榜样，跟它们比拼。我自己在金陵大学读本科也是这样子，我们的系主任贝德士是美国人——牛津大学培养的硕士，他们就是追赶牛津大学。他说我们研究生培养赶不上，因为那个时候人太少了，系里的文化研究所只有一两个研究生，但是本科我们比牛津大学还好，他就敢讲这个话。他不是瞎吹啊，你看就那么几个人，培养的学生一个一个都成才了。当然那个时候能够读书的人还是少，也容易成才，但是有一个大目标很重要。我说过一句话，学校的官网上面原来有的，后来给删掉了，但是这个话我没有收回。我说你不要小看桂子山，不要小看华中师范大学，我们的“风水”好，我们的辉煌不仅在于过去，更在于现在。

我们研究所的发展也不容易。

原来我们是小小的一个研究所，叫历史研究所，只有三五个人，一间备课室。现在一步一步地发展到这么多人，那么大一栋楼有两层都是我们的，加上莼思堂。我们自己也创造历史，从无到有，从小到大。

莼思堂将来肯定也会变成文物，因为它是用来纪念第一代马克思主义者杨东莼先生的。杨东莼先生是李大钊的学生，马克思主义研究会最早的十八个成员之一，后来成了我们的老校长，也是我的老师，决定我一生命运的恩师。所以我说我这个人运气太好了，碰到这么一个大人物来当校长，亲自来领导历史系。因为他学的是历史专业，而且他又专门研究中国近代史，所以我就一直跟着他。他后来调到北京，又借调我到北京，把我引入历史学研究的中心地区，跟顶级学术机构、学术前辈建立了联系，一下就变了。

那是我第一次到北京，什么都新鲜，然后就一步一步走，直到有一天，碰上吴玉章先生。吴老名字太巧了，吴玉章（音谐“吴遇章”），遇到章开沅。当然他是个大人物，我是一个小学生。他 1961 年到武汉参加了纪念辛亥革命的研讨会。把辛亥革命作为一个会议主题，那是全国第一次。中共中央宣传部非常重视，决定通过这个会议改变学风，所以一些大人物都来了。三位老同志——吴老跟范文澜从北京来，另外武汉本身还有一位老同志李达，都参加了。吴老后来勉励我们，说你们不仅要写文章，以后还要写书、写“大书”。偏偏我这个人记忆力也很好，有些人可能没有注意他讲这个话，我记了一辈子，所以“文革”还没结束，人民出版社希望能够写一本“大书”，我们就写“大书”。“大书”写出来时，吴老已经过世了，但是吴玉章基金会，在我那么高龄的时候给了一个大奖，“吴”遇“章”，吴老又遇到章开沅。对我来讲也可以说是章遇吴，吴老带给我这么多好处，死了之后还“关照”我，还让我得了一个大奖。

所以很多的事是可遇不可求的，不要把很多事情看成都是计划好的。人的一生变化太大了，我原来想弄文学，结果学历史了。我很不高兴的是，原来我想打仗的，但我当了兵，一次仗也没打过。参加革命打不了仗，太可惜了。就这样，以后有什么事情就做什么事，遇到好事都做，做好事不做坏事，所以我最得意的就是，武汉市评选“武汉好人”，评了四个人，我算一个。我这总算扬眉吐气了，不是个“坏人”。国民党不喜欢我，要抓我，我跑掉了。共产党开始很欢迎我们，因为我们是参加革命的民主青年。后来因为“左”倾路线，慢慢就变成革命对象了。重要的是无论环境怎样，你要珍惜时间，在你最后“清理”自己的时候，你想想看你做了多少事情，做成什么事情，做的是好事还是坏事。至少是没有愧疚，这样过去就可以。

说到我们史学研究，我现在当然要高兴了，我看到我的学生做得比我好就高兴。我过去是在运动里面慢慢摸索，我劳动比你们多，受批判比你们多。我受批判最严重的时候，中宣部宣布我是全国重点批判对象。现在条件一代比一代好，这才正常。不要膜拜大师，不要把民国史学看得那么高。他们当时一个是待遇很高，另外只要你不反对国民党，相对地讲是成天可以做学问的。他们也不做家务，他们的老婆往往都是家庭妇女，有的还有保姆，现在可能吗？现在你男子汉还要做家务，你不做家务你就不恭敬，是不是？我是提倡男子汉做家务的，我买菜也没少买过，到现在我还去买早点，这有什么不好呢？我们现在很难再复制民国时期学者的样子，学多少门外语，看多少多少书。但是不管怎么样，时代总是进步的，现在研究手段比过去更丰富了。过去工作几年几十年，找材料也未必能找到你们今天这么多。因为现在检索太厉害了，由人工智能来做，但是讲来讲去话又讲回来了，人工智能再厉害还代替不了史学研究基本的东西，就是史德、史才、史识，再加上史感。

德，就是做人的问题，首先就是真诚的问题。史德就是要有求真的品格。当然求真也离不开讨论，包括课堂辩论。王成勉先生来这里讲课，他肯定了华师历史系的学生是好学生，勤奋、努力，但提问题少，跟老师争辩少。我一直提倡师生自由讨论，我们应该造成一种很自由的讨论氛围，这是真正的民主。我在美国讲学时附带教过《古文观止》，里面也有近代的文章，就是林觉民写给他太太的信，写得凄凄惨惨，文采很好，情感很真挚。我自己讲得很卖力，他们听了觉得很有趣。后来一个女生就站起来，她说，老师，这个林觉民不对。我说怎么不对啊，他都牺牲了有什么不对啊？她说他牺牲是可敬的，但是他这封信写得不对，他老婆凭什么一定要为他守寡呢？我想，这确实是一个问题呀，她能够找一个人过幸福的生活，那不就可以了嘛，一定要当个烈士太太，保持名节，这当然是旧观点。她又说，他损害他儿子的人权，他儿子为什么一定要革命呢？他可以有自己的选择。哎呀！后来我高兴了，我跟她开玩笑，我说你这个等于是第二次妇女解放宣言。这个学生也非常“狡猾”，她把这话记住了，后来她要读研究生，要我给她写推荐信，信里面一定要写这一句，说对她的发言，评价是“第二次妇女解放宣言”。课堂讨论这方面，我们有差距。

才，是才能。才能有一部分是天赋，但是单天赋不可靠，天道酬勤，勤奋可以补充天赋的不足，我们很多人都不敢说是天才，主要是靠勤奋。别人浪费时间，我没浪费。博士四年也好，六年也好，八年也好，没浪费时间就行。过去在“文革”那种情况下我也没浪费时间，我学英语，我读《毛主席语录》英文版红手册，那个总是可以的。我读“大书”，“文革”的“大书”读不懂也读，我还有点头脑，还有点理性，就没跟着“四人帮”跑。

还有一个史识，也是非常重要的。识是见识，史识就是一种对历史的理解，有社会阅历、有深度。

我现在还要加上一个史感。要有感觉，就像学文学、学艺术创作一样，你没有感觉就完了。演员找不到感觉，他就演不好。这个感觉不是与生俱来的，是不断磨炼出来的，研究历史就要有史感。

历史研究讲来讲去就是要不忘初心，培养几种基本的品质：史德、史才、史识、史感。一辈子都要追求这些。具备了这些，就不仅仅靠这个职业吃饭，也可能超越这个职业，成为一个思想家，一个大学者，一个不仅关怀世界而且能够参与世界的前进者、杰出人物。

我就讲到这里，谢谢！

编后记

六年前，时任长春出版社社科编辑室副主任的胡新编辑来华师拜访章先生，邀请先生加入他策划的"'文化中国'名家文库"。先生很谦和地说，自己的研究重点不在文化史方面，零星的一些文化史方面的文字，也已编在刚出版不久的文集（指《章开沅文集》，华中师范大学出版社 2015 年版）里了，恐怕难以如愿。但胡编辑不气馁，很恳切地讲述了他邀请先生加入的理由，先生最后为胡编辑的诚意和决心所打动，遂同意选编这本近代文化史论集，并委托我代为选编。

编辑提出邀请章先生选编文化史论集的理由主要有两点：第一，"'文化中国'名家文库"系列，面向社会大众，宗旨在于将大师们的文化史学术精粹引入公众领域，进行社会文化提升，大部头的学术巨制在这方面不太适合，需要做精选汇编；第二，先生在近代历史诸多领域的研究，视野都十分宏阔，政治经济分析与思想文化探索始终结合在一起，也有影响深远的专门讨论文化离异、回归的论著，以及关于基督教和教会大学史研究的书，还有不少基于文化史的教育文化讲演，内容丰富，而且聚焦在近代社会转型时代，相对于其他突出古代的文化史学者，有其独特的价值。

这两条理由也就引导了选编本书的基本方向：公众性和代表性。所以，纯学术型的论文，不列入备选范围；论著只能从中挑选适合公众阅读且比较集中代表先生见解的若干章节；尽可能将散录于《章开沅文集》各卷的文化史论说汇拢在一起，并将文集出版后先生的相关讲演补充进来。经过一段时间的斟酌，我将一个初步的目录呈交先生审阅。先生很高兴，正好出版社向先生索序，就提笔写下了本书前面的《序言》，也自拟了论集的书名。我仔细品读《序言》后，又对选目做了些许调整，并补充先生晚年数篇讲话稿，形成了如今的这个版本。

章先生在《序言》里说，自己的学术生涯带有流浪色彩，“漂泊无定，随遇而安”，但这并不表示先生的学术选题是完全出于偶然，彼此没有关联。大师之所以是大师，乃因他能见微知著，触类旁通，由表及里，探究根本，在深层次建立关联性。事实上，章先生对近代文化史的探究，在随机性的表象之下，有着内在的系统性和纵深的理论性。

所谓文化史的系统性，就近代而言，即对近代历史转型中人们关于古今、中西文化问题的处理，关于变革、新型国家的目标和道路设计等，有着比较全面的关注和考察。

近代文化史问题进入章先生研究视野很早，改革开放前他就撰述了《试论中国十九世纪七十年代至甲午战前的维新思潮》《辛亥革命前夜的一场大论战》等篇章，他用力很深的张謇研究也有文化史的意涵。到改革开放后的学术高峰时期，章先生始终没有“忘情于文化思想史的研究”，辛亥革命史研究中的文化史“副产品”非常多，除《辛亥革命史》第六章“思想战线上的斗争”外，专题文章如《时代·祖国·乡里——辛亥革命时期社会思潮试探》《跋乌目山僧癸卯诗三首——1903 年的国内革命思潮》《论辛亥国魂之陶铸》《“排满”平议——对辛亥前后民族主义的再认识》《王道与霸道——试论孙中山的大同思想》《辛亥革命与“只争朝夕”》等，讨论的大多是时代变革、新型国家的目标和道路设计方面的内容。章先生还著有讨论近代人物处理古今文化问题的专书《离异与回归——传统文化与近代化关系试析》和一些论文，以及讨论近代中国社会处理中西文化问题的文章《愤悱·讲画·变力——对外反应与中国近代化》《中国教会大学的历史命运——以贝德士文献（Bates' Papers）为实证》《基督教与五四运动》等。可以说，近代文化史中的核心问题和主要面向，章先生都做过探讨，而且彼此呼应，自成体系。

所谓文化史的理论性，一方面是对史学的理论解释，一方面是对“史鉴”的理论见解。

关于近代中国的文化现象，章先生每每都能从史实的深度考察中提出深刻解读。例如，他经过研究，发现1905年对于革命思潮的界标意义其实是建立在1903年（癸卯年）界标意义之上的，“癸卯是中国进步思想界空前活跃起来的一年”，对于中国知识分子新觉醒至关重要；又发现革命思潮的发生不止于中国留日学生的觉醒，国内的江浙地区也是“20世纪初年国内革命思潮最为重要的策源地”，其作用比之中国留日学生毫不逊色。对于革命思潮中极重要的“排满”概念，不同于国内外学界将其笼统贬为种族主义倾向，章先生提出这个口号虽袭用了昔日“夷夏之辨”的名词，内涵已经与天赋人权、自由平等等价值和建立共和国的目标连接在一起，非同以往。章先生还突出解读了学界很少注意的“国魂”概念，将时人所谓新国魂的基本精神归结为民族主义，揭示出这种民族主义不是“义和团式”的，而是既不笼统排外也与专制不相容的新型民族主义。在近代士人传统文化认同方面，章先生提出了极具张力的“从离异到回归”的论述，在近代中国应对外来文化方面，章先生提出了交流、融合和本土化的“文化传播”认识脉络。

关于史鉴的理论见解，基于一个历史学家的时代担当，章先生通过各种讲演，有很多领域的切入。如关于历史遗产的活化，关于时代意识，关于世界和国家意识，关于宗教和文明，关于人类未来，关于国际文化交流，关于社会的发展，关于大学的治理，关于创新人才的培养，关于学术的研究，关于知识分子的使命，等等。章先生1987年发表过《提高文化史研究的自觉意识　为“两个文明”的建设作贡献》的讲话，后来作为他生命晚年超越自我的精神追求，他反复提出“史学参与社会”的主张。他对多领域的文化史切入都是这种“参与”努力的组成部分，其中最为集中的是在教育发展、学术研究的走向方面，提出了“治学不为媚时语”“教育要用真正的爱来办”“好制度比好校长更为重要”等许多发人深省的观点。

当然，章先生中国近代文化史研究之内在的系统性和纵深的理论性，与体系性的文化史家的研究，在风格上还是有很大不同。体系性的文化史家比较注重文化经典诠释的内在理路和思辨逻辑的完整，章先生的文化史研究则如他在序言中所描述的，多建基于他独特的人生际遇和洞察力，其系统性和理论性可以说是从崎岖而丰沛的生命中自然“长”出来的。

本论集分设“国魂与革命”“离异与回归”“交流与融汇”“学术与教育”四个板块，按照前述原则分别选录章先生相关著述中的一些篇章，尽量呈现其特有文化史研究内在的系统性和纵深的理论性。但限于篇幅和编者见识上的浅陋，难免挂一漏万，并不一定能真如所愿；不当之处，敬请读者批评指正。

“‘文化中国’名家文库”的出版，因胡编辑的工作变动及其他困难，有所曲折。胡编辑履职于武汉出版社之后，继续勉力推动，在武汉出版社领导的大力支持下，章先生的这本论集于去年 8 月率先得以列入出版日程，并获湖北省公益学术著作出版专项资金资助。感谢胡编辑和武汉出版社的不懈努力。同时也感谢我的博士研究生王薇、陈博然，硕士研究生刘春娟、刘美辰、陈鹏、范乙润、张淑瑜、尹钰红、连文涛、孟德超等同学利用春节假期所做的校对工作，使本书能够得以顺利出版。

2021 年 5 月 28 日，章先生不幸与世长辞，敬以本书作为先生的周年纪念。愿章先生的历史之辨、文化之思、未来之梦永远激励世人，愿这个古老民族的文明转型顺利实现。

何卓恩记于壬寅初春

（鄂）新登字 08 号
图书在版编目（CIP）数据

远航寻踪：近代文化史管窥 / 章开沅著；何卓恩编 . — 武汉：武汉出版社，2023.3
ISBN 978-7-5582-5228-0

Ⅰ . ①远… Ⅱ . ①章… ②何… Ⅲ . ①文化史 - 世界 - 近代 - 文集 Ⅳ . ① K103-53

中国版本图书馆 CIP 数据核字（2022）第 064439 号

远航寻踪：近代文化史管窥
YUANHANG XUNZONG: JINDAI WENHUASHI GUANKUI

著　　者：章开沅
编　　者：何卓恩
出 品 人：朱向梅
责任编辑：胡　新　陈艾利
责任印制：方　雷　代　湧
封面设计：沈力夫
出　　版：武汉出版社
社　　址：武汉市江岸区兴业路 136 号　　邮　　编：430014
电　　话：（027）85606403　　85600625
http://www.whcbs.com　　E-mail：whcbszbs@163.com
印　　刷：武汉精一佳印刷有限公司　　经　　销：新华书店
开　　本：787 mm × 1092 mm　1/16
印　　张：27.5　　字　　数：390 千字　　插　　页：6
版　　次：2023 年 3 月第 1 版　　2023 年 3 月第 1 次印刷
定　　价：98.00 元